Kurt Pahlen

Erklär mir die Musik

Eine Entdeckungsreise
ins Wunderland der Musik

WILHELM HEYNE VERLAG
MÜNCHEN

HEYNE SACHBUCH
19/763

Bildnachweis:
1.-6. Seite sowie 16. Seite: Archiv des Autors; 7. Seite oben: Franco Fainello, 1989; 8./9. Doppelseite: Franco Fainello, 1983; 10. Seite oben und unten: Archiv GMJO; 11.-14. Seite: Archiv SJSO, Ursula Markus, Zürich; 15. Seite: Prisma Press Service.

Trotz intensiver Recherchen konnten nicht alle Rechteinhaber ermittelt werden. Der Verlag ist selbstverständlich bereit, berechtigte Forderungen abzugelten.

Umwelthinweis:
Dieses Buch wurde
auf chlor- und säurefreiem Papier gedruckt.

Aktualisierte Taschenbucherstausgabe 06/2001
Copyright © 1996 by Wilhelm Heyne Verlag
GmbH & Co. KG, München
Printed in Germany 2001
Umschlagillustration: Design-Studio Fleischer, München
Umschlaggestaltung: Hauptmann und Kampa Werbeagentur, CH-Zug
Zeichnungen: Design-Studio Fleischer, München
Bildteil: RMO & Welte, München
Herstellung: Helga Schörnig
Satz: Leingärtner, Nabburg
Druck und Bindung: Ebner, Ulm

ISBN 3-453-18837-3

Inhalt

VORWORT 9

1. KAPITEL
Ein seltsamer Besuch und ein voreiliges Versprechen 11

2. KAPITEL
Der liebe Onkel Gustav wirft Steine in meinen Teich 19

3. KAPITEL
Wie schnell läuft der Schall? 28

4. KAPITEL
Im Takte der Musik… 48

5. KAPITEL
Dirigieren? Das ist doch ganz leicht! 86

6. KAPITEL
Das Spiel mit den Uhren 106

7. KAPITEL
Gesunde Kinder gehen zum Arzt 119

8. KAPITEL
Spaß auf der Treppe… und ein Lied 149

9. KAPITEL
Fünf Linien und viele Punkte… das Bild der Musik 167

10. KAPITEL
*Konsonanz und Dissonanz, und zuletzt
der große Tanz...* 193

11. KAPITEL
Schöne Musik für viele Menschen 208

12. KAPITEL
Wie schön das klingt! 238

13. KAPITEL
Ein Theater mit viel Musik... 255

14. KAPITEL
Armer Papageno! 264

15. KAPITEL
*Unvorhergesehener Ausflug
ins Reich der Technik* 286

16. KAPITEL
Nachklänge unseres Opernabends 308

17. KAPITEL
Von den großen Komponisten 320

18. KAPITEL
Ins Wunderland der Musik... 338

Meinen ungezählten Freunden:
den Kindern der Welt.

Kurt Pahlen

Vorwort

🦇   Diesem Buch liegt eine Geschichte zugrunde. Und diese Geschichte, meine lieben Leser und Leserinnen, muss ich kurz erzählen, weil sie erklärt, wie dieses Buch entstanden ist. Es war einmal – nein, ich will kein Märchen erzählen, denn die Geschichte ist wirklich wahr. Also: Vor vielen, vielen Jahren saß ich an einem sonnigen Sommernachmittag in meinem kleinen Häuschen und komponierte ein Lied für meinen Kinderchor. Aus dem Garten hörte man manchmal das Brummen einer Hummel oder das leise Surren einer Libelle. Plötzlich bemerkte ich eine Bewegung an der Gartentür, und als ich aufblickte, sah ich zwei Kinder: einen Jungen und ein kleines Mädchen. Der Junge hieß Juan Carlos und das Mädchen, seine kleine Schwester, Elena oder, in der Koseform, Elenita.

Wie man an diesen Namen bereits merkt, fand diese Begegnung in einem fernen Land statt, wo man Spanisch spricht und in dem ich damals lebte. Aus den Gesprächen mit Juan Carlos und der kleinen Elenita sowie vielen weiteren Kindern ist die erste Fassung dieses Buchs entstanden. Zunächst druckte eine Kinderzeitschrift die Gespräche über Musik ab, die ich mit den Kindern führte, etwas später erschienen sie in Buchform, und dieses Buch ging durch Zehntausende, ja Millionen Hände.

Als Freunde von mir auf die Idee kamen, dieses Buch wieder zu veröffentlichen, begann ich, das Buch erneut durchzulesen. Aber schon nach wenigen Seiten brach ich die Lektüre ab.

Ich musste an die heutigen Kinder denken und dass diese ziemlich anders sind als Juan Carlos und Elenita: Sie sprechen ganz anders und wissen von vielen Dingen – z.B. Videos, CDs, DVDs und Satellitenübertragungen –, die die Kinder von damals noch nicht kannten. Aber ich war mir sicher, dass auch heute noch Kinder zu mir kommen könnten, um mehr über das Wunderland der Musik zu erfahren. Und so entschloss ich mich, das Buch noch einmal zu überarbeiten. Die Kinder heißen jetzt Alexander und Claudia, Evelyn und Fabian, Patrick und Gaby, Helga, Anja, Rainer, Daniel und Clemens..., aber die Namen sind nicht so wichtig. Wichtig ist, dass die Geschichte, die ich erzähle, sich tatsächlich zugetragen hat und sich auch heute wieder so ereignen könnte.

Ich würde mich sehr freuen, wenn meinen Leserinnen und Lesern die Geschichte gefällt und es mir gelingt, Verständnis für die Musik und Freude an der Musik zu wecken. Viel Spaß bei der Entdeckungsreise ins Wunderland der Musik!

KURT PAHLEN

1. KAPITEL

Ein seltsamer Besuch und ein voreiliges Versprechen

❧ Ich konnte wirklich nicht ahnen, wie ereignisreich sich dieser schöne, stille Sommernachmittag noch gestalten würde. Ich saß am Flügel in meinem geräumigen Musikzimmer, die Fenster und die breite Tür zum Garten standen offen; Blumenduft und Vogelgezwitscher drangen zu mir, während ich eine neue Melodie für meinen Kinderchor komponierte. Der hatte gerade Ferien, lange und – so hoffte ich – sonnige Ferien.

Der Garten stand in voller Blüte. Ich sah vor üppigem Grün nicht einmal den kleinen See, der nur zwanzig Meter hinter meinem Sommerhäuschen lag. Zu diesem See muss ich noch schnell zwei Worte sagen, bevor ich beginne. Meine Freunde lachen mich immer aus, wenn ich von »meinem See« spreche. Nicht wegen der Behauptung, er sei »mein« See. Nein: wegen des Wortes »See«. Er sei höchstens ein Teich. Ja, nicht einmal das – ein Tümpel sei er; einer sagte sogar: eine bessere Pfütze. Das ließ ich mir nun doch nicht gefallen, dieser »Freund« durfte mein Haus nicht mehr betreten, mindestens eine Woche lang. Auch an diesem Morgen hatte ich wieder meinen täglichen Rundgang um das stille Wasser gemacht. Natürlich in Begleitung von Renzo. Über den muss ich gleich auch einige Worte sagen, denn er wird in der Geschichte, die ich eben zu schreiben beginne, eine Rolle spielen – wie er glaubt, sogar eine wichtige. Renzo ist ein schöner, flotter – manche sagen: frecher – dreifarbiger Drahthaar-Foxterrier: weiß, schwarz, braun. Er ist ganz klein in mein Haus gekommen und gehört seitdem als fester Bestandteil dazu. Leise möchte ich hinzufügen: Er ist dessen Hauptperson – aber Renzo soll es nicht hören.

Er ging jeden Morgen mit mir spazieren, rund um meinen See. Dieser Weg nimmt höchstens fünf Minuten in Anspruch, wenn man munter ausschreitet, aber wir benötigten dazu ungefähr eine halbe Stunde. Denn manchmal blieb Renzo irgendwo zurück und schnupperte an einem Gebüsch oder lief ein Stück in den Wald hinein, der hinter einem schmalen Uferstreifen begann und sich weit hinzog bis zu den ersten Straßen der Stadt. Bei unserem Rundgang um das freundliche Wasser trafen wir viele Bekannte: ein Entenpaar, das im dichten Schilf daheim war, einen dicken Frosch, der stets auf dem gleichen Blatt einer Seerose saß und mit einem Riesensprung ins Wasser hüpfte; bunt schillernde Libellen, die lange in der Luft stehen und dann mit einem scharfen Ruck, wie das Weltraumschiff der Außerirdischen im Film, davonrasen konnten. Es gab noch viel mehr auf diesem Weg zu sehen, aber ich will ja eigentlich eine ganz andere Geschichte erzählen.

Wir waren heimgekommen von unserem Rundgang, die Sommersonne hatte auf dem Wasser geglänzt, ob es nun ein See, Teich oder Tümpel war, und wir hatten das gute Mittagessen genossen, das die gute Therese uns wie jeden Tag hingestellt hatte. Dann hatte Renzo sich auf das Sofa zurückgezogen, wo er selig schlief. Wenn nicht Minka kam... Minka war die entzückende graue Katze des Nachbarn. Manchmal wagte sie sich bis an die Gartentür meines Hauses vor, denn sie wusste, dass ich sie gern streichelte. Wehe aber, wenn Renzo sie entdeckte! Dann wurde er zum Raubtier! Oder er tat wenigstens so. Glücklicherweise wusste sie davonzuspringen, meist auf den großen Baum, von wo sie dann – recht unverschämt, muss ich sagen – herabblinzelte. Jetzt wird es aber wirklich Zeit, die Geschichte zu erzählen, von der dieses Buch handelt.

Ich saß also am Flügel und spielte kleine Melodien, die vielleicht zu Liedern für meinen Kinderchor werden konnten. Alles um mich war still, in der Luft kreisten nur ab und zu einige Vögel – ich bilde mir ein, es wären Schwalben –, und von der Turmuhr unserer Kirche schlug es die Stunden: helle Schläge für die Viertelstunden, dunkle, schwerere Schläge für die vollen Stunden. Ich achtete längst nicht mehr darauf und weiß auch nicht, ob es soeben vier oder fünf Uhr geschlagen hatte. Da schreckte ich auf, denn wie ein Blitz war Renzo aus dem Schlaf gefahren, auf den Boden gesprungen und zur Tür ins Freie gesaust. Dort stand er nun und bellte.

Und gleich darauf erschienen zwei Kinderköpfe, einer fast über dem anderen, und vier wache, weit aufgerissene Augen blickten ins Zimmer. Sie schienen etwas zu suchen, wagten sich aber doch nicht weiter. Immerhin konnte ich erkennen, dass da ein Junge stand, und, kleiner als er und gewissermaßen an ihn gedrückt, ein Mädchen. Einen Augenblick sahen wir einander an, dann sagte die Kleine: »Hallo!« Der Junge versetzte ihr einen leichten Stoß mit dem Arm, als wollte er sagen, dass man einen fremden Mann doch nicht so einfach mit »Hallo!« begrüßen könne. Ich nahm ihm seine Sorge und rief: »Hallo Kinder!«, worauf sie einen Schritt nach vorne machten und nun im Türrahmen standen. Das Mädchen bückte sich ein wenig und berührte mit seiner rechten Hand Renzo, der längst aus dem Bellen in ein freundliches Schwanzwedeln übergegangen war. Er liebte Besuche, auch wenn er sie nie zuvor gesehen hatte! Und so schmiegte er sich an die Beine des Mädchens und empfing sichtbar wohlig seine Liebkosungen.

Der Junge hielt es für angebracht, sich ein wenig vorzuwagen: »Ich heiße Alexander...«, stellte er sich vor, »und bin dreizehn Jahre alt.« »Zwölf...«, fiel ihm das Mädchen ins Wort. »Dreizehn!«, wiederholte er etwas leiser und gab der Kleinen wieder einen Stoß in die Seite; aber sie ahnte das und entwich geschickt seiner Hand – sie schien daran gewöhnt zu sein. »Ich werde noch dieses Jahr 13!« »Und wie heißt du?«, fragte ich das kleine Mädchen. »Claudia! Und ich bin acht Jahre alt.« Bei diesen Worten entfernte sie sich ein wenig von Alexander, sie sah voraus, dass er anderer Meinung sein und ihr dies zeigen würde. »Meine Schwester ist gerade erst sieben geworden«, sagte der Junge auffallend ruhig, und seine Stimme hatte sogar einen zärtlichen Unterton.

»Ihr seid also Geschwister!«, lenkte ich ab. Sie bejahten beide, während Renzo bereits dazu übergegangen war, seine Vorderpfoten auf Claudias Brust zu legen. Rasch zog ich ihn wieder auf den Boden zurück, und eine ziemliche Weile verstrich. Dann nahm Alexander, nachdem beide Kinder sich im Raum umgeblickt hatten, das Wort: »Sie sind doch der Herr Kurt Pahlen?« »Das stimmt, ganz genau. Und?« Alexander, ein offenkundig aufgeweckter und sehr netter Junge, wusste nicht recht, wie es mit unserer Unterhaltung weitergehen sollte. Dann fragte er: »Sie haben doch ein Buch geschrieben...« »Stimmt auch«, sagte ich, und ich wusste nicht recht, was mein Buch mit diesem Besuch zu tun haben sollte. Alexander fuhr fort, und jetzt klang es schon ein wenig bestimmter: »Gleich auf der ersten Seite ist ein Bild von Kindern, die singen und Instrumente spielen...« »Stimmt schon wieder!«, antwortete ich. Alexander, nun in Fahrt gekommen, sprach jetzt schneller: »Und unter dem Bild steht: ›Die Musik beginnt bei den Kindern.‹« »Das stimmt ganz besonders!« Er ließ mich nicht weiterreden – ich wollte gerade sagen, dass Kinder und Musik zusammengehören und dass schon kleine Kinder... Doch Alexander fuhr fort: »Wir wollten das Buch lesen!« Auf meinen erstaunten Blick mischte sich Claudia schnell und, wie mir schien, ein wenig böse ein: »Aber wir haben nichts verstanden!« »Ja, Kinder, das ist auch kein Buch für euch!« »Das ist es ja gerade«, Claudia war nun nicht mehr zu bremsen. »Warum schreiben Sie kein Buch für Kinder?« »Über Musik?«, fragte ich. »Ja, natürlich!«, kam es aus dem Mund beider. »Ein Buch über Musik für Kinder...« »Hm«, war das Gescheiteste, was mir gerade einfiel.

»Wir wissen schon eine Menge darüber«, sagte Claudia. Doch ihr Bruder ließ sie nicht weiterreden: »Gar nichts wissen wir, gar nichts. Nun ja, ein paar Instrumente kennen wir, das stimmt..., und über Mozart haben wir gelesen, dass er ein Wunderkind war und was er alles konnte, als er so alt war wie Claudia...« »Das waren auch zwei Geschwister, das wisst ihr wohl? Wolfgang hatte eine Schwester, genannt ›Nannerl‹, die auch so begabt war wie er! Und zwischen den Geschwistern bestand gerade so ein Altersunterschied wie bei euch – aber genau umgekehrt: Das Nannerl war mehr als vier Jahre älter als der Wolfgang.« »Und von den großen Theatern wissen wir, wo Musik gemacht wird..., auch von den berühmten Künstlern, die dort singen..., und von dem Orchester, das wir in der Schule haben und dem wir manchmal heimlich zuhören...«

Claudia neigte sich zu Renzo hinab und fragte ihn, ob er auch singen könne? Und wie er eigentlich heiße? An seiner Stelle antwortete ich: »Renzo«, und Renzo ließ einen Beller hören, wie immer, wenn er seinen Namen hörte. Ich setzte hinzu: »Singen kann er leider nicht – kein Hund und keine Katze kann singen.« »Wieso eigentlich nicht?«, fragte Claudia und brachte mich damit in größte Verlegenheit. Warum kann der Hund nicht singen? Nun ja, heulen kann er und es klingt beinahe wie Singen... »Aber die Vögel singen!«, rief Claudia erfreut. »Manchmal sogar sehr schön: die Nachtigall, die Lerche, die Meise, die Drossel, der Fink, der Star...«, zählte ich auf, keineswegs überzeugt, dass sie alle wirklich singen konnten.

»Der Rabe«, meinte Claudia, und verstand nicht, warum ihr Bruder und ich laut auflachten. »Nun, eigentlich nennt man das Krächzen von Raben und Krähen nicht gerade Singen...« »Mir gefällt's aber!«, erwiderte die Kleine. »Darüber lässt sich streiten«, sagte ich, »ob dieser Gesang schön ist oder nicht. Ihr habt sicher längst gemerkt, dass die Menschen über das, was schön ist und was nicht schön oder gar hässlich ist, sehr oft streiten.« »Fein!«, jubelte die Kleine und klatschte laut in die Hände. Ich sah sie fragend an, und auch ihr Bruder wusste im Augenblick nichts zu sagen.

»Fein, was?«, fragte ich dann. »Dass Sie das Buch schreiben werden!«, freute sich Claudia. »Ich? Wieso? Wir haben doch noch gar nicht darüber gesprochen...« »Das macht doch nichts«, meinte die Kleine. »Kinder, so ein Buch zu schreiben, das ist keine leichte Sache.« Claudia rief: »Ich kann schon schreiben! Sollen wir ihnen helfen...?« Alexander fand dieses Angebot lächerlich, und er flüsterte ihr das auch leise zu. Mir aber war plötzlich ein Gedanke gekommen, ganz rasend war er mir durch den Kopf gezuckt. Ich hob meine Hand und rief: »Ja, Kinder, ihr sollt mir dabei helfen!« Meine beiden Besucher schauten mich verdutzt an. Dann wandte Claudia ihren Kopf zum großen Bruder, als wollte sie ihm sagen: »Siehst du, ich habe es ja gesagt!«

Ich überlegte eine kurze Weile, während Alexander und Claudia mich immer neugieriger ansahen. Endlich hielt die Kleine es nicht mehr aus. »Dürfen wir morgen wiederkommen?« »Morgen wiederkommen? Wozu?«, erwiderte ich, ganz in Gedanken.

»Das Buch abholen!«, sagte Claudia. Ihr Bruder hieß sie schweigen: »Unsinn! Das kann doch morgen noch nicht fertig sein..., frühestens nächste Woche.« Ich aber strahlte, ein Gedanke war nun gereift: »Ja, ihr solltet morgen wiederkommen, und dann jeden Tag. Ihr könnt Freunde und Kameraden mitbringen, die sich auch für Musik interessieren, und dann sprechen wir jeden Nachmittag über alles, was ihr von Musik wissen wollt..., und wenn ihr am Abend heimgeht, dann setze ich mich an meinen Schreibtisch und schreibe alles auf, was wir besprochen haben..., und das wird dann das Buch für Kinder über die Musik!«

Ich hatte nicht geglaubt, dass zwei Kinder – allerdings verstärkt durch einen Hund – so einen Jubel vollführen könnten, wie Alexander und Claudia es taten! Claudia tanzte im Zimmer umher, wobei sie Renzo bei den Vorderpfoten führte. Therese machte leise die Tür auf und blickte verwundert herein. Sie wusste ja nicht, dass ich Besuch hatte!

»Bei jedem Wetter?«, rief Claudia mitten in ihrem Tanz. »Bei jedem Wetter, natürlich! Wenn's regnet, dann haben wir genug Platz, auch wenn ihr andere Kinder mitbringt... Und wenn es schön ist, dann setzen wir uns an... an's... an den Teich!«

Froh nahmen die Kinder Abschied. »Auf morgen! Auf morgen!«, riefen die beiden, während sie durch die Gärten davonliefen. Renzo begleitete sie ein Stück des Weges. Der dicke Frosch gab sein lautes Signal und nach und nach setzten die übrigen Frösche ein, wie ein gutgeübter Chor. Ich erwähne nur noch, dass meine Freunde mich auch in diesem Fall gern ein wenig ärgern wollen und behaupten, das seien gar keine Frösche, sondern ganz gewöhnliche Kröten...! Ich muss doch einmal nachschlagen, ob Kröten überhaupt so schön singen können, wie meine Frösche das jeden Abend tun! Ich bilde mir ein, etwas von Chören zu verstehen – und das war ein mächtiger Chor, der prachtvoll sang.

Auf morgen, auf morgen! Was hatte ich da versprochen...? Ich setzte mich an den Schreibtisch und hielt alles fest, was heute vorgefallen war. Und so entstanden die ersten zwei oder drei Seiten eines Buches. Aber wie würde dieses Abenteuer weitergehen?

»Auf morgen! Auf morgen...«, klang es noch lange aus den Gärten zu mir herüber. Und es schien mir, als hörte ich es noch immer, als meine neuen Freunde vielleicht schon längst in ihren Betten lagen...

2. KAPITEL

Der liebe Onkel Gustav wirft Steine in meinen Teich

Den ganzen Morgen hatte ich an mein Erlebnis vom Vortag gedacht. Da waren auf einmal zwei nette Kinder aufgetaucht, hatten die Köpfe vom Garten aus in mein Musikzimmer gesteckt – und eine Stunde später waren sie als gute Freunde wieder davongesprungen. Und ich hatte ihnen ein voreiliges Versprechen gegeben – wie hatte ich das nur tun können! Ein Buch wollte ich für sie schreiben, über Musik… Hatten wir abgemacht, sie würden heute wiederkommen, und dann jeden Tag, und wir würden einfach über Musik plaudern, über alles, was ihnen Spaß machte…, und ich sollte dann alles aufschreiben…, und das sollte ein Buch werden? Während ich am Morgen, nach meinem täglichen Rundgang mit Renzo um den See, am Klavier arbeitete, Lieder zu komponieren versuchte, schweiften meine Gedanken immer wieder zu den Kindern ab: Wie sollte ich – wenn sie wirklich wiederkamen – beginnen? Womit beginnt die Musik? Mit dem Klang, dem Schall, dem Geräusch? Dem Ton? Zum ersten Mal dachte ich darüber nach. Dabei war ich schon so viele Jahre Musiker! Ein Buch über Malerei und Gemälde müsste doch wohl auch mit Erklärungen von Farben und Pinseln und allem beginnen, was ein Maler verwendet, nicht wahr? Also müsste ein Gespräch über

Musik mit Klängen beginnen, wie sie entstehen, wie sie zu unserem Ohr kommen...

Zu Mittag musste ich mich dann ärgern: Ungerufen betrat Onkel Gustav mein Haus. Er sah wortlos, dass ich eben mein Essen beendet hatte und die gute Therese die Reste einer Pfirsichtorte hinaustragen wollte. Rascher als ich es ihm zugetraut hätte, schnappte er sich diesen gar nicht so kleinen Rest und verschlang ihn augenblicklich. Dann sagte er: »Ich grüße dich, lieber kleiner Neffe. Du hast doch nichts dagegen, wenn ich bei dir meine Siesta halte...« Er ergriff einen zusammengeklappten Liegestuhl, der nahe der Tür lag, trug ihn hinaus ans Wasser und schlug ihn auf seinem Lieblingsplatz unter einer großen Buche auf. Bald vernahm ich nur noch ein gleichmäßiges Geräusch: Onkel Gustav schlief. Er war der jüngste Bruder meiner Mutter, die sehr an ihm hing, große Stücke auf ihn hielt und, wenn etwas schief ging in der Familie, immer sagte: »Der liebe Gustav wird das schon in Ordnung bringen.« Ich aber erinnere mich nur, dass er stets alles in Unordnung gebracht hatte, nicht in Ordnung...

Es war sehr warm, und ich schlief auf meinem Klavierstuhl ein. Ich träumte verrückte Dinge: von zwei Kindern, die ein Riesenbuch heranschleppten und mir daraus vorzulesen begannen. Das Buch handelte von allerlei Tieren, die ich nie gesehen hatte und die zu tanzen begannen... Ein freudiges Gebell Renzos weckte mich: Da standen die beiden Kinder von gestern wieder im Türrahmen – wie hießen sie doch gleich? Ach ja, Alexander und Claudia... Ich stand auf, um ihnen die Hand zu geben und sie ins Zimmer zu holen. Da sah ich, noch ein wenig verwirrt vom kurzen Schlaf und dem verrückten Traum, dass mit ihnen noch zwei Kinder gekommen waren. Es waren zwei Mitschüler Alexanders, ein Mädchen mit Namen Helga und ein Junge, der sich ein wenig ungeschickt verbeugte und »Fabian« murmelte. Helga spielte Geige, wie Alexander mir sagte, noch nicht lange, aber mit großer Freude, wie sie selbst hinzufügte. Die Nachbarn hätten allerdings viel weniger Freude daran, setzte sie lachend hinzu.

»Geige ist auch ein schwieriges Instrument«, sagte ich. »Auf dem Klavier kann man eine falsche Taste erwischen, das ist nicht ganz so schlimm für das Gehör der Nachbarn, aber auf der Geige muss man jeden Ton mit dem Finger selbst finden und der klingt zuerst ›unrein‹ oder ›verstimmt‹, bis man gelernt hat, den Finger ganz genau auf die richtige Stelle der Saite zu drücken.« Helga nickte und lachte. Und Fabian? Der wurde von seinen Eltern manchmal in Konzerte mitgenommen, weil er zu Hause gern »klassische« Musik hörte, wie er mir erzählte. Alexander fragte, ob seine Kameraden bleiben dürften. »Natürlich, gerne! Ihr habt ihnen hoffentlich von dem Buch erzählt, das wir schreiben wollen?« Sie bejahten freudig. Ich wies auf ein paar Blätter, die auf meinem Schreibtisch lagen. Claudia ging näher hin und sah mich ein wenig enttäuscht an: »Ist das alles?«, fragte sie. »Das sind die Ereignisse von gestern…, die von heute und morgen kann ich ja noch nicht schreiben! Vergesst bitte nicht, ich schreibe ja nur nieder, was wir miteinander bereden!« »Auch den Unsinn?«, fragte Alexander. »Nun ja…, ich glaube, ich sollte alles aufschreiben…«

Claudia war an einen Tisch getreten, auf dem einige Instrumente lagen. Die Kinder erkannten sofort eine Violine, eine Gitarre und zwei Blockflöten. Claudia zupfte an einer Saite der Violine. Das schien mir eine Gelegenheit zu sein, unser Gespräch zu beginnen. »Woher kommt der Ton?«, fragte ich. »Von dem… der Schnur…«, sagte Claudia. »Von der Saite«, verbesserten Alexander und Helga sie schnell. »Und wie entsteht der Klang?«, wollte ich weiter wissen. Sie dachten nach. »Wenn ich die Saite zupfe oder mit dem Bogen streiche«, sagte Helga. »Richtig, man muss also die Saite in Bewegung setzen. Dann beginnt sie zu schwingen… und…«

Da hörten wir Onkel Gustavs Stimme aus dem Garten: »Kinder, kommt doch einmal zu mir!« Ich war wütend: Da erklärte ich den Kindern so wichtige musikalische Dinge, und Onkel Gustav unterbrach uns einfach. Die Kinder schauten mich verdutzt an. Ich nickte – was sollte ich sonst tun? Ihnen einfach verbieten, zu Onkel Gustav zu gehen? Ich nickte also und ging mit den Kindern in den Garten. Da stand doch wirklich Onkel Gustav am Seeufer und warf Steine ins Wasser! Es war die Höhe! Gerade fiel wieder ein Stein, den der Onkel geworfen hatte, ein paar Meter weit vom Ufer in den Teich oder den »Tümpel«, wie Gustav zu sagen pflegte, wenn er mich ärgern wollte.

»Schaut genau hin!«, rief er den Kindern zu, und jetzt wurde mir plötzlich klar, was er eigentlich wollte. »Seht ihr?« »Die Welle!«, riefen die Kinder. »Ganz recht, die Welle!«, bestätigte Gustav. »Sie läuft so hübsch!«, rief Claudia. »So gleichmäßig nach allen Seiten...«, ergänzte ihr Bruder. »Sie wird immer schwächer, je länger sie läuft...«, meinte Helga. Wir schauten eine ganze Weile zu, dann stellte Fabian fest, dass die Welle verschwunden war.

»Spielen wir weiter!«, forderte Gustav die Kinder auf. Er selbst nahm einen größeren Stein, Alexander einen viel kleineren, und nun warfen beide ihren Stein ins Wasser, möglichst weit vom Ufer weg. Wo der große Stein ins Wasser fiel, bildete sich nun eine höhere Welle, ganz rund und so, als ob ein Kreis mit jeder Sekunde größer würde. Alexanders Stein fiel ziemlich weit von dem Stein des Onkels ins Wasser, aber es geschah genau dasselbe: Eine kreisförmige Welle begann sich nach allen Richtungen auszubreiten. Wenn man genau hinblickte, bemerkte man, dass hinter der ersten Welle weitere, immer kleinere Wellen zu laufen begannen. Dann trafen die Kreise beider Steine zusammen, und es gab eine Art Verwirrung, beide Wellen wurden von ihrer ursprünglichen Bahn abgelenkt. Der kleinere Kreis aber war schwächer als der größere, der nur ein wenig abgelenkt wurde von seiner ursprünglichen Richtung, aber doch nach einigen Augenblicken weiterlief. Die kleinere Welle aber brach sozusagen in Stücke und konnte nur kleine Teile weitersenden bis zum Ufer. Die größere Welle aber hatte sogar noch die Kraft, das Ufer ein kleines Stück hinaufzulaufen. Dort drehte sie sich um, und das Wasser strömte wieder zurück in den Teich.

Nun gingen alle auf die Suche nach geeigneten Steinen und warfen sie von allen möglichen Plätzen am Ufer in den Teich. Ich begnügte mich damit, Renzo festzuhalten, der glaubte, er müsste alles, was man ins Wasser warf, wieder herausholen.

Ich war ein wenig ratlos. Was Gustav da machte, war gar nicht schlecht. Ja, es war eigentlich sogar sehr gut. Ich hatte keine Ahnung gehabt, dass der Onkel etwas von Physik verstand oder gar von Akustik!

»Wo entstehen die Wellen?«, fragte er die Kinder. »Dort, wo der Stein ins Wasser fällt...«, antwortete Alexander sehr bestimmt. »Wohin laufen die Wellen?«, fragte Gustav weiter. »Überall hin...«, meinten die Kinder. »Und in einem schönen, gleichmäßigen Kreis!«, fügte Fabian hinzu, der endlich dazu kam, allein etwas zu sagen; er schien nicht der Schnellste zu sein.

»Auch ›gleichmäßig‹ stimmt«, stellte Onkel Gustav fest, »solange sich kein Hindernis in den Weg stellt. Aber auch der Wind kann die Gleichmäßigkeit stören! Er kann die Wellen bremsen, wenn er gegen ihre Richtung bläst, und ebenso kann er die Wellen beschleunigen, wenn er ihnen sozusagen in den Rücken bläst! Ja, er kann die Wellen sogar ganz zum Stillstand zwingen, wenn er stark genug ist!«

»Das werdet ihr selbst probieren können«, mischte ich mich ein. »Wenn ihr nun jeden Nachmittag kommt, dann könnt ihr ja immer einen Stein ins Wasser werfen..., und dann einen Augenblick zuschauen, wie die Wellen laufen.«

»Aber jetzt das Wichtigste!«, sagte Gustav. »Ihr habt jetzt Wasserwellen beobachtet. Sie sind stumm... Ihr hört nur das Plumsen des Steins auf die Wasserfläche, aber die Wellen laufen stumm und für das menschliche Ohr unhörbar. Ganz ähnlich wie die Wasserwellen laufen die Luftwellen – doch die sind unsichtbar! Sie tragen aber den Klang mit sich, sind sozusagen das Fahrzeug des Klangs! Daher nennt man sie auch Klangwellen.«

»Wie entstehen sie?«, wollte Alexander wissen. »Genau so wie alle Schwingungen, alle Wellen, alle Bewegungen: durch irgendeine Art von Zusammenstoß, der eine Ruhelage in Unordnung bringt – wie der Stein, der ins Wasser fällt, oder ein Schiff, das sich im Wasser bewegt und dabei das Wasser verdrängt und so weiter. Wenn ich spreche, so bewege ich Luft: Spreche ich leise, so werden die Luftwellen klein sein und nicht weit laufen. Schreie ich aber oder singe laut und spiele auf einem Instrument, dann können die Wellen stark, sehr stark werden und dringen dann viel weiter..., und tragen den Klang sozusagen auf ihrem Rücken mit sich fort..., Klangwellen eben.«

»Sind die auch so hübsch rund?«, fragte Claudia.

»Nun, nicht ganz so, aber darüber braucht ihr euch nicht den Kopf zu zerbrechen, denn ihr werdet sie nie zu Gesicht bekommen!«

»Und doch sind sie für die Musik sehr wichtig!«, wandte ich ein – und es tat mir sofort leid, dass ich es getan hatte. Denn das führte uns zu komplizierten Dingen, die nur die größeren Kinder verstehen konnten. Da war der Onkel Gustav doch gescheiter gewesen als ich! Das ärgerte mich natürlich. Aber nun, da ich damit einmal angefangen hatte, versuchte ich wenigstens, das Wichtigste so einfach wie möglich zu erklären. »Durch einen einfachen Ton – wenn ihr zum Beispiel etwas singt oder Helga auf ihrer Geige spielt oder der Kuckuck dort im Wald seine Stimme hören lässt oder wenn eine Lokomotive pfeift – entsteht eine Schallwelle, die wirklich fast wie eine Welle aussieht:

Sie macht eine Kurve nach oben und dann wieder nach unten und wieder nach oben..., so schön gleichmäßig, wie Fabian gesagt hat. Wenn aber zwei Autos auf der Straße zusammenstoßen oder eine Straßenbahn eine Schnellbremsung macht oder wir auf eine Trommel schlagen, dann entsteht keine gleichmäßig geformte Welle, sondern so etwas wie Gekritzel, mit Spitzen und Zacken und ungleichmäßigen Linien... Für die Musik hat diese Unterscheidung eine ganz große Bedeutung. Wir unterscheiden zwischen ›Geräusch‹ und ›Ton‹: Der Ton hat eine schön gleichmäßige Wellenlinie, das Geräusch irgendeine wirre Zeichnung. In der Musik hat vor allem der Ton Bedeutung, man kann sagen, Musik besteht aus Tönen. Aber ganz richtig ist das eigentlich nicht. Denn zu unserer Musik kann auch manches Geräusch gehören; die Trommel haben wir schon genannt, das metallene Becken, das so einen lauten, manchmal fast zischenden Klang besitzt, und noch manches andere, das im großen Orchester oft sehr interessante Verwendung findet.«

»Und ein Klang, was ist das?«, interessierte sich Alexander.

»Ein Klang ist alles, was klingt! Alle Geräusche, alle Töne – alles, was von uns mit dem Gehör, mit den Ohren wahrgenommen wird! Sehr einfach also. Und die Klänge kann man dann einteilen in Töne und Geräusche... Aber ich will euch gleich auf etwas aufmerksam machen: Die Grenze zwischen Tönen und Geräuschen ist nicht immer so leicht zu ziehen! Mancher Mensch empfindet etwas als Geräusch, was ein anderer einen Ton nennt...«

»Hässlich oder schön...?«, fragte Helga.

»Achtung, das sind ›gefährliche‹ Worte! Denn darüber, was schön und hässlich ist, kann man sehr wohl streiten! Was für den einen ›schön‹ ist, kann für den anderen ›hässlich‹ sein. Wir werden ja viel Musik hören, und da bin ich neugierig, ob ihr immer der gleichen Meinung sein werdet, was ›schön‹ und was ›nicht schön‹ ist. Diese Begriffe gibt es auf allen Gebieten: ob etwas gut schmeckt oder nicht, ob einem ein Bild gefällt oder nicht, eine Landschaft, ein Auto, ein Haus, ein Kleid... Kümmern wir uns vorläufig nicht darum, das soll jedem selbst überlassen bleiben; über den Geschmack, also das Gefühl von Schönheit kann man nicht streiten.«

»In der Geigenstunde streiten wir aber immer darüber«, gestand Helga. »Und unser Geigenlehrer sagt immer, das sind eben Konsonanzen und Dissonanzen.« »O, damit bin ich aber gar nicht einverstanden!«, erwiderte ich. »Bald werden wir darüber reden, und ich werde euch zeigen, dass auch Dissonanzen sehr schön sein können.«

»Und was ist ein ›Schall‹?«, lenkte uns Fabian glücklicherweise von diesem Thema ab, das schon viele Menschen entzweit hat.

»Ich würde sagen: Klang und Schall sind für uns das gleiche. Wenn ihr einen Physiker fragt, kann er euch natürlich Unterschiede zeigen, aber für unsere Plaudereien über Musik können wir ruhig sagen: Ein Klang ist auch ein Schall, ein Schall ist ein Klang. Und eine Schallwelle ist eine Klangwelle und eine Luftwelle... Und man sieht sie alle nicht mit dem bloßen Auge. Man kann sie allerdings sichtbar machen und ihr Bild genau aufzeichnen, wenn man die richtigen Apparate dazu hat. Weil wir uns ein Bild des Klangs machen wollen – denn sonst können wir Musik ja nicht aufschreiben! –, haben wir Menschen ein ›Bild des Klangs‹ oder besser gesagt: ein ›Bild des Tons‹ geschaffen – die Note! Die Musiknote, die man einfach lernt wie eine Sprache. Sie hat nur wenige Zeichen – die sind rasch gelernt. Die Note, das ist wie eine Photographie des Klangs! Wer sie beherrscht, liest die Notenschrift, wie man ein Buch liest, und wer ein gutes Gehör hat, kann sich bei diesem Lesen den Klang vorstellen.«

»Werden Sie das alles in unser Buch schreiben, aber bitte so, dass ich es verstehe?«, fragte Claudia, so nett und bittend, dass ich mit der Hand über ihren Lockenkopf streichen musste, während ich sagte: »Ich werde mein Möglichstes tun, Claudia, und was du vielleicht heute noch nicht ganz verstehst, das wirst du morgen oder nächstes Jahr verstehen. Vergesst nie: Ihr Kinder habt ein ganzes Leben vor euch – und da kann man alles lernen, was einem Spaß macht.«

3. KAPITEL

Wie schnell läuft der Schall?

Wieder zwei Neue! Das Erlebnis mit Onkel Gustav hatte den vier Kindern wohl gut gefallen, so dass Claudia zwei Kameraden mitbrachte, ungefähr so alt wie sie selbst: Daniel und Evelyn. Evelyn bewegte sich auffallend anmutig, sie schritt nicht, sie tänzelte beinahe; sofort fragte ich sie, als sie mir die Hand gegeben und ihren Namen genannt hatte: »Bist du eine kleine Tänzerin?« Sie nickte lebhaft mit dem Kopf: »Ja, ich habe schon drei Jahre Tanzunterricht!« »Fein«, sagte ich, »tanzen ist etwas sehr Schönes! Auch wenn man nicht Tänzer werden will, so lernt man im Tanzunterricht doch eine Menge, was man im Leben gut brauchen kann! Schaut einmal auf der Straße, wieviele Menschen plump und ungeschickt gehen – wie Enten auf dem Land!« Alle lachten. »Ich möchte aber Tänzerin werden«, beharrte Evelyn. »Nun, da wirst du bei uns eine Menge lernen können, denn Musik und Tanz sind sozusagen Geschwister! Einen Tanz ohne Musik kann man sich kaum vorstellen, und eine beschwingte Musik macht dem Menschen Lust zu tanzen.« Evelyn strahlte und Claudia drückte ihrer Freundin die Hand.

Es war wieder ein schöner Nachmittag, voll Sonnenschein und alles schien so wie tags zuvor zu sein – aber ich hatte bemerkt, dass heute ein leiser Wind blies, der gestern nicht zu spüren gewesen war. Jetzt, als ich über den Gartenzaun blickte, sah ich dahinter das sanfte Wiegen des Schilfs auf dem Wasser. Und nun erklangen aus der Ferne Glockenschläge, wie wir sie am Vortag nicht vernommen hatten. Es waren die Glocken der Kirche im benachbarten Dorf, und die hörte man bei mir nur, wenn der Wind von Süden blies, jener Himmelsrichtung, in der diese Kirche lag. Dann vermischten sich ihre Glockenklänge mit denen »unserer« Kirche, die ich immer hörte und die mir so vertraut waren, dass ich gar nicht mehr auf ihren Klang achtete. Heute aber hörte man beide Kirchen läuten und die Zeit angeben – in unserem Stadtteil ein wenig früher und unmittelbar darauf das Läuten der fernen Dorfkirche. Die hatte wohl die kleineren Glocken, denn sie klangen höher – und natürlich leiser. Auch bei allen Instrumenten ist das so: Das größere klingt tiefer! So wie auch der größere Mensch – der Erwachsene – eine tiefere Stimme hat als das Kind. Ich hob die Violine vom Tisch und sagte den Kindern, dass es eine Menge von Instrumenten in der gleichen Form, in dieser Geigenform, gibt. Helga unterbrach: »Es gibt kleinere Geigen als diese! Bis vor einiger Zeit habe ich auf einer kleineren Geige gespielt..., die nennt man ›halbe Geigen‹, es gibt sogar noch kleinere, die Viertelgeigen, für kleine Kinder, die anfangen..., die können mit ihren kleinen Fingern noch nicht so große Abstände greifen, wie man es auf einer richtigen Geige muss...« »Stimmt, und für eine halbe Geige oder eine Viertelgeige braucht man auch weniger Kraft, als du sie schon hast. Und dann gibt es noch dieselbe Form in größerer Ausführung...« Ich ging zu einem Schrank im Hintergrund meines Musikzimmers, schloss ihn auf und holte zwei Instrumente heraus. Das eine sah einer Violine täuschend ähnlich. »Eine Geige!«, riefen einige sofort. Ich lächelte und schüttelte den Kopf. »Nimm es einmal und lege es vorsichtig dort auf den Tisch neben die

Geige!« Helga tat, wie ich verlangt hatte, und nun sahen wir alle deutlich die Unterschiede.

»Das neue Instrument ist größer!« »Und dicker!« »Stimmt, die Viola ist ein klein wenig, nur ein paar Zentimeter größer als ihre Schwester, die Geige oder Violine...«

»Sie ist auch dunkler!«, rief Claudia, stolz, etwas entdeckt zu haben.

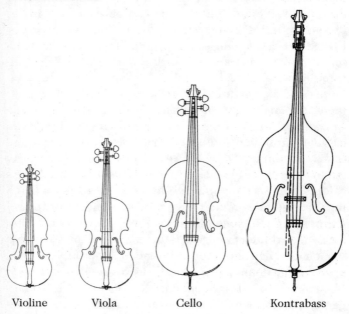

Violine Viola Cello Kontrabass

»Du meinst die Farbe ihres Holzes?«, fragte ich die Kleine, die heftig mit ihrem Köpfchen nickte. »Die Farbe des Instruments ist aber völlig gleichgültig, sie kann heller oder dunkler sein. Wichtig ist nur der Klang!« Und nun zupfte ich an den Saiten der beiden so ähnlichen Instrumente. Nach einigen Klängen meinte Alexander: »Sie klingt aber auch dunkler... Kann man das so sagen?«

»Natürlich kann man das so sagen, wir werden sicher noch davon sprechen, dass es hell klingende Instrumente gibt und dunkel klingende. Die Viola klingt dunkler als die Geige und hat auch einige tiefe Töne mehr als die Violine. So wie die Geige einen zweiten, italienischen Namen hat – Violine! –, so hat auch dieses Instrument zwei Namen, es heißt Viola oder auf deutsch Bratsche. Das Wort ›Bratsche‹ hat einen komischen Ursprung. Die Italiener nannten das Instrument ›viola da braccio‹, also ›Arm-Viola‹, eben weil sie im Arm gehalten wird, genau wie die Violine, obwohl sie etwas größer ist. Das Wort ›braccio‹, der Arm, wird ›bratscho‹ ausgesprochen. Und so nannten die deutschen Musiker vor langer Zeit das Instrument eben einfach Bratsche…«

Das zweite Instrument, das ich aus dem Schrank genommen hatte, war viel größer, viel dicker, und es war gar nicht möglich, es zum Spielen in den Arm zu nehmen. Es hatte an seinem Ende eine lange, metallene Spitze oder einen Dorn. Ich setzte mich auf einen Stuhl, stützte den Dorn auf den Fußboden und klemmte das Instrument zwischen meine Beine, so dass meine Knie den Körper des Instruments fest hielten. In die rechte Hand nahm ich einen langen, mit Rosshaar bespannten Stab – den »Bogen«, der gar nicht wie ein Bogen aussieht und den Bögen von Geige und Bratsche sehr ähnlich ist – und legte ihn auf die vier Saiten des Instruments, die nach vorne, also weg vom Spieler gerichtet waren. »Dieses Instrument heißt ›Violoncello‹ oder einfach ›Cello‹, ausgesprochen ›Tschello‹. Es ist sozusagen der größere Bruder von Geige und Bratsche…«

Ich zupfte jetzt die Saiten des Cellos und ein paar Kinder meinten, es klänge »dunkler« und auch tiefer als seine kleineren Geschwister. »Auch das Cello hat vier Saiten, so wie die kleineren der Familie! Sein Klang ist tiefer und stärker. Und wir merken uns gleich: Je kleiner das Instrument, desto höher und heller sein Klang! Und je größer es ist, desto dunkler, tiefer und meistens auch stärker ist sein Klang! Nun gibt es noch einen ganz großen Bruder dieser sympathischen Familie: den Kontrabass, manchmal auch Bassgeige genannt. Er ist viel größer als der Musiker, der ihn spielt, beinahe zwei Meter!«

»Wie kann ein Kind diesen... diese... Kontrageige lernen?«, wollte Claudia wissen. Alle lachten, nur Alexander korrigierte seine kleine Schwester: »Kontrabass heißt er!«

Aber die Frage Claudias konnte ich mit bestem Willen nicht beantworten! Nicht nur wegen der riesigen Größe des Instruments, sondern weil sein Spiel auch viel Kraft erfordert! »Natürlich hat auch diese Familie, wie jede Familie, einen Namen: Sie heißt ›Familie der Streichinstrumente‹, wir Musiker aber nennen sie nur ›die Streicher‹! Wie heißen ihre Mitglieder also?«

Und die ganze Schar begann aufzuzählen: »Geige, Bratsche, Cello und Kontrabass...!«

Mein Blick fiel durch das Gartenfenster und ich sah, dass sich nicht nur das Schilf, sondern jetzt auch die Bäume im Winde wiegten. »Kommt einen Augenblick hinaus!«, forderte ich die Kinder auf. Wir standen wieder am See, wie tags zuvor. Aber heute lag seine Fläche nicht so still vor uns, das Wasser kräuselte sich ein wenig, kleine Wellen liefen auf das Ufer zu unseren Füßen, alles war ein wenig in eine geheimnisvolle Bewegung geraten, die auch die Wasserpflanzen – ich nannte sie Seerosen, aber meine Freunde lächelten darüber und sprachen von Unkraut – und das Schilf an der östlichen Seite des Sees erfasst hatte. »Und nun werft einen Stein ins Wasser, so wie gestern!«, schlug ich vor. Alexander hielt bereits einen etwa eigroßen Stein in der Hand und schleuderte ihn mit Schwung ein paar Meter weit. Und mit Staunen beobachteten wir, dass die Wellen, die sofort entstanden, anders liefen als gestern. Der schöne Kreis, der Claudia so gut gefallen hatte und der wirklich »kreisrund« gewesen war, hatte eine andere Form angenommen, die Welle lief nicht mehr in alle Richtungen mit gleicher Geschwindigkeit. Es war, als triebe eine unsichtbare Kraft sie auf uns zu, und so verzerrte sich ihre Gestalt – nicht viel, aber doch sichtbar. Die Welle nahm eine ovale Form an. Das heißt, sie glich einem Ei, dessen dickerer Teil zu uns zu streben schien. Wieder jubelte Claudia, und alle freuten sich über sie. Wir wiederholten den Versuch und wählten dazu Steine in den verschiedensten Formen aus: Doch die Welle nahm immer die gleiche Gestalt an. Alexander glaubte zu bemerken, dass sie in der Richtung zu uns ein wenig schneller lief als gestern, von uns weg, auf die entgegengesetzte Seite des kleinen Sees, aber langsamer. »Das kommt vom Wind!«, rief Helga, und sie hatte recht. Alle Veränderungen, die wir heute beobachteten, kamen vom Wind, der sanft, aber stetig auf uns zu blies.

Die Turmuhr der nahe gelegenen Kirche unseres Stadtteils begann zu schlagen. Und wie immer setzte das Läuten der fernen Dorfkirche ein, als jenes unserer Kirche verklungen war. Heute aber überschnitten sie einander beinahe. Noch in den letzten Schlag der Dorfkirche hinein erklang der erste Schlag der Glocke im fernen Dorf. Mir fiel es auf, die Kinder konnten es natürlich nicht wissen. Aber ich sagte es ihnen und auch, dass die Stärke des Klangs heute ungewohnt war: Tönte das ferne Geläut sonst kaum hörbar zu mir und der Ton der nahen Kirche so stark, dass viele meiner Nachbarn bereits alles Mögliche unternommen hatten, diese »Ruhestörung« bei Nacht abstellen zu lassen – heute klangen die Glocken von Süden beinahe ebenso stark wie das nachbarliche Geläute, das von Nordwesten her zu meinem Haus drang.

»Das macht alles der Wind?«, fragte Daniel.

Ich bejahte: »Der Wind hat viel mehr Kraft als wir meistens glauben. Wenn er bis zu seiner vollen Stärke anwächst, zum Hurrikan, zum Wirbelsturm, zum Taifun wird, kann er Städte zerstören und das Meer zu turmhohen Wellen aufwühlen. Zum Glück haben wir in der Musik mit Wind oder Sturm wenig oder gar nichts zu tun!«

Dann stellte Helga die Frage, die gerade in der Musik so wichtig ist: »Wie schnell läuft eigentlich der Schall?«

»Ungefähr 330 Meter in der Sekunde! Ganz genau kann man es schwer sagen, weil diese Geschwindigkeit nicht immer gleich ist; es hängt zum Beispiel ein wenig davon ab, ob die Luft, durch die er fliegt, trocken ist oder feucht. Der Schall dringt auch durch Wasser oder durch Holz, aber für die Musik ist eigentlich nur sein ›Fliegen‹ durch die Luft von Wichtigkeit. Wenn wir hier zu Hause Musik machen, ganz gleich welche, ob mit Klavier oder Geige oder ob wir singen, der Klang geht von den Instrumenten oder der Stimme aus durch die Luft an unser Gehör… Und im Konzert oder im Theater ist es nicht anders: Die Musik ›läuft‹ oder ›fliegt‹ durch die Luft zu den Ohren der Hörer. Und das tut sie mit der Geschwindigkeit von ungefähr 330 Metern in der Sekunde.«

»So schnell!«, staunten unsere drei Kleinsten: Claudia, Daniel und Evelyn. Fabian wiegte nachdenklich den Kopf, aber noch bevor er etwas sagen konnte, riefen Helga und Alexander: »Das ist gar nicht sehr schnell!«

»So schnell kann doch niemand laufen?«, fragte Evelyn.

»Nein, niemand! Auch das schnellste Auto kommt da nicht mit. Mit dem Flugzeug allerdings hat der Mensch solche Geschwindigkeiten schon erreicht…«

»Das nennt man dann ›Überschallgeschwindigkeit‹?«, wollte Alexander wissen.

»Genau! Weil es eben schneller ist als der Schall! Auch die Raketen, mit denen wir ins Weltall fliegen, sind schneller als der Schall…, sie müssen schneller sein, weil sonst die Flugdauer zu lange wäre!«

»Ist das die höchste Geschwindigkeit, die es gibt?«, fragte Alexander.

»O nein, bei weitem nicht!«, erklärte ich ihm, während ich auf den Himmel hinaus nach Süden blickte, wo über dem Wald hinter dem See eine schwarze Wolke aufgezogen war. »Mir scheint, wir werden heute noch die höchste

Geschwindigkeit erleben...« Alle schauten mich neugierig an.

»Der Blitz?«, fragte Helga. Ich nickte zustimmend.

»Hu, ein Gewitter«, fürchtete sich Claudia, und Daniel machte ebenfalls ein ängstliches Gesicht.

»Es ist ja noch weit weg...«, beruhigte Helga die beiden Kleinen. »Ja«, bestätigte ich, »die Wolken, die das Gewitter bringen, fliegen nicht so schnell wie der Blitz!«

Das Geratter eines Zuges wurde hörbar, tauchte auf, schwoll an, dann wieder ab und verschwand in wenigen Sekunden. »Den höre ich auch nur bei Südwind...«, stellte ich fest. »Kinder, ich habe eine Idee«, sagte ich, lief geschwind in mein Studio und brachte ein paar unbeschriebene Bogen Papier und ein paar Bleistifte: »Setzt euch ins Gras, es ist schön warm von der Sonne..., und nun wollen wir einmal eine Zeit lang – sagen wir fünf Minuten – ganz still sein und genau beobachten, welche Klänge wir wahrnehmen..., und die schreiben wir schnell auf... Ich bin neugierig, ob ihr gut beobachten könnt.« Ich selbst hatte auch ein Papier behalten und nahm einen Bleistift zur Hand. Und los ging's.

Zuerst quakte ein Frosch – wahrscheinlich mein alter Freund, der jeden Abend das große Froschkonzert einleitete. Aber es war doch noch längst nicht seine Zeit? Das Konzert der hundert Frösche am Westrand des Sees begann stets eine Stunde vor Sonnenuntergang – jetzt aber hatte es eben erst vier Uhr geschlagen, und das im Sommer! Nein, dachte ich, da muss es einen besonderen Grund geben... Bald würde ich es wissen...

Bei diesem einen und lauten »Quak!« wollte Claudia etwas sagen, aber ich legte sofort den Finger auf meine Lippen, und ihr Bruder, der neben ihr saß, hielt ihr sogar mit seiner Hand den Mund zu, was sie zu einem Biss nutzte. Es brach kein Kampf aus, weil Alexander ein kluger Junge ist, der sich mit schmerzverzogenem Gesicht die Hand an der Hose rieb, ohne etwas zu sagen. Alle anderen schrieben, so weit ich ihre Blätter auf dem Rasen sehen konnte: »Frosch«. Das fand ich besonders nett, weil meine Freunde, um mich zu ärgern, immer von »Kröten« sprachen. Warum sollte aber eine Kröte überhaupt ein weniger nettes Tier sein als ein Frosch? Meine Gedanken schweiften ab, aber das Geklapper von Pferdehufen auf der Straße vor meinem Haus rief mich in die Wirklichkeit zurück. Ich sah, wie alle Kinder wieder ein Wort auf ihre weiße Seite schrieben, die Großen schnell, die Kleinen langsamer. Dann kamen hintereinander mehrere Klänge: ein Kuckuck wurde im Wald vernehmbar, dann ein Specht, der ein wahres Getrommel losließ... Dazwischen das leise Piepsen eines kleinen Vogels – ob die Kinder das mitbekamen? Ein Zug in der Ferne, sein langes Geratter – vielleicht ein Güterzug? – wurde noch übertönt durch ein hoch oben vorüberziehendes Flugzeug. Wildes Geschnatter zweier Enten, die aus geringer Höhe auf die Wasseroberfläche zusteuerten und ihr Nest im Schilf aufsuchten. Das Bremsen zweier Autos auf der Straße. Die Stimme meiner lieben Therese, die wohl aus der Küche heraus einer Nachbarin etwas zurief. Eigentlich war es sehr still ringsum – und doch: so viele Geräusche! Da, ein Riesenlärm: Renzo stürzte aus dem Haus und jagte mitten durch die Kinder, riss zwei oder drei Blätter mit, die auf dem Rasen lagen, und war in höchstens zwei Sekunden verschwunden; man vernahm nur noch sein wütendes Gebell und das zarte Miauen einer Katze, die wahrscheinlich längst auf einem Baum saß und den dummen Hund verspottete, der nicht klettern konnte... Als Renzo wieder still wurde, hörte man den wunderschönen Gesang eines Vogels aus der Luft über dem See; leider erlaubten meine mangelnden zoologischen Kenntnisse – Vogelkunde heißt, glaube ich, Ornithologie – nicht, seinen Namen anzugeben. Nur noch Sekunden fehlten zur Vollendung der fünf Minuten, die wir uns als Frist gestellt hatten. Da setzte ein leises Grollen ein. Wir alle hoben den Kopf und sahen die schwarze Wolkenwand, die über dem Wald im Süden aufgezogen und schon ein gutes Stück näher gekommen war. Ich sah, wie die Kinder an das Ende ihrer Liste das Wort »Donner« setzten, dann war unser kleines Spiel zu Ende. Helga und Alexander, die ein paar Schritte entfernt saßen, standen auf und übergaben mir ihre »Arbeit«, gerade als wären wir in der Schule. Die Kleinen, rund um mich, reichten mir ihre Blätter; bei einem Blick auf die noch ungelenk geschriebenen Buchstaben Claudias las ich im Drüberhuschen: Eisenban, Auto, Renzo, Kukuk, Doner...

In diesem Augenblick ertönte ein Knall, der alles erzittern ließ. Alle schauten mich an. »Da hat ein Flugzeug die Schallmauer durchbrochen...«, versuchte ich zu erklären. Und sofort fragte Claudia: »Ist sie jetzt kaputt?« Was sollte ich antworten? Wer hatte mir das je erklärt? »Das weiß ich wirklich nicht«, sagte ich, »und niemand kann es sehen, denn diese Schallmauer ist aus Luft. Sie wird durchbrochen – so nennt man das –, wenn ein Flugzeug seine Geschwindigkeit so beschleunigt, dass es schneller wird als der Schall. Und der Schall ›fliegt‹, das wissen wir ja schon, ungefähr 300 Meter in der Sekunde.«

Alexander nahm das Blatt, das er mir bereits gegeben hatte, rasch noch einmal zu sich und rechnete: »300 Meter in der Sekunde..., 3000 Meter, das sind 3 Kilometer in zehn Sekunden... Sechsmal so viel in der Minute: das sind 18 Kilometer.« Seine Kameraden staunten. Nun rechnete er weiter: von der Minute zur Stunde..., und nach kurzer Zeit verkündete er stolz, der Schall gelange in einer Stunde sechzigmal 18 Kilometer weit..., das seien ja über tausend Kilometer! Fabian zog einen kleinen Taschenrechner aus seiner Hose, bot ihn Alexander an, aber der wies ihn zurück, während er rechnete. Alexander hatte im Kopf und auf dem Papier gerechnet. Ich gratulierte ihm, denn ich finde es nicht gut, wenn der Mensch sich seines Verstandes gar nicht mehr bedienen will und sich nur auf Maschinen und Apparate verlässt. »Ist doch viel einfacher mit so einem Dings da…«, meinte, ein wenig gekränkt, Fabian. »Einfacher ja, und auch schneller, aber so wird in ein paar Jahren niemand mehr im Stande sein, selbst nachzudenken und sich irgend etwas zu überlegen.« Doch ich merkte, dass dies ein schwieriges Thema war. Um abzulenken, sagte ich: »Wenn also ein Flugzeug die so genannte Schallgrenze erreicht und weiter beschleunigt, dann ›durchbricht‹ es die Schallmauer, wie man sagt. Das darf es eigentlich nie über bewohnten Gegenden oder gar in der Nähe von Dörfern oder Städten, denn der Knall, den wir jetzt gehört haben, ist gefährlich. Er kann Fenster zersplittern lassen, Risse in Hauswänden verursachen, Dächer abdecken…, vor allem aber das menschliche Gehör schädigen, das heißt, das Trommelfell beschädigen oder gar zerreißen.«

»Der Flieger grade hat es aber doch getan?«, wunderte sich Helga.

»Vielleicht hat er rasch nach Hause gewollt, bevor das Gewitter losgeht?«, meinte Fabian. »Vielleicht hat er es gar nicht gewollt«, warf ich ein. »Wenn er sehr schnell fliegt, nahe der Schallgrenze, also mit mehr als den 1000 Kilometern in der Stunde, die Alexander ausgerechnet hat, und wenn ihn plötzlich ein Windstoß ereilt, wie Gewitter sie oben in den Lüften manchmal verursachen, dann schiebt dieser ihn vielleicht über die Grenze… Im Allgemeinen haben die Piloten heute keine Angst vor Gewittern, aber wenn sie es können, so machen sie doch lieber einen Bogen um deren Kern.« »Keine Angst vor Blitzen?«, staunte Helga. »Nein«, versuchte ich zu erklären, »denn Gefahr besteht bei Blitzschlag nur für Gegenstände oder Menschen, die mit der Erde verbunden sind…« O je, o je, meine armen Physikkenntnisse wurden heute arg strapaziert…

Das Gewitter erbarmte sich meiner, es rückte so schnell näher, dass wir den schwarzen Wolkensaum buchstäblich auf uns zusausen sahen. Ein Gewitterrand glüht manchmal golden, denn dahinter steht vielleicht die Sonne am Himmel und beleuchtet die Wolken von oben, was wunderschön aussieht. Wir aber packten schnell alles zusammen und liefen die paar Schritte bis zum Haus, denn in Sekunden hatte der Wind eine gewaltige Stärke erreicht und erste dicke Tropfen prasselten auf den See und das Gras, auf dem wir eben noch gemütlich gesessen hatten.

Wir saßen im Zimmer, dessen Fenster und Tür wir sofort schließen mussten. Es war, als würde das Unwetter das Haus fortreißen, aber der Wind raste und heulte, Blitze zuckten ungeheuer grell alle paar Sekunden, und mit gewaltiger Wucht schienen sie recht nahe in der Umgebung einzuschlagen. Es donnerte nun ununterbrochen wie mit hundert riesigen Pauken... Claudia saß ganz still, eng an mich geschmiegt, und schlug hie und da die Händchen vor ihr Gesicht. Daniel lachte, aber man merkte, dass er es nur tat, um nicht zu weinen. Evelyn erwies sich als tapfer, mit Helga und Alexander blickte sie hinaus in die tobende Natur. Es war fast nachtdunkel geworden, vom Garten, vom See, vom Wald war nichts mehr zu sehen, ein Vorhang aus Wasser, in den der Regen sich verwandelt hatte, stürzte aus der Höhe und trommelte wie besessen auf das Dach.

Ich weiß nicht, wie lange diese Hölle anhielt. Das elektrische Licht hatte beim Näherrücken des Gewitters mehrmals geflackert und war nun gänzlich ausgegangen: Ein Blitz musste eine Elektrizitätszentrale getroffen haben. Ja, es dauerte viele Minuten lang, bis es allmählich wieder ein wenig heller wurde und der Lärm, in dessen Mitte wir saßen, ein wenig leiser zu werden schien. Dann verschwand, so schnell er sich gebildet hatte, der Regenvorhang, durch die letzten Tropfen kam mein See wieder zum Vorschein – ob den Enten und Fröschen, meinen lieben Freunden, nichts geschehen war? –, und allmählich tauchte auch der Wald wieder auf, weniger dunkel als vorher, schien mir, als habe der gewaltige Regen seine Farben frisch gewaschen. Die Lampen im Zimmer waren wieder angegangen. Wir sahen uns an und lächelten einander zu.

»Das war Spitze!«, fand Alexander und die anderen stimmten ihm zu, wobei einige noch Erzählungen von Gewittern hinzufügten, die sie früher irgendwo erlebt hatten. Dann nahm Alexander das Wort und lenkte unser Gespräch wieder zur Musik zurück: »Der Donner ist natürlich ein Geräusch und kein Ton«, sagte er. »Natürlich«, bestätigte ich. »Schau, vielleicht kann man den Unterschied ganz einfach ausdrücken: Wenn du den Klang mit der Stimme oder durch Pfeifen nachmachen kannst, dann ist es ein Ton – wenn nicht, dann ein Geräusch. Und den Donner kann man nicht nachsingen oder nachpfeifen...« »Das Flugzeuggeräusch, also die Motoren, auch nicht...«, ergänzte Helga. »Und das Bellen von Renzo?«, wollte Claudia wissen. »Renzo kann bellen, sogar sehr schön, glaube ich – aber er kann nicht singen.« »Warum kann Renzo nicht singen?«, fragte Claudia. »Weil sein Kehlkopf ganz anders ist als der des Menschen.« »Ist er musikalisch?«, wollte Evelyn wissen, und Claudia schloss sich ihr sofort an. »O ja!«, antwortete ich fest und bestimmt, und ahnte noch nicht, welche Folgen diese Antwort haben würde. »Wie schön Vögel singen können, das wisst ihr natürlich alle. Sie verständigen sich durch ihren Gesang, aber er scheint ihnen auch Spaß zu machen... Wie verständigen sich andere Tiere? Ich bin fest davon überzeugt, dass sie sich alle miteinander verständigen können..., vielleicht nur die Ameisen mit den Ameisen, die Fliegen mit den Fliegen, die Löwen mit den Löwen, so wie eben die Menschen mit den Menschen, auch wenn sie nicht die gleiche Sprache sprechen. Bei einigen Tierarten ist in den letzten Jahren ziemlich viel über deren Verständigung erforscht worden – und da gibt es phantastische Dinge: Die Wale und Delfine im Meer verständigen sich nicht nur sicher ebenso gut wie wir Menschen, sie können ihre Botschaften sogar über riesige Entfernungen sozusagen ›ausstrahlen‹! Überhaupt: Das alte Wort von den ›stummen‹ Fischen hält heute längst kein Wissenschaftler mehr für wahr! Natürlich sind auch die Ameisen nicht stumm – sie bauen ja riesige Staaten, haben eine wohl geordnete Gesellschaft, wie sie der Mensch seit Jahrtausenden aufzubauen versucht. Die Bienen müssen eine Sprache haben, und wer weiß, wieviele Tiere noch! Allerdings sind das keine Verständigungen wie die unsere, also nicht mit Stimme und Gehör, nicht mit Sprache wie bei uns.«

»Gehen wir doch einmal in den Zoo!«, rief Claudia, nun wieder ganz fröhlich, da das Gewitter deutlich im Abzug war, nur noch selten Blitze sichtbar wurden und die Donner recht weit entfernt grollten. »Aber Claudia«, wandte ich sanft ein, »du wolltest doch über Musik mit mir reden..., nicht wahr?« »Das ist ja Musik, wenn wir wissen wollen, ob Tiere musikalisch sind?«, antwortete sie – und eigentlich hatte sie recht. »Gut«, sagte ich, »wir werden einmal in den Zoologischen Garten gehen...« »Mit Instrumenten?«, sagte Daniel überraschend und die beiden anderen Kleinen pflichteten ihm begeistert bei. Ich lachte nur und wollte damit der Diskussion über die Musikalität der Tiere ein Ende bereiten. »Ich will probieren, ob die Affen musikalisch sind«, schlug Claudia vor. »Es sind ja deine Verwandten...«, ließ Fabian vernehmen. Claudia fuhr auf und wollte ihm die Augen auskratzen – aber ihr Bruder erwischte sie noch rechtzeitig, sehr ruhig sagte er zu Fabian: »Es sind ja auch deine Verwandten..., und meine auch.« »Und ich finde sie sehr nett und lustig«, sagte Evelyn. Der Krach war beigelegt.

Da fragte Helga endlich wieder etwas Vernünftiges: »Ist das wirklich so oder kommt es mir nur so vor: Zwischen einem Blitz und dem Donner, der ihm folgt, ist nun ein längerer Zeitabstand... Als das Gewitter über uns war, kamen beide gleichzeitig..., stimmt das?«

»Fein, Helga, das stimmt genau, und es ist auch leicht zu erklären! Der Schall läuft..., wie weit in der Sekunde?«

»Dreihundert Meter«, antworteten sie, beinahe im Chor.

»Dreihundert Meter, das sind ungefähr drei Ecken weit im Häusermeer der Städte. Der Blitz aber ist Licht, ist Elektrizität, und der lacht über so winzige Distanzen! Der Blitz, das Licht, läuft dreihunderttausend Kilometer in der Sekunde! Wir können uns das nicht einmal vorstellen. Dreihunderttausend Kilometer: Das heißt siebenmal rund um die ganze Erde, dort wo sie am dicksten ist, am Äquator! In einer einzigen Sekunde! Und nun denkt euch: Blitz und Donner entstehen gleichzeitig, sagen wir durch den Zusammenstoß zweier Wolken mit verschiedener Temperatur. Und im selben Augenblick, da sie entstehen, beginnen sie sich auszubreiten. Der Donner kommt nur 300 Meter weit, eine sehr kleine Strecke, der Blitz aber ist in derselben Sekunde siebenmal um die Welt gerast. Den Blitz sehen wir – man kann es ruhig ein wenig vereinfachen, damit es recht deutlich wird – im gleichen Augenblick, in dem er ein paar hundert oder tausend Meter über der Erde entsteht, der Donner aber macht sich dann erst mühsam auf den Weg. Und bis er zu uns kommt, vergehen viele Sekunden... Nehmen wir an, das Gewitter sei nun schon zehn Kilometer von uns weitergezogen; dann sehen wir den Blitz immer noch nahezu im gleichen Augenblick, in dem er entsteht, der Donner aber benötigt seine Zeit, bis wir ihn hören..., nämlich?«

Alexander war gleich wieder zur Stelle und rechnete: »Zu einem Kilometer braucht der Donner... ungefähr drei Sekunden. Zehn Kilometer – das gibt... 30 Sekunden! Eine halbe Minute! Das ist ziemlich lange..., beim Sport kommt es oft auf halbe Sekunden an, auf Zehntelsekunden sogar und noch weniger...«

»Nun versteht ihr, warum wir, wie Helga beobachtet hat, den Blitz sehen, und erst später, manchmal viel später hören wir den Donner! Genug vom Gewitter – wenn ihr wollt, könnt ihr in Zukunft immer ausrechnen, wie weit ein Gewitter noch von euch entfernt ist, wenn ihr die ersten Blitze seht und den ersten Donner hört…, aber bei der Geschwindigkeit des Klangs möchte ich noch ein wenig bleiben. Wir werden bald in ein Konzert gehen, in wenigen Tagen fangen ja die großen Konzerte nach der Sommerpause wieder an. Da gehen wir in den großen Konzertsaal, dort wird das Städtische Sinfonie-Orchester spielen. So einen wie unseren Saal gibt es tausende auf der Welt: einige größer, andere kleiner…, und wenn so ein Saal gebaut wird, dann müssen die Architekten und Baumeister gut ausrechnen, wie sie ihm die beste ›Akustik‹ geben können. Denn von dieser Akustik hängt die Schönheit des Klangs ab, die Stärke, die Gleichmäßigkeit, mit der die Musik sich verbreitet und gehört wird, wenn sie sich von ihrem Entstehungsort, dem Podium – oder der Bühne im Theater – verbreitet. Ein Saal, der diese Klänge gleichmäßig gut in alle Richtungen gelangen lässt – so wie die kleinen Wellen im Teich, erinnert ihr euch? – und der den Klang zu allen Zuhörern dringen lässt, ohne dass er schwächer wird, einem solchen Saal bestätigt man, er habe eine ›gute Akustik‹, und nur das macht ihn zu einem guten Konzertsaal! Nun aber noch etwas Wichtiges. Wie lang ist so ein Saal? Nun, das ist sehr verschieden. Denken wir der Einfachheit halber an einen der großen Säle in der Welt, und nehmen wir an, er habe eine Länge von hundert Metern – das ist sehr viel, aber zum Rechnen ist das am einfachsten. Der Klang geht vom Podium aus und läuft durch den Saal…, nach hundert Metern stößt er auf ein Hindernis: die Hinterwand des Saals. An die Seitenwände ist der Schall natürlich schon viel früher geprallt. Wisst ihr, was mit einem Klang geschieht, der auf ein Hindernis stößt?«

»Er prallt zurück..., es gibt ein Echo!«, antwortete Alexander.

»Richtig..., aber denkt euch, was das für ein Wirrwarr sein kann..., der Klang kommt, der Hörer in der letzten Reihe hört ihn, und dann prallt er an die Wand und kommt, normalerweise, in der umgekehrten Richtung zurück, nach vorne... Das Echo muss immer ein wenig später kommen als der Schall, denn der läuft hin und dann zurück, und bis er wieder zu den Ohren des Hörers in der letzten Reihe kommt, ist eine kleine Zeit, aber doch eine Zeit vergangen. Und so hört der Zuhörer den gleichen Musikklang zweimal..., und nicht genau gleichzeitig. Das ist für die Musik natürlich unmöglich, denn auf diese Art wird jeder Klang verzerrt. Also muss der Baumeister auch an die Frage des Echos denken! Er muss es so weit wie möglich zu vermeiden suchen! Die Wände eines Konzertsaals sollten aus einem Material gebaut sein, das den Klang ›aufsaugt‹ und nur ganz wenig von ihm als Echo zurückwirft! Das ist eine schwierige Aufgabe für den Erbauer eines Theaters oder eines Konzertsaals! Denn es kommt noch etwas hinzu: Der leere Saal hat eine andere Akustik als der volle! Man muss also, wenn man einen neuen Saal ausprobieren will, und das nicht einmal, sondern zehnmal und fünfzigmal, ihn nicht nur leer ausprobieren, sondern zur Hälfte oder zur Gänze mit Publikum gefüllt! Doch auch das löst noch nicht die Probleme: Ein Saal kann für Singstimmen sehr geeignet sein, für Instrumente aber schlecht klingen! Oder er hat für ›hohe Frequenzen‹, also hohe Töne, eine bessere Wiedergabe als für ›tiefe‹! Das sind interessante Fragen, und ich glaube, wir werden noch mehr als einmal auf sie zu sprechen kommen.«

»Wie ist das aber, wenn wir im Radio oder im Fernsehen ein Konzert hören, das weit von uns entfernt gespielt oder gesungen wird? Da kann doch der Klang nicht so langsam laufen, mit 300 Metern in der Sekunde...?«, fragte Helga.

»Natürlich nicht! Denk einmal ans Telefon: Du hast eine Freundin auf der anderen Seite unserer Stadt und rufst sie jeden Tag an..., ihr Haus liegt ungefähr zehn Kilometer von deinem entfernt. Wenn der Klang deiner Stimme nun mit 300 Metern in der Sekunde läuft, so braucht er mehr als eine halbe Minute, bis er bei ihr ankommt. Du sagst: ›Hallo, Annemarie...‹, und erst in einer halben Minute hört sie deinen Gruß und antwortet ›Hallo, Helga...‹, und bis du das hörst, ist eine ganze Minute vergangen, seit du die ersten Worte gesagt hast! Das wäre ein lustiges Gespräch! Es würde übrigens gar nicht möglich sein, denn eure Stimmen wären gar nicht stark genug, um über so weite Entfernungen zu dringen... Nein, das Telefon wurde erst möglich, als es – um 1870 – durch die Umwandlung der akustischen Wellen, der Klangwellen also, in elektrische Wellen und durch die Erfindung des Mikrophons möglich wurde, die Geschwindigkeit des Lichts für die Übertragung von Klängen auszunützen... Das heißt ganz einfach: Nun konnte der Klang tausende Male schneller laufen als vorher, man konnte telefonieren über jede beliebige Entfernung...«

»So geht ja auch das Radio...«, sagte Alexander.

»Genau! Der Klang der Stimme oder der Musik wird sofort nach seinem Entstehen in elektrische Wellen umgewandelt und kann an jeden Punkt auf der Erde geschickt werden und weit in den Weltraum hinaus. Allerdings müssen beim Aussenden um die Erde mehrere Zwischenstationen eingeschaltet werden, aber nicht etwa, weil die Kraft nicht ausreichte für solche Distanzen, sondern ganz einfach, weil die Erde bekanntlich rund ist und der Strahl der Wellen geradeaus geht, also von der Erde wegläuft und geradeaus ins Weltall rast... Er muss also immer wieder von einer Zwischenstation sozusagen ›zurechtgebogen‹ werden, um auf der Erde zu bleiben. Wir können uns heute eine Welt ohne diese elektrischen Wellen gar nicht mehr vorstellen: Es gäbe ohne diese Umwandlung von Klangwellen in elektrische Wellen – und natürlich am Zielort die Rückverwandlung der elektrischen Wellen in Klangwellen – kein Telefon, kein Radio, kein Fernsehen. Denn wozu man am Anfang noch Drähte brauchte, um den Strom hindurchzuleiten, das ist längst ›drahtlos‹ geworden. Das 19. Jahrhundert hat eine unglaubliche Fülle von Erfindungen gebracht, und viele hängen eng mit der Musik zusammen – darum haben wir jetzt ein paar Worte davon gesprochen. Wir werden das sicher noch oft tun, denn in den letzten hundert Jahren hat das Musikleben durch diese Veränderungen, Erfindungen, Entdeckungen eine bedeutende Wandlung durchgemacht. Es ist höchste Zeit, dass wir anfangen, über die Musik selbst zu sprechen…, über die Töne…, wie sie zusammengesetzt werden können, wie sie zusammenklingen, und vieles, was eben die Musik ausmacht…«

Ein wunderschöner, klarer Abend war inzwischen angebrochen. Garten, Teich und Wald leuchteten in ihren schönsten Farben. Am westlichen Rand des Himmels sahen wir die Sonne als glutroten Ball untergehen. Der dicke Frosch begann soeben, mit nur geringfügiger Verspätung, sein Abendkonzert. Die Enten ließen sich vernehmen, über den dunkelnden Himmel strichen, als freuten sie sich über das abgezogene Gewitter, ein paar letzte Vögel… Vor einer Stunde hatte es fast nach Weltuntergang ausgesehen, und nun schien alles aufzuatmen, die wundervoll klare Luft zu genießen und froh zur Ruhe zu gehen. Morgen würde ja auch wieder ein Tag sein!

»Lauft heute nicht durch den Garten«, sagte ich zu den Kindern, »es ist alles noch voll Wasser.« Aber es störte sie nicht, sie lachten und sprangen so lustig davon, dass es bei jedem ihrer Schritte hoch aufspritzte. »Auf morgen!«, scholl es noch lange über die Gärten, und Renzo, der während des Gewitters nicht zu sehen gewesen war – er lag unter dem Sofa, wo er einen Platz für solche Gelegenheiten hatte, denn Krach liebte er nun einmal nicht –, bellte den Kindern seinen Abschiedsgruß nach. Ihn interessierte kaum, wie weit der dringen konnte, mit welcher Geschwindigkeit der »lief« oder »flog«; er freute sich, die Kinder auf ihrem Heimweg mit seiner Stimme begleiten zu können.

4. KAPITEL

Im Takte der Musik...

🎵 Wieder zwei Neue! Als ich am ersten Nachmittag so locker gesagt hatte: »Ihr könnt natürlich auch Freunde oder Kameraden mitbringen«, da hatte ich wirklich nicht gedacht, dass sich mein Musikzimmer so schnell füllen würde! Die Neuankömmlinge hießen Patrick und Gaby. Den Jungen hatte Fabian mitgebracht, das Mädchen Helga. Patrick war ein großer Sportler: Er war Mitglied der Jugendmannschaft des Fußballklubs und jeden Tag auf dem Sportplatz zu finden, wo er den Erwachsenen auch bei anderen Sportarten zuschaute. Und sein Wochenende gehört, wie er mir gleich erzählte, ganz dem Sport: »Da kann ich natürlich nicht kommen«, entschuldigte er sich. »Das macht nichts«, sagte ich, »zu mir, das heißt: zur Musik, kommen die Kinder freiwillig, wenn sie Lust haben, wenn es ihnen Freude macht.« Patrick machte ein so komisches Gesicht, dass die anderen, die unser Gespräch gehört hatten, ein wenig lächelten. Gaby aber war ein ganz anderer Fall. Sie gehörte zu den Größeren unter uns, war ungefähr so alt wie Helga und eine gute Zuhörerin, wie sich bald zeigte. Helga vertraute mir an, dass Gaby gern las und schon viele Bücher »verschlungen« hatte, wie sie sich ausdrückte. Und wer gern liest, der hört auch gern Musik – das ist eine alte Erfahrung.

Renzo war schon vorher aufgesprungen und den Kindern durch die Tür, die während des ganzen Sommers zumeist offenstand, entgegengelaufen. Sie hatten sich einen richtigen »Einzug« ausgedacht: der Größe nach hatten sie eine Reihe gebildet, Claudia natürlich voraus, Alexander am Ende. Und ich brauchte nur an der Türe zu stehen und jedem die Hand zu schütteln, wobei wir einige freundliche Worte wechselten.

»Kinder, setzt euch noch nicht..., bleibt einmal so stehen, wie ihr jetzt hereingekommen seid! Ich werde ein wenig Klavier spielen und ihr geht ganz einfach im Takt ringsum durch das Zimmer.« Sie sahen mich verwundert an: Das war doch wirklich zu leicht... »Glaubt das nicht«, warnte ich sie, »ich möchte wetten, dass nicht alle genau im Takt gehen können.« »Oho! Wir wetten!« Ich begann, einen kleinen Marsch zu spielen. Einige erfassten sofort, was die Aufgabe war: die Füße so zu setzen, dass bei jeder Betonung der Musik – 1,2,1,2,1,2...– ein Fuß auf den Boden gesetzt werden musste: eben ein kleiner Marsch, links, rechts, links, rechts... Sofort stellte sich heraus, dass das einigen Kindern ein wenig Mühe bereitete. Ihr Gehen stimmte nicht genau mit meinem Spiel überein. Sie gingen nicht »im Takt«. Am ungeschicktesten war Fabian, der seine Beine nicht der Musik anpassen konnte. Am hübschesten machte es Evelyn, unsere kleine Tänzerin, sie machte es nicht nur genau richtig im Takt, sie bewegte sich dabei auch noch sehr anmutig, wobei sie auch die Arme etwas bewegte. Sogar die Geigerin Helga brauchte ein paar Sekunden, bis ihre Füße genau den Takt gefunden hatten.

Dann veränderte ich das »Tempo«. Dieses Wort kannten alle, es kommt ja nicht nur in der Musik vor. Patrick horchte auf: Er hörte das Wort täglich auf seinem Sportplatz. »Tempo«, sagte ich, »das bedeutet ganz einfach ›Geschwindigkeit‹. Ein Mensch geht rasch, ein anderer langsam, jeder hat seine eigene Geschwindigkeit, sein eigenes Tempo. Natürlich kann er das Tempo verändern, kann schneller werden, langsamer werden, nicht nur beim Gehen oder Laufen, sondern auch beim Schreiben, beim Lesen, beim Essen, auch beim Denken, beim Sprechen... Ich glaube, das Tempo gehört zu jedem Menschen, wie die Farbe seiner Haare, seiner Augen... Und nun sollt ihr eben euer Tempo der Musik anpassen, die ihr hört.« Mit jedem Augenblick wurde die Bewegung der Kinder »richtiger«, sie passte immer genauer zur Musik. Ich erklärte ihnen noch, dass sie weniger nachdenken und sich mehr auf ihr Gefühl verlassen sollten... Das ist natürlich leichter gesagt als getan. Aber dann »fühlten« sie den »Takt«, ließen ihren Körper locker dahingehen: Sie merkten, wie ihr Körper sich allmählich ganz von selbst so einstellte, dass er nicht mehr »gegen« die Musik gehen wollte, sondern genau im Einklang mit ihr.

Nach ein paar Minuten waren die gröbsten Schwierigkeiten überwunden. Sogar Fabian – dem ein paar Mal Evelyn zu Hilfe gekommen war – begann, den »Takt« zu spüren und dieses Gefühl auf seine Beine, auf seinen Körper zu übertragen. Evelyn hatte gesehen, wie hilflos der Junge umhergetapst war, und auf eine kleine Kopfbewegung von mir ging sie an seine Seite und leitete ihn, der nun genau auf sie blickte, zu den richtigen Bewegungen – so lange, bis er selbst den Takt zu spüren begann. Ich spielte einmal ein wenig schneller und verlangsamte dann, beinahe unmerklich, das Tempo, wurde wieder schneller und so fort, alles ohne ein Wort zu sagen. Als ich nach vielen Minuten zu spielen aufhörte, schnauften und keuchten einige, als hätte ich eine gewaltige Anstrengung von ihnen verlangt. Dabei war mein »Tempo« nur selten über das des schnellen Gehens hinausgegangen, denn nicht alle spürten genau, wann sie aus dem schnellen Gehen in ein leichtes Laufen übergehen sollten – und umgekehrt. Ich nahm mir vor, solche kleinen Übungen jeden Tag ein paar Minuten mit ihnen zu machen. Und ich war sicher, dass alle es schon am zweiten oder dritten Tag können würden.

»Sie haben die Wette gewonnen!«, sagte Alexander, als ich mein Spiel abbrach. Alle nickten. »Ich will gar keine Wette gewinnen«, sagte ich lachend, »aber ich freue mich, euch etwas so Einfaches gezeigt zu haben, ihr wisst gar nicht, wie wichtig das ist!«

»Die Erwachsenen können das alle?«, fragte Fabian. »Das wäre schön, wenn das alle könnten!«, antwortete ich ihm. »Viele Menschen können es, ohne es zu lernen, aber andere müssen es eben ein wenig üben, wie unser lieber Fabian – aber sie können es alle lernen! Und im Leben ist es wichtiger, als die meisten wissen! Doch mit der ganz einfachen Übung, die wir eben gemacht haben, fängt die Geschichte eigentlich erst an! Über den ›Takt‹ kommen wir zu etwas Schwierigerem, zum ›Rhythmus‹!« Die Kleinen hatten das Wort noch nie gehört, Helga und Gaby und Alexander schienen mich zu verstehen. Ich ging zu der Tafel, die über dem Flügel hing und die ich manchmal dazu benützte, rasch einen Gedanken oder eine Melodie zu notieren. Ich schrieb: R-H-Y-T-H-M-U-S. »Ein schwieriges Wort! Es kommt aus der Sprache, die man vor 2000 Jahren in Griechenland verwendete, und aus der viele Worte noch heute in allen möglichen Teilen der Welt vorkommen... Zum Beispiel: ›Rhythmus‹! Das ist ein besonders wichtiges Wort! Ja, ja, ich meine es ernst! Der Rhythmus bestimmt den Gang der Sterne und Planeten, er bestimmt auch das menschliche Leben! Die meisten Menschen merken es gar nicht, weil der Rhythmus uns allen angeboren ist. Der Rhythmus ist nicht das gleiche wie der Takt oder wie das Tempo, aber irgendwie hängen diese drei Begriffe doch zusammen. Wir haben vom Tempo gesprochen: Das ist einfach die Geschwindigkeit. Der Läufer hat sein Tempo, das Auto hat es, das Flugzeug, die Rakete, die Himmelskörper – und jeder Mensch; ich sagte es schon: Jeder geht anders, spricht anders, jeder hat ›sein Tempo‹, zumeist ohne es überhaupt zu wissen. Der ›Takt‹, das war die Regel, nach der ihr euch bewegt habt, eben ›im Takt‹, und diese Bewegung gibt es in jedem beliebigen Tempo. Und da ist die Bewegung dem ›Rhythmus‹ verwandt. Erklären wollen wir den Rhythmus gar nicht, aber ihr sollt spüren, was und wie er ist.«

Und nun begannen wir ein anderes Spiel. Dazu konnten sich die Kinder bequem niedersetzen, nur ich blieb stehen, stellte mich vor die Gruppe und klatschte in die Hände. Zuerst imitierte ich mit den Händen das, was vorher die Füße getan hatten: gleichmäßige Schläge hintereinander, etwa wie der Gang einer Uhr oder das Schlagen unseres Pulses oder unseres Herzens. Und die Kinder klatschten mit.

»Das ist der einfachste Rhythmus! Er besteht aus lauter gleichen Schlägen. Also haben unser Puls und unser Herz einen Rhythmus. Der hat mit dem Tempo nichts zu tun. Wenn ihr gelaufen seid oder eine schwere Turnübung gemacht habt, so schlägt euer Herz ein wenig schneller, aber es sollte seine Gleichmäßigkeit nicht verlieren. Wenn wir marschieren, so wie wir es gemacht haben, und wenn wir zum Beispiel mit dem linken Fuß stark auftreten und mit dem rechten leiser – so wie Soldaten marschieren –, dann hat dieser Rhythmus zwei Teile oder Phasen oder Zeiten, eben: stark, schwach, stark, schwach und so weiter. Einen solchen Rhythmus besitzt unser Körper im Atem. Einatmen, Ausatmen, Einatmen, Ausatmen… Rasch ein paar Beispiele für natürliche Rhythmen, also für Rhythmen, die in der Natur vorkommen…«

»Die Jahreszeiten!«, schlug Gaby vor. »Ganz richtig!«, lobte ich sie: »Frühling, Sommer, Herbst, Winter…, das ist ein Rhythmus. Jetzt merkt ihr vielleicht schon ein wichtiges Merkmal des Rhythmus: Er ist eine Bewegung, die sich immer wiederholt!«

»Die Sonne! Und der Mond«, warf Helga ein. »Auch richtig!«, stimmte ich zu, wenn dies auch Rhythmen sind, die nicht ganz so einfach verlaufen. »Die Sonne nimmt von ihrer kürzesten Sichtbarkeit bei uns täglich zu, bis es zu ihrem längsten Scheinen kommt, und von da an geht sie den umgekehrten Weg zurück... Das wisst ihr ja..., aber auch das ist eine Bewegung, die sich immer wiederholt, also ein Rhythmus! Und der Mond, ganz genauso! Er ist voll, nimmt dann ab über den Halbmond bis zu seinem völligen Verschwinden, dem Neumond,... und dann geht es wieder ›aufwärts‹, gewissermaßen bis zum Vollmond. Das sind Rhythmen, denn sie wiederholen sich immer wieder. Sie sind zwar an jedem Punkt der Erde anders – wenn die Sonne bei uns ihren kleinsten Bogen macht, wir also Winter haben, hat die andere, die ›südliche‹ Hälfte unserer Erde Sommer, weil die Sonne dort eben ihren größten Bogen ausführt – aber ihr habt recht: Das sind Rhythmen! Damit hängt übrigens auch der Rhythmus des Meeres zusammen: Durch den Einfluss des Mondes entstehen Ebbe und Flut – auch das ist ein Rhythmus, eine Bewegung, die sich immer wiederholt!«

Die Kinder dachten nach. Alexander blickte auf, ich schaute ihn fragend an. »Wachen und Schlaf..., ist das auch ein Rhythmus?« Ich dachte einen Augenblick nach, bevor ich antwortete: »Ja, es ist ein Rhythmus, wenn er auch bei jedem Menschen verschieden ist. Wahrscheinlich schläft deine kleine Schwester Claudia länger als du...« »Gar nicht wahr!«, rief Claudia entrüstet. »Am Sonntag muss ich ihn immer wecken gehen!« »Weil ich am Samstag auch viel länger auf bin als sie...«, erklärte Alexander ruhig und freundlich, doch seine Schwester war wieder böse auf ihn. »Zu den natürlichen Rhythmen kommt eine Unzahl, eine wirklich nicht zu zählende Zahl künstlicher Rhythmen, die von Menschen erfunden werden, besonders von Musikern! Wir wollen ein paar davon ausprobieren!«

Und nun klatschte ich in die Hände: einmal lang, einmal kurz, einmal lang, einmal kurz. Um es klarer zu machen, zählte ich dabei bis drei: 1, 2, 3 ... 1, 2, 3 ... Bei meinem ersten Schlag, dem »langen«, zählte ich ganz gleichmäßig 1 und 2, der dritte Schlag kam auf 3, aber sofort kam ein neuer Schlag für 1 und 2, also wieder ein langer:

```
Zählen:    1  2  3  1  2  3  1  2  3
                                       usw.
Schlagen:  X     x  X     x  X     x
```

Die Kinder verstanden sofort: lang-kurz-lang-kurz..., wir klatschten es ein paar Mal. So einfach ist das mit dem Rhythmus? Alle freuten sich. Ich wusste natürlich, dass sie sich zu früh freuten und dass es beim Rhythmus Einfaches gibt, aber auch sehr Kompliziertes. Ganz so wie in der Mathematik: Zwei und zwei, das ist leicht, aber die »höhere« Mathematik kann verteufelt schwer sein ... Doch vorläufig gibt es eine Fülle einfacher Rhythmen. Zum Beispiel: drei gleichmäßige Schläge in die Hände, dann ein langer Schlag ... Bald merkten die Kinder, dass man auch bei diesem Rhythmus zählen kann: Die ersten Schläge kommen auf 1 und 2 und 3, den langen aber kann man am besten drei Zählzeiten aushalten – das ergibt dann einen feinen Rhythmus:

Kurz, kurz, kurz – lang.
Kurz, kurz, kurz – lang.
Oder:
Kurz, kurz – lang.
Kurz, kurz – lang.

Also kurzer Schlag, kurzer Schlag, langer Schlag, der sozusagen zwei Zählzeiten hat, und dann sofort wieder kurz, kurz, lang (zwei Zeiten) usw.

Dann »erfand« ich einfache Rhythmen, die aus kurzen und längeren Schlägen zusammengesetzt waren, im ganzen aber höchstens vier bis fünf Schläge umfassen sollten. Und die Kinder wiederholten diese »Rhythmen«

dann aus dem Gedächtnis. Bei den einfachen Rhythmen ging das sehr geschwind: Die Kinder, auch die kleineren, erfassten den Rhythmus sofort und wiederholten ihn ohne Fehler. Es stellte sich heraus, dass sogar Claudia wacker mithalten konnte, ich lobte sie und sagte ihr, sie habe ein »gutes Gehör«... »Sieht man das?«, fragte sie mich, worauf die Größeren lachten. »Nein, Liebes, das sieht man nicht..., vielleicht sähe man es nicht einmal, wenn man in dein Ohr hineinschauen könnte... So wie man wahrscheinlich auch ein besonders scharfes Auge nicht erkennen kann, wenn man es auch genau untersucht... Und ein gutes Gehör, das ist für die Musik das Allerwichtigste! Darum möchte ich, dass ihr alle ein gutes Gehör bekommt... Ja, ihr habt schon richtig gehört: bekommt, sagte ich! Denn man kann ein Gehör schulen, bilden, verbessern, ja vielleicht sogar bei solchen Kindern entwickeln und entdecken, bei denen die Eltern und manchmal leider auch die Lehrer gemeint haben, es sei einfach nicht vorhanden oder wenigstens nicht so vorhanden, dass man es ›musiktauglich‹ machen könnte! Ja, ja, ihr habt alle ein gutes Gehör, der eine freilich ein besseres als der andere, aber ein Gehör, das zur Freude an der Musik taugt, das habt ihr alle!«

Wir spielten begeistert weiter, fanden immer neue »Rhythmen« und ahnten, dass es sie in riesiger Anzahl gab. Jedes Klatschen bedeutete einen Ton: Und da es Töne in jeder Länge gab – sehr lange, lange, weniger lange, kurze, sehr kurze, sehr schnell aufeinander folgende –, konnten wir ohne Schwierigkeit die verschiedenen Rhythmen klatschen. Es gab natürlich leicht zu erfassende und nachzuahmende Rhythmen, aber es gab auch recht schwierige.

Warum musste ich selbst eigentlich alle Rhythmen erfinden und vorschlagen? Das konnten doch die Kinder selbst tun! Und sie taten es mit großer Freude. Mancher Rhythmus, den sie vorschlugen, war so schwierig, dass wir ihn gar nicht richtig nachmachen konnten. Da setzte ich eine neue Regel fest: Jeder, der einen neuen Rhythmus vorschlug, musste ihn zuerst selbst wiederholen, bevor wir es gemeinsam versuchten. Das Wichtigste war getan! Jedes Kind hatte das Gefühl bekommen, dass Musik und Rhythmus untrennbar zusammengehören, ja dass es ohne Rhythmus keine Musik gab, und keine Musik ohne Rhythmus!

Bis jetzt aber hatten wir nur geklatscht, also gar keine »richtigen« Töne verwendet. Nun aber setzte ich mich an den Flügel und verwandelte jeden vorgeschlagenen, also geklatschten Rhythmus in eine ebenso geordnete Zahl von musikalischen Tönen. Und siehe da, die Sache wurde noch klarer!

»Da sehen wir zugleich etwas Wichtiges: Den Zusammenhang zwischen Geräuschen und Tönen. Nicht alles, was klingt, ist ein Ton, ein musikalischer Ton. Es kann auch ein Geräusch sein. Ihr kennt eine Menge Geräusche – zum Beispiel?«

»Das Rascheln von Papier..., das Quietschen von Rädern in einer Kurve..., der Donner..., das Quaken von Fröschen...«. »Die glauben aber bestimmt, dass sie singen, und Singen ist doch Musik?« »Ja, Singen ist Musik, und Geigenspielen ist auch Musik und Trompeteblasen... Es muss nicht immer schön sein, aber es ist doch Musik...« »Der Lärm eines Flugzeugs..., das Zuschlagen einer Tür..., der Applaus des Publikums...«

»Sehr gut! Da haben wir schon eine Menge von Geräuschen! Aber wie entsteht ein Geräusch? Ganz genau so, wie ein Ton entsteht! Es muss eine Bewegung da sein, und diese erzeugt Schallwellen, also so wie es Wasserwellen gab, als wir Steine in meinen Teich warfen! Aber mit einem Unterschied: Unsere Wasserwellen liefen ganz gleichmäßig, rundum von der Stelle weg, wo sie entstanden. Ähnlich gleichmäßig laufen die Schallwellen, die Töne hervorbringen. Nun geht aber im Leben nicht immer alles glatt und ohne Hindernis: Im Wasser gibt es herausragende Steine, in der Luft kleine und große Hindernisse. Ich nehme diese Beispiele nur, um die Sache leicht verständlich zu machen: Die gleichmäßigen Schallwellen ergeben Töne, die ungleichmäßigen Geräusche. Nun aber etwas sehr Wichtiges: Oft ist der Unterschied zwischen Ton und Geräusch gar nicht sehr groß, und mancher hält etwas für einen Ton, was für einen anderen nur ein Geräusch zu sein scheint! Und noch etwas Wichtiges: In der Musik verwenden wir nicht nur Töne, sondern oft auch Geräusche! Wenn wir ins Konzert gehen werden, zeige ich euch eine ganze Menge von Instrumenten, die wie Geräusche klingen und doch in der Musik eine große und interessante Rolle spielen: die Trommel, das Triangel, das Tamburin, der Gong, das Becken – das können zwei große Metallscheiben sein, die gegeneinander geschlagen werden, oder nur eine Metallscheibe, die mit einem Schlegel zum Klingen gebracht wird – und andere mehr...«

»Die Pauke?«, fragte Alexander.

»Die Pauke gehört zwar auch zu den ›Schlaginstrumenten‹ – so heißt die große Gruppe dieser Instrumente –, aber sie ist doch anders als diejenigen, die wir soeben aufgezählt haben: Die Pauke kann man nämlich stimmen, was bei der Trommel, dem Becken, dem Triangel nicht möglich ist. Der Pauker stimmt sein Instrument (die zwei oder mehr Kessel, die vor ihm auf dem Boden stehen und deren Fell er mit zwei Schlegeln schlägt) regelmäßig vor jedem Musikstück genau so, wie es vom Komponisten zu diesem Stück vorgeschrieben ist... Die Verwendung der Schlaginstrumente gewinnt bei vielen Orchesterwerken eine besondere Bedeutung. Fast würde ich es vergleichen mit der Verwendung des Salzes oder von Gewürzen bei den Speisen, die wir zu uns nehmen...«

»Kann man auch mit Geräuschen allein Musik machen?«, fragte Gaby.

Trommel Triangel Gong

Große Trommel mit Becken Tamburin

Pauke

»Ich würde sagen: Ja. Es gibt viele Gruppen von Musikern auf der Welt, in anderen Ländern und fernen Erdteilen, bei denen die so genannten ›Schlaginstrumente‹ viel größere Bedeutung besitzen als bei uns. Die Schwarzen zum Beispiel kennen vielerlei Arten von Trommeln, die ganz verschiedene Formen und Klänge haben. Auf den Karibischen Inseln wird meisterhaft mit leeren Metallfässern musiziert... Nehmt das alles für Klänge und Schall, ohne euch zu sehr den Kopf zu zerbrechen, ob es unserer Auffassung nach Musik ist oder nicht... Nun aber noch zu einer anderen, wichtigen Frage: Mit wie viel Tönen musiziert der Mensch?«

Die Kinder schauten mich neugierig an: Woher sollten sie das denn wissen? Helga, die Geigerin, schlug vor: »Wir müssen ja nur die Tasten auf dem Klavier zählen, dann wissen wir es!« Ich sagte nur: »Gut..., zählen wir einmal...« Und schon stürzten alle acht zum Flügel und fingen an zu zählen. Die Sache liest sich hier einfacher, als sie in Wirklichkeit war. Denn einige begannen auf der linken Seite zu zählen, die anderen von rechts her – und da sie zum Zählen ihre Finger auf die Tasten legen wollten, entstand ein heilloses Gedränge. Und da die Kleinen nicht nur ihre Finger auf die Tasten legen, sondern zugleich die Tasten niederdrücken wollten, so dass sie einen Ton von sich gaben, erklang ein heilloses Durcheinander von Tönen. Claudia wollte zeigen, dass sie schon sehr weit zählen konnte, aber als sie mit Daniel zusammenstieß, der ebenfalls laut zählte, kamen beide aus dem Gleichgewicht und jeder übernahm die Zahl des anderen... Lautlos – und die Hände nur zum Zählen aus der Distanz verwendend – zählten die »Großen«. Alexander, Helga und Gaby wurden fast gleichzeitig fertig: »56!«, und blickten mich an, um ihr Ergebnis bestätigt zu sehen. Ich aber schüttelte den Kopf. Sie wendeten sich, ein wenig ungläubig, wieder den Tasten zu – der Tastatur oder Klaviatur, wie man diesen Teil des Klaviers oder der Orgel nennt –, aber ich hielt sie davon ab: »Wenn ihr nochmals zählt, werdet ihr den gleichen Fehler noch einmal machen.« Sie verstanden nicht, was ich meinte. Plötzlich schien es Alexander wie ein Blitz durch den Kopf zu fahren: »Die schwarzen Tasten!« Nun nickte ich und auch Helga und Gaby verstanden: Natürlich, die schwarzen Tasten – warum sollten die nicht genauso gezählt werden wie die weißen?

Alexander war schon wieder ans Zählen gegangen. Und während Helga und Gaby wieder von vorne begannen und jetzt alle Tasten der Reihe nach zählten, wobei sie mit dem Finger immer springen mussten, von der tieferliegenden weißen zur höherliegenden schwarzen Taste und wieder zurück, schlug Alexander den rascheren Weg ein. Er wusste ja bereits, dass es 56 weiße Tasten gibt – da brauchte er nur die schwarzen zu zählen und die beiden Zahlen dann zusammenzuzählen... Er zählte 38 schwarze Tasten. Und ebenso rasch hatte er addiert: 56 und 38..., das gibt 94 Tasten... Kurz darauf waren auch die beiden Mädchen so weit und bestätigten: 94 Tasten.

»94 Tasten – das heißt 94 Töne, denn jede Taste bedeutet einen Ton.«

»Auf der Geige gibt es eigentlich nur vier Töne..., alle anderen müssen wir mit den Fingern selbst machen...«, sagte Helga. »Und darum ist Geige zu lernen wahrscheinlich schwerer als Klavier zu spielen«, meinte ich. Helga war stolz und sagte: »Ja, es ist sehr schwer!«

»Die Geige oder Violine, aber auch die Bratsche oder Viola und das Violoncello, haben alle vier Saiten...« Ich nahm eine Geige zur Hand, die nahe dem Klavier auf einem Tischchen lag. »In welcher Hand hält man die Geige?«, fragte ich Helga. »In der linken«, antwortete sie sofort. »Komm«, sagte ich zu ihr, »nimm die Geige einmal in die Hand, so wie du es tust, wenn du spielen willst!« Helga nahm das Instrument ganz oben an seiner dünnsten Stelle in die linke Hand, hob es an den Hals, wo sie es mit der entgegengesetzten Seite, dem runden Geigenkörper, an die Beuge drückte, die zwischen Schulter und Hals liegt. »Und nun zupfe einmal mit der rechten Hand die vier Saiten..., fang mit der dicksten Saite an, die erste..., die zweite..., die dritte..., die vierte... Ihr hört, das klingt ganz anders als die Tasten auf dem Klavier... Auf dem Klavier sind alle Töne vorhanden, mit denen wir Musik machen. Auf der Geige aber nur vier davon. Aber ich habe beim Geigenspiel vier Finger der linken Hand frei, schaut einmal! Mit dem Daumen hält Helga das Instrument fest, die Handfläche stützt das Instrument von unten, und die Finger können von oben auf die Saiten drücken. Vier Finger..., wenn man die niederdrückt, einen nach dem anderen, dorthin, wo sie ganz natürlich hingreifen, dann spielen wir vier Töne..., und wenn diese vier der Reihe nach gespielt sind – mehr Finger haben wir nicht und die ganze Hand zu rücken, lernen wir erst später –, nehmen wir die nächste Saite, die genau fünf Töne höher klingt als die vorige – dann kann ich wieder die vier Finger der Reihe nach niederdrücken, und dann kommt wieder die nächste Saite an die Reihe. Und das ergibt dann, hintereinander gespielt, eine lange Tonreihe, ähnlich der des Klaviers.« Helga machte dies alles, während ich es sagte – und meine kleinen Freunde bekamen, die meisten zum ersten Mal, einen kleinen Begriff davon, wie Instrumente funktionieren können...

Wieder überraschte mich eine gescheite Frage Alexanders, der nachdenklich beim Klavier stand und auf die Tasten schaute: »Warum gibt es eigentlich diese zwei Arten von Tasten, die schwarzen und die weißen?« »Darüber werden wir reden, wenn ich euch von der Musik früherer Zeiten erzählen werde... Zuerst einmal nur das: Die Farbe ist unwichtig, die Tasten könnten genauso gut blau oder grün sein... Warum es aber sozusagen zwei ›Klassen‹ von Tasten gibt, das ist eine lange Geschichte. Zuerst, vor über tausend Jahren, da fand man die ersten

Töne, die man als Grundlage der Musik nehmen wollte. Und auf den Orgeln, die damals schon gebaut wurden, bekam jeder dieser Töne seinen Platz. Auch in der Notenschrift..., die musste mühsam erfunden werden..., brachte man diese ›Grundtöne‹, jeden auf seinem bestimmten Platz unter. Aber als diese ersten Töne schön geordnet waren, fanden die Musikgelehrten immer neue Töne! Und für diese ›Neuen‹ hatte man weder Platz auf dem Instrument noch Platz in der Notenschrift... Die ›alten‹ Töne dachten gar nicht daran, Platz zu machen! Da waren sie wie die Menschen: Wenn die einmal irgendwo einen guten Platz ergattert haben, dann halten sie den fest und sind zumeist nicht bereit, ein kleines Stück zu rücken, damit andere auch Platz finden. Und so musste man sie eben in die zweite, hintere Reihe rücken..., es sind die heutigen ›schwarzen Tasten‹. Und auch beim Schreiben von Noten musste man etwas erfinden, um sie überhaupt benennen und aufschreiben zu können. Und so kamen die Armen in den ganz unverdienten und falschen Ruf, etwas ›Besonderes‹ zu sein, aber nichts Gutes oder Angenehmes, sondern etwas Schwieriges und möglichst wenig zu Verwendendes! Was ganz falsch ist! Die schwarzen Tasten sind genau solche Töne wie die weißen – wenn ich sie spiele und ihr schaut nicht auf die Klaviatur, dann wisst ihr überhaupt nicht, ob schwarze oder weiße Tasten gespielt wurden! Aber da nun das Unglück geschehen ist – vor tausend Jahren! –, müssen wir die Sache nehmen, wie sie eben ist und einfach die Musik so lernen, wie wir sie kennen: mit zweierlei Tasten und mit all den Zeichen in der Notenschrift, die es nun einmal gibt. Natürlich wäre alles viel einfacher, wenn wir die Töne mit Ziffern bezeichnen würden: 1, 2, 3, 4, 5, 6 usw. anstatt mit C, D und einem Cis dazwischen..., wir reden darüber noch in ein paar Tagen, wenn ihr schon viel mehr wissen werdet..., und es wird dann gar nicht schwer sein, ich verspreche es euch... Es gibt, und das könnt ihr euch heute schon merken, an die

100 verschiedene Töne. Denken wir einmal an etwas ganz anderes: In einem Gebäude gibt es 100 Stufen... Schaut dort hinüber, wo die Treppe in den Oberstock meines Hauses anfängt. Zählt die Stufen! Acht! Und nun denkt euch das Haus mit 100 Stufen – das muss also ziemlich hoch sein...«

»Ein Wolkenkratzer..., ein Hochhaus...«, riefen die Kinder.

»Ja, das Klavier ist so eine Art tönendes, klingendes Hochhaus. Wir werden gleich sehen, wieviele Stockwerke es hat... Man sieht die Treppenabsätze nicht so auf den ersten Blick, und wenn wir mit dem Lift hinauffahren, so erkennen wir auch im Hochhaus nicht, ob wir uns beim Aussteigen im zweiten oder im sechsten Stock befinden, nicht wahr?«

»Es steht angeschrieben...«, wendete Fabian ein.

»Auf dem Klavier steht es natürlich nicht, da erkennen wir es nur mit dem Gehör, ob wir in der ›tiefen‹ Zone sind, in der ›mittleren‹ oder in der ›hohen‹... Aber man kann die Stockwerke doch erkennen. Kommt einmal alle um mich herum und schaut auf die Klaviatur.«

»Warum heißt so ein Klavier, wie sie es hier haben, eigentlich ›Flügel‹?«, fragte Claudia.

»Sieht denn dieser große Teil des Instruments, der von den Tasten weit nach hinten verläuft und in dem die Saiten Platz finden – das Klavier ist ja ein Saiteninstrument, das werde ich euch gleich zeigen –, schaut dieser Teil, von oben betrachtet, nicht wie der Flügel eines mächtigen Vogels aus? Diese Form des Klaviers ist viel älter als die kleinere, die aussieht wie eine Kommode mit Tasten davor – man nennt sie zumeist ›Pianino‹, also ›kleines Klavier‹ – und die in den meisten Häusern steht. Das Pianino war eine sehr praktische Erfindung. Es hat ungefähr die gleiche Anzahl von Tasten, also von Tönen oder Noten – manchmal vielleicht ein paar weniger, zwei oben und zwei unten möglicherweise, das ist nicht immer gleich und hat auch kaum eine Bedeutung, da man diese Töne am äußersten Rand ohnedies nur selten verwendet –, und nimmt in den Wohnungen viel weniger Platz ein als ein Flügel... Vor hundert Jahren waren die Häuser der Bürger, die Klaviere besaßen und bei denen das Klavierspiel zu den Selbstverständlichkeiten des Lebens gehörte, viel geräumiger als unsere modernen Wohnungen, da gab es noch eigene Musikzimmer und Musiksalons, also größere Räume, in denen Musik betrieben wurde und eine ganze Menge von Familienmitgliedern oder Freunden zuhören konnte. Natürlich gibt es einen Unterschied im Klang zwischen dem Flügel und dem ›Pianino‹: Der Klang des Flügels ist mächtiger, er dringt auch viel weiter, besonders wenn man den Deckel, den ›Flügel‹ öffnet...« Ich hatte alles, was auf dem Deckel des Flügels lag, weggeräumt – ein Buch, eine kleine Blumenvase, eine Geige – und öffnete das Instrument. Während ich den Deckel mit meiner gestreckten Hand aufgeklappt hielt, nahm ich mit der anderen einen hölzernen Stab, der im Instrument hinter den Tasten befestigt war, und legte auf dessen oberes Ende den hochaufgerichteten ›Flügel‹, den Klavierdeckel. Dann spielte ich einige Töne, ein kleines Musikstück – und die Kinder strahlten, denn es klang viel stärker und sogar vielleicht schöner als bei geschlossenem Deckel. »Wenn ihr in ein Klavierkonzert geht, dann werdet ihr den Flügel immer geöffnet sehen. Wenn das Klavier aber nicht allein spielt, sondern Teil des Orchesters ist oder sich mit einigen wenigen anderen Instrumenten – Geige, Violoncello zum Beispiel – zur so genannten ›Kammermusik‹ zusammentut, dann bleibt der Flügel geschlossen oder er wird nur ein wenig geöffnet. Denn sonst wäre sein Klang viel zu stark! Dann würde man von den anderen Instrumenten fast nichts mehr hören. Auch einen Sänger – an einem so genannten ›Liederabend‹ – begleitet man am Flügel, der nicht zur Gänze geöffnet sein soll... Das Klavier ›begleitet‹ den Sänger vielleicht gar nicht, denn seine Aufgabe ist kaum weniger wichtig als die des Sängers: Sie sind Partner, Gefährten, und was sie tun, ist gleich wichtig, ist eine echte Zusammenarbeit. Darum ist das Wort ›Begleiter‹ nicht ganz zutreffend, aber es hat sich nun einmal eingebürgert. Nun aber schauen wir auf die Tasten, auf diese lange Reihe von hellen, weißen Tasten, die fast wie eine Perlenkette aussehen, und auf die schwarzen Tasten, die ein wenig im Hintergrund liegen, aber dafür über die weißen hinausragen... Blickt einmal genau auf die ganze, lange Klaviatur. Fällt euch vielleicht etwas an der Anordnung, an der Gliederung der Tasten auf?« Das war eine schwere Frage, und es war einige Sekunden lang still im Raum.

Dann war es wieder einmal Alexander, der das Wort ergriff: »Mit den schwarzen Tasten scheint es anders zu sein als mit den weißen... Da liegen an einer Stelle zwei nahe beisammen und an einer anderen Stelle drei...« Das war genau richtig. Und der Junge merkte auch, dass auf eine Stelle mit zwei solcher schwarzer Tasten stets eine Stelle mit drei folgte, dann wieder eine mit zwei und eine mit drei, und so die ganze Klaviatur entlang, von unten bis oben, von oben bis unten. Nun erkannten es alle. »Jetzt vergessen wir für kurze Zeit die schwarzen Tasten, nicht weil sie etwas anderes sind – sie sind es gar nicht, sie sind genau solche Töne wie die anderen und nur die ersten Gelehrten, die vor tausend Jahren die Töne zu ordnen und aufzuschreiben begannen, hatten die unglückliche Idee, zwei Klassen von Tasten zu erfinden. Das einzige Wahre an dieser unglücklichen Zweiteilung der Tasten und der Töne ist, dass die ›weißen‹ die älteren, die ›schwarzen‹ die jüngeren sind... Übrigens: Anfangs waren zumeist die heutigen weißen Tasten schwarz, und die schwarzen weiß.«

»Aber ist es nicht doch ganz praktisch, dass nicht alle hundert Tasten die gleiche Farbe haben?«, fragte, sehr klug, Helga. »Da hast du ganz recht«, antwortete ich. »Das

Lernen und das Spielen werden dadurch bestimmt leichter! Aber ich will euch von Anfang an beibringen, dass es keinen Rang- oder Wertunterschied gibt zwischen weißen und schwarzen Tasten, dass sie völlig gleich sind. Wir nehmen jetzt also, im Vergleich mit dem Hochhaus, nur die weißen Tasten. Ich fange hier ungefähr in der Mitte der Klaviatur an, da, wo ein wenig drüber eine Zweiergruppe der schwarzen Tasten beginnt. Und nun spiele ich der Reihe nach die weißen Tasten nach rechts.« Das war so einfach, dass die Kinder mitzusummen begannen. Beim ersten Ton sagte ich »eins«, beim zweiten »zwei« und so weiter: drei, vier, fünf, sechs, sieben... Dann hielt ich einen Augenblick an, während die meisten Kinder schon den nächsten Ton singen wollten, die »Acht«. Endlich spielte ich diese Taste: »Fällt euch etwas auf?«, fragte ich sie. «Die ›Acht‹ klingt eigentlich wieder fast wie die ›Eins‹..., nur..., nur..., höher gewissermaßen...«, sagte Gaby.

»Ganz richtig«, erwiderte ich freudig. »War es nicht so, als wenn man eine Leiter hinaufsteigt oder eine Treppe: sieben Sprossen oder sieben Stufen und bei der achten steht man auf einem breiteren Absatz? Die Leiter oder Treppe ist dort aber nicht zu Ende, sondern es beginnt eine neue Leiter, eine neue Treppe, die letzte Stufe der ersten Leiter ist die erste der zweiten... Und jetzt steige ich weiter hinauf: Wieder zähle ich 1,2,3,4,5,6,7 – und bei 8 bin ich auf einem neuen Absatz. In der Musik ist das wie bei einem ›Hochhaus‹. Allerdings sagen wir nicht ›Ton-Treppe‹, sondern ›Tonleiter‹. Und jede Tonleiter hat sieben Sprossen oder Stufen, und die achte ist wieder die erste, und unser Ohr spürt das genau. Unser Hochhaus hat eine Reihe solcher Treppen, und immer wieder, wenn ein Absatz, ein Stock erreicht ist, beginnt eine neue Treppe. Sieben Stufen und eine achte als Abschluss. Und weil vor tausend Jahren alle Begriffe, die von den Gelehrten gefunden wurden, lateinische Namen bekamen, nannte man diesen Raum von acht Tönen ›Oktave‹, nach dem lateinischen Wort ›octo‹, acht. Die Namen dieser Töne wisst ihr sicher schon: Sie stimmen mit den Buchstaben unseres Alphabets überein. In alter Zeit begann man wirklich, wie im Alphabet, mit A… B… C… D. Später änderte man das und ließ A und B an dieser Stelle weg, so dass unsere einfachste Tonleiter mit C beginnt. Und dann kommen, ganz wie im Alphabet, D und E und F und G… Dann aber erinnerte man sich plötzlich der ›vergessenen‹ Buchstaben A und B… Als dann ›neue‹ Töne gefunden wurden, nannte man den ersten von ihnen ›H‹, denn das war der folgende Buchstabe nach dem ›G‹, der nicht besetzt war; die weiteren ›Entdeckungen‹ bekamen dann aber keine so einfachen Namen mehr, also nicht I und J und K und L und so weiter, wie im Alphabet. Die Gelehrten jener Zeit waren leider nur gelehrt und nicht praktisch…, sie machten die Geschichte sehr kompliziert! Das konnten sie damals ruhig tun, denn alle jene, die sich mit der Kunst oder Wissenschaft der Musik befassten, waren Mönche, also ›studierte‹ Menschen, und machten aus der Musik ein schwieriges Fach, wie die Philosophie und die Astronomie und die Grammatik. Heute würden wir lieber alles vereinfachen, damit möglichst alle Menschen leicht Musik nicht nur machen, sondern auch verstehen könnten, in ihrer Zusammensetzung, ihren Zusammenklängen. Musik darf kein ›Geheimfach‹ sein! Sie ist von der Natur jedem Menschen gegeben und zugänglich.«

Ich wandte mich wieder der Klaviatur zu. »Jetzt kann jeder von euch eine Tonleiter spielen! Fangen wir bei den Großen an – Alexander zuerst…« Der Junge nahm meinen Platz ein, ich zeigte ihm nur, wo er beginnen müsse. Und seine Finger drückten der Reihe nach die Tasten nieder, bis zum achten Ton. »Natürlich muss man die ›Leiter‹, die man hinaufgestiegen ist, wieder heruntersteigen… Also: beim achten Ton angefangen und der Reihe nach links abwärts…, bis zum Ton 1.« Dann tat Helga das gleiche, sie spielte die »C-Dur-Tonleiter«, wie diese Reihe von Tönen heißt. C – das ist ganz klar: weil sie mit dem Ton C beginnt..., und auch endet. Das Wort ›Dur‹ aber konnte ich den Kindern noch nicht erklären – wir würden einige Tage später darauf zurückkommen. Da die Sache so einfach und klar war, verlangte ich jetzt von Helga ein wenig mehr: Sie sollte beim Anschlagen jedes Tons dessen Namen sagen. Dazu wiederholten wir zuerst die Namen der Töne der ganzen Leiter: C,D,E,F,G,A,H,C. »Achtung am Schluss! Denn da heißen die weißen Tasten nicht A,B,C, wie es eigentlich klüger wäre, sondern A,H,C..., da hat das H das ursprüngliche B verdrängt..., aber dafür hat das B den Platz der schwarzen Taste eingenommen, die zwischen A und H liegt..., unsere C-Tonleiter oder ›C-Dur-Tonleiter‹ aber lautet: C, D, E, F, G, A, H, C.« Das wiederholen wir nun viele Male, bis es auch die Kleineren konnten. Ich begnügte mich jetzt damit, diese ›Leiter‹ aufwärts mit den Kindern geübt zu haben, denn abwärts wird es ein wenig schwieriger, aber mit ein wenig Übung wird auch das ganz geläufig: C,H,A,G,F,E,D,C... Gaby spielte nun die Tonleiter und sagte bei jedem Ton dessen Namen. Ich musste ihr nicht mehr zeigen, wo sie beginnen sollte, sie hatte es bei Alexander und Helga gesehen, sie fand den Platz ganz allein. So ging es weiter: Fabian war der nächste. Zuerst versprach er sich ein paar Mal, sagte »F« statt »E«, spielte bei »A« zweimal den gleichen Ton..., aber als er das Ganze wiederholte, machte er keinen Fehler mehr. Patrick schien ein besonderer Fall zu sein. Sein Spitzbubengesicht, sein roter Haarschopf... Er fing zwar richtig an, aber plötzlich hüpfte seine Hand nach »hinten« und er spielte eine schwarze Taste – nicht einmal, sondern drei- oder viermal rasch hintereinander. Alle lachten, und er grinste und sah mich an. Ich grinste zurück..., das wunderte ihn anscheinend. Dann sagte ich: »Sehr schön, es ist zwar keine C-Tonleiter geworden, aber du kannst das, was du da gespielt hast, sicherlich nachsingen, nicht wahr?« Er hörte auf zu grinsen, rutschte mit der Hand auf die Anfangsnote, die er nicht gleich fand, und begann: »C«, wobei er versuchte, den Ton zu singen, während er ihn auf der Klaviatur niederdrückte. Es kam nicht viel mehr als ein heiseres Krächzen heraus und alle lachten.

»Mein Lieber, du bist ja ganz heiser…, oder du hast eine kaputte Stimme…«, sagte ich ernst. Patrick zuckte mit den Achseln: »Vom Sportplatz…«, sagte er leise, und es klang schon etwas besser. »Ich gehe auch gerne ab und zu auf den Sportplatz…«, sagte ich, und Patrick sah mich höchst verwundert, aber mit offensichtlicher Sympathie an. »Und wenn ich bei einem Fußballspiel die jungen Männer so entsetzlich brüllen höre, denke ich immer, wie bald ihre Stimmen für immer verdorben sein werden… Eines Tages werden sie kaum noch reden können… Das wird auch bei dir nicht anders sein, Patrick…, wenn du so weitermachst! Weißt du, jetzt kann ich dir vielleicht noch helfen, in ein paar Jahren nicht mehr: Du solltest jetzt lange Zeit nur leise sprechen und nicht mehr schreien. Leise, wirklich leise, nicht viel mehr als flüstern! Versuch's einmal… So, und nun spiel noch einmal und sag dazu – ganz leise – die Namen der Töne!« Und Patrick, völlig verwandelt, spielte und flüsterte »C,D,E,F,G,A,H,C«, tadellos. Nein, dumm war dieser kleine Lausbub wirklich nicht.

Dann Evelyn, Daniel und zuletzt Claudia. Sie stocherte mit ihren kleinen Fingern auf die Tasten los. Ich legte ihre Hand ein wenig flacher und näher zu den Tasten und zeigte ihr, dass sie nicht nur den Zeigefinger verwenden sollte, sondern auch die anderen Finger. Und sie machte es sehr gut, so dass sogar ihr großer Bruder anerkennend zu ihr sagte: »Spitze!«

»Nun werft noch einen Blick auf die Saiten unseres Flügels!«, forderte ich die Kinder auf. Sie stellten sich rasch längs des Instruments, legten ihre Arme auf dessen Rand und schauten auf die zahllosen Saiten. Dabei bemerkten sie eine Menge Dinge: »Die Saiten sind nicht gleich lang…« »Darum hat das Ganze auch das Aussehen eines Flügels, denn auch ein Flügel beginnt am Körper breit und wird immer schmaler zum Rand hin…«, erwiderte ich. »Die Saiten sind auch nicht gleich dick«, erkannte Helga, die als Geigerin natürlich viel mit Saiten zu tun hatte. »Die Saiten ganz links sind viel dicker als die Saiten rechts.« »Die Grundregel bei Saiten lautet: Je dicker und je länger eine Saite ist, desto tiefer klingt sie! Schaut einmal genau die dicken Saiten an, sie sind auch die längsten…, und sie gehören, man sieht es deutlich, zu den Tasten weit auf der linken Seite. Und dort klingt alles tief, wir werden bald – morgen schon! – darüber reden.« »Hat die Farbe der Saiten eine Bedeutung?«, fragte Alexander, der immer alles genau beobachtete. »Ja – die dicken Saiten, die in unserem Flügel rötlich ausschauen, sind aus Kupfer…, die dünneren, weiter auf der rechten Seite, die silbernen, sind aus Stahl.«

»Stahl ist härter als Kupfer…«, meinte Alexander.

»Stimmt«, sagte ich, »und für die tieferen Töne braucht es keine so große Spannung wie für die höheren. Da muss eine Saite weniger Zug aushalten… Ihr könnt euch gar nicht vorstellen, was diese Stahlsaiten aushalten müssen! Zehntausende von Kilogramm! Ungefähr das Gewicht von zehn Autos oder mehr.«

Gaby schaute aufmerksam auf die Saiten. Dann zeigte sie auf die kürzeren Stahlsaiten auf der rechten Seite: »Hier hat jeder Ton mehr als eine Saite…, hier zwei und weiter rechts sogar drei…«, bemerkte sie ganz richtig. Ich bejahte: »Gut beobachtet, Gaby! Und das hat seinen Grund: Die Saiten, die zu den hohen Tönen gehören, müssen eine viel stärkere Spannung ertragen als bei den tiefen Tönen, und darum stattet man diese Tasten mit mehreren Saiten aus. Es muss vermieden werden, dass die Saiten durch ihre dauernde Beanspruchung an Spannung verlieren. Denn das Verlieren der Spannung lässt den Ton ›nachlassen‹, er sinkt allmählich ab, was man ›verstimmen‹ nennt. Alle Saiteninstrumente sind immer der Gefahr ausgesetzt, an Spannung nachzulassen, also ›verstimmt‹ zu werden.«

»So wie ein Mensch ›verstimmt‹ sein kann?«, fragte Alexander, und das war gar keine dumme Frage. »Ja..., auch ein Mensch kann verstimmt sein, dann ist er schlecht gelaunt, ärgert sich über alles, und der Grund ist oftmals auch eine zu starke Spannung, ein Druck, dem sein Gemüt nicht ganz gewachsen ist. Der Saite geht es ebenso..., sie gibt einem zu starken Zug nach... Und so wie die Saite kann auch der Mensch ›gut gestimmt‹ sein... Das Wort ›Stimmung‹ kann für die Musik genauso gelten wie für den Menschen! Helga muss ihre Geige jedes Mal stimmen, wenn sie spielen will, denn Violinsaiten lassen leicht nach, sie bleiben nicht lange in der Spannung, in welcher der Geiger sie braucht. Wenn ein Geiger ein Konzert gibt, so muss er sein Instrument immer wieder ›nachstimmen‹, immer wieder alle vier Saiten auf den richtigen Ton bringen – das macht er mit Hilfe der ›Wirbel‹, welche die Saiten halten. Bei einem Klavier ist das glücklicherweise nicht notwendig! Es wäre auch gar nicht möglich, denn dem Klavier eine so genaue Stimmung zu geben, wie der Pianist sie für ein Konzert braucht, dazu sind ein paar Stunden notwendig! Denkt einmal, wieviele Saiten man da stimmen muss – viel mehr als hundert! Fast hundert Tasten gibt es, und die oberen, die Tasten der hohen Töne, haben zwei und drei Saiten. Und die müssen sehr genau auf den gleichen Ton gestimmt werden – denn wenn von drei Saiten auch nur eine ein wenig anders klingt, dann tönt dieser Ton eben falsch, ›verstimmt‹!«

»Das Stimmen besorgt ein ›Stimmer‹, nicht wahr?«, fragte Helga. »Ja, und dieser Stimmer muss ein Hilfsmittel haben, sonst weiß er nicht, auf welchen Ton er das Klavier zu stimmen hat! Er hat zwar ein besonders gutes Gehör –

als Klavierstimmer muss man ein ebenso gutes Gehör haben wie ein Musiker, ein Geiger in einem Orchester, ein Dirigent, ein guter Sänger... Aber man hat ein kleines Instrument erfunden, das, wenn man es anschlägt, ganz genau den richtigen Ton angibt, auf den nicht nur das Klavier, sondern alle Instrumente gestimmt werden. Es sieht wie eine kleine Gabel aus und heißt auch so: die ›Stimmgabel‹.«

»Alle auf den gleichen?«, wollte Helga wissen.

»Alle auf den selben, und dies auf der ganzen Welt! Und so eine Stimmgabel kann sich auch nicht ›verstimmen‹, sie bleibt immer gleich. Ich will doch sehen, ob ich nicht eine im Hause habe...« In der dritten Schublade, die ich aufmachte, fand sich wirklich eine Stimmgabel. Ich zeigte sie den Kindern: Die Gabel mit zwei langen Zinken war ungefähr 15 Zentimeter lang. Ich schlug sie leicht an und sie gab einen feinen Ton von sich – bis ich sie mit dem Stiel auf irgendeinen Teil des Klaviers stellte: Da schwoll der Ton stark an, ohne seine Höhe zu verändern. Ob ich die Stimmgabel auf den Tisch stellte oder an den Fensterrahmen hielt, sie gab immer den gleichen Ton von sich. Es war, wie ich erklärte, das A, ungefähr in der Mitte der Klaviatur, also »zwischen Parterre und erstem Stock« in unserem Spiel: »Diesen Ton nennt man den ›Kammerton‹. Man hat ihn vor weit über hundert Jahren international festgelegt, als man endlich genug davon hatte, dass jedes Orchester, aber auch jeder Einzelkünstler, jeder Geiger, jeder Cellist seine eigene Stimmung hatte. Damals bestimmte man, dass dieser Kammerton A 435 Schwingungen in der Sekunde haben sollte, so dass jedes Orchester, ob in Berlin, in Wien, in Stockholm und London und Paris und Madrid und Rom, die genau gleiche Stimmung hätte. Das war eine

Stimmgabel

Flöte   Oboe   Klarinette   Fagott

wichtige Sache, ebenso wichtig wie es ist, dass auf der ganzen Welt ein Meter, ein Kilo, ein Wärmegrad dasselbe bedeuten. Besonders wichtig ist es im Musiktheater, in der Oper; denn da muss ja die menschliche Stimme sich nach den Instrumenten richten, und die menschliche Stimme hat ihre Grenzen nach oben und nach unten! Bei jeder Art von Musizieren ist das Stimmen der Instrumente eine unerlässliche Voraussetzung, ganz besonders, wenn viele Instrumente dabei benützt werden. Sie müs-

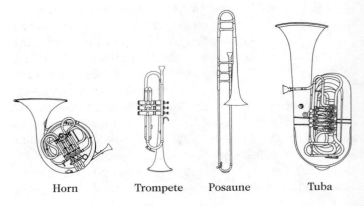

Horn   Trompete   Posaune   Tuba

sen genau übereinstimmen, wenn der Gesamtklang richtig und rein sein soll! Helga, stimme einmal diese Geige!«

Helga nahm die Geige zur Hand und sagte zu mir: »Ich bitte um das A!« Ich schlug den Ton A auf dem Klavier an, und Helga drehte nun langsam und vorsichtig an einem der vier »Wirbel«, die am Griffbrett der Violine waren. Dabei zupfte sie immer wieder die so genannte »A-Saite«, solange, bis deren Klang genau mit dem Klang der »A-Taste« des Klaviers übereinstimmte. Und dann machte sie es genau so mit den anderen Saiten der Geige, wobei ich jedes Mal auf dem Klavier ein wenig nachhalf und die Töne D, G und das höhere E anschlug.

»Stimmt man immer nach dem Klavier?«, fragte Alexander.

»Wenn eines vorhanden ist, dann ja. Denn das Klavier hält ja am besten und dauerhaftesten die Stimmung! Im Orchester wird das Klavier ja nur ausnahmsweise verwendet. Da ist es üblich, das A der Oboe zum Stimmen zu verwenden. Da gibt eben, wenn das ganze Orchester auf dem Podium versammelt ist, eine Oboe ihren Ton A an, und nach diesem stimmen dann alle Musiker ihren eigenen Ton A so genau wie möglich. Das könnt ihr vor jedem Konzert und vor jeder Oper sehr gut hören! Im Übrigen gibt es, wenn man etwa ein Instrument allein stimmen will, immer die Möglichkeit, eine Stimmgabel zu verwenden, wie wir es besprochen haben...«

»Wir müssen auch unsere Blockflöten jedes Mal stimmen, wenn wir zusammenspielen!«, sagte Gaby.

»Natürlich! Man sollte nie ein Zusammenspiel beginnen, wenn die Instrumente vorher nicht gut aufeinander abgestimmt worden sind! Bei der Blockflöte geht das Stimmen ein wenig anders vor sich: Die Blockflöte verändert ihre Tonhöhe viel weniger, als es bei der Geige möglich ist; man schiebt nur die beiden Teile, aus denen die Blockflöte besteht, ein wenig fester oder weniger fest ineinander...«

»Und wenn es kein Klavier und keine Oboe gibt – was dann?«, fragte Gaby.« »Nun, nehmen wir an, es seien nur Streicher auf der Bühne – so nennt man die Geigen, die Bratschen, die Violoncelli und die Kontrabässe –, dann stimmt der erste Geiger, den man Konzertmeister nennt, weil er eine besonders wichtige Stellung hat, sein Instrument schon im voraus, zumeist im Zimmer, das dem Dirigenten oder ihm vor dem Konzert und in den Pausen als Aufenthaltsraum dient, und wo stets ein Klavier steht: Dort stimmt er seine Violine ganz genau und bringt dann diese Stimmung seinen Kollegen aufs Podium. Allerdings haben heute alle Musiker schon vor dem Auftritt auf dem Podium ihre Instrumente recht genau gestimmt, und das letzte Überprüfen auf dem Podium ist nur noch eine Art letzte ›Feinstimmung‹.«

»Werden Sie uns das alles zeigen, wenn wir ins Konzert gehen?«, wollte Evelyn wissen. »Ich sehe das Orchester immer nur von oben, wenn ich auf der Bühne tanze…, und ich möchte gerne sehen, wie das funktioniert… Meistens sehen wir sogar nur den Dirigenten…«

»Klar! Das ist eine ganz eigene Welt, das Theater, die Bühne mit den Sängern, den Tänzern oben und dem Orchester unten im ›Graben‹, und dem Dirigenten, der sozusagen beides miteinander verbindet. Bald schauen wir uns das alles an, vorher aber sollt ihr noch eine ganze Menge von Dingen lernen, damit ihr dann auch alles versteht…«

Wir schauten wieder in das Innere des Klaviers. »Ihr dürft ohne weiteres an den Saiten zupfen«, forderte ich meine kleinen Freunde auf. Und sie taten es mit Begeisterung. Da jeder an einer anderen Saite zupfte, gab es ein kleines ›Konzert‹. Ich ließ sie eine Zeitlang »spielen«. Dann fragte ich: »Wer bewegt eigentlich die Saiten, wenn ihr vor den Tasten sitzt und diese Tasten herunterdrückt?«

»Diese Hämmerchen!«, rief Alexander und zeigte mit der Hand auf eine Reihe kleiner Hämmer, die locker auf den Saiten lagen, gerade dort, wo die Saiten sozusagen begannen. Die Kinder folgten mit den Blicken seiner Hand und diejenigen, die diesen kleinen Hämmern am nächsten standen, versuchten sofort, zu probieren, wie sie funktionierten – aber schnell hielt ich ihre ausgestreckten Hände davon ab: »Achtung, die Hämmerchen sind sehr empfindlich, die solltet ihr lieber nicht berühren... Aber das ist auch gar nicht nötig – schaut einmal genau hin: Ich spiele nun, das heißt, ich drücke ein paar Tasten nieder...« So tat ich es und im gleichen Augenblick erklang ein Ton: Ein Hämmerchen war blitzschnell ein wenig hochgezogen und auf die Saite fallengelassen worden. Das war das »Geheimnis« des Klaviers! Schnell war die Sache auch erklärt: »Die Taste bewegt einen kleinen, schmalen Hebel, und dieser Hebel bewegt das Hämmerchen, zu dem er gehört. Das Hämmerchen wird, ebenfalls blitzschnell, ein wenig hochgezogen und fällt auf die Saite..., und die Saite kommt in Schwingungen. Ja, genau wie das Wasser, in das wir einen Stein werfen – ihr erinnert euch doch noch an Onkel Gustav? –, und die Schwingungen der Saite erzeugen den Klang, den Ton.« Ich wiederholte nun zehnmal, zwanzigmal den ganzen Vorgang: vom Niederdrücken der Taste bis zum Erklingen des Tons. Dann schlug ich zwei Tasten gleichzeitig an, wir sahen zwei Hämmerchen sich erheben und auf »ihre« zwei Saiten herabfallen. Dann drei und auch noch mehr Töne. Wozu hat der Pianist zehn Finger? Damit er zehn Tasten auf einmal anschlagen kann – auch wenn er das nur selten tun muss. Die Kinder freuten sich unbändig über die hübschen Hämmerchen, die da förmlich zu tanzen schienen und so viele Töne auf einmal hervorbringen konnten!

»Aber damit ist eigentlich das ›Wunder‹ des Klaviers noch nicht ganz gelüftet... Nun schaut noch einmal ganz genau hin, da gibt es noch eine Bewegung, die ihr sehen könnt..., freilich ist sie nicht so deutlich und an der Oberfläche wie die Bewegung der Hämmerchen...«

Ich spielte wieder, aber nach jedem Ton wartete ich ein wenig. Die Kinder schauten angespannt. Und schon nach dem dritten oder vierten Ton riefen einige gleichzeitig: »Unter der Saite bewegt sich etwas! Es kommt von unten..., auch wie ein kleiner Hammer..., er schlägt gegen die Saite und fällt dann wieder zurück, hinunter...«

»Diese ›Hämmerchen von unten‹, wie ihr ganz richtig beobachtet habt, kommen beinahe gleichzeitig mit dem Anschlagen der Saite durch das ›Hämmerchen von oben‹ zum Vorschein. Aber nur ›beinahe‹! In Wirklichkeit liegt zwischen dem Anschlagen von oben und dem Auftauchen der ›Hämmerchen von unten‹ ein winziger Augenblick! Erinnert euch nochmal an die Wasserwellen im Teich... Die liefen und liefen, bis sie an das Ufer stießen; und wo sie nicht an ein Ufer stießen, dort liefen sie, bis sie immer schwächer wurden und schließlich ganz aufhörten. Genauso laufen die Schwingungen unserer Saiten, wenn sie von den Hämmerchen angeschlagen werden. Und wenn alle Töne in der Luft bleiben, dann gibt es ein fürchterliches Erklingen – viele Töne erklingen gleichzeitig, und sie erklingen so lange, bis sie ›ausgelöscht‹, angehalten, unhörbar gemacht werden... Das Klavier muss also nicht nur die Saiten in Schwingungen versetzen, also den Ton erzeugen, es muss diese Töne auch sofort wieder verstummen lassen, damit der nächste Ton allein erklingen kann. Und das, was von unten heraufkommt und sofort nach Berührung der Saite wieder zurückgezogen wird, sind ›Dämpfer‹. Sie löschen den Ton, der gerade angeschlagen worden ist, aus, und zwar durch einfaches Berühren. Wenn ihr ein Gummiband in Schwingungen versetzt, so genügt es ja auch, das Band einfach zu berühren, damit die Schwingungen sofort aufhören. Helga, nimm nochmals die Geige zur Hand und zupfe irgendeine Saite...« Helga tat es, der Ton erklang und blieb in der Luft. »Und nun lege einen Finger auf die gleiche Saite..., sofort hört der Ton auf.« Wir versuchten es zwei- oder dreimal: Das erste Berühren der Saite ließ den Ton erklingen, das zweite Berühren dämpfte ihn, ließ ihn verstummen. »Genauso ist es mit dem Klavier: Der Ton erklingt und er verstummt, wenn man die Schwingung der Saite stoppt. Aber da gibt es noch ein paar Kleinigkeiten... Wenn ich will, dass der Ton lange klingen soll, dann gibt es zwei Möglichkeiten: Entweder lasse ich den Finger auf der Taste – der Dämpfer kommt nur, wenn ich die Taste loslasse! – oder ich trete auf dieses Pedal hier, das rechte!« Ich zeigte unter das Klavier: Dort sahen die acht Kinder drei schöne, goldgelb glänzende »Pedale« – was wörtlich, aus dem Lateinischen übersetzt, »Fußhebel« bedeutet –, die der Klavierspieler eben mit dem Fuß betätigen muss. »Wie beim Auto!«, wussten alle sofort, auch die Kleinsten, Claudia und Daniel. Patrick fragte unter dem Gelächter der ganzen Gruppe: »Und welches ist das Gaspedal und welches die Bremse?«

»Ein Klavier braucht weder eine Bremse noch ein Gaspedal, lieber Patrick, aber eine kleine Ähnlichkeit gibt es da doch! Das linke Pedal könnte man fast eine Bremse nennen! Denn wenn ich es niedertrete, so wird mein Spiel sofort leiser... Ich führe es einmal vor: Ich spiele munter drauflos und trete im Spielen plötzlich auf das linke Pedal – und sofort klingt die Musik viel gedämpfter. Dieses Pedal wirkt also wie die kleinen ›Hämmerchen von unten‹, es ist also ein Dämpfer!

Und das rechte Pedal könnte man fast mit dem Gaspedal beim Auto vergleichen, da Patrick nun schon einmal diesen komischen Vergleich angeregt hat. Es beschleunigt zwar die Musik nicht – das können nur unsere modernen elektronischen Geräte –, aber es verstärkt sie dadurch, dass nun mehrere oder viele Töne gleichzeitig erklingen, da ja die Dämpfer von unten nicht betätigt werden. Das verwischt das Klangbild natürlich, und der Pianist sollte sehr vorsichtig mit diesem rechten Pedal umgehen. Bei zu viel Pedalgebrauch wird der Klang ›unsauber‹, bei zu viel

Gebrauch des Gaspedals bringt man sich und andere in Gefahr, da gibt es also eine kleine Ähnlichkeit.« Patrick war enttäuscht, er hätte am liebsten, wenn es auch ein Pedal zum Beschleunigen gegeben hätte, ein Pedal zum schnelleren Spielen, aber das Klavier kann immer nur so schnell spielen, wie der Pianist es will und kann. Ich hörte nur noch leise, wie Patrick zu Alexander, der neben ihm am Rand des Klaviers stand, eifrig etwas von »Formel I« sagte und »Weltrekord«, aber Alexander winkte ab. Und ich hörte die Frage von Gaby: »Wozu ist das dritte Pedal da?« »Es hat nur eine geringe Bedeutung und keinen Einfluss auf das Spiel und den Klang«, erwiderte ich, »ihr könnt es vergessen, viele Klaviere haben es gar nicht...«

»Alle Klaviere haben Saiten?«, wollte Evelyn wissen. »Auch die kleineren?«

»Ja, alle Klaviere, ohne Ausnahme! Das Klavier ist nun einmal ein Saiteninstrument. Aber es gibt verschiedene Arten, die Saiten in Schwingungen zu versetzen! Man kann sie zupfen – bei welchen Instrumenten wird die Saite gezupft?«

»Bei der Gitarre«, wussten viele. »Bei der Harfe!«, warf Patrick ein, und alle drehten sich erstaunt zu ihm um. »Meine Schwester spielt Harfe!«, erklärte er, und er hatte vor Verlegenheit einen ganz roten Kopf bekommen. »Richtig, Patrick!«, rief ich ihm zu. »Hast du einmal die Saiten auf der Harfe deiner Schwester gezählt?« Er schüttelte beinahe böse den Kopf: »Sie ist klein...«, setzte er geringschätzig hinzu. »Wer? Deine Schwester oder die Harfe?« »Beide«, sagte er, und sein Gesicht hellte sich auf. »Aber es gibt auch große Harfen«, setzte er hinzu. »Auch große Schwestern...«, fügte ich hinzu, und alle lachten. »Wie spielt denn deine kleine Schwester Harfe?«, fragte ich ihn freundlich. »Sie sitzt so auf einem kleinen Stuhl, und die Harfe steht vor ihr... Und dann zupft sie mit den Fingern die Saiten – das sind sicher so zwanzig..., oder sogar mehr..., ja, und manchmal drückt sie ihre Handfläche auf die Saiten..., die hören dann sofort auf zu klingen..., das ist genau so, wie sie früher erklärt haben, das mit der Bremse...« »Die Dämpfer...«, half ich ihm, »das ist beim Auto ähnlich wie in der Musik: Man muss wissen, wie man das Auto oder das Klavier in Gang setzt, aber man muss auch wissen, wie man es sozusagen zum Aufhören bringt..., mit der Bremse das Auto, und mit den Dämpfern die Musik... Beide können natürlich auch von selbst aufhören..., das Auto rollt irgendwann einmal aus, wenn es keinen Schwung mehr hat, und die Musik verklingt von selbst, wenn die Schwingungen so schwach werden, dass man sie nicht mehr hört.«

»In ein paar Jahren bekommt meine Schwester dann eine richtige, ich meine, eine große Harfe, so sagt ihre Lehrerin«, erklärte Patrick weiter, der nun gesprächiger geworden war. »Fein«, sagte ich. »Da wirst du dann staunen, was das für ein schönes Instrument ist! Das hat dann viele Saiten..., meistens sind es 47..., und das hat dann viele Pedale – sieben! –, aber die bedeuten bei der Harfe etwas ganz anderes als beim Klavier... Gibt es noch weitere ›Zupfinstrumente‹, also Instrumente, bei denen Saiten gezupft werden?«

Zaghaft sagte Gaby: »Die Laute?« »Stimmt! Ein Instrument mit wunderschönem Klang, das der Gitarre ähnlich ist, aber im Gegensatz zur Gitarre, die einen ganz flachen Körper hat – oben wie unten! –, einen gewölbten ›Bauch‹ besitzt.« »So wie Fabian?« fragte Claudia mit einer Unschuldsmiene. Ich überhörte das, obwohl alle in Lachen ausbrachen – mit Ausnahme von Fabian natürlich.

»Gibt es noch mehr gezupfte Saiteninstrumente?«

»Die Mandoline!«, sagte nach einigem Nachdenken Alexander; er hatte einmal ein Mandolinenorchester gehört, und er erinnerte sich an den Klang dieses kleinen Zupfinstruments. Gaby hatte einmal Balalaikas gehört, russische Zupfinstrumente, die eine dreieckige Form hatten. Schließlich, als niemandem mehr etwas einfiel, sagte ich: »Kinder, auch die Zither ist ein Zupfinstrument, und die kennt ihr doch wahrscheinlich alle! Sie besteht aus einem langen und breiten flachen Kasten...«

»Ist die Zither ein Zupfinstrument – die wird doch nicht mit den Fingern gezupft?«, wandte Helga ein. »Du hast ganz recht, so zu fragen, Helga! Die Saiten einer Zither werden teilweise mit einem kleinen Metallstückchen gezupft, aber es ist doch ein Zupfen, und darum gehört sie in diese Gruppe! Die meisten Zupfinstrumente – mit Ausnahme der Harfe – kommen in den großen, den so genannten ›sinfonischen‹ Orchestern, nicht vor. Bei den meisten ist der Grund sehr einfach: Ihr Klang ist zu schwach, um sich gegen Trompeten und Posaunen und Klarinetten und Fagotte, aber auch gegen 32 Geigen oder zehn Celli durchsetzen zu können... Und nun zur nächsten Gruppe: die Saiteninstrumente, die ›gestrichen‹ werden...«

»Die Geige«, schrien alle durcheinander. Die war nicht schwer zu erraten gewesen, da wir ja Helga beim Geigenspiel gehört hatten. »Ja, und nun einfach alle Instrumente, die in der Form der Geige oder Violine gleichen: die Viola, das Cello oder Violoncello und auch noch der Kontrabass..., von ganz klein bis ganz groß also. Und wir wissen ja schon: Je größer das Instrument, desto tiefer ist sein Klang! Die Geige ist ein hohes, der Kontrabass ein tiefes Instrument, aber im Spiel ähneln sie einander sehr, und auch die Viola oder Bratsche und das Cello: Bei ihnen allen streicht der Spieler mit einem ›Bogen‹ über die Saiten. Der Bogen heißt nur so, aber er ist gar keiner!

Er ist ein Stab, ungefähr einen halben Meter lang, an dem ein Band aus Rosshaar oder Fasern eingespannt ist. Alle diese Streichinstrumente haben vier Saiten, wie wir schon gesehen haben, nur der Kontrabass kann fünf haben. Mit der rechten Hand führt der Spieler den Bogen hin und her über die Saiten, während die linke Hand des Spielers die gewünschte Saite niederdrückt. Nun gibt es außer dem Streichen der Saiten und dem Zupfen noch eine dritte Art, die Saiten zum Schwingen, also zum Klingen zu bringen...« Ich schaute die Kinder fragend an, sie dachten angestrengt nach und kamen doch nicht darauf. »Wie war das mit dem Klavier?«, fragte ich dann. »Die Hämmerchen!«, riefen Helga, Gaby und Alexander, aber auch Fabian. »Und was tut ein Hammer oder ein Hämmerchen?« »Sie schlagen!« »Richtig, sie schlagen, und die Hämmerchen des Klaviers schlagen die Saiten...«

»Also: zupfen..., streichen... und schlagen!«, fasste Alexander zusammen. »Stimmt, das sind die drei Arten, mit Saiteninstrumenten umzugehen! Aber es gibt noch ein paar Dinge mehr: Auf den gestrichenen Instrumenten kann man auch zupfen!« »Pizzicato!«, rief Helga sofort. »Jawohl«, sagte ich, »das nennen die Musiker ›pizzicato‹, das ist wieder einmal italienisch und kommt von ›pizzicare‹, was soviel wie kneifen, zwicken oder eben zupfen heißt. Und der Geiger kann seinen Bogen auch umdrehen und mit dem Holz auf die Saiten schlagen. Nun genug von den Saiten und auf wie viel Arten wir sie in der Musik anwenden können! Es gab übrigens in früheren Zeiten noch eine komische Form des Klaviers; bei dieser Art von Klavier waren die Saiten in einem großen Kasten, der nicht geradeaus vor dem Spieler hinlief, wie bei unserem Flügel, sondern... nach oben! Die Klaviatur ist dagegen immer gleich, sie liegt waagerecht vor dem Spieler, der ja sonst nicht darauf spielen könnte. Aber gleich dahinter ging der Kasten senkrecht in die Höhe! Dieses Klavier hieß ›Giraffenklavier‹! Natürlich, denn es sah fast so aus wie eine Giraffe mit einem großen Höcker. Dieses Klavier soll sehr gut geklungen haben – seine Saiten waren ja fast so lang wie die eines modernen Flügels! –, und dazu war es noch praktisch, weil es in der Stube nicht mehr Platz einnahm als unser gewöhnliches Klavier, das ja eigentlich das richtige Hausklavier geworden ist. Heute allerdings wird es oftmals durch eine moderne Tastatur ersetzt, die durch ihren elektronischen Antrieb gewissermaßen alle anderen Teile des Klaviers überflüssig macht und außerdem, durch Betätigung von allerlei Hebeln und Schaltungen, ergänzende Klänge hinzufügen kann. Es führt verschiedene Namen, am häufigsten ›Keyboard‹ (gesprochen ›Kibord‹). Das Giraffenklavier ist längst aus unseren Wohnungen verschwunden und nur noch im Museum zu bestaunen. Dagegen aber tauchen immer häufiger noch ältere Tasteninstrumente auf: Das Cembalo zum Beispiel, das zu Mozarts Zeiten allgemein gebraucht wurde: Es schlug seine Saiten nicht mit Hämmerchen an, wie das heutige Klavier, sondern zupfte sie mit einem Dorn oder einer Art Hühnerfeder. Das ergab einen kurzen klaren Ton, der aber nicht nach Belieben stärker oder schwächer erklingen konnte, sondern nur in einer einzigen Tonstärke. Hier und da finden sich auch wieder andere Instrumente aus früheren Musikzeiten: Etwa das Spinett, das Clavichord, ebenfalls Tasteninstrumente, die auf dem Weg zum modernen Flügel ihre Bedeutung hatten. Neben diesen gab es immer schon – seit ungefähr 2000 Jahren! – die Orgel, die ebenfalls verschiedene Nebenformen kannte, wie das Regal, das Positiv und das Portativ, mit denen im Mittelalter sehr schön musiziert wurde...«

Klavier

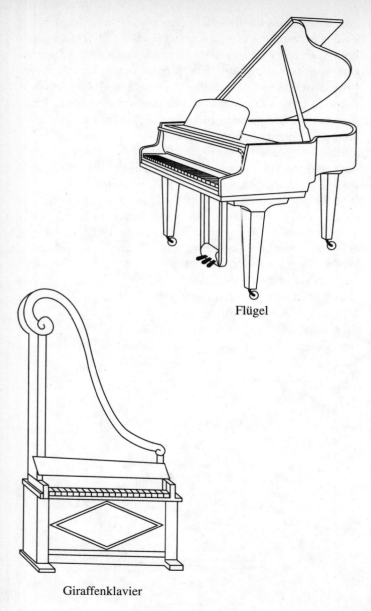

Flügel

Giraffenklavier

Zuletzt musste ich den Kindern noch ein wenig auf dem Flügel vorspielen. Erst danach waren sie zum Aufbruch zu bewegen; sie winkten noch und riefen Abschiedsgrüße, als sie schon am See entlangliefen, wo gerade mein Freund, der dicke Frosch, den Einsatz – so nennt man das musikalische »Anfangssignal« für eine Gruppe von Sängern und Musikern – zum großen Abendkonzert gab. Ob sie vorher gut »gestimmt« haben?

5. KAPITEL

Dirigieren? Das ist doch ganz leicht!

»Wozu braucht man eigentlich einen Dirigenten?«, fragte Fabian, als sich die Kinder wieder bei mir versammelt hatten. Sie verabredeten sich gewiss hinten bei den Gärten, damit sie gemeinsam bei mir einmarschieren konnten. Renzo hatte sie schon aus einiger Entfernung gewittert, mit freudigem Gebell war er zur Tür hinausgestürzt und hatte sie wie in einem Siegeszug, bei dem er voranlief, zum Haus begleitet. Dieses Bellen klang ganz anders, als wenn er etwa seine Feindin, die Katze, in seinem Revier entdeckte! Renzo hatte ein ganz bestimmtes Bellen für jede Gelegenheit: Er konnte Freude oder Ärger, Hunger, Durst oder Verlangen nach Spazieren gehen ganz verschieden ausdrücken.

Auf dem letzten Stück ihres Weges, dort, wo der Weg in die Nähe des Teichs kommt und an dessen Ufer entlang zu meinem Haus führt, war die Schar in Trab und zuletzt in Galopp gefallen, keuchend waren sie dann angekommen und hatten mir die Hände entgegengestreckt. Voran lief immer Claudia, und die Größeren waren so nett, sie nicht zu überholen. »Neue« Kinder wurden in die Mitte genommen – heute waren es sogar drei! Dagegen fehlte einer: Patrick. Hatten wir ihn gestern geärgert? Oder war sein gestriger Besuch doch nur eine einmalige Laune gewesen? Es tat mir Leid, denn ich hätte ihn gern für Musik begeistert und ihm gezeigt, dass seine Vorliebe für den Sport gar kein Hindernis dafür sein musste, auch Gefallen und Freude an der Musik zu finden...

Die »Neuen« waren ein Brüderpaar, Clemens und Rainer, sowie Anja. Clemens gesellte sich gleich zu Alexander, sie gingen in dieselbe Klasse, und Clemens lernte Klavier – nein, das ist zu wenig gesagt, er war bereits ein recht guter Pianist. Sein kleiner Bruder Rainer war um einige Jahre jünger und von Clemens nur aus besonderer Gnade mitgenommen worden. Anja war ein aufgewecktes, lustiges Mädchen, das von Gaby als ihre Freundin vorgestellt wurde, die angeblich besonders schön singen konnte.

Ja, da war Fabians Frage nach dem Dirigenten. Die anderen hatten sie gehört und wollten sofort mehr über den Dirigenten wissen: Alle hatten irgendwann einmal einen Dirigenten gesehen, sei es bei den Stadtmusikern, die jeden Sonntag auf dem Hauptplatz ein Konzert gaben, sei es im Fernsehen, wenn einmal ein Orchesterkonzert übertragen wurde und Papa oder Mama sich den »berühmten Dirigenten« anschauen wollten, der so oft in den Zeitungen stand. Alexander und Claudia gingen regelmäßig in die Musikabende, wenn ihre Mutter im Chor mitsang und zu diesen Konzerten die ganze Familie ausrückte. Auch der Chor hatte einen Dirigenten, und Mama sagte manchmal, sie bedaure ihn aufrichtig, dass er sich so mit seinen hundert Sängern plagen müsse, um ein- oder zweimal im Jahr im großen Konzerthaus auftreten zu können...

Warum also gibt es Dirigenten? Warum braucht man Dirigenten? Ob das ein sehr schwerer Beruf sei? Ob es nicht sehr anstrengend sei, so ein ganzes zweistündiges Konzert zu dirigieren, besonders wenn man, wie manche Dirigenten, so viel »herumfuchtle«, so große Bewegungen mit den Armen mache oder sogar mit dem ganzen Körper? Fragen über Fragen... Ich sagte gerade lächelnd: »Dirigieren ist ganz einfach..., das können wir heute nachmittag ganz leicht lernen, aber ein guter oder gar ein großer Dirigent zu werden, das ist sehr, sehr schwer und das vollbringen nur wenige...« – da ging auf einmal ein Ruck durch die Kinder, die auf den Garten hinausblicken und verwundert schauten: Da kam Patrick gelaufen! Er sah unbeschreiblich aus, das Haar schweißverklebt, der Sportdress, den er anhatte, vollständig durchnässt, als hätte man ihn eben aus dem Teich gezogen, die Fußballschuhe voll Lehm und Erde, das Gesicht hochrot... Er raste bis zur Tür, dort bremste er jäh und erinnerte sich, dass er mit diesen Schuhen kaum in unseren Musikraum stürmen konnte. Er schnürte sie hastig auf und ließ sie vor der Tür. Unsere ganze Schar fand das eigentlich nett, und Patrick erlebte einen großen Augenblick: Er wurde mit Beifall begrüßt, als er eintrat, mir die nicht sehr saubere Hand entgegenstreckte und sich mit einem längeren Fußballtraining entschuldigen wollte: »Macht nichts, Patrick, die Hauptsache ist, dass du da bist... Aber nun los! Was tut der Dirigent?«

»Er schlägt den Takt«, meinte Alexander und sein Freund Clemens stimmte ihm zu. »Er zeigt den Musikern, wie sie spielen müssen«, meinte Helga, die ja schon öfter unter der Leitung eines Dirigenten Geige gespielt hat. »Der Dirigent zeigt allen, wann sie anfangen müssen«, sagte Fabian.

»Gut, sehr gut!«, bestätigte ich. »Zuerst einmal: Er gibt den Takt an. Das kann bedeuten: die Geschwindigkeit des Stückes, das gespielt werden soll. Aber es heißt auch: die Taktart, in der das Stück komponiert ist. Eigentlich gibt es nur zwei dieser Taktarten, den geraden Takt und den ungeraden... Musikalisch sagt man: den Zwei-Takt und den Drei-Takt.

Wir wollen gleich einmal anfangen zu dirigieren!« Alle staunten: gleich dirigieren? »Also: rechten Arm in die

Höhe! So... und jetzt dirigieren wir ganz einfach einen Zwei-Takt..., bei eins fällt der Arm und bei zwei steigt er wieder – das muss er natürlich, denn beim nächsten eins fällt er ja wieder! Das ist eine ganz leichte Bewegung: ab – auf – ab – auf – ab – auf...« Ich stand vor der Gruppe, die wie immer ihre Plätze eingenommen hatte. Ich machte die Bewegungen vor und zählte laut dazu: eins – zwei – eins – zwei – eins und so weiter... Dann ging ich zum Klavier und spielte im gleichen Takt, in dem ich gezählt hatte. Am Anfang zählte ich noch ein wenig weiter, wurde dabei aber immer leiser, denn nun drückte mein Klavierspiel dieses eins-zwei aus.

»Warum nehmen sie nicht eine Schallplatte oder eine CD, da müssen sie nicht die ganze Zeit spielen?«, fragte Patrick. »O nein, mein Lieber«, antwortete ich ihm, »das geht nicht! Da müsstet ihr ja immer genau im gleichen Takt dirigieren..., und dann brauchten wir eigentlich gar keinen Dirigenten... Ihr werdet gleich merken, warum ich diese Übung viel besser vom Klavier aus machen kann!« »Und weiter geht's: Hände ab, auf, ab, auf..., genau mit dem Klavier, genau ›im Takt‹, wie man das nennt. Was ich spiele, ist ein kleiner Marsch..., jeder Marsch hat einen Zwei-Takt, selbstverständlich, denn der Mensch hat bekanntlich zwei Beine.« Dann sagte ich »Achtung!« und begann, das Tempo nach und nach zu beschleunigen... Ich schaute die elf Kinder an, die da vor mir saßen und ihre rechten Arme abwärts und aufwärts bewegten. »Ihr müsst gar nicht so heftige Bewegungen machen, ganz locker, ab und auf und ab und auf..., aber ganz genau..., ganz genau im Takt.« Dann wurde ich langsamer, ohne es anzukündigen, die Kinder mussten nur genau zuhören, um es sofort zu spüren. Und genauso wie mein Klavierspiel langsamer wurde, mussten es natürlich auch die Armbewegungen der Kinder werden! Meine Musik wurde zu ihrer Bewegung, denn Musik und Bewegung gehören eng zusammen! Ja, genau genommen: Musik ist Bewegung, und Bewegung ist Musik! Wer das spürt, hat viel gelernt...

Dann wechselte ich öfter das Tempo, und ohne ein Wort zu sagen und ohne sich zu irren, folgten alle Kinder meinem Klavierspiel, bewegten die Arme schneller oder langsamer, je nachdem, wie die Musik es von ihnen verlangte... Als ich »Genug jetzt« sagte, fielen ihre Arme herab, und jetzt auf einmal spürten sie, wie müde sie geworden waren. Das hatten sie während der langen Übung kaum bemerkt... Gewiss, einige Kleinere hatten ab und zu geseufzt oder versucht, ihren rechten Arm mit dem linken zu stützen... Aber die meisten fühlten die Müdigkeit erst jetzt, als sie aufgehört hatten. »Seht ihr, so geht es dem Dirigenten auch! Während er dirigiert, fühlt er nur die Musik und nicht die Anstrengung...«

»Wir haben nur fünf Minuten dirigiert und der Dirigent tut es ein ganzes Konzert lang, mehrere Stunden...«, sagte Alexander und alle pflichteten ihm voll Staunen bei. Ich ließ die Kinder ein wenig verschnaufen und schlug dann vor: »So, und jetzt kommt der ›ungerade‹ Takt, der ›Drei-Takt‹. Der muss natürlich eine andere Bewegung haben als der Zwei-Takt. Wir heben wieder unseren rechten Arm..., es beginnt genau wie vorher: bei ›eins‹ fällt der Arm..., aber bei zwei darf er jetzt nicht nach oben gehen, denn sonst wird es ja wieder ein Zwei-Takt..., jetzt, bei ›zwei‹, geht der Arm nach rechts..., nach rechts..., bis er ganz gestreckt ist..., und jetzt ist es klar, was er bei ›drei‹ tun wird: Er geht nach oben, bis er wieder in der Anfangsstellung ist. Und dann kann es von neuem losgehen: Eins hinunter, zwei nach rechts, drei nach oben! Eins – zwei – drei, runter – rechts – rauf, runter – rechts – rauf...« Am Anfang zählte ich mit – eins, zwei, drei, eins, zwei, drei –, aber bald hörte ich damit auf, die Kinder benötigten es nicht mehr, um die Bewegungen auszuführen. Wieder am Klavier, spielte ich jetzt etwas gänzlich anderes, eben einen Drei-Takt. Gaby rief:

»Das ist ja ein Walzer!« Evelyn aber meinte: »Nein, ein Menuett!« Beide konnten recht haben, denn das alte Menuett, das man vor mehr als zweihundert Jahren getanzt hat, hat ebenso den Drei-Takt zur Grundlage wie der neuere Walzer, den man im 19. Jahrhundert mit heller Begeisterung tanzte und der heute wieder die Freude vieler Tanzfeste bildet. Der Walzer ist allerdings schneller als das Menuett, das recht feierlich an Königshöfen und in Palästen daheim war, und das die Kinder im Alter von drei Jahren zu lernen begannen, um es mit sechzehn tanzen zu können.

Ich ließ die Schar nochmals den Drei-Takt dirigieren… Kein Problem… Alle schwangen die Arme genau im Takt. Ich beschleunigte das Zeitmaß, spielte also schneller und schneller, und die Arme kamen mit diesem Tempo nicht mehr mit…, ich brach ab: »So ging es den Dirigenten sicherlich auch, und so erfanden sie eine einfache ›Abkürzung‹, mit deren Hilfe sie dann auch den schnellsten Walzer dirigieren konnten: Statt 1,2,3,1,2,3 zu dirigieren – zu ›schlagen‹ nennt man das auch –, schlugen sie nur noch 1… 1… 1…, also den ›betonten‹ Taktteil. Jede Musik hat eine natürliche Betonung, und die fällt immer auf den ersten Schlag, ganz gleichgültig, ob es ein Zwei- oder Drei-Takt ist… Das ist der Taktteil, bei dem die Dirigierhand immer ›fällt‹, was eine natürliche Betonung ergibt! Und nun dirigiert nur das Herabsinken oder besser: Herabfallen der Hand bei eins! Ich spiele einen raschen Drei-Takt, aber ihr dirigiert nur 1… 1… 1…«

Wieder spielte ich einen Walzer, und die Kinder versuchten zu tun, was ich verlangt hatte. Bei jeder Betonung, die ich am Klavier ausführte, ließen sie die Hand fallen: 1 = ›runter‹, 1 = ›runter‹… Den weiteren Weg, den ihre Hände früher bei 2 und 3 vollführt hatten, konnten sie jetzt ganz unbemerkt beiseitelassen, wichtig war nur: ›runter‹, ›runter‹, ›runter‹… Und es ergab nach ganz kurzer Zeit einen echten Walzertakt oder Walzerrhythmus.

So ernst, wie er immer alles sagte, bemerkte Daniel, der kleinste Junge: »Jetzt können wir dirigieren!« Lachend erwiderte ich, dass da noch viel fehle. »Also machen wir gleich weiter!« Alle waren einverstanden. »Versuchen wir nochmals den ›Zwei-Takt‹, aber nun werde ich nicht immer in der gleichen Stärke spielen: Wenn ich leise spiele, so sollen sich eure Arme nur wenig bewegen, fangt nicht so hoch oben an, geht nicht so weit abwärts…, ganz kleine Bewegungen! Und gerade so, wie der Klang des Klaviers stärker wird, sollen auch eure Bewegungen größer werden!« Und noch bevor Patrick, der schon aufgestanden war, sein Startkommando rufen konnte, hatte ich schon zu spielen angefangen. Ich begann laut, was alle überraschte, aber sofort vollführten sie ganz starke Bewegungen. Allmählich ging ich in leiseres Spiel über, fast alle bemerkten es sofort und dirigierten nun mit immer kleiner werdenden Bewegungen. Bei einer ganz leisen Stelle in der Musik bewegten sie nur noch die Hände, nicht mehr die ganzen Arme. »Gut so, gut so!« Ich begann bei diesen Kindern zu erreichen, was so ungeheuer wichtig ist: Sie lernten, gut zuzuhören und mit Körperbewegungen das auszudrücken, was in der Musik, in dieser Musik lag, die sie eben hörten.

»Und nun verbinden wir alles, was wir schon gelernt haben: Ihr gebt den Takt, also Zwei-Takt oder Drei-Takt, ihr passt eure Bewegungen genau dem Tempo der Musik an, also der Geschwindigkeit, und ebenso der Stärke der Musik, ob sie laut oder leise ist… Also Achtung! Jetzt müsst ihr gut aufpassen!«

Dieses Mal »gewann« Patrick. Er hatte schon auf den Augenblick gelauert, und nun ertönte seine laute, wenn auch heisere Stimme: »Auf die Plätze« (was gar nicht notwendig gewesen wäre, denn alle saßen auf ihren Plätzen),

»Achtung! Los!« Das Klavier setzte ein und alle versuchten nun, die Bewegungen genau so zu machen, wie die Musik es »wollte«. Langsam, schneller werden, schnell, langsamer werden, aber nicht ganz langsam, sondern gleich nochmal schneller – und dazu laut, weniger laut, noch weniger laut, wieder stärker werden... Und als nach einigen Minuten alles glänzend lief, unterbrach ich für einen Augenblick und verlangte: »Drei-Takt!« Einige fanden sich nicht sofort hinein, aber die meisten erinnerten sich: runter – rechts – rauf, runter – rechts – rauf... Und die Bewegung verbunden mit laut und leise, mit schnell und langsam...

»So«, unterbrach ich, »jetzt sind wir ungefähr bei der Hälfte von dem, was ich euch heute zeigen will...« »Die Hälfte? Wieso denn? Was gibt es denn noch alles?«, schwirrten die Stimmen durcheinander. »O, eine ganze Menge! Ich will euch zum Beispiel auch andere ›Taktarten‹ zeigen... Eigentlich genügen Zwei-Takt und Drei-Takt vollständig, denn alle anderen Taktarten, die in der Musik vorkommen können, lassen sich aus diesen beiden zusammensetzen... Der Vier-Takt ist zum Beispiel eine Zusammensetzung von zwei Zwei-Takten, nicht wahr? Der Fünf-Takt enthält einen Zwei- und einen DreiTakt... denn 2 plus 3 sind bekanntlich 5. Den Sechs-Takt setzt man in der Musik aus zwei Drei-Takten zusammen, nicht aus drei Zwei-Takten, aber das müsst ihr heute noch nicht verstehen. Sieben: Das ist 2 plus 2 plus 3 oder 2 plus 3 plus 2 und so weiter... Ihr könntet also alles schon dirigieren, was in der Musik überhaupt nur vorkommen kann! Aber ich will euch trotzdem heute noch eine Taktart zeigen, die sehr oft vorkommt: den Vier-Takt! Der fängt an wie alle: Der erste Taktteil ist immer gleich, die Hand fällt, die Musik betont. Nun kommt die ›zwei‹. Die muss anders sein als im Drei-Takt, denn sonst weiß der Musiker ja nicht, dass ein anderer Takt bevorsteht! Die ›zwei‹ im Drei-Takt wurde vom Dirigenten nach rechts geschlagen, damit er mit der ›drei‹ wieder aufwärts, zum Anfangspunkt gehen konnte... Also muss jetzt, im Vier-Takt, die ›zwei‹ nach links gehen, am Körper vorbei. Die ›drei‹ geht dann nach rechts, bis ganz hinaus, und die ›vier‹ führt hinauf zum Ausgangspunkt. Ich mache es euch einmal vor.«

Wir dirigierten nun ›Vier-Takt‹: Runter-links-rechts-rauf, runter-links-rechts-rauf... Das ging so leicht, als hätten diese Kinder schon immer dirigiert! Es lief auch mit Klavierbegleitung tadellos. Zuerst betonte ich jede Taktanfangs-Note, also 1 – 2 – 3 – 4, 1 – 2 – 3 – 4..., aber bald ging alles so leicht, dass das Betonen gar nicht mehr notwendig war. »Nun können wir schon den ›Zwei-Takt‹, den ›Drei-Takt‹ und den ›Vier-Takt‹..., seid ihr müde?« Sie verneinten heftig.

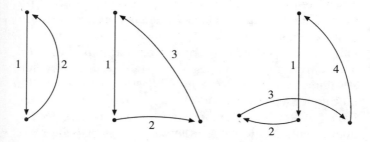

»Machen wir noch den Fünf-Takt? Aber der ist ein wenig schwieriger...« Alle waren einverstanden. »Man könnte natürlich mit den Armen Bewegungen erfinden, die dem Musiker einen Fünf-Takt anzeigen, aber wir wollen es so einfach wie möglich machen. 2 plus 3 gibt 5, auch 3 plus 2 gibt 5. Also: Wir schlagen einmal zwei und einmal drei hintereinander, demnach dirigieren wir: 1 – 2 – 1 – 2 – 3, 1 – 2 – 1 – 2 – 3, 1 – 2 – 1 – 2 – 3... Machen wir es einmal langsam; ganz langsam... Hebt den rechten Arm – 1: das heißt ›runter‹, 2: das heißt ›rauf‹; wieder 1, also ›runter‹; nun 2, worauf aber eine 3 folgen wird, also nach rechts;

und 3, das heißt ›rauf‹. Und nun das Ganze: runter – rauf – runter – rechts – rauf..., runter – rauf – runter – rechts – rauf...« Das kostete die Kinder einige Mühe, aber nicht alle: Die beiden »Großen«, Alexander und Clemens, machten ihre Sache tadellos, wenn auch ihr Gesicht deutlich zeigte, dass sie sich anstrengen mussten. Helga, Gaby und Anja plagten sich ziemlich, aber nach zwei oder drei Minuten hatten sie die Sache im Griff. Patrick fuchtelte mit den Armen, da trat ich zu ihm und führte seinen Arm, während ich laut zählte: »1, 2, 1, 2, 3 – 1, 2, 1, 2, 3...« Evelyn verstand die Sache schnell und bemühte sich, sie Claudia zu zeigen. Patrick hatte nun begriffen, ich ließ seinen Arm los und ging zu Fabian, der ein entsetzlich unglückliches Gesicht machte. »Zuerst einmal ganz ruhig...«, sagte ich zu ihm, »und nun machst du 1, 2, das kannst du ja: runter – rauf! Und jetzt machst du den Drei-Takt, den kannst du ja auch: 1, 2, 3... 1, 2, 3... Dann machst du, ganz langsam, 1, 2, und dann gleich 1, 2, 3... Und jetzt einfach dasselbe noch einmal... Zwei und drei, zwei und drei... Du musst das nicht an einem einzigen Nachmittag lernen, in ein paar Tagen kannst du es!«

Ein bisschen verschnaufen, das tat wohl. Die Kinder fühlten sich als richtige Dirigenten! »Ihr habt noch mehr über die Dirigenten gesagt, heute, als ihr kamt... Der Dirigent muss den Musikern zeigen, wie sie spielen sollen, sagte einer von euch... Das ist ziemlich richtig. Dazu ist notwendig, dass der Dirigent ein ausgezeichneter Musiker ist: Er muss alles können, was ein Musiker kann. Aber noch eines ist wichtig: Er muss die Fähigkeit haben, dies alles seinen Musikern beibringen zu können, so gut und so glaubhaft, dass sie ihm gern und vertrauensvoll folgen. Das ist ein wenig wie im Sport, nicht wahr, Patrick? Was der Trainer im Sport ist, das ist der Dirigent in der Musik! Und je besser die Mannschaft, desto besser muss der Trainer sein, je besser das Orchester oder der Chor, desto besser der Dirigent! Da ist mit dem Taktschlagen nicht viel getan, denn ein gutes Orchester braucht keinen Taktschläger, das kommt nicht so leicht aus dem Takt. Der Dirigent muss seinen Musikern hundert andere Dinge beibringen können und muss sie so führen, dass sie an der Art seines Dirigierens alles spüren, was notwendig ist, damit ein Musikstück besonders schön klingt und genauso, wie der Komponist es sich gewünscht hat.«

»Der Komponist..., ist das der Mann, der die Musikstücke erfindet?«, fragte Fabian.

»Ja, aber nicht nur der Mann, es kann auch eine Frau sein. Allerdings gibt es viel mehr Männer, die schöne Musik komponiert haben. Mozart und Beethoven und Johann Strauss..., und die Beatles. Warum das so ist? Das kann ich euch leider nicht sagen. Gaby, ich sehe, du wunderst dich darüber...«

»Ich ärgere mich sogar«, sagte Gaby und sowohl Helga als auch Anja waren ihrer Meinung. »Das war in früheren Zeiten eben so, dass den Mädchen eine Tätigkeit in der Öffentlichkeit viel weniger ermöglicht wurde als heute. Das war sicher ungerecht, denn die Mädchen hatten dazu bestimmt ebenso viel Begabung wie die Jungen. Mozart hatte eine Schwester, die vielleicht fast ebenso begabt war wie er, aber alle Förderung wurde dem Jungen zuteil, und das Nannerl zog sich eben zurück, gab Klavierunterricht – und war gar nicht beleidigt oder gekränkt, weil es eben damals so üblich war.«

»Ungerecht...!«, meinten unsere Mädchen einstimmig. »Ja, ungerecht..., und das war beim Bücherschreiben genauso, beim Malen, überall wurde nur das beachtet, was die Männer machten. Zu Mozarts Zeiten konnte eine Frau wenigstens Pianistin werden oder Geigerin oder Flötistin und Konzerte geben, aber sie wurde in kein Orchester aufgenommen! Und ganz undenkbar war der Beruf einer Dirigentin!«

»Aber heute gibt es doch auch Dirigentinnen?«, fragte Alexander. »Freilich! Allerdings lange nicht so viele und so berühmte wie es männliche Dirigenten gibt. Kinder, ich kann wirklich nichts dafür…«, sagte ich bedauernd und die Größeren lächelten, »ich glaube aber, dass sich das ändern wird. Vielleicht gibt es gerade unter euren Altersgenossen ein paar zukünftige Dirigentinnen und Komponistinnen. Heute studieren ja ebenso viele Mädchen Musik wie Jungen – und das finde ich gut. Aber vorläufig habe ich euch vom Dirigieren nur einen kleinen Teil gezeigt, das Taktschlagen nämlich, aber es gibt noch viele andere Seiten des Dirigierens.«

»Werden sie uns die zeigen?«, fragte Gaby. »Nun ja, die sind viel, viel schwerer als das Taktschlagen! Aber ihr sollt wenigstens wissen, dass es da noch etwas gibt. Zu einer guten Dirigentenausbildung braucht es mindestens zehn Jahre…, ja, zehn Jahre und mehr! Das kann man nicht an einem einzigen Nachmittag lernen, aber ich will euch doch noch eine kleine Ahnung davon geben. Mir scheint, dass Gaby gern Dirigentin werden möchte, und auch Alexander scheint sich sehr dafür zu interessieren. Bisher habt ihr Takt geschlagen, und zwar so, wie ich gespielt habe, nicht wahr? Da war ja eigentlich ich der Dirigent und ihr die Musiker… Probieren wir einmal, die Sache umzudrehen: Ihr sollt Dirigenten sein und ich tue am Klavier das, was das Orchester tut: so spielen, wie der Dirigent will und mit seinen Zeichen anzeigt!« Gespannt blickte mich die Schar an. »Natürlich können nicht alle zugleich dirigieren…, dirigieren ist eine Sache, die immer nur einer allein tun kann«, fuhr ich fort. »Im Orchester können viele spielen, 80 oder 100 oder 120 Musiker und Musikerinnen, aber dirigieren kann immer nur einer.«

»Warum?«, fragte Daniel. Es war seine Lieblingsfrage, aber manchmal zwang sie mich doch dazu, scharf nachzudenken, um mit der richtigen Antwort die Sache so zu klären, dass alle sie verstanden. »Denke dir einmal, Daniel, da ist ein großes Orchester und die wollen ein Stück spielen, das sie zwar alle kennen, aber das die Musiker auf verschiedene Weise verstehen: Für viele von ihnen ist es ein lustiges Stück, ziemlich geschwind im Tempo, fröhlich im Ausdruck. Für andere aber ist es gar nicht lustig, sondern eher nachdenklich und daher auch nicht schnell und viel leiser, als es die anderen wollen. Denke dir nun, es gäbe zwei Dirigenten und beide wollten zusammen dieses Stück dirigieren..., der eine macht lebhafte Bewegungen, so dass das Orchester laut und schnell spielen müsste..., aber der andere tut genau das Gegenteil: kleine Bewegungen, langsame, eher bedächtige.« Helga und Gaby und die beiden großen Jungen brachen in Gelächter aus, sie hatten es kapiert: Mehr als einer kann nicht dirigieren. »Und dieser eine gibt in den Proben genau an, wie er sich das Stück vorstellt, in welchem Tempo es gespielt werden soll, welche Teile oder Noten hervorgehoben werden sollen – vielleicht soll das Horn oder die Trompete eine Melodie besonders ausdrucksvoll spielen, während die Geigen ein wenig leiser sein sollen an dieser Stelle...«

»Wieviele Proben gibt es für ein Konzert?« fragte Gaby.

»Das ist ziemlich verschieden. Wenn sehr leichte Stücke gespielt werden oder Stücke, die das Orchester schon oft gespielt hat, dann sind natürlich weniger Proben notwendig als bei schweren oder neuen... Die großen Orchester, die aus lauter Berufsmusikern zusammengesetzt sind, proben für gewöhnlich vier-, fünfmal für jedes Konzert, die Amateurorchester, die Schülerorchester müssen natürlich viel, viel mehr Proben für jedes Konzert machen, manche üben viele Monate lang ein- oder zweimal wöchentlich an ihrem nächsten Konzertprogramm.«

»Was ist ein Amateurorchester?«, wollte Fabian wissen, der sich immer lebhafter beteiligte.

»Da kann uns Patrick vielleicht Auskunft geben, in deinem Fußballklub gibt es doch auch Amateure?«

»Na klar, aber gut spielen nur die Profis!«

»Und wer sind die Profis? Erklär' das doch dem Fabian!«

»Ist doch klar! Die Profis bekommen Geld dafür... Die Amateure natürlich nicht, höchstens die Fahrtspesen und vielleicht ein Glas Bier,... und wir Junioren auch nicht...«

»Das Wort ›Profi‹, das eine Abkürzung von ›Professional‹ ist, bezeichnet alle Menschen, die etwas berufsmäßig tun, also Schneider, Bäcker, Schlosser, Automechaniker: Die leben von ihrem Beruf, von ihrer ›Profession‹, wie Beruf in vielen Sprachen heißt. Und so werden die besten Fußballer zumeist ›Profis‹, weil sie dann Zeit haben, täglich viele Stunden dem Sport zu widmen, der bis dahin ihre ›Liebhaberei‹ war, ihr ›Hobby‹, wie wir es heute nennen, weil wir ja leider für alles Fremdworte brauchen. Die aber, die dieses Hobby auch weiterhin zum Vergnügen betreiben, nennt man ›Amateure‹, was ›Liebhaber‹ bedeutet. Das ist im Sport gerade so wie in der Musik... Ein Amateurorchester setzt sich aus Menschen zusammen, die Musik aus Freude betreiben, in ihrer Freizeit und nicht als Beruf. Das ist etwas sehr Schönes und Wertvolles! Zahllose Menschen sind ›Amateure‹ in der Musik – sie singen in Chören, sie spielen in Orchestern oder in kleinen Gruppen, was man ›Kammermusik‹ nennt, aber es gibt Amateure auch bei den Malern, den Schachspielern, den Gärtnern... Beinahe jeder Mensch hat ein Hobby, was sehr schön ist. Aber die Leistung des Profis ist natürlich immer besser als die des ›Amateurs‹, das ist klar: Es ist ein Unterschied, ob ich mich einer Tätigkeit vielleicht eine Stunde am Tag widmen kann oder sechs oder acht oder sogar zehn. Der Profi-Musiker – wir wollen ihn lieber Berufs-Musiker nennen – lebt von seinem Beruf Musik, aber er muss viel lernen, viel können, viel arbeiten, so wie in jedem anderen Beruf auch, und die Musik ist ein schwieriger Beruf! Es gibt vielerlei Musik-Berufe: Da ist der Instrumentalist – Geiger, Cellist, Klarinettist, Trompeter, Schlagzeuger –, der Sänger – in einem Berufschor, wie es ihn etwa in allen Musiktheatern gibt, oder als ›Solist‹, wenn er auf der Bühne Rollen singt –, der Musiklehrer, der Organist, also der Orgelspieler, der meistens in einer Kirche spielt, oder eben der Dirigent... Na, nun solltet ihr aber wirklich versuchen, zu dirigieren! Wer will es als erster versuchen?«

Wie ich es erwartet hatte, meldete sich Alexander als erster. Ich stellte ihn in die Nähe des Klaviers, schräg links vor mich hin. Ich erklärte ihm, was er tun müsse: Sein »Orchester« war das Klavier, war ich. Und er sollte mir mit seinen Armbewegungen Takt und Tempo des »Stückes« anzeigen, das er dirigieren wollte. Natürlich war es kein wirkliches Stück, sondern ich folgte seinen Armen, die er bewegen sollte, wie er wollte. Dabei konnte er alles verwenden, was wir an diesem Tag gelernt hatten: Er konnte schnell dirigieren, langsam, schneller werdend, langsamer werdend, er konnte mir einen Zwei-, einen Drei-Takt angeben, eventuell auch einen Vier-Takt, er konnte fordern »laut«, »leise«, »stärker werdend«, »schwächer werdend«. Wichtig war nur eines: Er musste mich »führen«, aber nicht warten und nicht erlauben, dass ich ihn führte! Er war der Dirigent, ich – das Orchester – durfte nur ausführen, was er mit den Bewegungen seiner Arme angab, verlangte.

Große Spannung im »Publikum«. Alexander stand da, hob den Arm und schaute mich an. Ich saß da, schaute ihn an – und wartete. Er wurde unruhig, aber nichts geschah. Da unterbrach ich: »Wer fängt an, das Orchester oder der Dirigent?« Die Kinder sahen einander an, dann mich. Endlich rief Gaby: »Natürlich der Dirigent!« Jetzt waren sich alle einig: natürlich der Dirigent! Alexander nickte und hob abermals den rechten Arm; und kaum saß ich wieder richtig an meinem Platz vor den Tasten, da begann er – und zugleich begann ich. Sein Gesicht hellte sich im gleichen Augenblick auf: Seine Armbewegung hatte Erfolg gehabt, das »Orchester« hatte eingesetzt! Nun »dirigierte« Alexander: Er versuchte, vieles von dem anzuwenden, was wir gelernt hatten. Auf das Lauter- und Leiserwerden allerdings verzichtete er, es war zu viel auf einmal, was er anwenden wollte! Er wechselte oft den Takt und wurde auch mehrmals langsamer und dann wieder schneller… Begeistert sahen ihm seine Freunde zu. Dann hörte er plötzlich auf – ich, das Orchester natürlich auch – und sah mich fragend an: »Was macht man, wenn Schluss sein soll?« Richtig, das hatte ich ja vergessen, den jungen Dirigenten zu erklären! »In diesem Augenblick kannst du den zweiten Arm zu Hilfe nehmen, mit beiden machst du dann in der Höhe ein starkes Zeichen nach außen, also auseinander: Das bedeutet dann ›Schluss‹… Versuche es einmal, also noch ein paar Takte deines Musikstücks…, und dann das Schlusszeichen!« Alexander tat es, dirigierte noch ein wenig weiter…, Zwei-Takt…, Drei-Takt, wurde langsamer und machte dann mit beiden Armen sehr deutlich das Zeichen »Schluss!« Auch ich hörte auf, genau in jenem Augenblick, in dem er das Zeichen für Ende machte. Starker Beifall erscholl. Er stand still und blickte sich etwas ratlos, aber zufrieden um. Ich unterbrach den Beifall und fragte den Jungen: »Was tut der Dirigent, wenn das Stück zu Ende ist und das Publikum applaudiert?« Er verstand sofort, ging an den Platz zurück, von dem aus er dirigiert hatte, und verbeugte sich, worauf der Applaus noch stärker wurde. Ich winkte ihn zurück, da er schon wieder zu seinem Stuhl gehen wollte: »Immer wieder verbeugen, solange der Beifall es verlangt!« Er tat es noch einmal, und noch einmal. »In einem richtigen Orchesterkonzert tut der Dirigent am Schluss noch etwas: Er fordert mit einer schönen Handbewegung das Orchester auf, sich von seinen Plätzen zu erheben; das finde ich sehr gerecht, denn es hat den Beifall gerade so verdient wie der Dirigent!« Alexander machte ein Zeichen in meine Richtung, und ich stand auf, ich war ja das Orchester gewesen... Ein paar Kinder riefen mir fröhlich zu: »Verbeugen! Verbeugen!« Aber ich schüttelte den Kopf: »Das Orchester verbeugt sich nicht, und das ist auch besser so, denn die hundert Musiker würden dies ohnedies nicht gleichmäßig tun können, und das sähe dann schlimm aus. Das Orchester steht nur da, während der Dirigent sich verneigt.«

Der nächste »Dirigent« war eine... Dirigentin. Gaby wollte es versuchen und alle sprachen ihr Mut zu. So kam sie auf den Platz neben dem Klavier und hob den rechten Arm. Dann begann sie mit einer schönen, weichen Bewegung: Ich spielte einen sehr weichen Klang, die Kinder bemerkten, dass ich auf dem Klavier so genau wie möglich das auszudrücken versuchte, was die Dirigentin mir mit ihren Bewegungen zu sagen versuchte. Gaby dachte sicherlich an ein Musikstück voll weicher Klänge und schöner Melodien. Sie machte zumeist kleine Bewegungen, manchmal sogar nur mit den Händen, und ich spielte sehr leise, versuchte eine Melodie voll Gefühl zu finden. Nur während einer kurzen Phase wurde sie energischer, vergrößerte ihre Bewegungen, wurde auch schneller... Aber zum Schluss ging sie wieder in das langsame Tempo zurück und zu den kleinen Bewegungen. Dann machte sie mit beiden Händen, aber sehr weich und mit schöner Bewegung, das Schlusszeichen. Auch sie empfing stärksten Beifall und verbeugte sich mehrere Male vor ihren Freunden. Dabei vergaß sie, das »Orchester« aufstehen zu lassen, aber ich lachte nur, als sie es bemerkte und sehr verlegen wurde.

Und so ging dieser Nachmittag noch eine Weile weiter. Clemens meldete sich. Er machte seine Sache ausgezeichnet, so dass ich ihn fragte, ob er schon einmal dirigiert habe. Er verneinte verwundert: Das hatte ihm weder sein Klavierlehrer noch der Musiklehrer in der Schule gezeigt, aber er glaube, sagte er, dass man dabei sehr viel lernen könne! Dann wollte Claudia dirigieren! Alle schienen zu glauben, ich würde das nicht zulassen, aber ich erlaubte es. »Natürlich wird Claudia nicht alles machen, was die Größeren gemacht haben... Komm, Claudia, du brauchst nur den Zwei-Takt zu machen, sonst nichts, aber den schön deutlich... runter – rauf, runter – rauf... und so schnell oder so langsam, wie du willst, ich spiele einfach genau so, wie du dirigierst.« Und Claudia stellte sich neben den Flügel, ich legte die Hände auf die Tasten, dann schaute mich die Kleine an. Ich schaute zurück, ohne ein Wort zu sagen. Da fiel ihr sicherlich ein, dass es ja sie war, die beginnen musste! Und schon senkte sie ihren rechten Arm und ließ ihn wieder steigen, und wieder senken und wieder steigen..., und ich spielte dazu einen Marsch, der am Anfang noch ein wenig holperte, weil Claudia manchmal rascher war in ihrer Bewegung und gleich darauf plötzlich langsam. Aber dann wurden ihre Bewegungen gleichmäßiger, und damit auch mein Klavierspiel... »Und jetzt... Schluss!«. Da wusste die Kleine zuerst nicht recht, was sie tun sollte, aber auch das fiel ihr ein, sie nahm den linken Arm auch in die Höhe und ließ beide Arme einfach herabfallen. Das war zwar nicht ganz deutlich, aber »das Orchester« verstand doch sofort und endete mit einem starken Klang – und der Beifall setzte sofort ein. Voll Stolz wollte Claudia auf ihren Platz gehen, aber alle schrien sofort: »Verbeugen, verbeugen!«

Ich hätte mit dem Ergebnis dieses Nachmittags wohl zufrieden sein können, aber ich war es noch nicht ganz. Mit der guten Einfühlung in die Musik von Alexander, Gaby, auch der kleineren Evelyn konnte ich rechnen, das wusste ich längst. Auch Helga war von rascher Auffassung – wahrscheinlich auch Rainer. Clemens sollte am Klavier ein begabter Junge sein: Alexander, der ihn mitgebracht hatte, meinte, er passe sehr gut in unseren Kreis. Claudia, so klein sie noch war, schaute ihrem großen Bruder Alexander sicher eine Menge ab, sie war sehr aufgeweckt und fasste alles sehr schnell auf. Auch Daniel hatte schon ein paarmal bewiesen, dass er keineswegs dumm war. Blieben zwei »Sorgenkinder«: Fabian und Patrick. Bei Patrick glaubte ich zu entdecken, dass er doch begann, sich für die Musik zu interessieren, zumal ich ja einiges gefunden hatte, was sie mit dem Sport verband. Und Fabian? Der dicke, nette Junge kam einfach immer zu allen Antworten zu spät. Bevor er sich entschlossen hatte, etwas zu sagen, waren ihm alle anderen längst zuvorgekommen. Jetzt war der Augenblick gekommen, wo ich einmal etwas Wichtiges für Fabian versuchen wollte. Und darum rief ich, als nun schon vier Kinder ›dirigiert‹ hatten, laut: »Und jetzt wird Fabian es einmal versuchen!« Ich bemerkte erstaunte Blicke, aber ich glaube, die »Großen« verstanden sofort, warum ich Fabian rief. Der kam, langsam, wie er alles tat. »Weißt du, was du tun sollst?«, fragte ich ihn. Er nickte. Und er hob den richtigen Arm, ich setzte mich schnell an den Flügel, und Fabian begann. Zuerst natürlich sehr langsam, bis ich ihm zurief: »Jetzt kannst du vielleicht ein wenig schneller werden.« Er wurde schneller, und dann immer schneller und schneller, als habe er sich plötzlich einen Ruck gegeben... »Nun wechsle doch einmal den Takt..., schlage jetzt einmal einen ›Drei-Takt!‹«, schlug ich vor. Und Fabian wechselte tadellos vom Zwei-Takt zum Drei-Takt, führte seinen Arm bei »zwei« nach rechts und bei »drei« aufwärts. Dann sagte ich zu ihm: »Und nun einmal leise..., und nun wieder laut...« Er tat alles, was ich ihm sagte; schließlich machte er das Schlusszeichen, und auch er erhielt seinen Applaus, verbeugte sich und setzte sich wieder auf seinen Platz.

»Dürfen wir morgen wieder dirigieren?«, fragte Helga. »Aber gern, vielleicht jeden Tag zwei von euch?« Das freute sie, und elf glückliche Kinder verabschiedeten sich herzlich von mir und liefen nach Hause...

6. KAPITEL

Das Spiel mit den Uhren

❧ Das »Dirigier-Spiel« hatte uns »berühmt« gemacht! Vier neue Kinder kamen dieses Mal, und ich musste mein kleines Haus auf den Kopf stellen, um genügend Stühle aufzutreiben. Die nächsten würden sich mit Kissen auf dem Boden begnügen müssen. Die Namen der »Neuen«: Susanna, Christina, Annemarie und Beat. Diesmal musste ich mir die Namen aufschreiben, um sie nicht zu vergessen. Aber bald würden sie mir schon so vertraut sein wie die anderen.

»Bitte, dirigieren!«, bettelten die Teilnehmer vom Vortag, und ich musste ihnen nachgeben: »Gut, wer versucht es heute?« Helga und Evelyn kamen an die Reihe. Und die »neuen« Kinder staunten nicht schlecht, als sie sahen, wie glatt alles ablief, wie die Bewegungen der beiden Mädchen genau mit der Musik übereinstimmten! Sie ahnten aber kaum, wie viel an Musikalität die Teilnehmer an diesem Spiel in wenigen Minuten dazugewannen, gar nicht zu reden von der Entwicklung ihrer Entschlusskraft, der Phantasie und noch manchem anderen. Vielleicht wussten das sogar die Spieler selbst nicht genau...

Mein Musikraum, den ich etwas großspurig »Studio« nannte, war so gut wie voll. Renzo wurde mit seinen Begrüßungen nach ausführlichem Beschnuppern kaum fertig. »Die Musik besteht aus Tönen«, begann ich, »das wissen ja schon fast alle…, und mit wievielen Tönen musizieren wir?« Die meisten hatten sich das gemerkt: »Hundert!« »Beinahe hundert!« »Ungefähr hundert!«, erscholl es durcheinander. »Richtig. Sie sind alle auf der Klaviatur aufgereiht, auf der ›Tastatur‹ des Klaviers…, weiße und schwarze Tasten gemeinsam. Die Abstände von einer Taste zur nächsten sind ziemlich gleich, unser Ohr empfindet sie als ganz gleich, auch wenn die Mathematiker etwas daran auszusetzen haben. Mit diesen hundert Tönen ›komponiert‹ der Komponist, schafft er also die zahllosen Musikstücke, die es auf der Welt gibt. Man kennt übrigens Völker, die komponieren, singen und musizieren mit anderen Tönen als wir…, in Asien, in Afrika, in der Südsee, in der Arktis.« An den Gesichtern einiger größerer Kinder merkte ich, dass sie das interessierte, sicher hatten sie im Fernsehen schon oft Filme aus jenen fernen Gegenden gesehen. «Die Europäer haben vor tausend Jahren aus den ungezählten Klängen, die es gibt, die hundert Töne herausgesucht, mit denen wir Musik machen. Diese Töne wurden zusammengesetzt, alle Musikstücke bestehen aus ihnen. Es gibt Musikstücke mit nur ganz wenigen Tönen, wie zum Beispiel die Kinderlieder, die ihr alle ja einmal gesungen habt!«

»Hänschen klein…«, krähte Patrick heiser, er hatte, trotz meiner Warnung, auf dem Sportplatz bestimmt wieder gebrüllt, und die ganze Schar lachte – ich weiß nicht genau, ob wegen des »Witzes« oder wegen der komischen Stimme Patricks…

»Jawohl, Patrick!« sagte ich zu ihm. »›Hänschen klein!‹, das ist so ein Lied mit ganz wenig Tönen! Wollen wir einmal zählen, wieviele Töne in diesem Lied vorkommen?« Ich spielte auf dem Klavier ganz langsam den Anfang des Kinderlieds, nur »Hänschen klein« – wieviele

Töne waren das? Ein paar meinten: drei, aber ich schüttelte den Kopf. Alexander wusste die richtige Antwort: »Nur zwei! Denn bei ›chen‹ und ›klein‹ ist es der gleiche Ton!« Nun erkannten es alle…, und wenn wir jeden Ton, der im Lied vorkommt, nur einmal zählen, dann kommen wir insgesamt auf fünf Töne! Also: Man kann mit nur fünf Tönen ein ganzes Lied machen, ein sehr einfaches natürlich, aber doch ein hübsches Lied! Eine große Komposition hingegen – vielleicht eine Sinfonie für ein ganzes Orchester oder eine Oper, wie sie im Theater gesungen wird, da gibt es viel, viel mehr Töne, vielleicht sogar alle hundert! Und jeden Ton hundert oder tausend Mal…

»Jeder Ton hat eine bestimmte, ganz genaue Höhe, denn die hat er von den Schwingungen, die diese Höhe bestimmen. Aber man kann in einem Musikstück jeden Ton auf mehrere Arten verwenden, und davon will ich euch jetzt ein wenig erzählen. Ein Ton kann ›hoch‹ sein oder ›tief‹ – so ist er ›hoch‹ und so ›tief‹.« Ich spielte eine Taste weit rechts auf der Klaviatur, und dann eine Taste weit links. Alle hörten den Unterschied. Zu den Kleinen gewandt sagte ich: »Die hohen Töne, die zwitschern wie kleine Vögel, tiefe aber, die brummen wie Bären…, hört ihr's?« »Wie ein Löwe«, sagte Claudia zu dem tiefen Ton, und sofort entbrannte ein Streit zwischen Claudia, Daniel, Fabian, Evelyn und dem »Neuen«, Beat, der munter mitredete über die wichtige Frage, wer tiefer brülle, der Bär oder der Löwe. Claudia entschied die Frage: »Das werden wir ja bald sehen, denn wir gehen ja alle in den Zoologischen Garten!« Ach ja, richtig – noch so ein voreiliges Versprechen von mir… Doch was man verspricht, das muss man halten.

Endlich kam ich wieder zu Wort: »Ich spiele jetzt viele Töne, und bei jedem ruft ihr: ›hoch‹ oder ›tief‹, ja?« Das schien nicht schwer zu sein, kaum hatte ich eine Taste niedergedrückt, kam schon die Antwort aus fünfzehn Mündern, und alle hatten dieselbe Meinung. Doch rasch entdeckte ich, dass meine kleinen Freunde ein wenig schwindelten! Sie hatten sofort entdeckt, dass rechts die hohen, links die tiefen Töne waren; nun schauten sie nur auf meine Hand – spielte die auf der linken Seite, dann schrien sie ›tief‹, und lag der angespielte Ton rechts, dann ›hoch‹. Sie lachten, als ich auf den Schwindel kam. »Das gilt natürlich nicht – alle umdrehen!« Und dann ging es von neuem los – aber nun hatten sie ›hoch‹ und ›tief‹ schon so im Gehör, dass sie sich kaum irrten. Ich war sehr zufrieden, denn auch unsere Kleinsten machten tüchtig mit. Vielleicht hatte der Vergleich mit dem Gezwitscher des Vögleins und dem Brummen des Bären ein wenig geholfen. Da fiel mir aber ein, dass fast alle Töne, die ich gespielt hatte, eigentlich solche waren, die in den allermeisten Musikstücken kaum vorkamen! Selten zwitschern unsere Musikstücke wie die Vöglein und selten brummten sie wie Bären. Ich musste den Kindern noch zeigen, dass es zwischen den hohen und den tiefen Tönen auch »mittlere« gab, und das waren sicher die am meisten verwendeten! Aber das Wichtigste, was ich mit den Übungen erreichen wollte, war, das Gehör der Kinder zu schärfen, und das war in diesen paar Tagen schon recht gut gelungen, glaube ich.

Nun spielte ich irgendeine kleine Phantasie auf dem Klavier, in der ich oft zwischen lauten und leisen Tönen abwechselte. »Ein Ton hat noch mehr Eigenschaften, als ›hoch‹ oder ›tief‹. Zum Beispiel kann er so sein« – ich schlug einen Ton sehr stark an – »oder so…« Nun erklang der gleiche Ton sehr leise. »Das ist so einfach, dass wir es gar nicht üben müssen. Ich will euch nur sagen, dass es dafür in der Musik eigene Ausdrücke gibt. Die kommen, wie so vieles in der Musik, aus dem Italienischen. Für ›laut‹, ›stark‹ ›kräftig‹ sagt man ›forte‹, für

›leise‹, ›sanft‹ sagt man ›piano‹. Leicht zu merken: ›forte‹ und ›piano‹! Es gibt noch zwei andere Worte, die man verwendet, um es vielleicht noch genauer sagen zu können. Wenn die Musik nicht nur stark sein soll, sondern ›sehr stark‹, dann heißt das ›fortissimo‹, und noch leiser als leise, also ganz leise, so leise wie möglich heißt ›pianissimo‹. Und weil es oft zu lange dauert, diese Worte zu den Noten dazuzuschreiben, kann man sie abkürzen: ›forte‹ wird zu ›f‹, ›piano‹ zu ›p‹, statt ›fortissimo‹ braucht man nur zu schreiben ›ff‹ und statt ›pianissimo‹ einfach ›pp‹.«

»Es gibt auch drei p: ppp«, sagte unser Pianist Clemens. »Stimmt«, bestätigte ich, »ja es gibt sogar Komponisten, die wollen etwas so ganz besonders leise gespielt oder gesungen haben, dass es eigentlich gar kein Wort mehr dafür gibt, aber die Abkürzung gibt es! Sie schreiben ›pppp‹ in die Noten, aber für gewöhnlich bleibt es bei ›pp‹, also ›pianissimo‹, und das bedeutet ›so leise wie möglich‹, und umgekehrt ›fortissimo‹, also ›so stark wie möglich‹. Versuchen wir es doch einmal mit diesen vier Namen. Ich spiele etwas auf dem Klavier und ihr ruft eines der vier Worte: forte, fortissimo, piano, pianissimo…«

Ich fing leise an, die meisten erkannten richtig: »piano«, doch zwei oder drei meinten, es sei »pianissimo«, bis ich dann noch leiser spielte und sie erkannten, dass es zuvor vielleicht doch nur »piano« gewesen war. Nun aber spielte ich »mittelstark« und die Verwirrung war groß: Für einige war dies »forte«, also laut oder stark, für andere hingegen leise, schwach – also »forte« für die einen, »piano« für die anderen, und niemand konnte sagen, wer recht hatte! Da war wieder die Zone oder Region »in der Mitte«, die weder ganz auf die eine Seite gehört noch auf die andere. »Hat diese mittlere Stärke keinen Namen?«, fragte eine der »Neuen«, ich glaube, es war Susanna. »Es gibt einen Namen für ›mittelstark‹: ›mezzoforte‹, abgekürzt ›mf‹, aber man benützt ihn seltener, denn wenn man Bezeichnungen für stark, ganz stark, leise, ganz leise hat, so nimmt man eben an, dass man mittelstark singen oder spielen soll, wenn nichts anderes dabeisteht...«

»Zwei Eigenschaften unserer Töne haben wir jetzt bereits: hoch-tief und laut-leise. Nun eine dritte Eigenschaft« – und ich schlug einen Ton ganz kurz an, so kurz ich nur konnte, er flog gewissermaßen nur so an unseren Köpfen vorbei, und dann spielte ich den gleichen Ton nochmals, ließ den Finger aber auf der Taste liegen. Der Ton klang lange nach, er wurde zwar schwächer, aber er lag viele Sekunden lang in der Luft.

Clemens wusste natürlich gleich Bescheid: »Ein kurzer Ton und ein langer Ton!« »Richtig! Also: Kurz oder lang kann der Ton auch sein – damit hätten wir die Eigenschaften des Tones, oder wenigstens die einfachsten dieser Eigenschaften: die Höhe, die Stärke, die Dauer. Wie man die Stärke festlegt, darüber haben wir schon gesprochen: Der Komponist schreibt p oder f oder pp oder ff. Die Dauer der Note – ob lang oder kurz, sehr lang oder sehr kurz – muss natürlich auch genau bestimmt werden können. Das macht man mit der Form der Noten, wir werden es gleich besprechen. Und dann bleibt noch die Höhe der Note, ob sie eben ›hoch‹ oder ›tief‹ sein soll, und man muss genau erkennen, wie hoch oder wie tief, denn da gibt es viele Möglichkeiten. Aber jetzt reden wir ein wenig über die Dauer. ›Kurz‹ oder ›lang‹, das ist eine zu undeutliche Angabe. Die genügte vor ein paar hundert Jahren, aber heute muss der Mensch alles genau wissen, er will alles messen und auf Zentimeter und Sekunde und Grad bestimmen können. Aber in der Musik ist das nicht ganz so einfach, weil sie ja immer noch vor allem von Menschen gemacht wird. Der eine Dirigent ist ein ›schneller‹ Mensch, der alles, was er im Leben tut, mit viel Schwung angeht: Er wird ein Musikstück schneller dirigieren als ein anderer, der von Natur aus langsamer und bedächtiger ist. Natürlich schreibt der Komponist über sein Stück, ob er es ruhiger oder bewegter, rascher will. Dazu gibt es eine Menge Worte, die wir einmal aufschreiben wollen. Das schnellste Zeitmaß, das der Komponist vorschreiben kann, heißt ›Presto‹ – wieder ein italienisches Wort, es bedeutet auf deutsch ›sehr schnell‹. Etwas ruhiger, aber immer noch recht schnell heißt ›Allegro‹, das neben ›schnell‹ auch noch die Nebenbedeutung von ›lustig‹, ›heiter‹ besitzt, in der Musik aber vor allem ›schnell‹ bedeutet. Ruhiger ist das Zeitmaß, das ›Andante‹ heißt. Wörtlich übersetzt kommt das Wort von ›gehen‹, musikalisch also ein ›gehendes‹ Tempo. Aber: Wieviele Arten von Gehen gibt es! Und da wird eben jeder Pianist oder Geiger oder Flötist oder Dirigent, wenn er ein Stück spielen oder dirigieren will, über dem ›Andante‹ steht, seine eigene Auffassung von ›Gehen‹ anwenden – und die kann recht verschieden sein! Eindeutig langsamer ist dann die nächste Stufe: Die heißt ›Adagio‹. Das müsst ihr schön aussprechen, so wie ›Adaadscho‹ mit einem recht weichen ›sch‹ und ohne das ›i‹, das hier nicht ausgesprochen wird. Für das allerlangsamste Zeitmaß oder Tempo kann man ›Lento‹ oder ›Largo‹ oder ›Grave‹ verwenden. Zu allen diesen Worten kann man, wenn nötig, noch das Wort ›molto‹ hinzufügen, das ›sehr‹ oder ›viel‹ bedeutet. ›Allegro molto‹, das wäre also noch rascher als ›allegro‹ allein, ›molto Lento‹ ist noch langsamer als ›Lento‹ allein, und so weiter. Übrigens: Man sollte diese Namen alle kennen, denn sie gehören zur Musik, aber man kann ebenso auch die deutschen Worte verwenden, die dasselbe bedeuten. Ich schreibe euch das Ganze hier einmal auf die Tafel. Wer Lust hat, schreibt mit, vielleicht könnt ihr es einmal brauchen.«

Presto	Äußerst schnell
Vivace	Lebhaft, schnell
Allegro	Schnell
Andante	Im Takt des Gehens
Moderato	Mäßig, etwa gemächliches Gehen
Adagio	Langsam
Largo, Lento, Grave	Sehr langsam

»Nun kann der Komponist außer einem dieser Worte noch eine genauere Angabe des Tempos geben, in dem er sich sein Stück wiedergegeben wünscht. Es gibt ja diesen kleinen Apparat, den man ›Metronom‹ nennt, der hat ein Pendel, das hin und her schwingt, und da kann man einstellen, in welcher Geschwindigkeit das Pendel schwingen und dabei laut ticken soll. Aber nicht alle Komponisten wollen das anwenden, aus vielerlei Gründen. Und so bleibt die Angabe des Tempos immer ein wenig ungenau. Aber etwas anderes darf nicht ungenau bleiben: die kurzen, die längeren, die langen, die ganz langen Töne müssen in einem bestimmten Verhältnis zueinander stehen. Für die Musik hat man das Einfachste gewählt: Die längere Note ist doppelt so lang wie die kürzere, die lange doppelt so lang wie die vorige, die sehr lange wieder doppelt so lang wie die lange. Und jede dieser Noten hat eine eigene Form, so dass man sie sofort erkennt. Doch zu allererst muss ich euch sagen: Eine Note ist das Bild, die Fotografie eines Tons. Wenn wir sprechen, so hat jeder Laut – jeder Vokal und jeder Konsonant – ebenfalls sein Bild: den Buchstaben. Und der Ton hat sein Bild in der Note. Die Form der Note drückt zweierlei aus: die Höhe und die Dauer. Die Stärke kommt nicht im Bild zum Ausdruck; die wird mit einem jener Worte dazugeschrieben, die ihr kennt: piano, forte und so weiter... Eines müssen wir noch im voraus sagen: Alle Noten, ob kurz oder lang oder laut oder leise oder schnell oder langsam – alle sind rund.«

Ich schaute auf meine Armbanduhr, dann führte ich sie ans Ohr. Viele Kinder machten es mir nach, teils ratlos, teils belustigt. Dann sprach ich das tik-tik-tik mit, das die Uhr leise hervorbrachte. Nun ging ich zur Tafel und schrieb dieses tik-tik-tik auf, für jedes tik ein Zeichen:

i – i – i – i – i – i – i – i ...

»Ihr kennt doch alle die großen Uhren, die an der Wand stehen oder hängen, die Wanduhren, deren Pendel ein schönes, gleichmäßiges tok singt ...?«, fragte ich. Die Kinder bejahten. »Dieses tok-tok-tok ist viel langsamer als das tik-tik-tik der kleinen Uhren; nehmen wir an, die kleine Uhr tickt zweimal, bis die Wanduhr beim Hin- und Herpendeln von einer Seite auf die andere nur einmal tok gemacht hat. Ich schreibe das unter das tik der kleinen Uhr. Damit man die Zeichen nicht verwechselt, nehme ich für das tik der kleinen Uhr ein i, für das tok der Wanduhr ein o.«

Kleine Uhr: i – i – i – i – i – i – i – i ...
Wanduhr: o   o   o   o   o ...

»Wie hat die Kirchenuhr die Stunden geschlagen? Sehr langsam und feierlich, nicht wahr? Sagen wir, so: tak – tak – tak ...« – und ich lasse jedes Mal zwischen den Schlägen eine gewisse Zeit verstreichen. »Nehmen wir einfach an, die Turmuhr gehe halb so schnell wie die Wanduhr. Wenn ich ihr ein Zeichen für jeden Schlag gebe, der ungefähr klingt wie tak-tak-tak – aber mit einem breiten langsamen a, als schriebe man taak-taak-taak –, so ergibt das gleichmäßige Ticken aller drei Uhren, der kleinen, der mittleren und der großen, dieses Bild.«

```
Kleine Uhr:    i – i – i – i – i – i – i – i ...
Mittlere Uhr:  o       o       o       o       o ...
Große Uhr:     a               a               a ...
               1   2   1   2   1   2   1   2   1 ...
```

»Bei jedem zweiten i der kleinen Uhr erklingt ein o der mittleren Uhr, und bei jedem zweiten o der mittleren Uhr erklingt ein a der großen Uhr. Also erklingt bei jedem vierten i ein a. Wir versuchen einmal, das mit den Händen zu klatschen.« Ich zeigte auf eine Gruppe der Kinder, es waren gerade fünf: »Ihr macht die kleinen Uhren! Die ticken recht flott, also los.« Ich klatschte natürlich mit, jeder Schlag war ungefähr eine Sekunde lang:

tik – tik – tik – tik – tik ...

»Nun die zweite Gruppe ...«, ich bezeichnete fünf Kinder. »Ihr ahmt die mittleren Uhren nach, also ihr wartet, bis die kleinen Uhren das zweite Mal getickt haben, dann kommt wieder euer Schlag. Ihr könnt natürlich mitzählen: 1, 2, 1, 2, 1, 2 – zu jedem Schlag der kleinen Uhren, und jedes Mal bei 1 schlagt ihr! Und die Kleinen klatschen wieder das gleiche wie soeben, sie klatschen bei jedem Schlag, bei 1 und bei 2 und so weiter, immer wieder 1, 2, 1, 2. Aber Achtung, die kleinen Uhren geben das Grundtempo an, alle anderen, die mittleren und die großen, müssen sich nach ihnen richten!« Ich ließ die kleinen Uhren vier Schläge vorausticken, dann setzten die mittleren ein und schlugen bei jedem zweiten ›tik‹ der kleinen Uhren:

```
tik – tik – tik – tik – tik – tik – tik ...
tok         tok         tok         tok ...
 1    2      1    2      1    2      1  ...
```

»Und jetzt nehmen wir die großen Uhren, die Turmuhren. Die schlagen jeden zweiten Schlag der mittleren! Und das bedeutet jeden vierten Schlag der kleinen Uhren! Los! Zuerst wieder – einfach, um das Grundtempo im Ohr und im Gefühl zu haben, vier Schläge der kleinen Uhren.« Es schlugen die kleinen Uhren ihr tik-tik-tik, und nach jedem zweiten Schlag schlugen die mittleren ihr tok-tok-tok, immer bei der Zahl 1. Und nach vier Schlägen der Kleinen schlugen die Turmuhren einmal taak, dann pausierten sie wieder drei Schläge der Kleinen lang, und dann kam wieder ihr starkes taak. Ein paar Mal musste ich eingreifen, denn alle zählten verzweifelt, und dabei hörte keiner auf den andern. Ich stellte mich vor sie alle und »dirigierte«. Zuerst zeigte ich den Kleinen, wie sie schön gleichmäßig und nicht zu schnell ihr tik-tik-tik machen sollten, dann gab ich den mittleren Uhren den Einsatz und immer wieder das Zeichen zum Klatschen, wenn die kleineren zweimal ihr tik gemacht hatten. Und nach viermal tik und zweimal tok zeigte ich den Großen, dass nun ihr langes taak an die Reihe käme. Alle vier Zeiten hatten alle drei Gruppen zu schlagen, alle zwei Zeiten nur die kleinen und die mittleren Uhren.

```
 tik – tik – tik – tik – tik – tik – tik – tik – tik
 tok       tok       tok       tok       tok
 taak                taak                taak
```

Dieses »Uhrenspiel« machte viel Spaß. Als es halbwegs funktionierte, verlangte ich drei »Freiwillige«, einen für jede Gruppe. Es meldeten sich Alexander, Clemens und, überraschenderweise, Anja. Nun musste ich nur noch ein wenig helfen, doch die drei Kinder machten ihre Sache ausgezeichnet: Alexander »spielte« die »kleinen Uhren«, Anja die »mittleren«, Clemens die »großen«. Als die Sache beim zweiten Mal tadellos klappte, war das natürlich wieder ein Anlass zum Beifall. Und nun wollten es alle »allein« probieren. Die nächste Gruppe bestand aus Gaby, Helga und Rainer. Und dann wollten es Claudia, Daniel und Evelyn versuchen. Jeder der drei wollte die »kleine Uhr« spielen – alle waren bereits darauf gekommen, dass dies die leichteste war, denn man musste nicht zählen oder genau aufpassen, man klatschte einfach immer schön im Takt. Unsere Kleinste, Claudia, erhielt diese Aufgabe. Die »mittlere Uhr« machte Daniel und die »große« Evelyn. Ich stand neben Claudia und zeigte ihr am Anfang mit ganz kleinen Bewegungen meiner Hände, wie sie es machen musste. Zu Daniel sagte ich leise: »Schau genau auf die Hände Claudias...«, und dann klatschte er sehr tüchtig auf jeden zweiten ihrer Schläge. Und Evelyn! Der brauchte ich nichts zu zeigen. Mehr noch: In den langen Pausen zwischen ihren Schlägen bewegte sie ihre Hände im Takt, sehr anmutig und mit kleinen, unauffälligen Bewegungen. »Hast du so ein Spiel schon einmal gemacht?«, fragte ich sie nachher. »Noch nie«, antwortete sie mit leuchtendem Gesicht, »aber es macht Spaß.«

Nochmal alle gemeinsam, aber nun übernahm jede Gruppe eine andere Aufgabe als vorher: Die kleinen Uhren wurden zu den mittleren, die mittleren zu den großen und die großen zu den kleinen.

»Und jetzt: Klatscht nicht nur, sondern singt dazu! Die kleinen Uhren singen ›tik-tik-tik‹..., die mittleren ›tok-tok‹..., die großen ›taak‹... Die kleinen Uhren singen ihr ›tik‹ auf diesem Ton...« – und ich gab ihnen einen Ton an. Dann zeigte ich den mittleren Uhren einen tieferen Ton für ihr ›tok‹ und zuletzt den großen Uhren einen dritten, noch etwas tieferen Ton für ihr ›taak‹. Ich wählte die drei Töne natürlich so, dass ihr Zusammenklang eine schöne ›Harmonie‹ ergab – eben einen angenehmen Zusammenklang –, aber da wir über die Namen der Töne noch nicht gesprochen hatten, sage ich erst in einem späteren Kapitel, welche Töne das gewesen sein konnten, die da so gut zusammenklangen, dass alle sich freuten...

Das Froschkonzert begann im See, und die Sonne hatte schon ihre rötliche Abendfarbe angenommen: Schluss für heute – morgen würde auch noch ein Tag sein!

7. KAPITEL

Gesunde Kinder gehen zum Arzt

🙰 Ein heller, sonniger Sonntagmorgen, und da es in der Nacht ein wenig geregnet hatte, erglänzte die Welt in ihren schönsten Sommerfarben. Renzo weiß genau, wann Sonntag ist. Ich bitte meine Leser, nicht zu lachen oder zu glauben, ich hielte ihn für besonders gescheit: Natürlich ist er das, aber ich würde mich nie öffentlich damit brüsten. Er muss den Sonntag riechen: Vielleicht weil der Rauch der Fabriken nicht so dicht in der Luft liegt, vielleicht weil in den frühen Morgenstunden weniger Autos am Haus vorbeifahren, vielleicht weil auf den Wegen beim See und im Wald mehr Reiter auftauchen als sonst, vielleicht weil es aus der Küche Thereses, meiner Haushälterin, noch besser duftet als an Wochentagen. Renzo wusste also, es war Sonntag: Er steht sonntags zu früher Stunde an meinem Bett und schaut mich an; stehe ich nicht sofort auf, so lässt er einen kurzen Beller im Kommandoton erschallen: »Raus aus dem Bett mit dir, heute habe ich ein Recht auf einen weiten Spaziergang bis in die Hügel, wo man nach Maulwürfen graben und manchmal Hasen jagen kann.« Jagen, ja, aber nicht erwischen! Renzo weiß sehr genau, dass ich furchtbar böse würde, wenn er irgendeinem Tier etwas zuleide täte! Schnell nahm ich mein Frühstück ein, und bei meinen letzten Bissen lief er schon zur Haustüre voraus. Er wusste, an diesem Sonntag konnte es nicht durch den Garten gehen, denn sonst hätte er sich mit seinen Pfoten und ich mich mit meinen sauberen Schuhen nicht mehr im Städtchen blicken lassen können.

Wir traten auf die Straße, Renzo ging »bei Fuß«, wie andere, gut erzogene Hunde es gelernt haben. Zwei, drei befreundete Frühaufsteher gingen vorbei, grüßten freundlich und redeten darüber, wie brav dieser Renzo ist! Wahrscheinlich lachte er innerlich darüber genauso wie ich. Er hält es auch nicht mehr als hundert, höchstens zweihundert Meter weit aus. Dann wird er unruhig: In der Umgebung wohnen einige Katzen, die vielleicht nicht darauf achten, dass er, der König des Stadtteils, seinen Sonntagsspaziergang macht. Sicherheitshalber legte ich ihn an die Leine – Katzen haben scharfe Krallen und Renzos Augen sind mir lieb. Er kennt das schon, tut aber jedes Mal beleidigt. Er wusste genau, in wenigen Minuten, wenn wir über den Hauptplatz gegangen waren, würde er wieder frei sein. Kurz vor dem Hauptplatz, an dem die Kirche liegt, deren Glocken wir hören, begegneten wir Alexander und Claudia, die sofort von der Seite ihrer Eltern zu mir stürzten. Die Eltern, ein angesehener Rechtsanwalt und seine sehr musikalische Gattin, begrüßten mich mit Lobesworten über die Musiknachmittage, von denen die Kinder jeden Abend schwärmten. »Ich habe schon eine Menge über Musik erfahren«, sagte der Vater, »vielleicht wechsle ich noch meinen Beruf... Musiker zu sein ist doch etwas Schönes!«, fuhr er fort, und ich stimmte ihm zu: »Ich bin froh, es zu sein, besonders, seit nun jeden Nachmittag diese entzückende Kinderschar zu mir kommt.« Die Familie verabschiedete sich herzlich, die Mutter fügte noch hinzu, dass sie schon mehr als einmal gewünscht habe, bei unseren Zusammenkünften dabei sein zu dürfen. Wie schade, dass Erwachsene dabei nicht erwünscht seien!

»Wer sagt das?«, fragte ich erstaunt. »Unsere Kinder, vor allem Claudia!« »Ja natürlich!«, bekräftigte die Kleine lebhaft. »Wir schreiben ja ein Buch für Kinder.« Wir lachten alle, nur Claudia wusste nicht recht, warum.

Wir begegneten immer mehr Leuten, die uns grüßten – und während Claudia und Alexander sich verabschiedeten, kam ein alter Freund, Dr. Peter Keller, der nicht weit von mir seine Arztpraxis hatte, auf mich zu. Auch er kam sofort auf unsere Musiknachmittage zu sprechen: »Du vollbringst ja ein wahres Wunder! Wieviele seid ihr jetzt schon? Mehr als zwanzig? Mein Neffe erzählt mir täglich davon! Das ist ein furchtbarer Schlingel, aber du scheinst ihn gezähmt zu haben...!«

»Dein Neffe? Wer ist denn das?«

»Ach, das weißt du nicht... Jeden Sommer verbringt mein zehnjähriger Neffe Patrick ein paar Wochen bei mir, das heißt: auf dem Sportplatz in der Nähe. Sag..., da kommt mir eine Idee: Willst du deinen Schützlingen nicht einmal etwas über Ohren und Kehlkopf und alles mögliche, was auch zur Musik gehört, erzählen? Oder von mir erzählen lassen? Du weißt, ich bin Facharzt auf diesem Gebiet.« »Glänzende Idee! Aber du hast doch so viel zu tun, man erzählt sich, dass sich in deinem Wartesaal die Menschen nur so drängeln...« »Ein wenig übertrieben, aber es könnte ja ein Feiertag sein?« »Ein Sonntagnachmittag?« Alexander und Claudia, die stehen geblieben waren, als sie gehört hatten, dass der nette ältere Herr auch von unseren Musikstunden sprach, blickten gespannt auf mich. Und Claudia rief: »Sonntag? Warum nicht heute?« Dr. Keller überlegte, dann nickte er freudig: »Natürlich, heute! Könnt ihr eure Freunde verständigen?« Alexander überlegte: »Das müsste gehen – um wieviel Uhr?« »Wie wäre es mit vier Uhr? Mein Haus liegt gleich dort in der Straße... ein gelbes, altes Haus mit einem Erker, und unten ist eine Tafel: ›Dr. Peter Keller, Facharzt für Hals, Nase und Ohren‹. Ich werde sehen, ob ich meine Assistentin verständigen kann.« »Was tut die?«, fragte Claudia ängstlich. »Wird die uns untersuchen?« »Nein«, erwiderte der Arzt fröhlich, »niemand wird euch untersuchen, bestimmt nicht! Ihr seid doch nicht krank!«

Weitere unserer Kinder kamen zufällig des Weges, und Alexander organisierte die Verständigung der anderen. Jetzt war es noch nicht einmal zehn Uhr, bis nachmittags um 16 Uhr sollte die Sache klappen. Wenn der gute Dr. Keller gewusste hätte, was er sich da eingebrockt hatte!

Renzo schien um seinen großen Spaziergang zu fürchten, aber ich erklärte ihm, dass er darauf keinesfalls verzichten müsse. Und wir schlugen den Weg in die Hügel ein. Die Straße ging in einen Weg über, und Renzo wusste schon, dass ich ihn von der Leine lassen würde. Sofort war er weg, und ich hörte nur noch ab und zu sein Gebell aus der Ferne. Am Ende der Straße war ein Taxi-Standplatz. Nur ein einziger Wagen stand hier, der Chauffeur saß an seinem Platz, und aus seinem Radio erklang Musik von Mozart. Ich blieb erstaunt stehen, der Mann wandte sich mir zu und wollte die Musik leiser stellen, im Glauben, sie störe mich vielleicht. Ich winkte ab, er solle sie ruhig so laut lassen. Dann ging ich dicht an ihm vorbei, und er sah mich aus den dunklen Augen in seinem dunklen Gesicht an und grüßte höflich. Ich konnte es mir nicht verkneifen, ihn anzusprechen: »Gefällt Ihnen ›klassische‹ Musik?« Ich gebrauchte dabei den Ausdruck, den alle Welt für die Musik der großen Meister verwendet, obwohl er, genau genommen, nicht ganz richtig angewendet wird. »Sehr«, sagte der Mann, »ich höre stundenlang zu, besonders Mozart.« »Woher kommen Sie denn?«, wollte ich wissen. »Von weit, sehr weit..., aus Persien.« »Ein interessantes Land, aber ganz andere Musik«, sagte ich. Er nickte: »Schöne Musik auch, aber Musik ganz anders...« Ich nickte wieder, wollte aber nichts sagen, denn aus dem Radio tönte gerade eine der schönsten Stellen der g-Moll-Sinfonie und wir horchten eine kleine Weile gemeinsam.

Dann reichte ich ihm die Hand, die er erfreut ergriff: Zwei Anhänger Mozarts müssen einander doch herzlich begrüßen, wo immer sie sich treffen mögen... Gedankenvoll stieg ich den Weg aufwärts. Wie viel herrliche Musik gibt es doch auf der Welt! Und Millionen Menschen, die Freude an ihr haben! Ab und zu wehten einige Klänge zu mir, die von dem Konzert des Blasorchesters kamen, das auf dem Platz begonnen haben musste. Auch vorher, in der Kirche, hatte es Musik gegeben, die Orgel hatte gespielt und viele Menschen ihrem edlen Klang gelauscht. Musik, Musik überall... Ein schönes altes englisches Lied fiel mir ein, das ich gern mit meinen Chören singe: »There's Music in the Air...« Ich hab es ins Deutsche übersetzt: »Die Welt ist voll Musik...« Das ist sie wirklich! Und ich glaube, dass es nie mehr Musik gegeben hat als heutzutage! Zu den Musiktheatern, den Konzerten, dem häuslichen Musizieren, den vielen Chören gibt es heute noch Musik im Rundfunk, im Fersehen, auf Platten und CDs... Millionen Menschen, die Musik erleben, Freude an ihr haben, vielleicht glücklich mit ihr und durch sie sind... Ich dachte natürlich, während ich so dahinging, an meine kleinen Freunde. Ich wünschte nichts anderes, als ihnen das Wunderreich der Musik zu erschließen. Wer mehr weiß, hat mehr vom Leben, und wer mehr von Musik weiß, hat mehr Freude an ihr.

Ich war inzwischen durch Weingärten auf eine kleine Höhe gestiegen. Der Blick ins Tal war bezaubernd: Das Städtchen, der Wald – sogar meinen Teich sah man von hier aus! Es war also doch kein »Tümpel«, sonst hätte man ihn aus dieser Entfernung nicht gesehen.

Nun ging ich auf einem anderen Weg wieder abwärts und an der nächsten Wegbiegung stand Renzo und begrüßte mich freudig. Das war unser üblicher Treffpunkt, und nun ging er recht gesittet an meiner Seite abwärts, bis die Straße begann und wir nach wenigen Augenblicken auf dem großen Platz standen, der gerade von den letzten

Zuhörern des Konzerts verlassen wurde, die zum Mittagsmahl heimgingen... Das taten wir auch, Therese hatte glänzend gekocht und wir aßen nun alle mit großem Appetit. Wie würde der Nachmittag werden?

Lange vor der festgesetzten Stunde stand die ganze Schar vor dem Haus des Dr. Keller. Und es fehlte, so weit ich auf den ersten Blick erkannte, kein einziger – nur Patrick, aber der war gewiss im Haus selbst und hatte mit seinem Onkel gegessen.

Die Haustür wurde geöffnet und Patrick stand vor uns. Er winkte mit hocherhobener Hand und trat zur Seite, um die ganze Schar eintreten zu lassen. Man sah ihm an, wie wichtig er sich fühlte. Reden konnte er kaum, er war wieder stockheiser: Am Sonntagvormittag hatte er sich, wie immer, auf dem Fußballplatz ausgetobt, vor allem mit der Stimme. Er war jetzt Kapitän seiner Mannschaft, und zu dessen Aufgaben gehörte es wohl, während des ganzen Spiels seiner Mannschaft laute Befehle zu erteilen. Gleich im Parterre waren zwei größere Räume: das Wartezimmer und, diesem gegenüber, das Ordinationszimmer, der Raum, in dem der Arzt seine Patienten empfängt, untersucht und behandelt. Wir versammelten uns im Wartezimmer. Nach einer kurzen Weile kam Herr Dr. Keller persönlich, um uns ins Ordinationszimmer zu rufen. Er trug nun einen weißen, bis ganz oben zugeknöpften Mantel. Claudia erschrak und flüsterte mir zu: »Jetzt wird er uns doch untersuchen...« Dann gingen wir alle in den schönen großen Raum, wo eine Reihe von Apparaten stand. Patrick, der Doktor und eine freundliche Dame, ebenfalls im weißen Anzug, hatten genug Stühle bereitgestellt, so dass alle Platz fanden. Claudia hatte es verstanden, an meine Seite zu kommen, sie ließ meine Hand nicht los, schaute sich ein wenig ängstlich im ganzen Raum um und flüsterte mir immer wieder zu: »Erlauben Sie ihm nicht, dass er mich untersucht...« »Nein, Claudia, ich werde es nicht erlauben...«, außerdem, weißt du, der Herr Dr. Keller ist ein Arzt, der nur in die Kehle, in die Nase und in die Ohren schaut.« »Und das tut nicht weh?« »Sicher nicht, und er wird es auch gar nicht tun...«

Dr. Keller ging an uns vorbei, merkte sicherlich, dass die Kleine neben mir ein wenig Angst hatte und sagte nun, als er vor uns stand:

»Ich begrüße euch alle herzlich, liebe Kinder. Ich habe gehört, dass ihr jeden Tag mit meinem guten Freund Kurt über Musik plaudert, und da möchte auch ich mit euch über Musik reden. Denn die Medizin hat sehr viel mit Musik zu tun! O, nicht nur der Teil der Medizin, in dem ich versuche, die Menschen zu kurieren, nicht nur die Nase, der Hals und die Ohren. Nein, da gibt es noch viele andere Dinge aus der Medizin, die der Musiker wissen sollte. Spielt jemand von euch Violine?« Helga hob die Hand. »Komm doch bitte nach vorn!«, forderte Dr. Keller sie auf und holte aus dem Nebenzimmer eine Geige, die er Helga in die Hand drückte. Das Mädchen sah ihn überrascht an und wollte, gewohnheitsgemäß, sofort mit dem Stimmen beginnen, doch Dr. Keller sagte: »Nicht notwendig, du sollst jetzt gar nicht spielen. Zeig uns nur, wie du stehst und die Geige hältst, wenn du spielst.« Helga nahm das Instrument mit ihrer linken Hand und drückte es gegen ihre linke Halsseite. Dann nahm sie den Bogen in die rechte Hand, alles so, als würde sie zu spielen anfangen. Dr. Keller lobte: »Sehr gut, du hast eine ausgezeichnete Haltung!« Helga wurde rot: »Das zeigt uns unser Geigenlehrer auch immer wieder..., er sagt, die Haltung sei das Wichtigste...« »Sie ist tatsächlich sehr wichtig, das haben schon die alten Geigenmeister gewusst..., und Vater Mozart, der Vater vom berühmten Wolfgang, der war Geiger und hat eine hervorragende Violinschule geschrieben – und da steht auch sehr viel über die Haltung drin! Nun setze dich einmal, stehend spielst du ja nur, wenn du allein ein Konzert gibst; sonst sitzt du, besonders wenn du im Orchester spielst. Und da muss man mindestens ebenso sehr auf die Haltung achten. So mancher ältere Geiger kommt zu mir, weil er Rückenschmerzen hat oder einen überanstrengten rechten Arm: Das sind musikalische ›Berufskrankheiten‹, so etwas kommt auch bei anderen Instrumenten vor. Ich will es euch nur sagen, für Einzelheiten haben wir leider keine Zeit. Der Musikerberuf ist einer der anstrengendsten, die es gibt. Ihr wisst, wir leben heute in einer Zeit, in der wir alles messen wollen. Man hat die Anstrengungen gemessen, die stundenlanges Spielen von Instrumenten oder Singen verursacht. Das ist anstrengender als Tischlern, Schlossern, Schneidern..., nur Bäumefällen in Alaska ist noch anstrengender.«

»Warum in Alaska?« fragte Alexander, und es war wieder einmal eine kluge Frage.

»Weil der Körper dort nicht nur Energie braucht, um die Bäume zu fällen, sondern auch, um die Kälte zu überwinden, die dort herrscht! Alles, was unser Körper tut, verbraucht Kraft und Energie, der Körper wird müde und verlangt nach Schlaf, denn im Schlaf tankt er die Energie und Kraft, die er verbraucht hat, wieder auf! Ich bin auch Arzt im Theater unserer Stadt, und das verlangt, dass ich zwei- oder dreimal in der Woche bei den Vorstellungen dabei bin..., vor allem bei den musikalischen, bei der Oper oder Operette oder beim Musical.«

»Darüber werden wir bald ausführlich reden, und wir werden auch ins Theater gehen...«, unterbrach ich, denn noch nicht alle unsere Kinder wussten, was eine Oper ist oder eine Operette oder ein Musical.

»Und oft genug kommt es vor«, setzte Dr. Keller fort, »dass ein Sänger plötzlich Schwierigkeiten bekommt mit seiner Stimme, die er ja stundenlang in Anspruch nehmen muss. Wisst ihr, wie viel Kraft das erfordert, oben auf der Bühne zu singen, während vor der Bühne achtzig oder hundert Musiker spielen?«

»Wie können sie einem Sänger denn helfen?«, wollte Anja erfahren.

»Das ist ganz verschieden, aber zumeist hat die Stimme Ermüdungserscheinungen, weil sie überanstrengt wird. Das ist so eine Art Krampf der Stimmbänder – genauso, wie wenn wir einen anderen Muskel zu sehr anstrengen –, und da muss ich zuerst diesen Krampf ›lösen‹, also die Stimmbänder wieder geschmeidig machen, so dass sie nach einem kurzen Ausruhen wieder locker schwingen können...«

»Wie macht man das?«, fragte Anja, und Dr. Keller freute sich über das Interesse der Kinder. Er antwortete: »Meist genügt das Pinseln, tief in der Kehle unten, manchmal aber muss ich eine kleine Spritze geben... eine Injektion, wie man sagt. Aber nicht immer mit Erfolg – und dann muss vor der Fortsetzung der Vorstellung jemand vom Theater vor den Vorhang treten und den Sänger entschuldigen, dass er nun zwar weitersingen werde, aber für seine verminderte Leistung um Entschuldigung bitte. Oder es kann noch schlimmer kommen, der Sänger hat für den Augenblick ›seine Stimme verloren‹, und dann gibt es zwei Möglichkeiten: Entweder findet sich im Theater zufällig ein anderer, der rasch ›einspringen‹ kann, also die Rolle übernehmen...«

»Ein Ersatzspieler«, sagte Patrick und sein Onkel lächelte: »Gut, ein Ersatzspieler, du denkst eben immer an Fußball... Aber ein Ersatzspieler im Fußball hat es viel leichter als ein Ersatzsänger auf der Bühne, denn der muss eine bestimmte Rolle genau kennen und können... Oder, wenn man keinen Ersatz findet, dann muss, sofern die Rolle wichtig ist, die Vorstellung abgebrochen werden, aber das kommt glücklicherweise nur ganz selten vor. Das ist dann nicht nur unangenehm, es kann das Theater auch viel Geld kosten...«

»Nicht so sehr für den Arzt! Aber das Publikum, das ja seine Eintrittskarte für die Vorstellung bezahlt hat, verlangt natürlich sein Geld zurück!«

»Zahlt man es zurück?«, wollten einige wissen.

»Manchmal ja, manchmal nein. Wenn die Vorstellung kurz nach dem Anfang abgebrochen werden muss, dann werden die Karten zurückgenommen, später aber meistens nicht mehr. Ein Schauspieler oder Sänger nimmt jedenfalls seine ganze Kraft zusammen, damit die Vorstellung gut zu Ende gehen kann. Ich habe schon Fälle gesehen, in denen ein Künstler sich durch einen unglücklichen Sturz auf der Bühne ein Bein gebrochen und trotzdem den Akt zu Ende gespielt oder gesungen hat. Viel öfter aber kommt es vor, dass im Publikum etwas geschieht, ein Unwohlsein, ein Unfall..., und dann muss ich sofort zur Stelle sein. Aber Kinder, ihr seid zwar heute bei einem Arzt, doch ich wollte eigentlich nicht über Krankheiten mit euch sprechen! Sondern darüber, wie gut der Körper funktioniert und wie herrlich er für die Musik eingerichtet ist! Wie man singt und wie man hört, das wollen wir besprechen! Zuerst einmal: Was braucht man zum Singen?«

Die Kinder, nun schon recht vertraut mit Dr. Keller und seiner netten, flotten Art, zu uns zu reden, antworteten durcheinander: »Die Stimme!« »Die Kehle.« »Die Luft.« »Den Mund.« »Den Atem.«

»Alles richtig«, stellte der Arzt erfreut fest. »Unser Körper hat in seiner Kehle einen ganz kleinen ›Apparat‹, zwei Bänder, die eng nebeneinander liegen und die man ›Stimmbänder‹ nennt, wir Ärzte aber meistens ›Stimmlippen‹, denn sie sind an den Enden zusammengewachsen, also eher Lippen ähnlich. Diese Bänder oder Lippen müssen schwingen, wenn ein Ton entstehen soll. Und dazu braucht es Luft, die strömt. Sie setzt die Bänder in Bewegung, und die Bewegung erzeugt einen Klang. Den Luftstrom erzeugen unsere Lungen beim Ausatmen. Zum Ausatmen ist es notwendig, dass wir zuerst einatmen, und das ist ein ganz natürlicher Vorgang, den wir nicht lernen müssen, sondern der uns angeboren ist. Ihr könnt euch natürlich nicht daran erinnern, aber ihr alle habt geschrien, als ihr noch klein gewesen seid. Ihr habt geschrien, wenn euch etwas weh tat oder wenn man mit euch etwas machte, was euch nicht gefiel – bei der Taufe zum Beispiel, wenn die paar Tropfen Wasser auf eurer Stirn euch ärgerten –, oder wenn man das Licht löschte und ihr vielleicht das Licht lieber an gehabt hättet. Aber das kleine Kind schreit auch manchmal aus bloßer Lust am Schreien. Und es gibt Kinderärzte, die meinen, man solle es ruhig schreien lassen, denn Schreien sei gesund, es stärke die Lungen, weil es das kleine Kind dazu bringe, tiefer zu atmen. Erstaunlich ist, welche Kraft der Stimme das Kind schon besitzt! Die Stimmbänder wachsen mit dem Körper, man sieht sie nicht und kann ihr Wachsen auch nicht beobachten. Es ist überhaupt erst wenig mehr als ein Jahrhundert her, dass ein berühmter Sänger und Gesangslehrer den ›Kehlkopfspiegel‹ erfand, mit dem man so tief in den Hals schauen konnte, dass man die ›Stimmlippen‹ oder ›Stimmbänder‹ zum ersten Mal sehen konnte. Aber in der Zeit, in der ihr erwachsen werdet – man nennt das die ›Pubertät‹ –, geschieht auf einmal etwas Wichtiges mit diesem kleinen Organ: Bei den Jungen fängt es zu wachsen an.«

»Bei uns nicht?«, riefen ein paar Mädchen enttäuscht. »Nein, nur bei den Jungen! Ihr wisst ja von den Instrumenten, dass längere Bänder oder Saiten einen tieferen Ton ergeben – das Cello hat einen tieferen Klang als die Geige, und der Kontrabass einen tieferen Klang als das Cello. Und wenn die Stimmbänder wachsen, ändert sich die Stimme! Sie wird tiefer. Manchmal geschieht das ziemlich schnell, nach wenigen Wochen hat der Junge plötzlich eine tiefe Stimme bekommen, eine Männerstimme. Bei anderen kann es sehr langsam gehen, denn dieses Tieferwerden der Stimme kann Monate dauern oder sogar Jahre. Das nennt man ›Stimmwechsel‹ oder ›Stimmbruch‹. Bei manchen ist es ein einfacher, allmählicher Stimmwechsel, den man kaum bemerkt, bis der Junge dann am Ende eben eine tiefere Stimme, eine Männerstimme hat. Bei anderen bemerkt man den Wechsel, weil er viel schneller vor sich geht, und dann kommt es vor, dass der Junge ein paar Worte noch mit der Kinderstimme spricht und die nächsten mit einer wackligen, sich gewissermaßen überschlagenden Stimme. Und von diesem schnelleren Wechsel kommt wahrscheinlich die ältere Bezeichnung ›Stimmbruch‹.«

»In welchem Alter fängt das an?«, fragte Gaby.

»Das ist sehr schwer zu sagen. Bei Haydn und bei Schubert wissen wir, dass sie noch mit ungefähr 16 Jahren im Kinderchor singen konnten«, mischte ich mich ein. »Das heißt, sie hatten die kindliche Stimme noch in einem Alter, in dem sie heute längst nicht mehr im Kinderchor mitsingen könnten. Alexander und Clemens werden bald mit dem Stimmwechsel anfangen, vielleicht werden sie es anfangs gar nicht bemerken. Dann kommt eine Zeit, in der die Stimme hin und her schwankt, manchmal höher klingt, manchmal ein wenig tiefer, und in der es besser ist, wenn die Jungen nicht singen oder nur sehr vorsichtig, und wenn dann der Wechsel vorbei ist, dann haben sie Männerstimmen. Aber ein wenig sieht man diesen Stimmwechsel oder Stimmbruch sogar: Vorne am Hals wächst eine kleine Ausbuchtung, genau dort, wo die Stimmbänder liegen…, und diese Ausbuchtung nennt man den ›Adamsapfel‹, weil er zeigt, dass aus dem Jungen ein Mann geworden ist.«

Die Jungen legten ihre rechte Hand auf den Hals und tasteten dort ein wenig: Sie waren neugierig, ob vom künftigen Adamsapfel vielleicht schon etwas zu spüren war. Aber da war noch nichts zu spüren und zu sehen, so schauten sie mich fragend an. »Bald, bald, das kommt ganz von selbst, vielleicht merkt ihr es zuerst an eurer Stimme und erst später an eurem Hals.«

Dr. Keller nahm wieder das Wort: »Die Luft kommt also von außen zu uns…« »Durch die Nase!« »Durch den Mund!«, riefen die Kinder. »Richtig – und das ist gar kein Problem, wenn in der Natur genug Luft vorhanden ist.

Dann arbeiten unsere Lungen, für gewöhnlich, ohne dass wir es überhaupt bemerken. Wo aber ist zu wenig Luft da?«, fragte Dr. Keller. »Auf hohen Bergen«, antworteten einige, aber Alexander sagte: »Im Weltraum!« Der Arzt nickte zu beidem: »Bevor man begann, auf die Berge zu klettern – das ist noch gar nicht so lange her –, hatte man sogar vor Bergen Angst, auf die wir heute recht leicht gehen. Natürlich ist auf den Bergen die Luft ›dünner‹ als bei uns im Tal, aber sie genügt noch, um atmen zu können. Im Weltraum aber, über der Luftschicht, die unsere Erde umgibt und der wir unser Leben verdanken, im Weltall oder Weltraum, da gibt es keine Luft. Deshalb suchen wir immer Planeten, die auch eine Luftschicht besitzen, denn dort könnte Leben sein, ähnlich wie bei uns. Nun, auf viele unserer irdischen Berge können wir heute steigen, ohne Sauerstoff mitnehmen zu müssen. Im Weltraum aber, da müssen alle Astronauten Sauerstoffgeräte tragen, wenn sie aus der Raumkapsel aussteigen wollen. Doch kehren wir zurück auf unsere Erde! Durch die Nase und durch den Mund kommt die Luft in unsere Lunge. Die sieht beinahe aus wie ein Schwamm, und ihre beiden ›Flügel‹ funktionieren auch so ähnlich: Sie saugen sich beim Einatmen mit Luft voll, und sie lassen die Luft wieder entweichen, das ist dann das Ausatmen, und mit dieser Phase des Ausatmens können wir sprechen und singen. Die Luft ist das wichtigste Lebenselement des Menschen, denn er kann nur ganz kurze Zeit ohne Luft existieren, so wie der Fisch nur ganz kurze Zeit ohne Wasser sein kann. Darum passen viele Menschen seit ein paar Jahren so sehr auf die Reinheit der Luft auf. Denn eine verunreinigte Luft schadet, wenn sie in unseren Körper kommt, allen unseren Organen, der Lunge, dem Herzen, dem Blutkreislauf... Leider ist die Luft, besonders in den großen Städten, schon lange nicht mehr sauber, die vielen Autos, die Fabrikschornsteine verschmutzen sie und blasen schädliche Stoffe in die Luft. Nun kämpfen wir gegen die Verunreinigung, aber dieser Kampf ist schwierig: Man müsste sofort alle Autos in der Garage lassen und nicht mehr benützen – mit Ausnahme von jenen wenigen, die mit Elektrizität fahren... Man müsste alle Fabriken stilllegen – mit Ausnahme von jenen, die keine giftigen Gase und Stoffe mehr in die Luft blasen. Leider geht dies alles nicht, unser gesamtes Leben bräche zusammen. Doch möglicherweise haben wir Menschen noch genug Zeit, die Luft zu reinigen, was in den nächsten Jahren geschehen muss, sonst ist es mit dem schönen Leben auf der Erde vorbei... und das wollen wir natürlich nicht, und krank werden wollen wir auch nicht. Gerade ihr Kinder werdet in kurzer Zeit helfen müssen, damit die Welt wieder sauberer wird!«

Die Kinder schauten ziemlich ernst drein, manche blickten zu mir, als wollten sie fragen, ob es wirklich so ernst sei. Ich nickte langsam ein paar Mal. Der Doktor, der in den Sälen unserer Universität sonst immer vor seinen Studenten steht, hatte sichtlich Freude daran, diesmal zu ganz jungen Menschen zu sprechen, die ihm aufmerksam zuhörten. »Vor einigen Jahren wäre euer Besuch bei mir noch ein wenig anders verlaufen. Da hätte ich diesen großen Apparat verwendet und hätte euch in eure Körper hineinschauen lassen – durch eure Körper hindurch! Das ist ein so genannter Röntgen-Apparat, eine der ganz großen Erfindungen der Wissenschaft! Er heißt nach seinem Erfinder, Wilhelm Conrad Röntgen, der die Strahlen entdeckte, die durch den Körper hindurchgehen und uns helfen, Krankheiten zu entdecken. Das war im Jahre 1895, also vor mehr als einem Jahrhundert, zur Zeit eurer Urgroßeltern... Ja, vor kurzem noch hätte ich euch einzeln in diesen Apparat gestellt, und auf einem Bildschirm hätten wir gesehen, wie eure Lunge arbeitet.«

»Und warum tun Sie es jetzt nicht mehr?«, fragten die »Großen«. Dr. Keller antwortete: »Die Röntgenstrahlen sind sehr wichtig, um Krankheiten zu erkennen, aber wir haben schon seit langem befürchtet, dass sie auch gefährlich sind, und darum verwenden wir Ärzte sie so wenig wie möglich und nur, wenn sie unbedingt nötig sind. Aber ihr seid ja glücklicherweise gesund und geht wohl auch alle regelmäßig zum Schularzt, da brauchen wir den Röntgen-Apparat, die ›Durchleuchtung‹, kaum noch. Uns genügt heute dieser viel kleinere Apparat «, und bei diesen Worten öffnete Dr. Keller einen Glasschrank und entnahm ihm ein Gerät, das alle schon kannten, ohne zu wissen, wie es heißt. »Das ist ein Stethoskop. Mit ihm können wir zwar nicht sehen, was im Körper vorgeht, wohl aber hören, und das ist in den meisten Fällen genauso gut, ja manchmal vielleicht sogar besser. Ihr wisst, das Stethoskop hängt sich der Arzt um den Hals..., so..., dann steckt er die beiden Enden in die Ohren..., so..., und dann nimmt er dieses kleine runde Metallende, nicht größer als eine mittlere Münze, nur dicker, und legt es auf den Körper des Patienten... in die Gegend der Lungen oder des Herzens oder des Bauchs – je nachdem, welches der Organe er ›abhören‹ oder ›abhorchen‹ will. Und aus den Geräuschen, die alle unsere Organe machen – wir wissen es nicht, aber viele machen richtigen Krach! –, erkennt der Doktor, wie sie funktionieren und ob irgendetwas da drinnen falsch läuft. Wer will einmal hineinhören?« Dr. Keller hatte ein zweites Stethoskop aus dem Schrank genommen, nun ging er mit zwei Schritten auf Claudia zu, die neben mir saß. »Willst du?«, fragte er die Kleine, doch die flüchtete schnell in meine Arme, blinzelte nur mit den Äuglein hervor, während die ganze Schar in Lachen ausbrach. Der Arzt trat zu Daniel, dem auch nicht ganz wohl zumute zu sein schien, der aber den Tapferen spielte und aufstand. Dr. Keller hängte ihm das Stethoskop um.

»Was heißt eigentlich ›Stethoskop‹?, fragte Gaby.

»Das kommt aus dem Griechischen und bedeutet ›Hörrohr‹. Früher hat man allerdings mit diesem Wort die großen Apparate gemeint, die sich ein Schwerhöriger ins Ohr klemmte, damit er mit Hilfe eines Schalltrichters besser hören konnte... Mein Freund Kurt wird euch sicher erzählen, dass Beethoven leider solche Hörrohre benutzen musste, da er schon sehr jung das Gehör zu verlieren begann.«

»Diese Hörrohre Beethovens sind noch heute in Wien zu sehen, wo Beethoven lebte und starb – viele davon sind sehr groß..., leider halfen sie aber nicht viel..., da hat die Technik in den letzten hundert Jahren doch große Fortschritte gemacht: Heutige Hörgeräte sind unvergleichlich besser...«, suchte ich zu erklären.

»So, und jetzt unser kleiner..., wie heißt du?«, fragte Dr. Keller.

»Daniel!«, ertönte es leise und ein wenig ängstlich.

»Also, unser kleiner Daniel wird diesen Hörkopf oder diese Hörmuschel in die rechte Hand nehmen und sie auf die Stelle seines Körpers legen, wo er etwas hören will, das Herz oder die Lunge... Komm, ich führe deine Hand!«

Daniels Gesicht begann plötzlich zu strahlen, man sah ihm förmlich an, dass er im Innern seines Körpers Dinge hörte, die er nicht erwartet hatte. »Das können wir alle versuchen!«, schlug der Arzt vor. »Ich habe noch ein Stethoskop hier im Schrank, und meines dazu, da haben wir drei, wir hören in uns selbst hinein und geben dann das kleine Gerät weiter, man muss nur die beiden Schläuche mit dem Metallteil am Ende in die Ohren stecken! Da gibt's keine Knöpfe, keinen Schalter..., da ist nur eine Membran drin, ein elastisches Stück gespannte Haut oder Leder oder ein dünnes Blättchen aus Metall – wie beim Telefonhörer! – und das verstärkt den Klang. Eigentlich brauchte man diese Membran gar nicht, denn unsere Ohren haben ihre eigene Membran: das Trommelfell! Darüber reden wir heute noch! Natürlich könnte man das, was man mit dem Stethoskop hört, auch noch ›verstärken‹, wir leben ja im Zeitalter der Klangverstärkung, denkt nur an elektrische Gitarren, an alle möglichen anderen Instrumente, die wir für den Gebrauch in großen Räumen oder im Freien elektrisch oder elektronisch verstärken – aber dem erfahrenen Arzt genügt das Ohr. Er kann es entweder direkt auf den Körper des Patienten legen oder, einfacher, den Körper mit dem kleinen Stethoskop abhorchen. So, da habt ihr noch zwei Stethoskope, ich geb' das eine dem jungen Mann da«, er zeigte auf Alexander, »und das andere hierher, der jungen Dame...« Susanna wurde verlegen und dankte mit einem Nicken – man wusste nicht genau, ob für das Stethoskop oder für das Kompliment.

Und nun horchte die ganze Schar in großem Schweigen in sich hinein – ach ja, beinahe hätte ich vergessen zu berichten, dass Claudia gleich nach der Verteilung der Hörrohre laut rief: »Ich möchte auch eines!« »Vor allem die Lungen!«, riet Dr. Keller. »Die horcht der Arzt zwar von hinten ab, aber man hört sie auch von vorn, gleich hinter den Rippen liegen sie, im Brustkorb oder Brustkasten! Und wenn ihr die Lungen gut hören wollt, dann atmet mit offenem Mund und ganz fest... ein... und aus... und ein... und aus...«

Als alle an der Reihe gewesen waren, hatten die Kinder viel miteinander zu besprechen: Jedem war bei unserem kleinen Versuch, der sie alle sehr interessiert hatte, etwas anderes aufgefallen. Dann nahm Dr. Keller wieder das Wort, und es wurde ganz still. »Also fassen wir einmal schnell zusammen. Zum Singen braucht es zuerst Luft. Die kommt von außen in unseren Körper, strömt durch Nase und Mund herein und dann durch die Luftröhre in die Lunge. Von dort geht die Atemluft verbraucht durch die Luftröhre zurück, nun aufwärts, zum Rachen-, Mund- und Nasenraum. Dabei kommt sie an den Stimmbändern vorbei und setzt diese in Schwingungen. Stellt euch vor, ihr hängt eine Harfe in einen Baum, dann wird der hindurchstreichende Wind ihre Saiten in Bewegung setzen und dadurch zum Klingen bringen... Wenn wir sprechen oder singen, dann formen wir mit den Lippen die Buchstaben oder den Gesangston, je nachdem, wie wir ihn wollen. Doch der Ton entweicht nicht immer auf so kurzem Weg unserem Körper. Um den Klang besonders schön zu machen, sollte er einen weiteren Weg nehmen, zum Beispiel durch die Nase oder durch verschiedene Hohlräume im Kopf. Dort hallt der Klang wider, wie bei einem Echo, und bekommt ein wenig an ›Farbe‹ dazu, wie man das nennt; die Farbe ist das, woran man den Klang, den Ton erkennt. Jedes Instrument besitzt seine eigene ›Klangfarbe‹ – wer ein wenig Übung hat, erkennt den Klang einer Geige, einer Flöte, einer Klarinette, einer Trompete, einer Posaune oder einer Gitarre. Ob die Stimme hoch oder tief ist, das entscheiden die Stimmbänder oder Stimmlippen, je nachdem, ob sie kürzer oder länger sind oder auch dicker oder dünner. Da gibt es die beiden großen Gruppen der Frauenstimmen und der Männerstimmen, aber in jeder dieser Gruppen gibt es wieder hohe Stimmen und tiefe Stimmen, und natürlich auch stärkere Stimmen und schwächere. Aber die ›Klangfarbe‹, die bekommt jede Stimme erst bei ihrem Weg ins Freie mit, bei diesem Weg durch viele Kanäle, durch Nase und Stirn und möglicherweise durch den Kopf. Sicher auch schon etwas früher, auf der Reise durch die Brust und andere weiterverzweigte Wege... Sie hallt vielleicht beinahe im ganzen Körper wider... Musikalisch nennt man das, glaube ich, ›Resonanz‹...«, er blickte mich fragend an, und ich nickte zustimmend. »›Resonanz‹ bedeutet ›Widerhall‹, und das ist etwas, was der Klang, den unsere Kehle erzeugt, auf seinem ganzen Weg aufnimmt, erst noch in Kopf und Körper selbst, dann, wenn er einmal unsere Lippen verlassen hat, auf seinem weiteren Weg. Über den Gesang wäre noch viel zu sagen, aber ich bin überzeugt, dass ihr darüber an euren berühmten Musiknachmittagen noch viel erfahren werdet. Ich aber möchte nun zum zweiten Organ übergehen, das wir zu besprechen haben: zur Nase.

Denn wir wissen jetzt schon, dass die Luft, die wir zum Leben, das heißt zum Atmen brauchen, auf ihrem Weg hinein oder heraus in der Nase eine wichtige Station macht. Wir haben zwar nur eine Nase – manche Organe haben wir doppelt: die Augen, die Ohren, die Arme, die Beine, wenn wir die als Organe bezeichnen wollen –, also: nur eine Nase, aber die hat, ähnlich wie die Lunge, zwei zusammenhängende Flügel, zwei Kanäle, durch die unsere Atemluft fließt. Ich möchte behaupten, dass ohne die Nase unsere Stimme einen bedeutend weniger guten Klang hätte.«

Gaby hob die Hand und fragte: »Singen eigentlich Wale genau wie die Menschen, ich meine, mit der Atmung und Stimmbändern und so...?«

»Leider kann ich das nicht beantworten. Ich bin nur ein Arzt für Menschen – ich wäre es gerne auch für Tiere, denn ich liebe Tiere sehr und weiß, dass es in ihrem Reich wundervolle Dinge gibt. Wie den Gesang oder die Sprache der Wale.«

»Und der Delfine«, setzte überraschend Fabian fort.

»Nun, wir wissen heute, dass sich wohl alle Tierarten irgendeiner Verständigungsart bedienen. Das muss nicht immer eine ›Sprache‹ sein, es kann etwa durch Klopfen oder eine bestimmte Art der Bewegung geschehen. Es gibt ja, wie die Zoologen sagen, ›höhere‹ und ›niedere‹ Tierarten. Zu den höheren gehören sicherlich die Ameisen und die Bienen, und die verständigen sich mit ihren Artgenossen auf eine sehr genaue und gutausgebildete Weise. Und ganz oben in der Rangliste der Tiere stehen wohl die Wale und die Delfine, wundervolle Geschöpfe, denen der Mensch nie etwas antun dürfte! Sie verständigen sich auf weite Distanzen, anscheinend an die hundert Kilometer weit, und dies kann mit Stimmorganen und Ohren wie den unseren nicht geschehen! Sie müssen über Wellen irgendeiner Kraftquelle verfügen, die für uns geheimnisvoll ist – vielleicht ähnlich unserer Elektrizität –, aber sie besitzen sie wahrscheinlich seit Millionen von Jahren und wir erst ein Jahrhundert lang. Wie Tiere sich untereinander verständigen, das gehört sicher zu den interessantesten Fragen, und da liegen gewiss noch Geheimnisse verborgen, deren Lösung aufregend und lehrreich sein wird. Vielleicht werdet schon ihr oder eure Kinder verstehen können, welche Befehle die Ameisenkönigin ihren Ministern gibt, und welche Nachrichten die Delfine einander über hunderte Seemeilen übermitteln, während sie zur Freude der Seeleute ihre Tänze auf den Wellen vollführen. Sie sprechen bestimmt nicht mit menschlicher Stimme und ebenso wenig tun dies die Bienen. Sie müssen Organe besitzen, die auf ganz anderen Wellenlängen arbeiten als unsere Stimme... Vorher aber, bevor wir das entdecken, müssten wir Menschen eines unserer größten Rätsel lösen: das Funktionieren unseres eigenen Gehörs! Ja, ihr habt ganz richtig gehört: Wir wissen nicht, was in unserem Ohr vorgeht und wie jeder Schall, jeder Klang der Außenwelt in unser Gehirn dringt, wo sich alle Sinneseindrücke sammeln. Unser Auge ist ein wundervoller Apparat, das wissen wir alle: Denkt einmal, wie viele Eindrücke es uns im Laufe eines Tages vermittelt! Wir haben die meisten Geheimnisse um unser Sehen lüften können, ja, wir können die Sehkraft unseres Auges noch tausendmal verstärken, um in den Weltraum hinaus zu blicken oder in das Innerste der kleinsten Lebewesen... Aber das Wunder des Gehörs, das haben wir bis jetzt nicht erklären können!«

»Was ist das eigentlich genau: ein Wunder?«, fragte Gaby.

Dr. Keller schaute mich an: Gehörte diese Frage in sein Gebiet oder in meines? Fabian erinnerte sich, dass sein Deutschlehrer manchmal sagte, es wäre ein Wunder, wenn Fabian rechtzeitig mit einem Aufsatz fertig würde – und dabei schrieb er doch gern! Für Helga war es ein Wunder – so nannte es ihr Geigenlehrer –, wenn sie das Fis richtig spielte. Aber alle merkten, dass hier von etwas viel Wichtigerem die Rede war, und dieses Wort nur manchmal »einfach so« gesagt wurde. »Ein Wunder«, begann Dr. Keller, »ist etwas Geheimnisvolles, das der Mensch nicht erklären kann, etwas Unerklärliches, zu dessen Verständnis alles menschliche Denken und alle unsere Phantasie und Einbildungskraft nicht ausreichen. Aber nicht nur deswegen sage ich, das menschliche Gehör sei ein ›Wunder‹, ich finde auch, es ist wirklich etwas ›Wundervolles‹, also ganz besonders Großartiges – das nennen wir oft ›wundervoll‹, und ich finde sogar, das ist ein schönes Wort, um unsere Bewunderung auszudrücken. Das Gehör ist, das ist meine feste Meinung, ein wirkliches Wunder: Zum einen, weil es trotz allen Suchens und Forschens bisher keine Erklärung dafür gibt, zum andern aber auch, weil es uns ›wundervolle‹ Eindrücke schenkt – nicht zuletzt die Musik!«

»Warum kann man eigentlich die Ohren nicht genauso zumachen wie die Augen?«, fragte Gaby und viele pflichteten ihr bei. »Ja, warum…?«, wiederholte Dr. Keller die überraschende Frage. »Ich muss gestehen, ich habe darüber noch nie nachgedacht! Aber du hast ganz recht: Die Augen kann man schließen, dazu haben wir die Augenlider, und die lassen, wenn sie geschlossen sind, höchstens noch einen Schimmer von Licht durch, aber keine Bilder von Gegenständen oder Menschen… Aber das Gehör können wir nicht verschließen…«

»Doch, mit den Händen!«, rief Patrick, der sich endlich wieder mit Worten bemerkbar machte, nachdem er, als »Hausherr« gewissermaßen, eifrig Stühle getragen und Plätze angewiesen hatte. »Ja«, antwortete sein Onkel, »das geht natürlich, aber trotzdem dringt ein kleiner Teil des Schalls durch. Und wenn du die Sache lange fortsetzt, wirst du so müde, dass du es aufgibst! Aber eine bessere Antwort könnte auch ich dem kleinen Fräulein nicht geben.«

Dr. Keller entrollte an der Wand hinter sich eine Leinwand, auf der ein großes Bild zu sehen war: ein Kopf, der sozusagen aufgeschnitten war, so dass man die Dinge sah, die sonst unsichtbar waren. Und nun zeigte und erklärte er uns eine Fülle von Einzelheiten.

»Unsere Ohren sind nicht einfach zwei Löcher an der Seite unseres Kopfes, das wisst ihr alle. Wir haben vor diesen Löchern einen großen Trichter, die Ohrmuschel; die bildet den sichtbaren Teil des Gehörs, während das eigentliche Gehör innen ist, im Kopf... Wozu ist dieser Trichter da?« »Da kann mehr Luft ins Ohr...«, antwortete Evelyn schnell, und Claudia schien mit dieser Antwort ihrer Freundin einverstanden zu sein. »Wenn ich Wasser in ein Glas mit kleiner Öffnung einfüllen will, so nehme ich ebenfalls einen Trichter«, sagte Rainer, »wenn ich es direkt gieße, geht zu viel daneben.« »Richtig, es ginge zu viel daneben, und unser Ohr ist so eingerichtet, dass möglichst viele Geräusche und Klänge für uns hörbar sind. Aber nun etwas Merkwürdiges, das wir am besten erkennen, wenn wir Musik im Theater oder auf dem Konzertpodium hören. Da nimmt unser rechtes Ohr mehr Klänge von der rechten, unser linkes Ohr mehr von der linken Seite auf. Am deutlichsten wird das, wenn wir diese Klänge über verschiedene Mikrophone leiten. Dadurch werden sie deutlicher, als wenn wir sie bereits gemischt durch einen einzigen Übertragungskanal leiten. Man nennt das ›Stereophonie‹, und im Rundfunk und im Fernsehen ist das seit Jahren gebräuchlich.«

»Wie geht das?«, wollten einige wissen. Ich kam meinem Freund zu Hilfe: »Kinder, diese Fragen lenken uns heute nur ab. Von Herrn Dr. Keller wollen wir doch lieber hören, was der Schall macht, wenn er durch unsere beiden Ohren fließt.«

»Aber eigentlich ist die Stereophonie gar nichts Schwieriges«, meinte Clemens. »Wenn da zugleich drei

Leute singen, bekommt jeder sein eigenes Mikrophon und das leitet den Gesang dorthin, wo ein großer Apparat alle Klänge, die einzeln ankommen, mischt und so zusammenklingen lässt, dass sie den Klang ergeben, den man haben will.« »Ja, das ist richtig, aber der Klang ist dann nicht mehr so, wie er wirklich war, man kann eine Stimme mehr verstärken als die anderen...« »Das ist doch dann Schwindel!«, empörte sich Alexander, und Dr. Keller meinte begütigend: »Nun ja, Kinder, man kann bei vielen technischen Errungenschaften ein wenig die Natur korrigieren, aber zumeist wollen die Menschen, die damit zu tun haben, nur das Beste... Also lassen wir für den Augenblick Stereophonie oder Quadrophonie – so nennt man es, wenn wir über vier Kanäle übertragen und also vier Lautsprecher aufhängen müssen, um ein ganzes Klangbild zu bekommen –, lassen wir das alles und reden wir über das Ohr, einfach unser Ohr, ohne Mikrophon, Mischpult und Lautsprecher. Ich wollte ja nur sagen, dass eigentlich das Ohr die erste stereophonische Anlage war. Unser rechtes Ohr vernimmt viel deutlicher, was sich rechts abspielt, auch Stimmen, die von rechts kommen, und das linke Ohr eben alles, was von links kommt. Könnten wir festhalten, was durch das rechte Ohr in unseren Kopf kommt, es wäre nicht genau dasselbe wie das, was ins linke Ohr eindringt. Vorläufig aber haben wir erst das ›Außenohr‹ betrachtet, die ›Ohrmuscheln‹ oder ›Trichter‹, die außen breit und groß sind, sich dann verjüngen – übrigens nicht einfach mit so glatten Wänden, wie ein Trichter, sondern auf viel kompliziertere Art. Greift doch einmal mit eurem Zeigefinger hinein ins Ohr und fahrt einmal an den Rändern entlang..., eine richtige Berg- und Talfahrt ist das, nicht wahr? Alle diese Rillen und Wülste haben bestimmt ihre Bedeutung, die Natur hat da sicherlich eine Form gefunden, durch die besonders viel Klang aufgefangen und weitergegeben werden kann. Innen ist dann die Öffnung ganz eng geworden. Dort liegt das Trommelfell, das seinen Namen davon hat, dass es ein Fell, eine Membran, hat – wie eine Trommel. Und diese Membran, dieses Trommelfell, beginnt zu schwingen, zu vibrieren, wenn die Wellen, die Schwingungen eines Geräusches von außen kommen. Und dann sind da noch drei Knöchelchen vor dem Trommelfell, und die bewirken etwas Komisches: Sie bewegen das Trommelfell ein wenig, und dieses ›Achtungssignal‹ teilt der Mensch mit seinem besten Freund, dem Hund! Ihr habt natürlich schon alle gesehen, wie ein Hund die Ohren spitzt, wenn er lauscht, wenn er auf irgend etwas aufmerksam wird! Auch das Gehör des Menschen ›spitzt sich‹, bewegt sich, nimmt eine gewissermaßen aufmerksame Stellung ein, genau wie die Ohren beim Hund – nur sieht man das beim Menschen nicht, das ist der Unterschied.«

»Hat der Hund nicht ein viel besseres Gehör als wir?«, fragte Helga. »Wenn ich mit Hasso – das ist mein Schäferhund – spazieren gehe, so hört er vieles viel früher als ich und auf weite Entfernungen!«

»Ja«, erklärte Dr. Keller, »das Gehör des Hundes – zumindest mancher Rassen – ist viel besser als das unsere. Vielleicht sollte man lieber sagen: Es funktioniert anders als das unsere. Der Hund hört in gewissen ›Frequenzen‹, das heißt: bei Schwingungszahlen, die für den Menschen keinen Ton mehr bedeuten, nicht mehr ›klingen‹.

Die Knöchelchen, die kurz vor dem Trommelfell liegen, sind winzig, aber sehr wichtig. Sie heißen Steigbügel, Hammer und Amboss.« Dr. Keller ging zu der großen Abbildung und zeigte uns zuerst die Gehörmuschel, von der aus ein Gang ins Innere des Kopfes führte. Am Ende des Ganges lag das Trommelfell. Und dicht davor drei Knöchelchen: Das waren sie: »Steigbügel«, »Hammer« und »Amboss«. »Warum ›Hammer‹ und ›Amboss‹ so heißen, ist nicht schwer zu erraten, sie haben einfach Formen, die an Hammer und Amboss erinnern. Aber woher der ›Steigbügel‹ seinen Namen hat, ist unklar. Vielleicht war einer der ersten Menschen, die ein Ohr untersuchten, ein leidenschaftlicher Reiter, und so dachte er, als er diesen kleinen Knochen betrachtete, an den Steigbügel, mit dessen Hilfe er sein Pferd bestieg und die ihm erlaubten, während des Reitens sein Gleichgewicht zu wahren. Nun denkt euch, ein Klang kommt von außen durch den Trichter, durch die Ohrmuschel und den Gehörgang« – Dr. Keller zeigte dies alles auf dem Bild – »und gelangt nun zum Trommelfell, das bereits ›gespannt‹ auf ihn wartet, und durchdringt diese Membran in das Innere des Ohres hinein. Dort hat der Klang noch verschiedene Stationen zu durchlaufen – ein ovales Fenster, ein rundes Fenster, eine Art Vorhof, so etwas wie einen Bogengang – und gelangt dann in den innersten Teil unseres Ohres. Und das ist der Geheimnisvollste! Das ist die ›Schnecke‹ – so genannt, weil sie dem Gehäuse einer Schnecke sehr ähnlich sieht –, hier ist sie auch so gezeichnet, wie ihr seht! Und nun sollte ich euch erklären, was in dieser Schnecke vor sich geht – aber ich kann es leider nicht…, und niemand kann es. Denn trotz Tausender von Versuchen und Forschungen und Überlegungen hat niemand je genau erkennen können, wie die Organe dieser Schnecke funktionieren! Am interessantesten finde ich die Idee, die vor weit mehr als hundert Jahren ein bedeutender Gelehrter geäußert hat, Hermann Helmholtz; er glaubte, in unserem Gehör sei – tief in der Schnecke drin – eine Harfe verborgen. Und die Saiten dieser Harfe würden, wenn sie die Schwingungen der Klänge erhalten, gewissermaßen angesteckt und fingen selbst zu schwingen an. Denn jede Saite dieser winzigen Harfe wäre, genau wie unsere Harfen, auf eine ganz bestimmte Schwingungszahl gestimmt, und wenn zwei Saiten mit gleicher Schwingungszahl einander ihre Wellen senden, dann beginnt auch die zweite zu schwingen, zu klingen… Habt ihr schon beobachtet, wie in einem Raum plötzlich irgendein Gegenstand aus Glas – zum Beispiel der Kronleuchter an der Decke oder eine Lampe oder ein Glas auf dem Tisch – zu zittern und zu klingen beginnt, ohne dass jemand ihn berührt hat? Nun, etwas Ähnliches kann mit den Saiten der Harfe im Ohr geschehen, wenn Klänge von außen eindringen und sie berühren! Damit wirklich jeder Klang eine Saite findet, die so ›gestimmt‹ ist wie er selbst, muss es natürlich viele, viele Saiten geben. Aber wieviele – das werdet ihr nicht erraten –, ja, es klingt so unglaublich, dass die Forscher und Wissenschaftler, die sich mit dieser Frage beschäftigen, es selbst kaum glauben können: Diese Harfe soll mehr als zehntausend Saiten besitzen! Manchmal ist sogar von einer noch höheren Zahl die Rede – bis zu zwanzigtausend! Denkt daran, dass unsere wirklichen Harfen, diese schönen Instrumente unserer Musik, ungefähr fünfzig Saiten haben! Eine Harfe mit zehntausend Saiten können wir uns nicht vorstellen, aber es spricht viel dafür, dass wir so ein Wunderinstrument wirklich im Innern des Ohrs haben! Zwei natürlich, eines auf jeder Seite, denn unsere beiden Ohren sind völlig gleich. Jede der zwanzigtausend Saiten – zehntausend links und zehntausend rechts – könnte einen Klang empfangen und von ihm ›angesteckt‹ werden, das ergäbe viel, viel mehr Klänge und Töne, als unsere Musik besitzt..., und das kann man wohl als Wunder bezeichnen, nicht wahr?«

Alle waren einverstanden, die Großen schienen die Sache zu begreifen, man sah, wie sie sich bemühten, sich diese unfassbar winzige Harfe vorzustellen. Und die Kleinen, die dazu noch nicht im Stande waren, begriffen, dass sie von etwas hörten, was niemand je gesehen hatte – so wie die Königin und die Riesen und die Zwerge aus den Märchen, die auch noch niemand gesehen hatte, die es aber vielleicht gab...

»So gelangt die ganze Welt von Klängen in unser Gehirn, das die Zentrale aller unserer Eindrücke, Empfindungen und Gefühle ist. Jeder Klang auf unserer Welt, auch die Töne des Klaviers oder der Geige, Harfe, Trompete, Flöte, bringt jene Saite der winzigen Harfe zum Schwingen, die seiner Schwingungszahl entspricht. Das, was der Professor Helmholtz da gefunden hat, ist eine mögliche Erklärung des wunderbaren Hörvorgangs im Menschen. Beweisen können wir sie bis heute nicht. Und was mit den tausenden von Höreindrücken, die der Mensch im Lauf eines Tages in sich aufnimmt, in unserem Gehirn geschieht, dafür gibt es erst recht keine Erklärung. Dazu kommen noch tausende und abertausende von Seh-Eindrücken – alles das vereinigt sich in unserem Gehirn! Und es wird dort nicht nur aufgenommen, wahrgenommen, sondern blitzschnell verarbeitet... Mit tausenden von Befehlen reagiert unser Gehirn auf diese Eindrücke und gibt Befehle an alle Organe und Gliedmaßen des Körpers... Kein Computer, so großartig die Entwicklung der Computerwelt auch ist und noch sein wird, kann jemals die Leistungen des menschlichen Gehirns erreichen!«

Ich dachte schon lange an Aufbruch, denn wir waren schon fast drei Stunden lang beim lieben Dr. Keller, der mit uns wie mit alten Freunden gesprochen hatte. Da stellte Alexander noch eine seiner klugen Fragen: »Findet man die Harfe nicht, wenn man einen toten Menschen... so untersucht, wie heißt denn das nur?« »Sezieren...«, antwortete Dr. Keller sofort. »Du hast recht mit deiner Frage, eigentlich müsste man diese kleine Wunderharfe doch finden, aber das ist nicht der Fall. Es ist so, als käme man in ein verlassenes Kraftwerk: Die Maschinen sind noch da, aber es gibt keinen Strom mehr, keine Bewegung, die dem ganzen Werk erst Sinn verleihen. Vielleicht lösen sich die Saiten dieser Harfe im Augenblick des Todes so auf, dass nichts mehr von ihnen zu finden ist..., wir wissen es nicht. Vielleicht ist das, was übrig bleibt, nur noch wie eine im Krieg zerstörte Stadt ohne Menschen.«

»Wie eine Schule ohne Kinder...«, sagte ich.

»Wie ein Computer ohne Programm...«, ergänzte bedächtig Fabian, dem das keiner von uns zugetraut hätte.

»Wie ein Mensch ohne Herz...«, fügte Gaby hinzu. Dr. Keller und ich blickten sie überrascht an. Ich hatte schon lange bemerkt, dass Gaby gerne nachdachte und manchmal heimlich ein kleines Heft hervorzog, um dort vielleicht einen Gedanken niederzuschreiben. Unter ihren Kameraden dürften sie in diesem Augenblick nur sehr wenige verstanden haben, aber ich merkte mir ihre Worte gut, um sie in unser Buch zu schreiben. Vielleicht wird irgendein junger Mensch, der es liest, einen Augenblick darüber nachdenken...

»Wie ein Fußball ohne Luft!«, überbrückte glücklicherweise Patrick die ein wenig ratlose Stimmung, die plötzlich eingetreten war. Nun lachten alle, viel mehr als Patricks Worte eigentlich verdient gehabt hätten.

Dr. Keller fuhr in seinen Erklärungen fort: »Mich kann nichts daran hindern, an die Wunderharfe zu glauben. Erstens, weil sie mir durchaus denkbar erscheint! Zweitens, weil ich das Bild der winzigen Harfe so schön wie ein Märchen finde, das für alle wahr ist, die daran glauben..., für Kinder vor allem. Da kommen die Klänge aus der Welt herein in unser Ohr, und jeder Klang setzt sich aus vielen, vielen Einzelklängen zusammen..., und jeder dieser kleinsten Teile des Klangs trifft auf jene Saite der Harfe, die genau zu ihm passt und die nun zu schwingen beginnt, zu klingen bis ins Gehirn hinein...«

»Toll! Irre!«, fanden die Kinder Dr. Kellers Worte. »Spitze...« murmelte Rainer immer wieder.

»Kinder, es ist wirklich fein, mit euch zu plaudern«, sagte der Arzt. »Ich spreche ja jede Woche mit meinen Studenten an der Hochschule, aber denen kann ich solche Geschichten nicht erzählen.«

»Warum nicht?«, fragte Claudia, die schon lange kein Wort mehr gesagt, sondern nur stumm und mit großen Augen zugehört hatte.

»Warum? Weil sie nur lernen wollen, was genau bewiesen ist, wissenschaftlich bewiesen..., und oft sind das gerade nicht die schönsten Dinge der Welt... Da kann ich auch nicht über die Fledermäuse sprechen, die sich, ohne irgendwo anzustoßen, mit schnellem Tempo durch die Dunkelheit bewegen, die also wahrscheinlich so etwas wie Radar besitzen, und das seit Millionen von Jahren, der Mensch hat es erst seit ein paar Jahrzehnten... Auch über die Wale erzähle ich nie, denn ihre wunderbare Verständigung, ein über Riesendistanzen geweitetes Hören, sollte, meine ich, ein Geheimnis der Natur bleiben und nie durch menschlichen Eingriff gestört werden... Ja, mit euch zu sprechen, das war eine wirkliche Freude für mich!«

»Das hast du jetzt den ganzen Nachmittag über getan und...«, begann ich, doch Dr. Keller setzte fort: »Schöner hätte ich den Sonntag nicht verbringen können!« Unsere Schar brach in Applaus aus, und Dr. Keller machte ein überraschtes, glückliches Gesicht.

Er gab jedem beim Verabschieden die Hand. »Danke, danke tausendmal...« sagte ich, und die meisten wiederholten das, als sie das Haus verließen und in den schönen, warmen Nachmittags-Sonnenschein hinaustraten. Im Westen stand die Sonne schon knapp über den Dächern. Wir zerstreuten uns nach allen Richtungen, winkend und rufend: »Bis morgen! Bis morgen!«

Wie glücklich sind wir eigentlich – zu wissen, dass morgen früh die Sonne wieder am anderen Ende der Stadt aufgehen und uns einen neuen Tag bringen wird! Einen Augenblick lang dachte ich daran, dass nicht alle Menschen der Welt, nicht alle Kinder rund um den Erdball, so glücklich sein dürfen, weil sie vielleicht krank sind oder sehr arm...

Ich musste rasch heim. Renzo wartete sicher schon, weil sein Herr an einem so schönen Sonntag so lange ohne ihn weggeblieben war. Jedenfalls würde er mich ein wenig strafend ansehen... Nein, das würde er nicht – er würde freudig bellend an mir hochspringen...

Und der dicke Frosch im See würde bald seinen Taktstock heben und den Einsatz zum großen Abendkonzert geben...

8. KAPITEL

Spaß auf der Treppe... und ein Lied

»Heimspiel heute?«, begrüßte mich Patrick, als die ganze Mannschaft durch die Gartentür direkt in mein Studio einrückte. »Mannschaft« ist natürlich ein ganz falsches Wort, denn Männer gab es in ihr überhaupt nicht: nur Jungen und Mädchen. Und die in ungefähr gleicher Anzahl. Dafür gab es kein Wort: »Mädchen- und Jungenschaft?« Aber wozu den Kopf zerbrechen? Ich nannte sie einfach »meine Bande«, und keiner war beleidigt.

Heute ein »Heimspiel«, wie Patrick es genannt hatte. So heißen die Spiele, die die Mannschaft eines Fußball- oder Handballvereins oder eines anderen Sportklubs im eigenen Stadion austrägt, also: vor einem Publikum, das hauptsächlich aus den eigenen Anhängern besteht. Das traf zu: An diesem Tag wollte ich mit »meiner Bande« zu Hause bleiben – es gab noch so viel zu erklären aus dem Reich der Musik! Vieles, das man wissen musste, bevor man die ganze Größe der Musik erleben konnte. Dazu würde es dann natürlich auch andere »Spiele« geben – wie nennt man die...? »Gastspiele« fiel mir ein. Ein »Gastspiel« im großen Konzertsaal, ein »Gastspiel« in der Oper..., vielleicht auch noch andere. Der Sommer neigte sich seinem Ende zu, und damit die großen Ferien, danach würde es schwerer sein, die ganze Bande zusammenzutrommeln...

Das Heimspiel an diesem Tag sollte einem wichtigen Punkt gelten: der Kenntnis der Noten, ihrer Namen, ihrer Schrift... »Hu«, seufzten einige der »Spieler«, das würde sicher langweilig werden...

»Der Ton: Das ist der Klang. Und die Note? Das ist das Bild des Tons. Um uns etwas besonders gut vorstellen zu können, benützen wir gerne ein Bild. Wenn ich sage: Alexander ist ein netter Junge, ziemlich groß für sein Alter, gescheites Gesicht, braunes Haar mit Scheitel..., oder wenn ich sage: Claudia ist ein entzückendes kleines Mädchen mit kecker Nase, einem kleinen Schopf, der zumeist mit einem roten Band auf den braunen Locken zusammengebunden in die Höhe ragt – so sind das zwar richtige Erklärungen, aber wir können uns Alexander und Claudia doch nicht so gut vorstellen wie mit Hilfe zweier Photographien oder Zeichnungen! Ich kann jemandem hundertmal erzählen, wie schön eine Melodie sei, er wird sie sich erst vorstellen können, wenn er sie aufgeschrieben findet und sie lesen kann!«

In meinem Studio gibt es zwei Türen – in den Garten und in den Flur, der zur Haustür führt. Und eine Treppe. Die habe ich nie erwähnt, weil sie bei unseren Zusammenkünften nie eine Rolle gespielt hat. Heute aber sollte sie das! Die Holztreppe, die in den Oberstock führt, bestand aus acht Stufen in einer Reihe. Eine ganz gewöhnliche Treppe an einer Seite des Studios, so gewöhnlich, dass einige Kinder sie vielleicht noch gar nicht bemerkt hatten.

»Heute wollen wir jedem Ton einen Namen geben, und wir wollen auch lernen, wie man ihn aufschreibt. Dazu muss er seine eigene Form haben, damit man ihn nicht mit anderen Tönen verwechseln kann. Wir haben ja schon gelernt, dass jeder Ton ›Eigenschaften‹ hat.«

»Höhe... Länge...«, riefen einige sofort. »Richtig: die Höhe – ob er hoch oder tief klingt –, die Dauer – ob er lang ist oder kurz –, und die Stärke – ob er stark ist oder schwach«, sagte ich und die Kinder unterbrachen mich sofort: »Forte! Piano! Pianissimo! Fortissimo!«

»Das habt ihr euch gut gemerkt!«, lobte ich sie. »Zwei Eigenschaften der Töne müssen wir also noch besprechen: die Dauer und die Höhe. Von der Dauer haben wir auch schon gesprochen: Unser Spiel mit den Uhren hat uns sehr nahe daran gebracht: die kleinen Uhren, die schnell ticken, so dass jeder Schlag nur kurz ist..., die mittleren, die Wanduhren, die Pendeluhren, deren Schlag länger ist, genau doppelt so lang, und schließlich die ganz großen Uhren, die Turmuhren, deren Schlag lange in der Luft bleibt, bevor der nächste folgt. Das ist schon eine ganze Menge, was wir wissen. Und jetzt vor allem: Wie sieht eine Note aus? Man hat als Bild des Klangs das einfachste Zeichen gewählt, das auf viele Arten abgewandelt, verändert werden kann: den Kreis ○. Geben wir dem Kreis die Bedeutung der längsten Note, die es gibt, vergleichbar dem ›Taak‹ unserer Turmuhr. Die etwas kleinere Uhr, die ›mittlere‹ also, schlägt doppelt so schnell, also kann ihr Schlag nur halb so lang sein, nicht wahr? Um dieses ›Tok‹ zu bezeichnen, das halb so lang ist wie das ›Taak‹ der großen Uhr, hefte ich an die | Kreise einen senkrechten Strich, eine Art Fahnenstange: ⌀. Und wenn ich aufzeichnen will, wie lang die beiden Noten, die wir jetzt schon kennen, sind, wenn wir sie miteinander vergleichen, so sieht das so aus:

Die Namen, die wir diesen Noten geben, sind sehr einfach: die große Note, der ganze Kreis, heißt ›ganze Note‹. Dann heißt natürlich die Note mit der Fahnenstange ›halbe Note‹, weil sie genau halb so lang klingt wie die große. Schnell eine kleine Übung: Die eine Hälfte von euch schlägt die ganze Note, recht langsam: Taak – Taak – Taak und so weiter... Die andere Hälfte schlägt nun zwei Schläge für jeden Schlag der anderen, der ›ganzen Note‹, also Tok – Tok – Tok – Tok – Tok – Tok..., genau, genau muss es sein, jeder zweite Schlag ist für alle gemeinsam ... Und nun den Schlag der kleinen Uhren, der Taschen- oder Armbanduhren: Die sind, das wissen wir schon, wiederum doppelt so schnell wie die ›mittleren‹ Uhren.«

Und nun klatschte wieder die ganze Schar, in drei Gruppen geteilt, den Klang aller drei »Werte«. Die »rascheste« Note – die der ›kleinen‹ Uhren – nannten wir »Viertelnote«. Sie war genau der vierte Teil der großen Note, die Hälfte der mittleren. Und sie bekam ein Zeichen, das sich von den beiden bisherigen – der ganzen Note und der halben Note – deutlich unterschied: Sie bekam anstatt des »hohlen« Kopfes ♩ der beiden Größeren, einen ausgefüllten Kopf, einfach so: ♩

»Wir haben diese drei Werte schon das letzte Mal geklatscht – erinnert ihr euch noch? Das Tik-Tik-Tik der kleinen, das Tok-Tok-Tok der mittleren und das Taak – Taak – Taak der großen Uhren. Schnell noch einmal, aber jetzt wollen wir mit den Kleinen beginnen, den Viertelnoten, denn eigentlich sind die es, die in der Musik den Takt angeben. Dann werden die ›Mittleren‹ einsetzen, die halben Noten: immer einen Schlag auf jeden zweiten Schlag der Kleinen, der Viertelnoten. Und zuletzt die Großen, die ganzen Noten – die machen einen Schlag auf zwei der Mittleren, und das heißt: einen Schlag auf jeden vierten der Kleinen, der Viertelnoten. Ihr könnt es, wenn ihr ein bisschen aufpasst!«

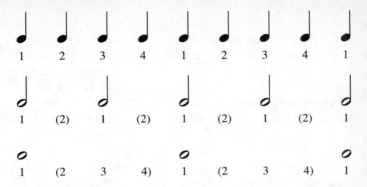

Bald hatten alle es erfasst. Jeder vierte Schlag war für alle gemeinsam! Man musste nur innerlich leise mitzählen, am besten von 1 bis 4 und immer wieder von 1 bis 4. Dann klatschten die »Kleinen« bei jedem Zählen, bei 1 und 2 und 3 und 4, und immer wieder bei 1 und 2 und 3 und 4, ein einfaches Ticken einer Uhr... Die »mittleren« Uhren oder, mit ihrem richtigen Namen, die »halben Noten« mussten nur bis 2 denken, denn wenn sie 1, 2, 1, 2 zählten, klatschten sie immer nur bei 1. Wenn sie bis 4 zählen wollten, dann mussten sie eben bei 1 und 3 klatschen, und immer wieder bei 1 und 3... Und die Großen? Die klatschten bei 1 und dachten dann leise mit: 2, 3, 4 – dann kam wieder ihr Schlag auf 1. So einfach war das. Und wenn man das lange genug macht, dann wird das Zählen überflüssig, dann spürt man genau, wann man zu klatschen hat.

»Das wäre die ›Dauer‹ unserer Noten. Vorläufig genügen uns drei ›Werte‹: die ›ganze‹, die ›halbe‹, die ›Viertelnote‹! Aber es gibt noch mehr solcher Notenwerte. Keine größeren als die ganze Note! Aber kleinere als Viertelnoten! Die Hälfte der Viertelnote ist natürlich die...?«

»Achtelnote!«, riefen die größeren Kinder sofort. »Richtig. Die bekommt eine Fahne an ihren Mast! So: Und die ist genau wieder halb so lang wie die Viertelnote, sie tickt oder schlägt also achtmal auf jede ganze Note. Und danach genauso die ›Sechzehntelnote‹ und so weiter. Aber die brauchen wir vorläufig noch nicht... Jetzt kommen wir zur dritten ›Eigenschaft‹ der Töne: zu ihrer Höhe. Denken wir zuerst ein wenig nach. Es gibt unendlich viele Töne, so wie Sterne am Himmel, aber mit wie vielen musizieren wir? Wir haben es schon öfter erwähnt.« »Fast hundert!«, erinnerten sich viele. »Wenn wir also jedem dieser 100 Töne ein eigenes Zeichen oder einen eigenen Platz geben wollten, dann müssten wir 100 Noten schaffen, 100 Zeichen oder ihnen 100 Plätze auf dem Papier geben – wir hätten also 100 Noten! Das wäre nicht so leicht zu lernen. Wieviele Buchstaben gibt es?« Die Kinder sahen einander im ersten Augenblick verdutzt an, dann erklang es zaghaft: »25? 27?« Schließlich zählten wir schnell nach: »26!« Ich setzte hinzu: »Unsere deutsche Sprache hat 26 Buchstaben, andere Sprachen haben mehr oder weniger als die unsere. Stellt euch vor, ihr müsstet hundert Buchstaben lernen!«

»So wie die Chinesen!«, sagte Clemens.

»Oho!«, rief ich aus. »Im Chinesischen gibt es ungefähr 50 000 Schriftzeichen – allerdings sind diese Schriftzeichen nicht ganz genau dasselbe wie unsere Buchstaben...« »Wie kann man die lernen?«, fragte Alexander nachdenklich. »Du hast recht..., die kann man eigentlich gar nicht lernen..., es gibt vielleicht ein paar Weise im ganzen Land, die einen großen Teil von ihnen kennen..., doch wer 1000 oder 2000 kennt, ist schon ein gebildeter Mensch. Aber, Kinder, nicht Chinesisch will ich euch heute beibringen, sondern die Musikschrift, die Noten! Und die Notenschrift hat nicht 50 000 Zeichen, wie das Chinesische, auch nicht 2000, nicht hundert, sondern... nur sieben! Und die können wir schon! Man hat einfach die ersten Buchstaben unseres Alphabets genommen, um den Tönen Namen zu geben. Ursprünglich, vor tausend Jahren, begann man sicherlich mit A, B, C. Doch ein wenig später, als das Abendland – das heißt Europa – seine Tonleitern aufzustellen begann, einigte man sich auf C als erste Note. Und so ging die einfachste Tonleiter eben so: C – D – E – F – G – A – B. Aber da geschah im Laufe langer Zeiten etwas Unerwartetes. Man empfand den Ton B irgendwie als falsch, als fehl am Platz. Der vorletzte Ton einer Tonleiter rückte immer näher dem nächsten Ton, dem ›Grundton‹. Und weil er zu diesem hinstrebte, zu ihm zu leiten schien, gab man ihm den Namen ›Leitton‹. Man musste nun einen eigenen Namen für ihn erfinden, um ihn nicht mit dem B zu verwechseln; und so nannte man ihn einfach H, das war der Buchstabe der auf das G des Alphabets folgte. Nun gab es an dieser Stelle zwei Töne, das etwas niedrigere B und das etwas höhere H. Aber zerbrecht euch nicht den Kopf, wenn ihr das nicht sofort versteht! Die Menschen brauchten sehr lange Zeit, um die ›neuen Töne‹ richtig erklären und schreiben zu können. So entstanden die schwarzen Tasten auf dem Klavier und die Kreuze (#) und die B's (b) in der Notenschrift. Und das dürfte immer noch leichter zu lernen sein, als die chinesischen Schriftzeichen... Wir machen es heute ganz einfach und lernen: C, D, E, F, G, A, H... und als Abschluss wieder C. Von da aus geht es natürlich weiter, wieder von vorn: C, D, E... und immer weiter so, von den tiefen Tönen hinauf zu den hohen. Das sind die sieben Töne unserer einfachsten Tonleiter, die, wie alle Tonleitern, nach ihrem Grundton benannt ist. Warum sie mit ihrem vollständigen Namen ›C-Dur-Tonleiter‹ heißt, darüber reden wir ein anderes Mal... Nun darf man aber nicht den Fehler begehen, diese Töne – die weißen Tasten – als die ›wichtigsten‹ zu betrachten. Denn davon kann keine Rede sein. Es sind die sieben weißen Tasten, aber die schwarzen sind genauso wichtig, nur kamen sie bei der Verteilung von Namen zu spät. Darum bekamen sie keine eigenen Namen, sondern mussten ihre von den sieben Tönen ableiten, die bereits Namen und Plätze bekommen hatten. Also, wir kümmern uns heute nur um diese ›alten‹ Töne, und das sind die weißen Tasten des Klaviers. Die sind wie eine Perlenkette, eine schöne, gleichmäßige Perlenkette. Die schwarzen Tasten sind unregelmäßiger angebracht, wie ihr seht. Die sind einmal zu zweit und dann zu dritt zusammengefasst, und so die ganze Klaviatur entlang. Nun suche ich das C, den Ton C, mit dem unsere einfachste Tonleiter beginnt. Er liegt ungefähr in der Mitte der Tastatur oder Klaviatur... Wir finden ihn, wenn wir, als kleinen Trick, für einen Augenblick die schwarzen Tasten zu Hilfe nehmen. Da, ungefähr in der Mitte, wo zwei schwarze Tasten nebeneinander liegen und nicht drei, direkt links von der linken der beiden schwarzen Tasten, liegt die weiße Taste C. Hört einmal, wie ich bei diesem C beginne und jetzt hinaufsteige wie auf einer Treppe oder einer Leiter.« Und ich spielte C, D, E, F, G, A, H und kam wieder zu einem C... »Unser Ohr hört das, es ist eigentlich derselbe Ton wie das C, von dem wir ausgingen, aber er klingt höher:

```
              3     4     5     6     7     8
  1     2    o     o     o     o     o     o
  o     o
  C     D     E     F     G     A     H     C
```

Nun singen wir diese Tonleiter, sie singt sich fast von selbst, also los.« Und die Kinder sangen, ohne jeden Irrtum, diese Töne, vom C wieder zum nächsten C... Ich ließ sie die »Tonleiter« zwei- oder dreimal singen und dabei die Notennamen sagen: C-D-E-F-G-A-H-C...

»So, jetzt aber machen wir die Sache noch ein wenig schwerer, doch auch interessanter, glaube ich. Jetzt bekommen acht von euch Notennamen. Ich habe mir ausgedacht, dass wir dazu den Anfangsbuchstaben eures Namens nehmen... Der erste Ton heißt C – Claudia, dein

Name beginnt doch mit C, du sollst unseren ersten Ton spielen. Stell dich dort vor die Treppe..., nein, nicht hinauf! Du bleibst auf dem Boden stehen, vor der Treppe...« Alle waren nun gespannt. »Der zweite Ton heißt D..., das passt natürlich zu Daniel. Komm, Daniel, du stellst dich auf die erste Stufe, gleich hinter Claudia! Jetzt kommt der Ton E, und gehört natürlich zu Evelyn..., also du kommst hinter Daniel, auf die zweite Stufe!« Für den nächsten Ton nahmen wir Fabian, der stellte das F vor. Das G wurde Gaby anvertraut, auf den Platz des A kam Alexander, auf den Platz des Tones H Helga. Der achte Platz war wieder ein C: Dafür hatten wir Clemens bestimmt. Der stand bereits oben, am Ende der Treppe, im ersten Stock.

Um das Spiel leichter zu machen, nahmen wir acht weiße Bogen Papier und schrieben die Namen der Noten darauf: C auf den ersten Bogen, ein großes fettes C. Ein ebenso großes D auf den zweiten Bogen, E auf den dritten, F auf den vierten, G auf den fünften, A auf den sechsten, H auf den siebenten und nochmals ein C für den achten Ton. Dann klebten wir diese Papiere außen an die Treppe, mit den Buchstaben zu uns gekehrt, so dass wir alle im Raum sie gut sahen.

Die erste Übung: Jeder sollte seinen Ton singen, schön der Reihenfolge nach, von unten nach oben. Den Kleinen, die durch Zufall die ersten Stufen innehatten, half ich ein wenig. Claudia sang deutlich ihren Ton »C«. Dann wusste Daniel recht genau, was er tun musste. Evelyn machte einen kleinen Knicks dazu, die kleine Tänzerin versteht alles, was sie tut, mit Anmut zu machen. Natürlich dauerte es einige Sekunden, bis Fabian bemerkte, dass er nun an der Reihe war, aber sein »F« klang nicht schlecht. Leicht fiel es Gaby, Alexander und Helga, ihr »G«, »A« und »H« zu singen, und für Clemens gab es natürlich kein Problem. Erster Applaus des »Publikums«. Nächster Versuch. Ich verlangte C-D-E und wieder zurück: D und C. Claudia war also gefragt, die bald begriffen hatte, dass sie immer den gleichen Ton zu singen und dazu immer »C« zu sagen hatte. Aber das war gar nicht so leicht, wie man denken könnte! Doch es gelang auch diese Folge: Claudia-Daniel-Evelyn, aber dann nicht weiter auf der Treppe oder Leiter, sondern wieder zurück zu Daniel und schließlich zu Claudia. Wieder Applaus. Dann verlangte ich »C-E-G«. Claudia, Evelyn und Gaby sangen – und Evelyn sowie Gaby begannen mit ihren Tönen so rasch, dass Claudias Ton noch in der Luft schwebte. Wie schön das klang! Ich wiederholte diesen Klang nochmals und ließ die drei »Spieler« gleichzeitig einsetzen. Dadurch wurde der schöne Zusammenklang noch deutlicher.

»Hat das einen Namen?«, fragte Rainer, der unter dem »Publikum« war, denn einen Ton »R« gibt es nicht. »Ja«, erwiderte ich, »wenn diese drei Töne zusammenklingen, so nennt man das einen ›Dreiklang‹. Es ist ein besonderer Dreiklang, es gibt auch Dreiklänge, die nicht so schön klingen! Welche Töne waren es soeben, die so gut zusammenklangen?« »C-E-G«, riefen außer Rainer noch ein paar andere Kinder. »Doch nun passt einmal auf: Jetzt kennen unsere ›Spieler‹ ihre Namen schon sehr gut, nun wollen wir ihnen einmal statt der Namen Nummern geben!«

»Nummern?«

»Ja, Nummern, natürlich von 1 bis 8! Claudia ist Nummer 1, das ist klar, Daniel Nummer 2, Evelyn 3, Fabian 4, Gaby 5, Alexander 6, Helga 7 und Clemens 8, die sich aber in eine 1 verwandelt, wenn wir von ihm aus eine neue Leiter beginnen. Nun singen wir einmal unsere Tonleiter, der Reihe nach wie am Anfang, aber statt des Tonnamens singt ihr nun die Nummer! Merkt sie euch gut! Also los.« Claudia sang »1«, Daniel »2«, alles ein wenig mit meiner Hilfe am Klavier. Aller Anfang ist schwer! Wieder waren nur wenige Minuten notwendig, und alles lief wie am Schnürchen! »Nun singen wir nochmals den schönen Klang von vorhin, aber nicht mit Namen C-E-G, sondern mit den Nummern!« Claudia musste »Eins« singen, ich unterstützte ihren Gesang mit dem Klavier; dann kam Evelyn und sang richtig ihr »Drei«, schließlich Gabys »Fünf«, rein und klar. Ich spielte die drei Töne am Klavier mit, so dass die »Spieler« es leichter hatten und der Klang des Klaviers die drei Stimmen schön unterstützte.

»Das heißt also ›Dreiklang‹ oder auch ›Akkord‹, und weil es so schön klingt, kann man auch sagen: eine ›Harmonie‹!«

»Eine Harmonie ist es nur, wenn es gut klingt?«, fragte Anja.

»Ja..., so wie man bei zwei Menschen, die sich gut vertragen, oft sagt, sie leben in bester ›Harmonie‹...«

»Gibt es auch Vierklänge?«, wollte Beat wissen.

»Natürlich! Es gibt alles: Ein ›Einklang‹, das ist ein Ton allein, ein Zweiklang sind zwei, einen Dreiklang haben wir eben gehabt, ein Vierklang, ein Fünfklang, ein Sechsklang..., das heißt nichts anderes, als dass eben vier oder fünf oder sechs Töne zusammenklingen. Aber Achtung: Wenn vier Instrumente alle gemeinsam denselben Ton spielen, so ist das kein Vierklang, weil sie ja alle dasselbe spielen!«

»Das wäre also ein ›Einklang‹?«, fragte Rainer. »Natürlich«, antwortete ich. »Es kommt nur darauf an, wieviele verschiedene Töne zugleich erklingen. Bei unserem Dreiklang gab es drei verschiedene Töne: C-E-G – oder in Nummern ausgedrückt...«

»1-3-5!«, riefen mehrere.

Nun spielten wir, manchmal mit Notennamen, manchmal mit Nummern. Ich wollte, dass die Kinder sowohl die Notennamen genau kannten als auch die »Stufen«: So nennt man den Platz, auf dem sie standen. Gaby war »die fünfte Stufe«, Alexander die »sechste«, Helga die »siebente« – Clemens allerdings sowohl die »achte«, als auch die »erste«! Denn mit ihm begann sozusagen die Geschichte wieder von neuem: Wieder sieben Töne mit denselben Namen C, D, E, F, G, A, H, und dann kam wieder ein C, aber das war nicht nur die achte Stufe dieser zweiten Tonleiter, es war zugleich die erste Stufe einer dritten Tonleiter...

Es war – ich erklärte es noch einmal, obwohl ich glaubte, es schon einmal erklärt zu haben, als noch viel weniger Kinder da gewesen waren – wie bei einem Hochhaus! »Nehmen wir an, zwischen jedem seiner Stockwerke gäbe es eine Treppe mit acht Stufen oder Ebenen... Jeder Treppenabsatz, auf dem es mehrere Wohnungen gibt, sieht genauso aus wie alle anderen Treppenabsätze auch. Sieben Stufen führen vom Parterre zum ersten Stock, die achte kommt auf diesem ersten Stock an und geht dann, nun wieder eine erste Stufe geworden, in sieben weiteren Stufen zum zweiten Stock. Mit der achten Stufe kommt sie an – und so geht es weiter..., zum dritten, vierten, fünften Stock bis zum zehnten, fünfzehnten, zwanzigsten und vielleicht viel, viel weiter.«

»In Amerika gibt es Hochhäuser, die mehr als hundert Stockwerke haben«, sagte Beat.

»Stimmt«, sagte ich, »aber unser Klavier hat nur ungefähr sieben. Von der Note ganz links auf der Klaviatur – vom Brummen des Bären, sagten wir einmal – bis zur letzten Note ganz rechts – dem Zwitschern eines Vogels – sind es sieben Stockwerke – in der Musik sagt man ›sieben Oktaven‹! Das Wort ›Oktave‹ könnt ihr euch gleich merken, es kommt aus dem Lateinischen: Eine ›Oktave‹ ist ein ›Raum von 8 Tönen‹. – Jetzt üben wir nochmals unsere ›Tonleiter‹. Weil sie mit dem Ton C anfängt, nannten wir sie eine C-Dur-Tonleiter, die einfachste und darum auch die erste, die man gewöhnlich lernt. Jetzt sage ich euch immer einen Ton, und den versucht ihr zu singen. Also ›A‹«. Alexander ließ sich nicht überraschen, sofort sang er seinen Ton. D! Daniel musste ich ein wenig helfen, aber er folgte sehr schnell dem Klavier und fand seinen Ton. F! Fabian fand seinen Ton allein – er gebrauchte einen kleinen Trick. Er sang ganz leise für sich die ersten drei Noten der Leiter: C, D, E – und dann laut F!

Dann schlug ich eine kleine Melodie vor: C, E, D, F, E, D, C... Das war gar nicht leicht! Natürlich musste ich ein wenig mit dem Klavier helfen, so etwas lernt man nicht an einem einzigen Tag! Und natürlich machten die größeren Kinder ihre Sache besser als die kleinen. Ein paar Übungen, bei denen ich mit Gabys Note G, der »fünften Stufe« begann, fielen überraschend gut aus: G, A, G, H, C – das höhere C. Oder: G, H, A, G und zum höheren C hinauf... Gaby und Alexander irrten sich kein einziges Mal, und die Note von Clemens kam gewissermaßen von selbst als Abschluss der Melodien, die ich spielte.

Da ging die Tür auf und vom Flur trat Onkel Gustav herein. Er staunte nicht schlecht und machte ein ganz komisches Gesicht. Vor ein paar Tagen hatte er vier Kinder bei mir vorgefunden – und nun waren es zwanzig! Er erkannte Alexander und Claudia wieder und gab ihnen die Hand. »Wisst ihr noch... die Wellen damals?« Sie nickten. »Wie schnell läuft der Schall?«, fragte er, und Alexander antwortete sofort: »Ungefähr 330 Meter in der Sekunde!« »Und das Licht?«, »Dreihunderttausend Kilometer in der Sekunde!« Onkel Gustav brummte zufrieden. Dann fragte er mich: »Und was treibst du da heute wieder mit den armen Kindern?« »Na hör mal, das ist doch die Höhe! Ich mache ›Gehörschulung‹ mit ihnen, und das ist das Wichtigste, was es überhaupt gibt in der Musik!« »Hoho! Das Wichtigste!« »Jawohl, das Wichtigste!« »Unsinn, das Wichtigste ist ein gutes Mikrophon, ein paar gute Lautsprecher...« »Unsinn, was nützt einem Menschen das alles, wenn er kein Gehör hat!« »Und du glaubst, du kannst ihnen ein gutes Gehör geben? Das haben sie entweder, oder sie haben es nicht...« »Jetzt hör' aber endlich auf mit deinen dummen Sprüchen.« Nun war ich schon richtig böse: »Alle Menschen werden mit einem normalen Gehör geboren, manche mit einem etwas besseren als die andern, und wenn man sich um das Gehör des Kindes nie kümmert, nie mit ihm singt, es nie Musik hören lässt, dann verkümmert das Gehör eben, so wie die Beine verkümmern würden, wenn sich das Kind nie bewegen dürfte!« Wir stritten noch eine Weile weiter, Onkel Gustav war unverbesserlich! Aber das war es ja gerade, was ich erreichen wollte: Alle Kinder sollten Freude an Musik haben, und dazu ein Gehör, das sie Musik leicht auffassen und verstehen ließ. »Und alle diese Kinder werden Sänger in der Oper werden?«, lachte Gustav. »Nein, das sollen sie gar nicht! Verstehst du das nicht? Freude an Musik – das ist es, was ich allen Menschen geben möchte!« »Und dazu müssen sie A und C und F singen, wie ihr es gerade getan habt?« »Auch das, freilich, sie sollen eine Ahnung haben von allem, was mit Musik zu tun hat. Gestern waren wir bei Dr. Keller...« »Dem Arzt?« »Jawohl, dem Arzt, und der hat uns erklärt, wie man singt und wie man hört.« »Am Sonntag ward ihr bei ihm? Der wird eine große Freude gehabt haben...« »Jawohl, er hat eine große Freude gehabt... und wir auch!«

Ich wandte mich wieder den Kindern zu, die fanden, ich hätte den lieben Onkel Gustav ganz schön »fertig gemacht«. Die »Spieler« waren von der Treppe wieder zu ihren Stühlen und Kissen zurückgekehrt.

»Setzt euch noch nicht! Wir machen jetzt noch einmal das Spiel mit den Uhren... den kleinen, mittleren und großen. Wie heißen die Noten, die das Ticken der kleinen Uhren nachmachen?« »Die Viertelnoten!« »Das der mittleren?« »Halbe Noten« »Und wie heißen die ganz langen Noten?« »Ganze Noten!«. »Wer zeichnet sie hier auf die

Tafel?« Zehn Kinder mindestens wollten das tun; ganz überraschend hatte Patrick jedoch als erster die Kreide gepackt und begann zu zeichnen:

Gleich danach klatschte er in die Hände, ziemlich rasch, das waren bestimmt Viertelnoten. »Alle mitmachen!«, rief er seinen Kameraden zu. Und wirklich, sie begannen alle: Ein paar klatschten die »halben«, wieder andere die »ganzen Noten«, die meisten aber klatschten mit dem nun ganz aus dem Häuschen geratenen Patrick den schnellen Takt der Viertelnoten. Ich setzte mich ans Klavier und spielte irgend etwas, das der »Bande« den Rückhalt für ihr Klatschen gab. Sie waren nun alle sehr lustig, achteten aber darauf, dass jeder genau seinen Takt schlug. Wollten sie Onkel Gustav zeigen, dass sie doch schon eine ganze Menge gelernt hatten und dass es ihnen Spaß machte? Als sie endlich aufhörten, murmelte der »liebe Onkel« mürrisch: »Nicht so übel, nicht so übel...« »Was, nicht so übel«, schrie Patrick mit seiner heiseren Stimme. »Super war das, super!« Alle brachen in Lachen aus, alle, die neben Patrick standen, klopften ihm auf die Schulter, die Begeisterung ging hoch. Der »liebe Onkel Gustav«, wie die Familie ihn nannte – einige wenige im Ernst, die Mehrheit im Spott –, war verschwunden...

Ich glaube, es war der rechte Augenblick, ein Triumphlied für die Musik anzustimmen. Es schoss mir durch den Kopf, dass in Mitteleuropa seit Jahrhunderten ein Lied in Kanonform gesungen wird, in dem die Musik und die Musiker verherrlicht werden. Schnell sagte ich den Text: »Himmel und Erde müssen vergehn, aber die Musici, aber die Musici, aber die Musici bleiben besteh'n«.

Und am Klavier spielte ich die Melodie – in zwei Minuten konnten alle Kinder sie. Sie scholl brausend durch das

Haus, Therese kam aus der Küche, Renzo bellte freudig, wenn auch nicht immer ganz im Takt. Und doppelt so groß wurde der Schwung, als ich verkündete, dieses Lied sei ein Kanon... Was das sei, fragte Claudia. »Wer erklärt, was ein Kanon ist?«, forderte ich die Kinder auf. Anja wusste es im Nu, alle »Großen« wollten durcheinander sprechen, aber Anja war um eine Spur schneller: »Ein Lied, in dem alle das gleiche singen, aber nicht zur gleichen Zeit...«, erklärte sie. Alle konnten das Lied nun, alle kannten den Text bereits auswendig und wussten natürlich, dass »Musici« das alte, lateinische Wort für »Musiker« war, dass man es »Musitschi« aussprach..., und nun brannten sie darauf, einen Kanon zu singen, eine der ältesten Musikformen Europas. Rasch waren drei Gruppen gebildet, wobei es völlig gleich war, wer in der ersten, wer in der zweiten und wer in der dritten mitsingen sollte. Beim zweiten und noch mehr beim dritten Einsatz würden sich ohnedies die Stimmen vermischen, so dass es dann keinerlei Unterschied mehr geben würde. Anja führte die erste Stimme an, und ich will gleich vorausschicken, dass ihre leuchtende, frohe Stimme uns alle begeisterte: Sie sang, von Claudia, Fabian, Susanna und Beat unterstützt: »Himmel und Erde müssen vergeh'n –«, und während sie nun weitersangen »aber die Musici...«, setzte die »zweite Stimme« ein: »Himmel und Erde...« Und als die »erste Stimme« schon beim letzten, dritten »aber die Musici...« angelangt war und die »zweite« zum »aber die Musici« kam, setzte die »dritte Stimme« mit dem Beginn des Liedes ein: »Himmel und Erde...« Nun waren alle zwanzig Kinder beteiligt, und da jede der drei Gruppen gute, sichere Anführer in ihren Reihen hatte, lief der Kanon so ab, als hätten wir ihn mindestens eine Woche lang geprobt. Und, was das Schönste war, die Kinder sangen nicht einfach 1, 2, 3 – sie hatten sehr schnell bemerkt, dass dieses Lied im Dreitakt geschrieben ist, und einige begleiteten ihren Gesang mit den richtigen Dirigier-Bewegungen der Arme! –, also nicht so, wie es leider manchmal in den Schulen der Fall ist: gelangweilt, nicht allzu bedacht auf Genauigkeit der Aussprache, der Betonungen, des Atems – nein, voll Schwung und Freude, so, als drehten sie der ganzen Welt, die gemeinsam mit dem Himmel vergehen mochte, eine Nase, weil ja sie selber, die »Musici«, und mit ihnen die Musik alles überleben würden! Ich merkte, dass einige der Kinder von einem reinen, guten Singen noch recht weit entfernt waren, aber das machte mir nicht die geringste Sorge. Das würde ich ihnen bestimmt ohne große Schwierigkeit beibringen können. Nicht auf einmal – das ist der schlimmste Fehler, den man bei Kindern machen kann (und wohl auch bei Erwachsenen), weil man mit zu vielen und zu kleinlichen Verbesserungen die Freude abtötet. Und die ist ja gerade das Wichtigste von allem, und ohne sie werden die bestgemeinten Korrekturen schließlich kaum noch etwas nützen können...

Unser Gesang erscholl, da die Tür ins Freie weit offen stand, über den Teich hinweg, und es war uns, als fände er im Wald dahinter einen geheimnisvollen Widerhall. Widerhall kam auch von oben, denn die Vögel, die durch diese milde Vorabendstunde ihre schwungvollen Flugbögen in den Himmel zeichneten, sangen aus vollen Kehlen mit uns. »Nicht übel...«, hätte der liebe Onkel Gustav wohl gesagt und die Kinder hätten im Jubelchor geantwortet: »Super! Super!«

Die Kinder sangen noch, als sie bald darauf hinter den Gärten verschwanden. Als habe er diesen Augenblick abgewartet, setzte nun der Frosch ein, mein dicker Freund. War das nicht sogar ein Kanon, den er da dirigierte? Denn rasch wurde das Konzert hundertstimmig.

Nun sitze ich beim Schein meiner Schreibtischlampe und versuche, mich an alle Ereignisse des Nachmittags zu erinnern, um sie in das entstehende Buch einzutragen, wie ich es Alexander und Claudia versprochen habe. Das ist ja erst etwas mehr als eine Woche her, und was hat sich in diesen Tagen alles ereignet! Viele, viele Seiten sind bereits dicht beschrieben! Ich schaue vom Papier auf: Da steht ein wundervoller Halbmond über dem nun ganz dunklen Wald und wirft sein Bild in den Teich. Er wird wohl schon untergegangen sein, wenn ich heute spät in der Nacht aufhören werde... Das Buch über Musik für die Kinder...

9. KAPITEL

Fünf Linien und viele Punkte...
das Bild der Musik

Über den »Einzug« meiner Bande brauche ich ja kaum mehr zu berichten: Claudia vornweg mit dem leuchtend-roten Tuch im Haar, dann alle anderen – wir brauchen keine Liste zu verlesen, es sind bestimmt alle da. Noch zwei »Neue« dazu, die ihre Namen nannten, als sie eintraten: Christian und Heinz hießen sie und stellten das Gleichgewicht zwischen Mädchen und Jungen wieder her. Nun wurde die Platzfrage brennend. Rascher Beschluss: Weg mit allen Stühlen, die ganze Schar nahm auf dem Boden Platz, wo Kissen in allen Farben und zwei Matten Platz fanden, die ich manchmal auflegte, wenn Sänger mit sehr starken Stimmen bei mir waren: Was sie am Abend in der Oper singen sollten, probten sie manchmal noch einmal mit mir, und damit die Gewalt ihrer Stimme nicht mein armes Häuschen sprengte, sollten diese Matten den Schall ein wenig dämpfen.

»Wieder auf die Treppe?«, fragte mich Alexander.

»Ja, aber nicht sofort! Zuerst erzähle ich euch etwas... Vor ungefähr tausend Jahren...«

»Ein Märchen!«, rief Claudia fröhlich.

»Nicht ganz..., vor ungefähr tausend Jahren, da versuchten kluge Menschen zu entdecken, wie man Musik aufschreiben könnte. Das war sehr schwierig, denn Musik ist ja etwas Vorüberschwebendes, etwas, das keinen Körper hat, etwas ›Flüchtiges‹, wie die Menschen sagten, die sie beschreiben wollten. Es waren vor allem Mönche, also Geistliche, die in Klöstern lebten und ihre Zeit vor allem mit Beten und Studieren verbrachten. Erinnert ihr euch noch, wir haben einmal mit Handzeichen die Höhe von Tönen angezeigt..., da waren viele von euch noch nicht bei uns, darum wollen wir es rasch noch einmal machen. Haltet einmal eure rechte Hand geradeaus vor euch hingestreckt. Ich spiele einen Ton – den, bei dem gestern unsere Tonleiter begann: C. Nun senken wir die Hand ein wenig, lassen sie aber immer ausgestreckt. Jetzt zeigt die Hand auf den Boden, aber sie berührt ihn nicht. Diese Stellung unserer Hand bedeutet das C. Nun spiele ich langsam die Tonleiter aufwärts, und bei jedem Ton geht auch die Hand ein wenig aufwärts: D – E – F – G..., nun zeigt die Hand ungefähr geradeaus vor uns hin. Und es geht weiter: A – H... und nun, beim höheren C, hat sich die Hand schräg aufwärts gestellt. Gut, gleich noch einmal. Wieder spiele ich die C-Tonleiter und sage bei jedem neuen Ton seinen Namen, den wir jetzt ja schon gut kennen. Und bei jedem neuen Ton rückt unsere Hand ein wenig höher: C – D – E – F – G – A – H – C... Und nun genauso zurück, wie wir hinaufgestiegen sind, das heißt: vom höchsten Stand der Hand geht es nun stufenweise abwärts: C – H – A – G – F – E – D – C, und dann sind wir wieder unten, unsere Hand ist nahe dem Boden. Die Mönche dachten, so ähnlich könnte eine Notenschrift aussehen, so, als wenn man die Punkte, die unsere Hand anzeigte, durch eine Linie verbinden würde – vielleicht ungefähr so.«

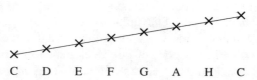

Ich zeichnete so eine Linie auf die Tafel. Die Linie sah dem Bild der Treppe ähnlich, und alle Kinder, die gestern als »Publikum« dabei gewesen waren, also die Treppe gut beobachten konnten, erkannten diese Ähnlichkeit sofort. »Eines Tages fragte sich einer der Männer, die an der Musikschrift arbeiteten, ob die Linie überhaupt nötig war: Es genügte doch, für jeden Ton einfach ein Zeichen zu setzen. Natürlich musste jeder Ton ein wenig höher sein als der vorige, wie die Linie ja auch jedes Mal ein kleines Stück höhergerückt war.«

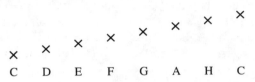

»Ich habe hier auf der Tafel die Notennamen C, D, E und so weiter dazugeschrieben. Die gab es damals noch gar nicht, aber es ist für euch leichter, wenn ich sie hinschreibe. Jetzt der nächste Schritt, aber auch der verlief nicht so einfach, wie ich es hier für euch mache. Ich habe Kreuzchen gemacht für jeden Ton. Man versuchte es dann mit Punkten, aber da man diese Punkte, besonders wenn man sie sehr klein machte, nicht so gut unterscheiden konnte, blies man sie sozusagen auf und machte sie dick, wie kleine Kreise... So, und jetzt nehmen wir wieder unsere rechte Hand und halten sie waagerecht, also gerade nach vorn, so dass der Arm und die Hand die gleiche Richtung haben. Nehmen wir an, diese Stellung in der Mitte bedeutet einen mittleren Ton – sagen wir G. Und nun gehe ich von diesem mittleren Ton G aus, aufwärts oder abwärts, mit kleinen oder großen Schritten..., das alles müsst ihr mit dem Gehör erkennen! Und ihr zeigt mit eurem Arm genau an, welchen Schritt ich gemacht habe, ob der neue Ton höher ist oder tiefer als der vorhergehende..., und wer es sich traut, zeigt auch gleich an, ob

der Schritt, den ich auf dem Klavier mache, groß ist oder klein! Also, das ist der Ton G, ungefähr in der Mitte...«
Ich bezeichnete mit einem Kreis eine mittlere Höhe, den Ton G – und dann begann ich, musikalisch zu wandern... Alexander erinnerte sich, dass wir schon einmal etwas Ähnliches gespielt hatten: als ich die Kinder raten ließ, ob ein Ton »hoch« oder »tief« war. Das, was ich jetzt von ihnen verlangte, war etwas schwieriger, aber vorläufig sollten sie ja noch nicht erkennen, zu welchem neuen Ton ich geschritten war, sondern nur »aufwärts« oder »abwärts« und vielleicht noch: »großer Schritt« oder »kleiner Schritt«. Ich ging vom G zum A und danach weiter zum H... Die richtige Zeichnung – fast alle zeichneten auf rasch ausgeteilten Bögen Papier mit – sah so aus:

$$\begin{array}{ccc} & & O \\ & O & (H) \\ O & (A) & \\ (G) & & \end{array}$$

»Am besten wartet ihr einen Augenblick mit dem Zeichnen und macht zuerst die Armbewegung, da spürt ihr sicher deutlich, ob es ›aufwärts‹ geht oder ›abwärts‹!« Viele versuchten es so, und es war tatsächlich leichter – andere aber, die »Großen«, brauchten diesen kleinen Umweg über die Handbewegung nicht, sie zeichneten sofort das Richtige.

Vom H ging ich abwärts, dieses Mal einen großen Schritt: zum E. Und ich bemerkte, als ich ein wenig durch die Reihen ging, dass ein paar Kinder diesen großen Schritt in der Musik wirklich gehört hatten: Ihr Notenzeichen, der »dicke Punkt«, wie Claudia ihn sofort getauft hatte, war viel tiefer gezeichnet als der vorhergehende, das H. Ich wartete immer nach dem Anspielen des neuen Tons, was die Kinder zeichnen würden. Erst dann setzte ich meine Zeichnung an der Tafel fort, so dass alle ihre Zeichnung mit der meinen vergleichen konnten. Vom E ging ich weiter abwärts, aber nur den kleinen Schritt zum D...

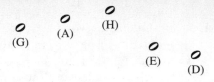

Dann fuhr ich mit meinem »Märchen« fort: »Nun konnte man ungefähr aufzeichnen, ob eine Melodie aufwärts ging oder abwärts. Natürlich war das noch furchtbar einfach und mangelhaft... Vor allem wusste man nicht, welche Note länger und welche vielleicht kürzer war – also die »ganzen«, die »halben« und die »Viertelnoten« gab es noch lange nicht! Vor allem aber wusste man zweierlei nicht: welche Töne mit dem Bild der Punkte gemeint waren, und ob eine Auf- oder Abwärtsbewegung groß, sehr groß, klein oder sehr klein gemeint war... Das aber war wesentlich: Jetzt spielte ich zum Beispiel C-E, und diese Zeichnung sah dem C-F sehr ähnlich, aber der Klang war ganz anders. Und ich spielte ein paar Mal C-E und C-F, alle hörten den Unterschied.

»Unklar war vor allem die Frage der Höhe. Hatte man die einmal festgelegt, dann war alles weitere eine Selbstverständlichkeit, besonders sobald die Notennamen bestimmt und ihre Reihenfolge festgelegt waren. Nach dem C kam eben das D, dann das E, das F, das G, das A, das H, bis eine ›Oktave‹ voll war und der nächste Ton eben wieder so hieß wie der erste: C. Und so zog man eines Tages eine Linie und setzte sie mit einem bestimmten Ton in Beziehung. Was auf dieser Linie war, bedeutete einen festen Ton. Das war eine große Hilfe, aber noch lange nicht die Lösung aller Probleme. Denn immer noch war es unklar, wie groß die Schritte nach oben oder unten zu zeichnen waren, um einen Abstand von zwei, drei oder vier Tönen zu bezeichnen. Man musste also etwas finden, das den Abstand bedeutete... Man zog eine zweite Linie, und hatte damit viel erreicht, denn man konnte festlegen, dass zwischen der unteren und der oberen Linie etwa ein Abstand von zwei Tönen sein sollte. Oder von fünf Tönen? Um sie klar zu unterscheiden, zog man sie in bestimmten Farben: die eine Linie vielleicht schwarz, die andere gelb oder rot... Sie bekamen auch verschiedene Namen: zum Beispiel f-Linie die untere, c-Linie die obere...«

———————————————————————— C
———————————————————————— F

»Aber immer noch gab es zu viele ungelöste Fragen, immer noch war die Notenschrift mehr ein Hilfsmittel, um sich bekannter Melodien zu erinnern. Aber man wollte ja viel mehr! Man wollte Melodien, die soeben entstanden und noch niemandem außer dem Komponisten bekannt waren, weit verbreiten! Das war aber nur möglich, wenn man sie so genau aufschreiben konnte, dass jeder, der sich mit Musik befasste, sie spielen oder singen konnte. Um die Sache immer klarer zu machen, zog man weitere Linien: drei, vier, fünf, sechs... Als man bei sieben angelangt war, entdeckte man, dass sieben Linien nicht mehr so leicht auf einen Blick zu überschauen waren, man sah nicht sofort, ob eine Note auf der dritten Linie stand oder auf der vierten... Und da beschränkte man sich auf fünf, so wie wir es auch heute noch tun.«

»Nach mehreren Jahrhunderten immer neuer Versuche war der Grundstock zu einer allgemein verständlichen Notenschrift gelegt. Bei fünf Linien konnte man neun Noten so unterbringen, dass sie sich klar voneinander unterschieden: Fünf kamen genau auf die Linien zu stehen, und vier setzte man in die Zwischenräume. Rasch fand man die Möglichkeit, noch zwei weitere Noten unterzubringen: Eine unter die erste, die andere über die fünfte Linie; das ergab also im ganzen elf Noten.«

»Kaum glaubte man, alle Probleme gelöst zu haben, tauchten immer wieder neue auf. Elf Töne? Was sollte man mit nur elf Tönen anfangen? Die Anzahl war lächerlich gering – man brauchte mindestens dreimal, viermal, fünfmal so viele! Aber mehr als elf waren mit bestem Willen kaum unterzubringen – oder doch? Jemand kam auf den Gedanken, man könne ›oben‹ und ›unten‹ noch Hilfslinien ziehen – das sind Linien, die nicht in ganzer Länge gezogen werden müssen, sondern nur gerade so weit, dass eine Note Platz findet. Solche Hilfslinien konnten sowohl oberhalb wie unterhalb der fünf Hauptlinien gezogen werden. Das ergab dann ein paar Noten mehr!«

»Aber selbst wenn man unten zwei oder sogar drei solcher Hilfslinien anfügte und oben ebenso – die Zahl der Noten, die man unterbringen konnte, blieb immer noch klein, viel zu klein... Wir wissen ja längst, mit wievielen Tönen wir Musik machen...«

»Mit fast hundert!«, riefen Alexander, Gaby und noch einige.

»Wir zählen allerdings nicht alle Töne, die es gibt – wir zählen nur die weißen Tasten, jene, die es vor tausend

Jahren schon gab, ehe die schwarzen Tasten dazukamen. Wieviele weiße Tasten hat das Klavier?«

»Mehr als fünfzig…«, ertönten wieder die Stimmen unserer »Großen«, und Alexander setzte hinzu: »… und die Orgel hat noch mehr!«

»Mit allen Hilfslinien aber kommen wir nicht einmal auf die Hälfte davon! Und wir können auch nicht so viele Hilfslinien ziehen, wie wir wollen, denn sonst wird das Notenbild undeutlich…, man müsste immer erst abzählen, wieviele es sind. Also, was tun? Nun, nach langem Nachdenken fand man…den Schlüssel zu diesem Rätsel…, ja, wirklich einen Schlüssel! Nein, eigentlich viele Schlüssel! Was tut denn ein Schlüssel?«

Alle sahen mich etwas verwundert an – was war das für eine Frage, was hatte das mit Musik zu tun? Das fragte auch Patrick: »Was hat das mit Musik zu tun?«

»O, mein lieber Patrick, bald wirst du wissen, wie viel ein Schlüssel mit Musik zu tun haben kann! Aber sag mir zuerst: Was tut, was kann ein Schlüssel?«

»Er schließt etwas auf… ein Zimmer oder einen Koffer.«

»Stimmt. In der Musik schließen die Schlüssel auch etwas auf, was ohne sie verschlossen bliebe. Bei deinem Onkel gibt es doch bestimmt eine ganze Menge Schlüssel, nicht wahr, Patrick?«

»Ja, einen großen Schlüsselbund…, mit ungefähr zehn Schlüsseln oder mehr, ja eher viel mehr…«

»Und jeder Schlüssel schließt einen anderen Raum auf, nicht?«

»Natürlich! Ich kenne sie alle und muss auch oft aufschließen, also weiß ich genau, welcher Schlüssel welchen Raum aufschließt.«

»Sehr gut, Patrick, aber wir wollen ja nicht die Räume deines Onkels aufschließen. Aber nun werdet ihr verstehen, was die ganze Sache mit Musik zu tun hat. Stellen wir uns einmal vor, die hohen Töne würden in einem

Zimmer aufbewahrt, die tieferen Töne in einem anderen, die ganz tiefen in einem dritten... Wir brauchen aber beim Musizieren nicht immer alle Töne, manchmal nur die hohen, manchmal nur die tiefen. Hört einmal zu, wenn Anja singt...« Anja war überrascht, aber zum Singen war sie immer bereit. Ich schlug den Ton C auf dem Klavier an, und sie sang ihn mit heller Stimme nach – und nun ging es hinauf bis in das höhere C..., und dann weiter, weiter hinauf..., bis sie wieder ein C erreichte, und das alles klang strahlend und wunderschön, so dass wir in Applaus ausbrachen, obwohl Anja nichts anderes als eine Tonleiter gesungen hatte! Beim dritten C brach ich ab:

»Ich weiß, du kannst noch weiter singen, noch höher hinauf, aber ich möchte es lieber nicht versuchen, das kann deiner jungen Stimme schaden.«

»Meine Lehrerin sagt, ich habe mehr als zwei Oktaven, sogar zweieinhalb!«, erzählte mir Anja, ein hübsches blondes Mädchen, dem die Strähnen immer wieder von beiden Seiten ins Gesicht rutschten, wenn es sang.

»Schön! Aber viel wichtiger ist, dass der Klang deiner Stimme wirklich hübsch und ausdrucksvoll ist – das deutet darauf hin, dass du einmal eine gute Sängerin werden kannst. Bald werden wir dich bitten, uns etwas vorzusingen!« Alle stimmten freudig zu.

»Nun hat Anja, wie alle Mädchen, eine hohe Stimme. Wenn ich Noten für sie aufschreibe, dann muss ich also nur das ›Zimmer mit den hohen Noten‹ aufschließen. Ich nehme also den Schlüssel 𝄞 dieses Zimmers. Dieser Schlüssel schaut so aus: 𝄞 Dieses Zeichen setze ich vor die hohen Noten, vor 𝄞 die Noten, die Anja singt. Dieser Schlüssel heißt ›Violinschlüssel‹, und es ist klar, warum er so heißt: weil die Violine oder Geige nur hohe Töne spielt! Und nun denkt euch die tiefe Stimme eines Mannes oder die Töne, die ein tiefes Instrument spielt, das Cello oder der Kontrabass – für diese tiefen Noten muss ich ein anderes Zimmer aufschließen, und das hat natürlich einen anderen Schlüssel... Der sieht so aus: 𝄢 und heißt ›Bass-Schlüssel‹. Manchmal aber brauche ich hohe und tiefe Töne zusammen, zum Beispiel, wenn ich Klavier spiele... Dann brauche ich natürlich alle Tasten, von ganz unten, wo sie brummen wie ein Bär – so haben wir es ja im Spaß genannt –, bis ganz rechts oben, wo sie zwitschern wie ein Vogel...«

»Oder wie die Anja!«, rief Rainer und erntete starken Beifall.

»Wenn ich also Klavier spielen will, dann brauche ich Noten mit beiden Schlüsseln! Und dazu brauche ich nicht nur einmal fünf Linien, sondern zweimal fünf Linien. Die oberen für die hohen Töne, die unteren für die tiefen Töne – und natürlich auch für meine beiden Hände! Mit der rechten Hand spiele ich die hohen Noten in den oberen Linien, mit der linken Hand die tiefen Noten in den unteren fünf Linien.«

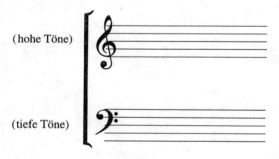

»Für die fünf Linien gibt es übrigens einen Namen, den ich euch sagen will, wenn man ihn auch bei uns nicht oft gebraucht: ›Pentagramm‹, das heißt auf griechisch: ›fünf Linien‹. Also für das Klavier, und auch für die Orgel, schreibt man die Noten in zwei Pentagrammen, das obere ist für hohe, das untere für tiefe Noten. In Orgelnoten gibt es meistens noch ein drittes Pentagramm, unter den beiden anderen.«

»Wozu denn das, es gibt doch nicht mehr Töne als die hohen und die tiefen?«, sagte Gaby verwundert, die gerne den Dingen auf den Grund ging.

»Du hast völlig recht... Aber die Orgel wird nicht nur mit den Händen gespielt, sondern auch mit den Füßen!« Jetzt lachten viele, aber andere, die schon Organisten beobachtet hatten, übertönten sie: »Jawohl, mit den Füßen!«

»Die Orgel hat unter dem Orgeltisch, der die Tasten enthält, wie unsere Klaviatur hier, noch eine Reihe von ›Tasten‹, die aus Holz sind und von den Füßen des Organisten getreten werden...«

»Für die braucht man eigene Noten?« fragte Alexander.

»Ja, eine dritte Reihe von Noten, ein drittes Pentagramm, in dem die Noten für das ›Pedal‹ aufgeschrieben werden – diese Tasten, die man mit den Füßen spielt, heißen ›Pedal‹.«

»Wie beim Klavier...«, riefen einige.

»Der Name ist der gleiche, das stimmt, aber die Pedale des Klaviers haben eine ganz andere Bedeutung als das Pedal der Orgel! Am Klavier verändern sie den Klang ein wenig – könnt ihr euch erinnern, ich habe es euch gezeigt –, auf der Orgel aber bringt das Pedal Töne hervor, man kann ganze Stücke, wenn man will, nur mit dem Pedal spielen.

Das Wichtige, was ihr euch merken solltet, ist: Ein Pentagramm, mit seinen fünf Notenlinien, hat keinerlei Bedeutung, solange kein ›Schlüssel‹ davor steht! So wie ein Zimmer keinen Wert hat, wenn ihr es nicht aufschließen könnt, wenn ihr keinen Schlüssel dazu habt! Seht diese Zeichnung an!«

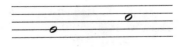

»Die Note hat keinen Namen, wenn uns kein Schlüssel angibt, ob wir bei den hohen Noten sind oder bei den tiefen! Nun setze ich einen Violinschlüssel vor die Linien, und schon haben die Noten ihre ganz bestimmten Namen: G und C.«

»Der Violinschlüssel, den ich für hohe Stimmen – also auch Kinderstimmen! – verwende, ebenso wie für hohe Instrumente wie zum Beispiel Blockflöten, Flöten, Oboen, Geigen, ist ein so genannter G-Schlüssel. Denn dort, wo er seine schneckenähnliche Biegung macht, steht der Ton G! Das muss man sich einmal merken, dann vergisst man es nicht mehr: Auf der zweiten Linie steht der Ton G, wenn vor den Linien der Violinschlüssel steht! Das genügt eigentlich für uns, denn mit tiefen Tönen haben wir vorläufig nichts zu tun. Aber ich zeige euch gerne alles, was zu den Grundbegriffen der Musik gehört – also sprechen wir einen Augenblick von den tiefen Tönen und Noten. Deren Schlüssel sieht ganz anders aus, wie ihr hier auf der Tafel seht: Er ist kein G-Schlüssel, wie es der Violinschlüssel ist, also gibt er uns nicht den Platz an, wo ein G liegt, sondern er ist ein F-Schlüssel. Wo er seine Windung hat, seine Kurve, wenn ihr wollt, dort steht der Ton F... Es ist natürlich nicht das F, das neben dem G des Violinschlüssels liegt, sondern zwischen beiden liegt eine ganze Oktave! Die Noten bleiben dieselben, aber sie liegen völlig verschieden..., und das muss man einfach auswendig lernen. Nicht wahr, Clemens?«, fragte ich unseren Pianisten, der sich die ganze Zeit über nobel zurückgehalten hatte: Für ihn war dies alles selbstverständlich, als guter Pianist konnte er beide Schlüssel perfekt lesen und spielen, aber er wollte anscheinend vor seinen Kameraden nicht »glänzen«, was ihm leicht gelungen wäre. Nun aber gedachte ich, ihm dafür eine kleine Freude zu machen. Er nickte auf meine Frage und meinte: »Es ist gar nicht so schwer! Ich habe für das Alphabet und das kleine Einmaleins länger gebraucht als für die Noten...«

»Es gibt noch mehr Schlüssel als diese zwei. Die brauchte man eigentlich gar nicht, aber der Mensch hat immer Lust, alles zu komplizieren, schwerer zu machen als notwendig... Vor wenigen Jahrhunderten noch, da verwendeten die Musiker sieben Schlüssel! Seid froh, dass ihr die nicht lernen müsst..., nicht einmal, wenn ihr Klavier spielen wollt! Denn da genügen die zwei Schlüssel, die ich euch gezeigt habe, der Violin- oder G-Schlüssel und der Bass- oder F-Schlüssel. Und mit einem Schlüssel vor dem Pentagramm hat jede Note genau ihren Namen, ihren Platz und ihren Klang! Wir können jede Melodie aufschreiben, die wir wollen. Aber vergesst nicht, dass jeder Ton mehrere Eigenschaften hat: Die Höhe haben wir soeben mit Hilfe der Schlüssel bestimmt; die Stärke geht nicht direkt aus den Noten hervor, sie steht nur darunter: Pianissimo, Piano, Mezzoforte, Forte, Fortissimo. Aber... die Länge der Töne! Doch die haben wir schon gelernt: Es ist die Geschichte mit den ganzen Noten, halben Noten und Viertelnoten..., die haben verschiedene Formen, und diese Formen werden wir unseren Noten geben! Genau genommen, gibt es noch eine Eigenschaft der Töne, über die wir noch nicht gesprochen haben: Man nennt sie die ›Klangfarbe‹. Ich erkläre sie euch mit ein paar Worten, und die größeren Kinder werden sie verstehen. Aber auch die Kleineren erleben sie täglich, ohne es zu wissen. Es klingelt bei euch das Telephon, ihr nehmt den Hörer ab, und bei den ersten Worten des Anrufers, noch bevor der seinen Namen gesagt hat, wisst ihr schon: Es ist die Tante Adele oder Papas bester Freund, Dr. Müller. Oder ihr hört im Radio Musik und erkennt: Da spielt jemand Geige oder Klavier oder Flöte. Ich spiele auf meinem Klavier hier einen Ton, sagen wir das G, das Gaby gestern auf der Treppe gesungen hat. Nun bitten wir Helga, denselben Ton auf der Geige zu spielen.« Ich holte die Geige aus meinem Instrumentenschrank, stimmte sie schnell und reichte sie Helga, die nun den Ton G spielte. »Und nun soll Gaby ihn nochmals singen, wie gestern. Nun haben wir denselben Ton dreimal, aber er klingt jedes Mal ein wenig anders – auf dem Klavier, auf der Geige, mit Gabys Stimme. Aber nehmen wir noch zwei Klänge hinzu: Ich hole hier noch die Blockflöte aus dem Schrank..., wer kann sie spielen?« Susanna hob sofort die Hand, und blies dann ein G. »Und zuletzt noch dasselbe G, von Rainer gesungen. Fünfmal derselbe Ton und jedes Mal klingt er anders. Das macht die Eigenschaft jedes Tons, die man ›Klangfarbe‹ nennt – leicht zu verstehen, nicht wahr?« Alle stimmten zu.

»Nun klatschen wir wieder einmal! Was wir da klatschen, das werden wir aber gleich zu verbinden lernen mit der anderen Toneigenschaft, die wir Länge oder Dauer genannt haben. Ich spiele auf dem Klavier eine kleine Phantasie, also etwas, was mir im Augenblick einfällt – es gibt noch einen anderen Namen dafür, den sich die Größeren merken können: eine ›Improvisation‹. Eine Improvisation ist das, was uns im Augenblick einfällt und von uns sofort ausgeführt wird. Das gibt's nicht nur in der Musik! Jemand will eine Ansprache halten, und dafür hat er zwei Möglichkeiten: Entweder hat er sich seine Worte vorher aufgeschrieben und liest sie nun ab, oder er wird, vielleicht durch die Aufforderung überrascht, ›frei‹ sprechen, also seine Ansprache ›improvisieren‹. Aber auch beim Fußball kann man improvisieren, nicht wahr, Patrick?« Der schaute mich mit dem dümmsten Gesicht der Welt an. »Nun ja, ihr habt trainiert, wie euer Libero zuerst in der Mitte durchbricht, dann nach rechts den Ball an die Sturmspitze abgibt, eine weite Flanke, und ein nach vorne aufgerückter Spieler schießt aufs gegnerische Tor...« Patricks Gesicht verwandelte sich in ein breites Strahlen. »Das habt ihr hundertmal geübt, aber nun sieht der Libero, dass die rechte Sturmspitze von zwei gegnerischen Spielern scharf gedeckt wird, und nun ändert er blitzschnell den Schlachtplan und versucht, links durchzubrechen..., er improvisiert. Wer etwas nicht Vorbedachtes, nicht Erwartetes tut, der ›improvisiert‹...«

In diesem Augenblick sprang Renzo, der mitten unter den Kindern saß, auf, raste zum Gartentor, wobei er über Claudia glatt hinwegsprang, und war mit wütendem Gebell verschwunden.

Fabian sagte ruhig: »Renzo improvisiert!«, und erweckte damit stürmische Heiterkeit. Nur ich war nicht ganz damit einverstanden: »Ich glaube nicht, dass man da von Improvisieren reden kann, denn das hat er schon hunderte Male gemacht, so oft er spürt, dass die Katze des Nachbarn in seinen Garten schleicht... Also: Ich improvisiere jetzt auf dem Klavier, und ihr schlagt dazu den Takt durch Klatschen.«

Ich spielte und wurde dabei schneller und wieder langsamer, alle folgten tadellos dem Takt, den ich angab. Aber das war natürlich nur eine Vorübung. Ich spielte nun keinen durchgehenden Takt mehr, also kein Ticken einer Uhr, kein Marschieren von Soldaten, ich ließ ab und zu einen Schlag länger klingen. »Erinnert euch an die Viertelnote, die halbe, die ganze Note. Hört einmal genau hin: vier kurze Töne, dann zwei längere, dann wieder vier kurze, dann eine längere..., nein, diese Note war noch länger als die früheren...« – das alles klatschte ich mit den Händen. »Wer kann das aufschreiben? Es kommen keine anderen Notenlängen vor, als die drei, die wir gelernt haben!« Die Schar war ziemlich ratlos. Da rief ich Clemens zur Tafel: »Du kannst das sicherlich...« Doch Clemens machte eine sehr hilflose Miene: »So etwas habe ich noch nie gemacht...«

Er stand an der Tafel und murmelte: »Zuerst waren es vier kurze Noten, glaube ich..., das könnten Viertelnoten gewesen sein!« »Richtig, Viertelnoten..., schreib sie einmal auf!« Und Clemens malte:

»Gut, nun weiter... Was kam dann?« »Eine längere Note..., nein zwei... Länger als die Viertelnoten sind die halben Noten...« »Richtig! Setze nun zwei halbe Noten an..., nein, die zweite nicht so nah an die erste – du musst bedenken, dass jede halbe Note zwei Viertelnoten hat, die genau den gleichen Platz einnehmen, also lass bei jeder halben Note so viel Platz, dass dort zwei Viertelnoten Platz hätten.«

Ich wiederholte auf dem Klavier, was ich vorher gespielt hatte – ich spielte immer auf dem gleichen Ton –, denn sonst hätten die Kinder sofort die Melodie erkannt. »Und nun kommen wieder vier kurze Noten..., und nun eine lange Note. Du hast ganz richtig gesagt, diese lange Note sei noch länger als die beiden vorherigen, die du richtig geschrieben hast – also los! Zuerst wieder vier kurze Noten..., ganz recht: Viertelnoten... und dann?« »Vielleicht eine ganze Note?« »Bravo, Clemens!«

»Jetzt hast du den Anfang eines kleinen Liedes aufgeschrieben... Ihr kennt es alle!« Und nun klatschte ich nochmals, was Clemens aufgeschrieben hatte: Kurz, kurz, kurz, kurz, lang-lang, kurz, kurz, kurz, kurz, sehr lang...«

»Ist das nicht...?«, riefen Anja und Alexander zugleich, ohne aber den Satz zu vollenden. »Ja, das ist...«, sagte ich, »das ist ein Kinderliedchen, das ihr alle gesungen habt, vielleicht schon im Kindergarten.« Und nun spielte ich die kleine Melodie auf dem Klavier, dieses Mal mit den richtigen Noten dazu: »Alle meine Entchen schwimmen auf dem See...« Großer Aufruhr im Raum. Die kleinsten begannen zu singen, und die Großen fielen belustigt ein: »Alle meine Entchen...«

»Bis jetzt haben wir aber nur die Dauer der Noten hingeschrieben, ob sie lang sind oder kurz oder sehr lang ...«, setzte ich fort. »Also nur die Tondauer! Nun wollen wir diese Tondauer zusammenbringen mit der Tonhöhe! Wir sagen einmal beim Singen, wie die Töne heißen – das ist leicht, denn im ganzen Liedchen ist kein größerer Schritt, es geht immer von einem Ton zum nächsten. Darum ist es ja auch ein Liedchen, das schon die Kleinsten singen können. Bleib an der Tafel, Clemens..., zeichne zuerst fünf Linien – ein ›Pentagramm‹ – und dann beginne mit dem Ton C – der war gestern Claudias Ton, erinnert ihr euch?« Alle nickten: »Natürlich.« »Um Claudias Ton richtig aufschreiben zu können, müssen wir eine Hilfslinie unter der ersten Linie ziehen... nur ein kleines Stück Linie, nur gerade so viel, dass wir eine Note darauf schreiben können!«

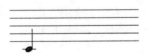

»Und wenn wir das C geschrieben haben, geht es stufenweise aufwärts, genau wie gestern auf der Treppe! Die ersten Noten müssen C-D-E-F heißen, dann geht es zur fünften Note noch eine Stufe aufwärts, zum G... Und dann? Singen wir einmal, und mit euren ausgestreckten Armen zeigt ihr an, ob es aufwärts geht oder nicht.«

»Die beiden längeren Noten sind gleich hoch!«, entdeckte Gaby. Also zweimal das G!

Dann ging es noch um eine Stufe hinauf, die Arme rückten ganz richtig noch um ein Stückchen höher. Und dieser Ton blieb nun gleich, auf der selben Höhe, und er war viermal kurz.

»Und nach den vier kurzen Noten bei ›schwim-men auf dem...‹ folgt eine lange Note, länger als alle bisher..., das kann natürlich nur eine ganze Note sein.«

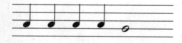

»Dieses ›schwimmen auf dem See‹ wird wiederholt!«, beobachtete Alexander. »Ganz richtig: derselbe Text, dieselbe Melodie! Und dann – die ausgestreckten Arme zeigen es – geht es wieder abwärts. Vom langen G stufenweise abwärts, über vier F, die wieder kurz sind, zu zwei halben Noten E. Dann abermals vier kurze, also Viertelnoten D, zum Schluss C, das am besten wieder eine ganze Note sein wird. Unser Lied ist nun fast reif zum Aufschreiben. Fast! Aber wir haben etwas sehr Wichtiges vergessen!«

»Den Schlüssel! Den Schlüssel!«, riefen einige Kinder.

»Jawohl, den Schlüssel, ohne den ja ein Notenbild nichts bedeutet. Welchen Schlüssel wenden wir hier an?«

»Den Violinschlüssel!«

»Stimmt! Denn es ist ja ein Lied für Kinderstimmen, also für hohe Stimmen, und für hohe Töne ist der Violinschlüssel der richtige! Aber nun fehlt noch etwas, das ich euch allerdings noch nicht gezeigt habe. Schaut einmal hier auf das Notenbild, das wir bisher geschrieben haben: Da gehen die Noten einfach der Reihe nach so hin, und nirgends gibt es einen Absatz, kein Verschnaufen – das wäre so, wie wenn wir eine Geschichte schrieben ohne Punkt, ohne Komma. Natürlich könnte man sie trotzdem lesen, aber Punkte und Kommas geben doch einen gewissen Sinn, erleichtern das Lesen – sie gehören einfach dazu. Und zum Notenbild gehört etwas ganz Ähnliches: der Taktstrich. Das ist einfach ein senkrechter Strich, quer durch die fünf Notenlinien, und die Striche geben dem Ganzen ein übersichtlicheres Bild. Sie haben sogar noch einen rein musikalischen Zweck: Die erste Note nach dem Taktstrich hat immer eine kleine Betonung, die nicht eigens bezeichnet werden muss. Damit man weiß, wo man den Taktstrich ziehen soll, muss man zuerst wissen, in welchem Takt das Stück geschrieben ist. Und nun braucht ihr euch nur an unsere Dirigierstunde erinnern! Da gibt es den Zwei-Takt: Arm runter-rauf-runter-rauf; es gibt den Drei-Takt: Runter-rechts-rauf, runter-rechts-rauf…, und dann habe ich euch noch den Vier-Takt gezeigt: Runter-links-rechts-rauf. Versuchen wir es schnell einmal!«

Wir hätten es gar nicht wiederholen müssen, das Dirigieren hatten sich alle gemerkt! Nicht nur die Großen konnten es, nein, auch den Kleinen machte es Spaß, und wenn sich einmal einer von ihnen ein wenig irrte – was machte das schon?

»Beim Zwei-Takt haben zwei Zähleinheiten in einem Takt Platz – Takt ist der Raum zwischen zwei Taktstrichen –, beim Drei-Takt sind es drei, beim Vier-Takt natürlich vier und so weiter. Was ist eine Zähleinheit? Das ist jener Schlag, der die Grundlage eines Musikstücks bildet. Zumeist wählt man als Zähleinheit die Viertelnote – die wir das Ticken der kleinen Uhren genannt haben. Wenn man deren Geschwindigkeit festgelegt hat, dann liegen natürlich auch die anderen Notenwerte fest, denn die halbe Note ist doppelt so lang, die ganze Note viermal so lang. Hat man also die Zähleinheit bestimmt, dann muss man festlegen, wieviele dieser Noten in jedem Takt Platz finden sollen: 2 oder 3 oder 4. Diese Zahl schreibt man über einen Bruch, während darunter die Zähleinheit selbst steht. So heißt $2/4$, dass in dem ›Takt‹ genannten Abschnitt zwei Viertelnoten Platz finden. Bei $3/4$ haben drei Viertelnoten Platz – der Takt ist also länger. Und bei $4/4$ finden vier Viertelnoten Platz – dieser Takt ist noch länger, er ist genau doppelt so lang wie der $2/4$-Takt. Das kann jeder Komponist so entscheiden, wie er will. Da in jedem Takt die erste Note, ganz gleich ob sie eine Viertelnote, eine halbe oder ganze Note ist, betont wird, fallen die Betonungen in jeder Taktart anders aus. Das habt ihr vielleicht beim Dirigieren schon gespürt. Machen wir es noch ein wenig deutlicher: Dirigieren wir noch einmal, und ihr lasst bei ›Eins‹ den Arm besonders schwer fallen, besonders betont... Also: Zwei-Takt.« Die Kinder verstanden sofort, und ich unterstützte diesen betonten Fall des rechten Arms durch mein Klavierspiel: Bei jeder 1 spielte ich *forte*, bei jeder 2 *piano*. »Drei-Takt!« Und wieder dasselbe: 1 ist ein betonter Fall des Armes, 2 und 3 sind leichtere Bewegungen, und auch ich spielte auf dem Klavier bei 1 *forte*, bei 2 und 3 *piano*. Bei »Vier-Takt« genau dasselbe: Bei 1 fällt die Hand, als hätte sie ein Kilogewicht am Gelenk, bei 2, 3, 4 schwebt sie leicht und ohne Druck nach links, rechts und zurück nach oben in ihre Ausgangsstellung. »Was zwischen zwei Betonungen liegt, das ist ›ein Takt‹. Jeder Takt wird an seinem Ende durch einen senkrechten Strich, den Taktstrich abgegrenzt. So wird das Notenbild deutlicher, übersichtlicher, und der Sänger oder Spieler weiß noch dazu, dass nach jedem dieser Striche eine betonte Note steht. Nun haben wir schon zwei Zeichen, die am Anfang jedes Musikstücks stehen sollen: der Schlüssel oder die Schlüssel – wenn man, wie beim Klavier, zwei Pentagramme braucht, eines für die rechte und eines für die linke Hand – und das Zeichen für die Taktart: $\frac{2}{4}$ oder $\frac{3}{4}$ oder $\frac{4}{4}$. Die Taktart kann sich übrigens im Verlauf eines Musikstücks ändern, sogar mehrmals; in einem solchen Fall muss man nur an der jeweiligen Stelle die neue Taktart hinschreiben, das genügt. Also: Am Anfang jedes Musikstücks steht der Schlüssel und daneben steht der Takt, in dem es geschrieben ist. Aber über dem Musikstück steht noch etwas: der Titel oder Name, den es haben soll. Da kann zum Beispiel stehen: ›Morgengesang‹ oder ›Am Abend‹ oder ›Auf dem Wasser‹ oder ›Fröhlicher Tanz‹, was sich der Komponist bei seiner Musik eben vorgestellt hat. Vielleicht aber will er gar nicht bekanntgeben, was das Stück vorstellen soll, dann kann er zum Beispiel schreiben: ›Lied‹ oder ›Ballade‹, was ›Erzählung‹ bedeutet, oder ›Kanon‹. Aber immer noch haben wir nicht alles beisammen, was über einem Musikstück steht. Denn trotz Titel oder Namen, trotz Schlüssel, trotz Taktart weiß der Sänger oder Spieler immer noch nicht, wie schnell er das Stück spielen oder singen muss. Man schreibt also über den Anfang eines der Worte, die angeben, ob das Stück langsam oder schnell geht: Allegro oder Andante oder Adagio… Es kann da auch stehen: ›Stürmisch‹ oder ›Sehr ruhig‹ oder ›Gemächlich‹ oder ›Wild‹. So, und jetzt, glaube ich, haben wir alles beisammen. Nun schreiben wir unser Lied auf. Es braucht wohl kaum eine Bezeichnung der Geschwindigkeit; wenn ich aber eine hinschreiben sollte, so würde ich vorschlagen: ›Ruhig‹. Dann natürlich einen Violinschlüssel, denn das Lied ist für hohe Stimmen. Und als Taktart würde ich wählen: 4/4, also den Vier-Viertel-Takt...«

ALLE MEINE ENTCHEN
Ruhig

Als alle das Lied geschrieben hatten – die Großen lächelten natürlich, weil sie das seit vielen Jahren nicht mehr gesungen hatten und es ihnen recht kindlich vorkam –, rief ich: »Nun nochmals auf die Treppe, so wie gestern!«

Alle »Spieler« sprangen auf, nur Alexander zögerte und kam zu mir. Schüchtern, wie ich ihn gar nicht kannte, sagte er leise: »Anja fängt auch mit A an, ich möchte gern, dass sie heute meinen Platz einnimmt.« Ich fand das großartig und klopfte ihm voll Freude auf die Schulter, rief Anja gleich zu mir und sagte ihr, dass Alexander ihr für heute seinen Platz anbiete: die Nummer 6 auf der Treppe. Sie bedankte sich freudig und ging zur Treppe, wo die Kinder gerade ihre Plätze suchten.

»Jetzt singen wir dieses hübsche kleine Lied – nein, nein, die Großen brauchen keine Angst zu haben, wir werden kein Konzert mit solchen Liedern geben. Aber mit dieser kleinen Melodie habt ihr jetzt in einer Stunde Notenschreiben und Notenlesen gelernt – noch längst nicht so, wie es etwa ein Musiker braucht, aber wenigstens doch die Anfangsgründe, und alles weitere wird dann nicht mehr schwer sein. Wir singen dieses Lied nur ein einziges Mal miteinander!«

Ich gab den Ton C an, mit dem wir beginnen wollten, Claudias Ton, und alle sangen das kleine Lied. »So, und jetzt singt jeder seinen Ton, jeder nur genau seinen Ton, sonst nichts!« Claudia begann richtig »Al–«, aber sie sang weiter »le«, und das sollte sie ja nicht! Sie begann nochmals: »Al-«, und Daniel, der die Sache auch erst jetzt kapierte, unterbrach sie sofort und sang richtig »le« auf seinen Ton. Evelyn setzte fort: »mei-«, aber dann gab es eine Lücke, weil Fabian nicht so schnell war. Wir begannen nochmals von vorn, nun lief alles gut; nach Fabians »ne« sang Gaby ihr »Ent-« und blickte mich fragend an. »Da ist doch derselbe Ton zweimal, und es ist natürlich dein Ton, also musst du ihn zweimal singen. Gaby sang also auch das »chen«. Wir wiederholten alles, denn es war nicht sehr schön im Takt gewesen. Nun ließ ich alle Kinder – die auf der Treppe und das »Publikum« – den Takt mitklatschen. Und nun entdeckten viele erst, dass es am Anfang auf jede Silbe einen Schlag gab, aber auf Gabys »Entchen« immer zwei Schläge je Silbe, je Ton. »Die einfachen Punkte« – ich zeigte auf die vier ersten Noten – »sind Viertelnoten, und die haben jede einen Schlag…, die Kreise mit der Fahnenstange, was Gaby singt, das sind halbe Noten, und von denen ist jede zwei Schläge wert. Ihr müsst genau im Takt weiterklatschen, aber im Singen liegt der große Unterschied. Die halbe Note dauert doppelt so lang wie die Viertelnote!« Jetzt ging's. Nach Gaby kam Anja und alle waren gespannt. Ganz richtig sang sie ihren Ton A, und zwar nicht einmal, sondern viermal: »schwimmen auf dem«, und sofort kam wieder Gaby mit »See«, auf ihrem Ton G. Dann kam dasselbe ein zweites Mal: »schwimmen auf dem See«… Nun gab es aber wieder eine kleine Panne. Fabian merkte nicht sofort, dass er nun wieder an der Reihe war, denn es folgten nicht weniger als vier F! Evelyn sang ihm schnell vor, was er hätte singen sollen, und dann sang er richtig: »Köpfchen in dem…« Schnell unterbrach ich ihn, sonst hätte er weitergesungen. Aber der nächste Ton war das E Evelyns und das kam zweimal und langsam… Man musste es der kleinen Tänzerin nicht zweimal sagen, sie sang es tadellos: »Was-ser«. Als sie fast am Ende ihrer zweiten Note angelangt war, stieß sie Daniel an, der vor ihr stand. »Jetzt kommst du…«, hieß das und der kleine Bub setzte fort: »Schwänzchen in die…« Rasch zeigte ich auf Claudia, und die zögerte nur einen Augenblick, dann sang sie »Höh« und das Lied war zu Ende. »Nun einmal ohne jede Unterbrechung!«, forderte ich auf. »Gut aufpassen! Also los!« Wirklich, nun lief alles, wie es sollte. Das hatte noch keiner von ihnen je gemacht: ein Lied mit verteilten Rollen singen!

»Jetzt wechseln wir die Spieler, Alexander hat mir eine gute Idee gegeben, mit der alle an die Reihe kommen. Natürlich geht das nun nicht mehr so wie bisher, dass jeder die Note singt, mit deren Buchstaben sein eigener Name beginnt, aber das macht nichts. Setzt ihr euch einmal hin, und jetzt kommen andere auf die Treppe.« Alle wollten mitmachen, und so gab es einige zu viel. »Wir verstärken eben ein paar Stufen«, schlug ich vor, »es spielt gar keine Rolle, ob es zwei D gibt und jeweils zwei F, G, A, H.« Die Schnellen fanden rasch Plätze, die Langsamen stellten sich dann einfach »dazu«. Da merkte ich erst, dass ich selbst einen Fehler gemacht hatte, als ich gesagt hatte, sie sollten einfach verschiedene Stufen »verstärken«, zum Beispiel G, A, H... Das kleine Lied hat ja nur sechs Töne! Unsere Töne H und das höhere C kamen gar nicht vor! Alle lachten, als ich meinen Fehler eingestand. Nun rückten die neuen Spieler alle eben ein wenig zusammen, zwei auf jeder Stufe..., und Beat stellte sich auf die Stufe A, so dass dort nun drei standen. »Al-le mei-ne...« – das kleine, alte Kinderlied erklang auf völlig neue Art.

Wir hatten noch ein wenig Zeit. Zuerst forderte ich alle auf, wieder auf ihren Matten und Kissen Platz zu nehmen. Und dann bat ich Clemens, uns auf dem Klavier etwas vorzuspielen. Der Junge dachte eine kleine Weile nach, dann frage er: »Schubert?« »Gern!«, antwortete ich, »Schubert ist mein Lieblingskomponist...« Und dann spielte Clemens zwei kleine Stücke mit wunderschöner Melodie. Alle saßen mäuschenstill da – wie schön da einer ihrer Kameraden spielte! Sie applaudierten begeistert, als er endete. Und dann machte er eine richtige kleine Verbeugung, so wie ein Künstler sie auf dem Konzertpodium macht...

Renzo kam zur Türe herein, er musste geradewegs aus dem Teich kommen, denn er triefte nur so und schien ein wenig kleinlaut – vielleicht war die Katze nicht davongelaufen, sondern hatte den Spieß umgedreht und ihn verfolgt. Ein Held war er nun – glücklicherweise! – wirklich nicht. Und der beste Ausweg war wohl das Wasser gewesen! Dort würde ihn seine Feindin nicht weiter verfolgen – diese dummen Katzen können ja nicht einmal schwimmen... Er wollte die Kinder wie üblich begrüßen, aber die wehrten ihn alle ab, was ihn noch trauriger machte – er konnte ja nicht wissen, dass sie nur nicht nass werden wollten...

Der dicke Frosch..., aber das schreibe ich ja jeden Abend und unsere Kinder wussten, dass das zumeist ihren Aufbruch bedeutete.

Ich aber hatte sehr viel zu schreiben in dieser Nacht. Der Mond war untergegangen, als ich endlich, ziemlich müde, ins Bett fiel...

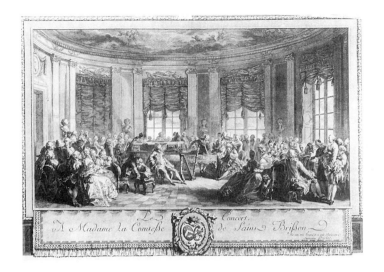

Oben: Musik hat den Menschen stets Freude gemacht. Jede Zeit hat ihre Musik, und auch jedes Volk die seine. Vor 300 Jahren versammelten sich die Musikliebhaber im großen Salon eines Schlosses und musizierten miteinander, ein »Publikum« gab es noch nicht.

Unten: Unser Klavier hatte viele Vorläufer: Das Spinett, das Clavichord, das Cembalo. Und hier ist ein solches Cembalo: Es soll Mozart gehört haben, der es in Wien um 1780 spielte.

Die »Oberschicht« spielte schon damals Streichinstrumente (wie Geigen und Celli), Blasinstrumente (wie Oboen und Trompeten), Harfen und Tasteninstrumente, das »Volk« aber Zithern und Gitarren.
In Berglandschaften bläst man besonders gerne die »Alphörner«, die unser Bild zeigt. Es gibt sie in ähnlicher Form in der ganzen Welt: In Südamerika, in Mexico, in Tibet usw.

Abbildungen rechts: Die Orgel, die seit bald 1000 Jahren in den Kirchen steht, kann sehr bescheiden sein (mit nur wenigen Tönen und Klangmöglichkeiten) oder sehr groß und mächtig (mit zahllosen Klängen wie ein ganzes Orchester).

Oben: Die Orgel in der Salzburger St. Peterskirche aus dem Jahre 1620.

Unten: Eine orginelle, vielleicht einmalige Orgel: Sie steht auf den Philippinen, ist gänzlich aus Bambusrohr gebaut und um 200 Jahre jünger.

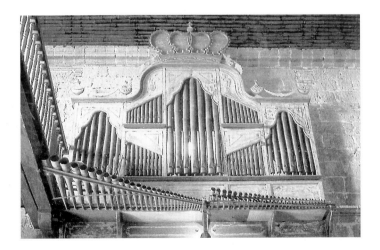

Ein Konzert in unseren Tagen:
Der Große Saal des Wiener Musikvereins, den man auch den
»Goldenen Saal« nennt, gilt als der schönste Konzertsaal der Welt.

Oben: Das größte Musiktheater der Welt steht in Verona (Italien): Die »Arena« wurde vor fast 2000 Jahren gebaut; heute lauschen hier in warmen Sommernächten 25 000 Menschen schönen Opernaufführungen auf der Riesenbühne. Eine Oper ist ein Theaterstück mit Musik: Die Personen auf der Bühne sprechen nicht, sondern singen und ein Orchester spielt dazu. In unserem Buch wird es genau erklärt.

Links: Eines der schönsten Musiktheater der Welt steht in Südamerika: Das »Teatro Colon« in Buenos Aires (Argentinien).

Auf dieser Riesenbühne kann man ganze Dörfer nachbauen. Hier sieht man das Bühnenbild zur Oper »Cavalleria Rusticana«, die in Sizilien spielt.

Besonders erfreulich im Musikleben unserer Zeit sind die Jugend-Orchester. Hier eines der größten und besten, das seinen Namen von einem berühmten Komponisten genommen hat: Das Gustav-Mahler-Jugendsinfonieorchester, unten mit seinem Gründer, dem italienischen Dirigenten Claudio Abbado.

Einblicke in den Probenalltag des Schweizer Jugendsinfonieorchesters: Der Spieler schlägt das kleine Metalldreieck, das man Triangel nennt, mit einem Metallstäbchen. Er hat höllisch aufzupassen, denn der Einsatz muss auf die Sekunde genau im richtigen Augenblick erfolgen.

Die Pauke ist ein wichtiges Instrument des Sinfonieorchesters. Sie ist mit mindestens zweien solcher fellbespannter »Kessel« vertreten und wird mit zwei ebenfalls bespannten Schlegeln gespielt. Auch hier muss der Spieler genau den richtigen Augenblick erwischen, darum blickt er angespannt in die Noten, die vor ihm stehen.

Noch ein Blick auf das jugendliche Orchester. Bei Musikwerken unserer Zeit spielen oft die »Schlagzeuger« eine große Rolle. Wir haben die Spieler des Triangels und der Pauke gesehen, hier spielt der junge Mann in der letzten Reihe ein Becken: Zwei große Blechteller, die gegeneinander geschlagen werden, – was das ganze Orchester übertönen kann.

Das 20. Jahrhundert war das des Jazz. Diese Musikform – gesungen, gespielt und getanzt – entstand gegen 1900 unter den Schwarzen im Süden der USA und auf den Inseln der Karibik. Anfangs in kleinen Gruppen (Saxophon, Sousaphon, Posaune, Trompete, Schlaginstrumente), auch Combo genannt, später mit Einschluss vieler anderer Instrumente zur Big Band erweitert. Der Jazz wird heute auf vielerlei Art im Konzert, im Theater, zum Tanz gespielt, man erkennt ihn immer an einem besonderen Rhythmus, der die früheren, einfachen Taktarten ersetzt, – unser Buch erzählt darüber mehr.

Das war eine gewaltige Erfindung, als es zum ersten Mal gelang, Musik »festzuhalten«, nachdem sie Tausende von Jahren lang gleich bei ihrem Erklingen verweht war.
Den entscheidenden Schritt tat dann Emil Berliner um 1887.
Von Berliners »Trichter«, der Musik auffangen und abspielen konnte, bis zum modernen Mikrophon und CD-Spieler war ein weiter Weg von ungefähr 100 Jahren zurückzulegen.

10. KAPITEL

Konsonanz und Dissonanz, und zuletzt der große Tanz...

🎵 Es regnete in Strömen, den ganzen Tag schon. Über meinem See lag es wie eine graue Nebelschicht und vom Wald dahinter war nicht viel zu sehen. Sollte es schon Herbst werden? Das bedeutete das Ende der Ferien und damit das Ende der großen Sorglosigkeit, mit der wir uns nun seit zehn Tagen getroffen, Musik gemacht und über Musik geredet hatten. Und noch fehlte so viel, was ich mir vorgenommen hatte. Vor allem das Musikhören... Das war heutzutage ja kein Problem mehr: Fast in jedem Haus stand ein Plattenspieler, ein CD-Player für die kleine silberne Scheibe, die auf ihrer glänzenden, glatten Oberfläche so viele Schätze barg, Musik für tausende von Stunden... Meine Gedanken gingen weit zurück in meine eigene Kindheit, als ich so jung gewesen war wie Daniel oder Alexander. Da hatte es vieles noch nicht gegeben, was den heutigen Kindern selbstverständlich ist. Und gar in der Zeit meiner Großeltern, die mir so oft aus ihren Jugendtagen erzählt hatten: wie schwer es damals gewesen war, schöne Musik zu hören! Nur wer dort lebte, wo schöne Musik gemacht wurde, konnte sie hören, und das war nur in den großen Städten der Fall – dort gab es ein Konzerthaus und ein Musiktheater. Wer in kleinen Städten lebte oder gar auf dem

Lande, der musste dorthin reisen, wo er schöne Musik hören konnte. Heute nimmt man eine kleine silberne Scheibe aus dem Schrank, legt sie in den CD-Player und schon füllt sich unser Raum mit herrlichen Klängen – und wer Phantasie hat, stellt sich vor, er höre das nicht in einer »Einspielung«, sondern »live«, wie man es nennt, dort wo es aufgenommen wurde, vielleicht gestern, vielleicht vor einem oder vor vielen Jahren..., und es klingt noch genauso wie damals. Was für ein Wunder, einen Klang aufbewahren zu können! Vor hundert Jahren musste man, um Musik zu hören, dort anwesend sein, wo sie erklang, und zu der Zeit ihres Erklingens, man konnte sie weder übertragen noch aufbewahren! Und nur wenige Menschen kamen in den Genuss, schöne Musik zu hören. Im Konzerthaus wurde nicht jeden Tag ein Konzert gegeben, und wenn wir rechnen, dass dort tausend Personen Platz fanden, so hörten nur ungefähr 20000 Menschen monatlich die großen Werke von Haydn, Mozart, Beethoven, Schubert, Schumann, Berlioz, Mendelssohn, Liszt, Brahms und vielen andern. Und tausend Menschen konnten jeden Abend in die Oper gehen, in das Musiktheater – also 30000 im Monat –, aber es gab zehnmal so viele, die sich danach sehnten, wenigstens einmal im Jahr oder vielleicht nur einmal im Leben ein großes Konzert oder eine richtige Oper zu erleben. Dazu musste man zur richtigen Stunde am richtigen Platz sein, man musste das Glück haben, eine Eintrittskarte kaufen zu können..., und musste vor allem auch das nötige Geld dafür haben. Es gab viel schöne Musik, aber viele arme Leute. Heute? Heute haben viele Menschen Musikapparate: Radio, CD, Tonband, das sind alltägliche Begriffe geworden, und sie funktionieren überall, in der Stadt wie auf dem Lande, in der Wüste wie auf dem Meer und im Urwald. Sie haben viele Vorteile: Man kann sich aussuchen, was man hören will, man kann es zu jeder Zeit hören, man kann es wiederholen, so oft man will... Es hat freilich auch seine Nachteile...

Die Tür ging auf, und die Kinder standen davor und drängten ins Studio, wie jeden Nachmittag. Rasch die Regenmäntel, Windjacken, Mützen herunter und verschnaufen, da sie vom Laufen außer Atem waren. Die Matten und Kissen waren vorbereitet, doch bevor sie sich niederließen, rief Alexanders laute Stimme: »Schuhe ausziehen!«

»Kinder«, sagte ich dann, »übermorgen gehen wir ins Konzerthaus! Wir gehen zur Generalprobe eines Sinfonie-Konzerts, die fängt um 10 Uhr an und dauert ungefähr drei Stunden. Und morgen wollen wir hier über das reden, was wir hören werden. Ich bin der Meinung, man soll Musik, die man nicht kennt, nicht einfach so anhören, sondern sich schon vorher dafür interessieren, was man hören wird, sich mit dieser Musik ein wenig vertraut machen, dann kann man sie viel mehr genießen, weil man sie dann besser verstehen kann. Es gibt natürlich auch Musik, an der es nicht viel zu verstehen gibt, Musik, die einfach Spaß macht – man nennt sie ›Unterhaltungsmusik‹ –, aber was wir im Konzert hören werden, ist eine andere Art von Musik, und für die gibt es zwar verschiedene Namen, aber keiner trifft so recht alles, was sie ist. Man sagt manchmal ›ernste Musik‹, aber sie ist gar nicht immer ›ernst‹, sie kann auch lustig sein – das eine Stück, das wir übermorgen hören werden, hat zum Beispiel sehr lustige Teile, auch wenn es im Grunde sehr ernst ist –, man spricht auch manchmal von ›Kunstmusik‹, aber auch das gefällt mir nicht, denn viele Stücke der ›Unterhaltungsmusik‹ sind auch von guten Künstlern gemacht oder komponiert worden, also eigentlich auch ›Kunstmusik‹. In den Rundfunkanstalten ist die Musikabteilung zumeist geteilt in ›E-Musik‹ – das heißt Ernste Musik – und ›U-Musik‹, Unterhaltungsmusik, aber da gibt es oft Probleme, wohin ein Stück gehört.

Tanzmusik gehört natürlich zur ›U-Musik‹, aber die größten Komponisten haben fast alle auch Tanzmusik geschrieben, und deren Musik zählt man zur ›ernsten Musik‹, obwohl diese Stücke nun gar nicht ›ernst‹ gemeint sind, sondern unterhaltend! Mozart, Beethoven, Schubert hätten sich totgelacht, wenn man ihre Tänze ›ernst‹ genannt hätte! Wozu überhaupt ›einteilen‹? Für uns soll Musik Musik sein und höchstens ›gute‹ oder ›schlechte‹ Musik!«

Ich setzte mich an den Flügel und begann, ein wenig zu spielen. Die Kinder wurden schnell aufmerksam. Fast ohne es zu wollen, kam ich in eine Sinfonie von Haydn, die eine einfache Melodie besitzt. Sie gefiel meinen kleinen Hörern so gut, dass ich sie mehrmals wiederholte.

»Was ist das, wie würdet ihr das nennen, was ich da gerade gespielt habe?«

Sie wussten nicht recht, was sie antworten sollten, aber nach einer Weile versuchten sie, es auszudrücken: »Eine schöne Musik…«, meinte Patrick, von dem wir das am wenigsten erwartet hatten. »So froh klingt es!« »So gleichmäßig.« »So leicht zu merken.« »Man kann es nachsingen!« Ich nickte zu allen diesen Meinungen. Da sagte Clemens: »Eine Melodie!« Und fast im gleichen Augenblick fanden auch Alexander und Gaby den gleichen Ausdruck: »Eine Melodie!«

»›Melodie‹ ist ein wunderbares Wort, denn es bedeutet etwas sehr Schönes. Eine Melodie ist eine Folge von Tönen – es sind zumeist verschiedene Töne, aber es gibt auch Tonwiederholungen –, die zusammengehören. Das kann man schwer erklären, aber man spürt es. Es ist wie eine Kette aufgefädelter Perlen, es hat einen deutlichen Anfang und einen deutlichen Schluss.« Ich spielte einige Melodien, darunter sehr bekannte und sehr berühmte, bei denen die meisten Kinder immer wieder ausriefen: »Die kenn' ich!«

»Ist ›Alle meine Entchen‹ eine Melodie?«, fragte Fabian.

»Ja«, antwortete ich, »denn es ist ein Lied und jedes Lied hat eine Melodie…, jedes Kinderlied natürlich eine einfache Melodie, die ein Kind sich leicht merkt, und jedes Volkslied hat eine Melodie. Ein Volkslied, das ist zumeist ein altes Lied, dessen Komponisten man nicht selten längst vergessen hat, ja oft gar nicht mehr kennt, aber sein Lied, seine Melodie hat den Menschen seiner Heimat, seines Landes so gut gefallen, dass sie es immer weiter gesungen haben. Ihr kennt sicher ein paar Volkslieder: ›Am Brunnen vor dem Tore‹, ›Ade zur guten Nacht‹, ›Das Wandern ist des Müllers Lust‹, ›Es tönen die Lieder‹, ›Muss i denn‹ und viele mehr!«

»Gibt es viele Melodien?«, wollte Gaby wissen.

»Unzählige, wie Sand am Meer, oder vielleicht besser: wie Muscheln am Meer! In unserer Sprache gibt es tausende in Volksliedern und tausende in Musikstücken…, und jedes Volk hat ebenfalls unzählige…, der Vergleich mit den Muscheln scheint mir gar nicht schlecht: Denn jede große Welle spült ein paar Muscheln ins Meer, wo sie verschwinden – und genauso verschwinden mit jeder ›neuen Zeit‹ immer einige oder viele Lieder, und dafür kommen neue… Also: Eine Melodie ist eine Reihe von Tönen, die aneinander gereiht sind, so dass sie schön klingen…«

Ich spielte noch einige Melodien. Bei einigen von ihnen bekamen die Kinder einen frohen Ausdruck, bei anderen, ernsteren, wurde ihr Ausdruck nachdenklicher. Zuletzt sagte ich: »Eine Melodie kann man immer singen, weil immer nur ein einzelner Ton erklingen soll! Nun zeige ich euch das Gegenteil: die ›Harmonie‹, die nie einstimmig sein kann! Die ist immer ein Mehrklang, sie kann also nicht von einem einzelnen Menschen gesungen werden.«

»Die kann auch keine Flöte spielen!«, sagte Helga.

»Stimmt!«, sagte ich, »überhaupt kein Instrument, das

nur einen einzigen Ton auf einmal hervorbringen kann: keine Klarinette, keine Oboe, kein Fagott, kein Horn, keine Trompete, keine Posaune. Aber du kannst es, Helga, denn auf der Geige und den anderen Streichinstrumenten kann man, wenn man gut spielt, mit so genannten ›Doppelgriffen‹ mehrere Töne gleichzeitig spielen. Aber Achtung! Nicht jeder Mehrklang ist eine Harmonie! Zur Harmonie gehört eine gewisse Eintracht, ein gutes Einverständnis..., die Töne einer Harmonie ›vertragen sich‹ miteinander, haben vielleicht den Wunsch, gemeinsam schön zu sein. Unsere Treppen-Kinder sollen sich wieder aufstellen – und Rainer, komm an die Tafel, da steht noch unsere Tonleiter von gestern.«

Da stand auch noch das Kinderlied: Wir wischten es weg, denn im Augenblick brauchten wir es nicht mehr. Aber die Tonleiter stand noch da und die Namen der Noten darunter:

»Wenn wir diese Töne nacheinander singen, so wie gestern, dann kann man das als ›Melodie‹ bezeichnen. Wenn wir aber einige dieser Töne zur gleichen Zeit singen oder spielen, dann kann das eine ›Harmonie‹ ergeben, auf jeden Fall einen Zusammenklang, einen Mehrklang. Fangen wir mit zwei Tönen an. Das ist zwar noch keine ›Harmonie‹, aber es ist die erste Station auf dem Wege zur ›Harmonie‹. Man nennt die Abstände zwischen den Tönen – ein Wort, das unsere Größeren sich merken können – ›Intervalle‹. Ihre Namen kommen alle aus dem Lateinischen. Vom ersten Ton zum zweiten, also von

Claudia zu Daniel, das heißt ›Sekunde‹. Singen wir dieses Intervall einmal, oder versuchen wir, es zu singen: nacheinander ist es nicht schwer…, also Claudia, deinen Ton!« Ich schlug ihn auf dem Klavier an und Claudia sang schön ihr »C«. »Daniel, deinen Ton!« Daniel sang: D. »Aber ein Intervall muss die Töne nicht nacheinander klingen lassen, sondern gleichzeitig! Claudia und Daniel versuchen nun, ihre Töne zur selben Zeit zu singen.« Aber das war leichter gesagt als getan. Und auch als Gaby und Alexander zu Hilfe eilten – beide Mädchen sangen C, und beide Jungen versuchten, das D festzuhalten –, rutschten die beiden Töne immer wieder ineinander. Rainer wies mehrmals auf die beiden Töne, die erklingen sollten: C und D, aber es half nichts. Es war klar, dass da von ›Harmonie‹ nicht die Rede sein konnte.

»Wie nennt man das, wenn das so scheußlich klingt?«, fragte Heinz, der sich zum ersten Mal zu Wort meldete.

»Das ist gar nicht so scheußlich«, entrüstete sich Beat, »es ist nur schwer zu singen.«

»Wir sind es nicht so gewohnt…« sagte Gaby.

»Hört auf, hört auf, Kinder! Da habt ihr das schwierigste Kapitel der ganzen Musik angeschnitten: Was ist schön und was ist hässlich, was klingt gut, was klingt schlecht? Wir werden sicher noch manchmal davon zu reden haben, aber heute wollen wir nicht darüber streiten! Das war zu allen Zeiten ein Streitthema…, und es ist auch sozusagen ein geographisches Thema: Was den Arabern schön erscheint oder vielen Asiaten, das gefällt bei uns beinahe niemandem, und die indianische Musik kommt uns eintönig und langweilig vor, und dass ein Polynesier bei unserer schönsten Musik etwas Angenehmes verspürt, möchte ich bezweifeln.« Jetzt war wieder Ruhe eingekehrt und ich konnte fortfahren. »Aber es gibt in unserer Musik tatsächlich Bezeichnungen, die ›gut zusammenklingend‹ und ›schlecht zusammenklingend‹ bedeuten. ›Konsonant‹ heißt es, wenn Töne im gleichzeitigen Klingen gut oder angenehm oder sogar schön wirken. Das kommt ebenfalls wieder aus dem Lateinischen und wird heute überall verwendet. Und das Gegenteil heißt ›dissonant‹: schlecht zusammenklingend. Unsere Musik, die größten Werke aus vielen Jahrhunderten unserer Musik, bestehen hauptsächlich aus Konsonanzen, aber nicht ausschließlich! Sie enthalten nämlich auch Dissonanzen. Zu manchen Zeiten kam vielleicht eine Dissonanz auf zehn Konsonanzen, aber in den letzten hundert Jahren vermehrt sich die Zahl der Dissonanzen immer stärker...«

»Braucht man die Dissonanzen überhaupt?«, kam eine gescheite Frage von Anja.

»Man braucht sie! So wie ein gutes Essen Würze braucht, Gewürze, die man allein kaum essen würde, ja kaum essen könnte, weil sie vielleicht zu scharf oder zu sauer oder zu bitter sind, die aber einer Speise, klug angewendet, erst den richtigen Geschmack geben. Es gibt Dissonanzen in der Musik, die allein stehend viele Menschen abschrecken würden, aber im Fluss einer Komposition reizvoll und abwechslungsreich wirken können. Ich schreibe hier einmal die Intervalle auf und bemerke bei jedem, ob es eine ›Konsonanz‹ oder eine ›Dissonanz‹ ist.«

Schritt von	C zu D	Sekunde	Dissonanz
	C zu E	Terz	Konsonanz
	C zu F	Quarte (Quart)	? eher Dissonanz
	C zu G	Quinte (Quint)	? eher Konsonanz
	C zu A	Sexte (Sext)	Konsonanz
	C zu H	Septime	Dissonanz
	C zu C	Oktave	Konsonanz

»Natürlich werden diese ›Intervalle‹ nicht nur vom C aus gemessen, wie wir es jetzt gemacht haben. Man kann sie von jeder Note aus bestimmen. Es ist einfach so, dass das Intervall zum zweiten Ton Sekunde heißt, zum dritten Ton Terz, zum vierten Quart, zum fünften Quint… Wenn ich also wissen will, welches die Quinte von E ist, so zähle ich einfach fünf Töne vom E aus hinauf: H! Und die Terz von G?« Rasch hatten einige gerechnet: »Richtig. Auch H«! »So hat jeder Ton mehrere Bedeutungen: Das A ist zum Beispiel die Sext von C, die Quint von D, die Quart von E, die Terz von F, die Sekunde von G…, ist das klar?«

Rainer hatte immer alles, was ich angab, mit dem Zeigefinger der rechten Hand begleitet. Aber ich konnte die Sache noch klarer machen, fiel mir ein, und ich zeichnete:

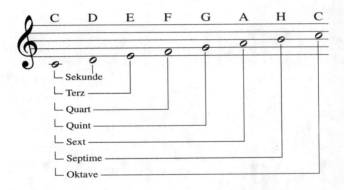

Rainer stand immer noch an der Tafel und blickte auf alles, was ich da gezeichnet hatte. »Darf ich noch etwas fragen?«, sagte er. »Aber Rainer, du weißt doch, dass hier jeder fragen kann, was er will!« »Sie haben hier… wo die Intervalle alle untereinander stehen, bei der Quart und der Quint zwei Fragezeichen gemacht…, was bedeutet das?«

»Eine gute Frage! Das Fragezeichen bedeutet, dass die Musikgelehrten sich nie ganz einigen konnten, ob C-F

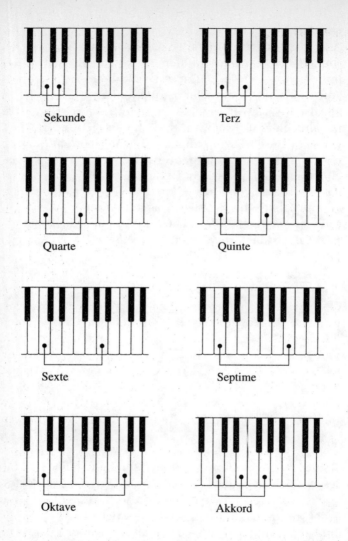

und C-G Konsonanzen seien oder Dissonanzen. Bei einer solchen Bestimmung ist nicht nur das menschliche Gehör maßgebend – das sind mathematische, physikalische Fragen... Wer heute Musik treibt, denkt längst nicht mehr daran, dass im Mittelalter, vor fünf, sechs Jahrhunderten Musik und Mathematik noch eng zusammengehörten..., und da wurden auch die Intervalle genau ausgerechnet... Aber das Gehör der Musiker – und mehr noch der Laien, der Musikliebhaber – war mit dem, was die Gelehrten ausrechneten, nicht immer einverstanden. Heute hat diese Frage stark an Bedeutung verloren und wir wollen auch nicht weiter drüber reden, aber ihr sollt wissen, dass über diese Konsonanzen und Dissonanzen viel gestritten worden ist... Die Quart ist übrigens meist das Feuerwehrsignal – und da sollte es vielleicht gar keine Konsonanz sein, denn die Dissonanz klingt viel aufregender, und die Leute machen wohl eher die Straße frei, wenn sie einen alarmierenden, dissonanten Ruf hören.«

Es war noch nicht spät, nur war der Himmel dunkler als gewöhnlich um diese Stunde. Plötzlich taten mir die Kinder leid – hatte ich ihnen nicht viel von ihrer Ferienzeit genommen? Sie kamen sehr gern, aber ich hatte ihnen lauter so langweilige Sachen gezeigt, Takt und Tonhöhe und Intervalle und anderes Zeug... Ich saß am Klavier, während sie noch den Rest meiner Zeichnungen von der Tafel abschrieben. Ganz in Gedanken vertieft, griff ich in die Tasten..., ich weiß nicht, aber ein sehr flotter Rhythmus fiel mir ein. Sie schauten überrascht auf, ein paar sprangen sogar auf.

»Jazz?«, rief der sonst so ruhige Alexander aufgeregt aus, wobei er das Wort richtig aussprach: »Dschäss«. Ich spielte stärker, weiß aber selbst nicht, was es war. Aber die »Spieler« von der Treppe kamen beinahe herabgestürzt, nun sprangen auch die noch von ihren Kissen auf, die sitzengeblieben waren. Sie bewegten sich im Takt, aber ich musste erst rufen: »Los, tanzen, tanzen!«, damit alle begriffen, dass sie sich nun bewegen sollten, wie sie wollten. Bisher hatte ich nur von der einen Seite der Musik gesprochen: der genauen, geordneten, geregelten Musik, dem genau eingeteilten Takt, der die Musik manchmal so ablaufen lässt wie eine Maschine... Es gab aber noch eine andere Seite der Musik! Da herrscht keine mathematische Formelhaftigkeit, nichts Berechnetes – da herrscht der freie Wille, die Lust an der ungezügelten, unberechenbaren, oft geradezu »wilden« Bewegung... Vielleicht haben unsere Ahnen so getanzt, vor tausenden von Jahren. Zu uns aber kam diese so seltsame Art der Musik mit ihrem freien, regellosen Tanzen vor ein paar Jahrzehnten aus Amerika, wo die Schwarzen es erfunden oder wohin sie es schon aus Afrika mitgebracht hatten. Ich spielte ein Tanzlied, das ich einmal auf einer Reise in der Karibik gehört hatte... Karibik, das sind die herrlichen grünen Inseln im tiefblauen Meer, mit den weißen Sandstränden und den dunklen Menschen. Nun, nach einer halben Minute, tanzten alle. Sie hatten die Kissen zur Seite geschleudert und bewegten sich wild drauflos. Wie gut, dass sie beim Eintreten die Schuhe ausgezogen hatten, so konnten sie viel leichter und schwungvoller tanzen! Während ich spielte, deutete ich ihnen an, welche Bewegungen sie ausführen sollten: mit den Armen, die in der Luft kreisen sollten, mit dem ganzen Körper, der keinen Augenblick ruhig verharren durfte, mit den Beinen und Füßen in hundert tollen Bewegungen. Es gab, selbst auf Socken und Strümpfen, einen gewaltigen Lärm, so laut, dass Therese ängstlich zur Tür hereinblickte und Renzo sich irgendwohin verkrochen hatte. Manche Eltern wären heftig erschrocken, wenn sie ihre Kinder plötzlich so sehen hätten können..., so entfesselt, so lebhaft. Eigentlich müssten sie sich freuen, richtig freuen, von Herzen freuen, sie so sorglos und ganz ihrer Begeisterung hingegeben zu finden, wie sie es wohl selten oder noch nie erlebt hatten... Sie würden vielleicht auch zu verstehen beginnen, warum so wilde Tänze einen so starken Zulauf finden. Da befreien sich Menschen und vor allem junge

Menschen von den Zwängen, Ängsten, Sorgen der Zeit, hier wird echter Lebensgenuss geweckt, der niemandem schadet und ein nie gekanntes Gefühl von Freiheit, Ungebundenheit erwecken kann. Manches unserer Kinder tanzte wohl zum ersten Mal im Leben. Evelyn wirbelte durch den Saal, hier zog sie Fabian ein wenig mit, der regelrecht aufzutauen schien. Dort machte Daniel kleine Hüpfer, still und für sich allein, aber glücklich, wie man ihm deutlich ansah. Alexander tanzte mit Anja, ab und zu fassten sie sich an den Händen zu einem besonders kühnen Schwung, dann bewegten sie sich auseinander in heftigen Bewegungen, um sich am anderen Ende des Raums wieder zu finden. Claudia hatte einen unerwarteten Partner gefunden: Patrick, der zwar deutlich fußballerische Bewegungen vollführte, aber Claudia schien es zu gefallen, und so oft sie in meine Nähe geriet, lachte sie mir zu. Ich hörte lange nicht auf zu spielen, erfand immer neue Rhythmen, die den Tanz niemals erlahmen ließen...

War das »Jazz?« Ich spielte, was ich in fernen Ländern gehört hatte. Musik, die anderen Regeln folgte als jene, denen Europa jahrhundertelang gefolgt war. Aber sie besaß Melodie und Harmonie. Und sie wurde vom dritten Element gelenkt, das unsere Musik immer zu den grundlegenden gezählt hatte: vom Rhythmus. Der war vielleicht in den letzten Zeitläufen in Gefahr geraten zu versteinern, nur noch Reste seiner ursprünglichen Beweglichkeit zu behalten, die Trieb- und Schwungkraft erlahmen zu lassen, die ihm als Bauelement des Universums und des Lebens zukam... War unsere Epoche zur großen Wiedergeburt des Rhythmus auserwählt, zur Wiedererweckung eines Lebensgefühls, das lange verschüttet erschien? Seltsame Gedanken befielen mich da, während ich spielte und spielte, ohne es zu fühlen: Es war, als hätte auch ich, wie die tanzenden Kinder, den Alltag abgestreift, um in eine lang vergessene Sphäre einzutauchen, die einst dem Menschen seine Urkraft gegeben hatte, die Urkraft für Millionen von Jahren Leben... Kann das Wort »Freude« sie voll ausdrücken? Ist es jene Freude, die Schiller besang, als er sie »Tochter aus Elysium« nannte, und der Beethoven die ungeheure Hymne widmete, die den Kernpunkt seines Vermächtnisses, der Neunten Sinfonie, bildet? Ist es ein Zufall, dass gerade diese Melodie zur Hymne einer weltweit geeinigten Jugend werden soll? Seltsame Gedanken, während ich Rhythmen aus dem Klavier holte, die in unserer Musik seit jeher enthalten und nur zurückgedrängt worden waren durch eine alte, ein wenig müde gewordene Zivilisation...

Ich sah, während ich spielte, die Freude der Kinder und sah, dass diese Freude sie alle erfasst hatte. Seinerzeit war Jazz ein Protest, Kampf gegen Unterdrückung, Zwang, Elend – war er nicht seither zum Traum von einer neuen Welt geworden, zum Wunsch eines Neuaufbaus des Lebens, der zu tiefem Glück und echter Kameradschaft führen wollte, zur Freude aus dem Innersten der Seele?

Nun, da ich, spät am Abend, diese Gedanken niederschreibe, die mich während des Spielens ungeahnter, aber wahrscheinlich nur vergessener Rhythmen überfielen, weiß ich wirklich nicht, ob sie in diesem Buch Platz finden sollen, das den Kindern gewidmet ist. Sie werden diese Seite überschlagen, ohne Zweifel. Ob es die Erwachsenen, die es vielleicht lesen, beachten werden?

Mit geröteten Wangen und glänzenden Augen traten die Kinder an diesem Abend den Heimweg an, aufgeregt von dem neuen Erlebnis, durch das sie da, ganz unerwartet, gegangen waren. Aber dieses Erlebnis stand in keinem Gegensatz zu allem, was ihnen die letzten Tage gebracht hatten; es schien noch zu ergänzen, worüber wir gesprochen hatten, es gehörte gewissermaßen dazu! Es war nur eine andere Seite des Welterlebnisses Musik im nie geschriebenen und nie zu schreibenden Buche, in dem von unfassbarer Hand die Urgeheimnisse allen Lebens verzeichnet sind.

Die Kinder werden morgen wiederkommen, nun liegen sie im Schlaf, der sie vielleicht weitertanzen lässt bis zum Morgenlicht. Morgen: Da werde ich ihnen von Beethoven erzählen, von Mozart, von den herrlichen Errungenschaften der Musik in den letzten tausend Jahren…

11. KAPITEL

Schöne Musik für viele Menschen

🦇 Da saßen sie wieder vor mir auf den Matten und Kissen. Alexander, Gaby, Rainer, Anja und noch zwei oder drei weitere Kinder hatten mir beim Vorbeigehen und Händeschütteln gesagt: »Noch vielen Dank für gestern!«, was mich sehr freute.

»Wohin gehen wir morgen?« fragten einige, die bei meiner Ankündigung nur mit halbem Ohr zugehört hatten.

»Ins Konzerthaus..., wo die großen Sinfoniekonzerte stattfinden.«

»Was ist das?«, fragte Patrick.

»Dort werden Sinfonien gespielt«, antwortete ihm Clemens.

»Und was ist das, eine Sinfonie?«, beharrte Patrick.

»So wie es viele Arten von Rasenspielen gibt – Fußball, Handball, Hockey oder Golf –, so gibt es auch viele Arten von Konzerten«, erklärte ich Patrick. »Ein Pianist kann ein Konzert geben, einen so genannten Soloabend, wenn er nämlich ›solo‹, das heißt allein spielt; man kann ein solches Konzert auch mit einem oft gebrauchten Fremdwort benennen: ›Rezital‹.«

»Hängt das mit ›rezitieren‹ zusammen?«, fragte Gaby.

»Gewiss, beides bedeutet ›vortragen‹, ob nun gesungen oder gesprochen wird... Wirken mehrere Instrumente zusammen, dann treten wir in das Reich der ›Kammermusik‹. Eine der üblichsten Formen der Kammermusik ist das Zusammenspiel von zwei Geigen, einer Bratsche und einem Cello. Man nennt es ›Streichquartett«. Spielt ein Klavier mit drei Streichinstrumenten, so spricht man von einem ›Klavierquartett‹. ›Duo‹ heißt das Zusammenspiel zweier Instrumente – es ist unwichtig, ob es gleiche oder verschiedene sind –, ›Trio‹ ist das Spiel dreier Instrumente, ›Quartett‹ das Spiel vierer, ›Quintett‹ das von fünf. Bei einem ›Sextett‹ gibt es sechs Spieler, bei einem ›Septett‹ sieben, bei einem ›Oktett‹ acht. Alle diese Namen stammen aus dem Lateinischen und werden heute auf der ganzen Welt gebraucht. Begleitet der Pianist einen Sänger oder eine Sängerin, dann geben sie zumeist einen ›Liederabend‹, wobei der Pianist mehr ist als ein Begleiter; Sänger und Pianist sollen so gut miteinander übereinstimmen, dass sich ein richtiges ›Duett‹ ergibt…«

»Wie im Tennis, beim ›Doppel‹!«, rief Christian.

»Ganz richtig!«, bestätigte ich. »Da gibt es wirklich eine Ähnlichkeit zwischen Musik und Sport! Je besser die Spieler ›aufeinander eingespielt sind‹, desto besser werden die Leistungen… Spielst du Tennis, Christian?«

»Ja, sehr gerne…, Doppel und Einzel!«

»Es gibt zahlreiche Formen von Kammermusik, weil es eben vielerlei Instrumente und darum auch viele Arten ihrer Zusammenstellung gibt. Im Allgemeinen spricht man von ›Kammermusik‹, wenn nicht mehr als neun oder zehn Instrumente beteiligt sind. Der Grundgedanke der Kammermusik war der eines schönen Zeitvertreibs im Freundeskreis. Erst in unserer Zeit wird es immer mehr üblich, solche Musik auch öffentlich, also in Konzertsälen zu spielen und dazu Publikum zu laden… Aber da ergeben sich vielerlei Probleme, nicht zuletzt das der Akustik. Ihr wisst ja schon ein wenig davon! Es gibt Räume und Säle, in denen die Musik klarer, reiner und stärker erklingt, während sie in anderen weniger klar, weniger deutlich oder weniger stark zum Ohr des Hörers dringt. Es gibt also Räume mit ›guter‹, ›weniger guter‹ oder auch mit ›schlechter‹ Akustik. Die Gründe dafür können vielerlei Art sein: da ist das Material, aus dem die Wände gebaut sind, ob die Wände gerade verlaufen oder Kurven haben, ob es Säulen im Saal gibt oder nicht, ob die Decke hoch liegt oder niedrig, ob der Saal leer ist oder gefüllt mit Publikum, und noch vieles andere mehr. Bei der Aufführung von Kammermusik – also besonders ›feiner‹ Musik – ist die Akustik besonders wichtig. Besonders schwierig wird sie aber, wenn ein großes Orchester spielt. Denn dann muss man sowohl die zarten Töne der Oboe sehr klar hören als auch die wuchtigen Töne der Posaunen. Und nun beantworte ich die Frage Patricks: Was ist eine Sinfonie? Sagen wir es so einfach wie möglich: Ein großes Orchesterstück von längerer Dauer und vielerlei Klängen, von einem vielköpfigen Orchester – so zwischen 30 und 120 Musikern – gespielt und von einem Dirigenten oder Kapellmeister geleitet. Um eine Sinfonie möglichst abwechslungsreich zu gestalten, gibt der Komponist ihr zumeist mehrere, verschiedene Teile: einen schnellen, einen langsamen, einen heiteren, einen nachdenklichen. Die übliche Zahl dieser Teile oder ›Sätze‹, wie sie genannt werden, ist zumeist drei oder vier. Die Sinfonie ist ein Musikstück, deren ›Inhalt‹ der Hörer selbst fühlen muss. Gibt der Komponist aber an, was er in Tönen beschreiben wollte, dann spricht man von einem ›sinfonischen Gedicht‹ oder einer ›sinfonischen Dichtung‹. Viele Instrumente, die ihr im Konzert sehen und hören werdet, kennt ihr ja schon...« Ich blickte meine Schar fragend an. Die Antworten kamen sehr schnell: »Die Geigen..., die Celli..., Kontrabässe..., Bratschen..., Klarinetten..., Oboen..., Flöten..., Hörner..., Trompeten..., Posaunen..., eine Menge von Schlaginstrumenten...«

»Bedeuten ›Kapelle‹ und ›Orchester‹ eigentlich dasselbe?«, wollte Beat wissen.

»Ja, so ziemlich... Jahrhundertelang sprach man von ›Kapelle‹, aber das war nicht nur eine Gruppe von Instrumenten, sondern zu einer ›Kapelle‹, wie sie vor allem in Kirchen spielten, gehörten sowohl einige Sänger als auch mehrere Instrumentalisten. Als dann die vielen Konzertorchester entstanden, wurde der Name ›Orchester‹ gebräuchlich, aber die bestanden nur noch aus Instrumentalisten. Trotzdem führen einige sehr alte und berühmte Orchester auch heute noch den Namen ›Kapelle‹ – so zum Beispiel die ›Dresdener Staatskapelle‹, die dabei ein ganz modernes ›Sinfonieorchester‹ ist. Doch nun will ich euch endlich diesen Namen erklären. Die tausend und mehr Orchester, die es rund um die Erde gibt, spielen viele Arten von Musikstücken, die während der ungefähr 400 Jahre, die es sie gibt, eigens für sie geschrieben wurden. Zuerst waren es vor allem Tänze, zu deren Begleitung bei großen Hof-Festen man sie hauptsächlich rief. Dann wurde das Orchester im neuen Musiktheater wichtig, das zur Lieblingsunterhaltung der Könige und Fürsten wurde. Darüber reden wir dann, wenn wir in die Oper gehen werden... Und mit der wachsenden Musikfreude vieler Menschen, die immer besser leben konnten, weil an die Stelle der ›hohen Geburt‹, also der Zugehörigkeit zu einer adligen Familie, immer stärker die Tüchtigkeit und der Fleiß des einzelnen Menschen traten, begann das, was man das ›bürgerliche Musikleben‹ nennt. Viele von euren Ur-Ur-Großeltern gehörten zu jenen Bürgern, die in den Städten wichtige Aufgaben übernahmen. Zuerst waren sie tüchtige Handwerker: Goldschmiede vielleicht, Stadtschreiber, Bürgermeister, Steuereinnehmer, Sekretäre der Bäcker-, Schneider- oder Pelzmacherzunft. Eine breite Schicht arbeitender Menschen kam zu Ansehen und Vermögen, es wurden Handelshäuser gegründet, die Waren aus anderen Ländern bezogen und umgekehrt heimische Produkte ins Ausland lieferten, es wurden Banken gegründet, weil der Umgang mit Geld immer wichtiger und auch komplizierter wurde, und da hatten die Banken eine wichtige Rolle zu erfüllen. Und die Männer, die Handelshäuser und Banken besaßen, sowie jene, die ihnen dabei halfen, wurden rasch wohlhabend. Fabriken entstanden: Diejenigen, die sie leiteten, wurden reiche ›Bürger‹, die anderen, die nicht studieren konnten und nun den ganzen Tag lang und oft auch in der Nacht arbeiten mussten, um Essen kaufen und in kleinen Behausungen leben zu können, bildeten die neue Schicht der Arbeiterschaft, der es lange Zeit nur sehr knapp zu einem armseligen Leben reichte. Sie konnte lange nicht daran denken, an den Freuden der Wohlhabenden teilnehmen zu können: schöne Häuser und Villen auf dem Lande, Museen, um Gemälde von hervorragenden Malern sammeln und zur Schau stellen zu können, Theater, in die man an den Abenden festlich gekleidet ging, um zu erleben, was glänzende Dichter, Schriftsteller, Dramatiker geschaffen hatten, um die Menschen an Kopf und Herz fortzubilden, Konzerte, um die beste Musik zu hören... Im Mittelalter verdankte die Musik sehr viel den Kaisern, Königen und Fürsten, aber auch in den großen Kirchen gab es Musik zu hören. Vor ungefähr zweihundert Jahren wollte das neue Bürgertum mehr und neue und ›gebildete‹ Musik hören, solche, die nur den ›Gebildeten‹ verständlich war und sich deutlich abhob von der Volksmusik... Man baute Konzertsäle und bildete ›Musikgesellschaften‹, die Konzerte veranstalteten, und man begann, gute Künstler als Mitwirkende zu gewinnen, wofür sie in vielerlei Form Bezahlung erhielten. Bürger wurden Mitglieder dieser Gesellschaften, sie zahlten für den Eintritt zu diesen Konzerten oder sie spendeten größere Beträge, um den teuren ›Musikbetrieb‹ erhalten zu können. In früheren Zeiten gab es verhältnismäßig wenige Musiker, die mit Musik ihren Lebensunterhalt verdienten: Die Musiker an den Höfen der Kaiser, Könige und Fürsten waren fest bei ihren ›Dienstherren‹ angestellt und hatten keine Sorgen um ihr tägliches Brot. Ja, die besten unter ihnen, ›Kapellmeister‹, die zugleich Komponisten waren, also selbst die Stücke schufen, die ihre Kapelle spielen sollte, gelangten in glänzende Stellungen, wurden von den hohen Herren geschätzt und oft verwöhnt. Jetzt aber, mit dem Aufstieg des Bürgertums, wurde das Musikleben reichhaltiger, es umfasste viel mehr Menschen als zuvor in den Palästen. Der Bedarf an guten Musikern nahm stark zu. Überall wurden Orchester gegründet – in jeder Stadt vorläufig eines, später, beim Wachsen der Städte, noch manchmal ein zweites oder sogar drittes –, und da diese Orchester den Ehrgeiz hatten, immer besser zu spielen, mussten ihre Spieler ›Berufsmusiker‹ werden, denn nur wenn ihr ganzer Tag der Musik gewidmet werden konnte, hatten sie genügend Zeit, zu studieren und zu üben. Es war wie heute bei den Sportlern: Da gibt es ja auch ›Profis‹, ›Berufsmenschen‹ also. Berufsmusiker sind die einen, Berufssportler die anderen, mit Zeit zum ›Trainieren‹ und der Forderung nach höchsten Leistungen… Zugleich wurde eine Menge neuer Musikberufe geschaffen. In den Kirchen spielte oft nicht mehr der Dorfschullehrer, wie vorher, kein ›Amateur‹, der die Woche über einem Beruf nachging, und nur am Sonntag zur Erbauung seiner Gemeinde an der Orgel saß – sondern ein ›richtiger‹ Musiker, von dem man hohe Leistungen erwarten konnte. Es wurden Musikschulen gegründet, deren bedeutendere den Namen ›Konservatorium‹ annahmen. Dort waren die Lehrer selbstverständlich alle ›Profis‹ und nicht selten sogar recht berühmte Leute, die sich eine Aufgabe daraus machten, möglichst viele junge Menschen in die Musik einzuführen. Die besten Musiker begannen Konzerte zu geben; sie zu hören zählte dann zu den begehrtesten Freuden der zahlreicher werdenden Musikliebhaber. Gesuchte und namhafte Künstler – Pianisten, Geiger, Sänger – konnten auf Konzertreisen in viele Länder und Städte gelangen und sehr viel Geld verdienen, abgesehen vom Ruhm, den sie sich erwarben und der sich in ihrer ganzen Lebensführung ausdrückte. Mehr Orchester, das bedeutete natürlich auch mehr Dirigenten. Bessere Orchester verlangten bessere Dirigenten. Die ständig wachsende ›Musikwelt‹ förderte auch manchen anderen Beruf: zum Beispiel das Handwerk oder die Kunst der Instrumentenbauer. Ursprünglich nannte man sie ›luthiers‹, (lütiee), das vom französischen ›Luth‹ stammte, für Laute, das Instrument. Denn sie bauten vor allem Lauten und Gitarren, die viel gebraucht wurden. Außerdem bauten sie auch Streichinstrumente, Geigen, Bratschen, Celli... Wir nennen sie darum meistens ›Geigenbauer‹, und das ist seit altersher ein Ehrenname! Denn eine wirklich gute Geige zu bauen, ist eine schwierige Aufgabe! An manchem besonders schönen Instrument wurde monatelang gebaut! Die berühmtesten Geigenbauer lebten in Norditalien, zuerst an den Ufern des Gardasees, dann in Brescia – Brescia geschrieben und Brescha ausgesprochen – und vor allem in Cremona. Unter den Geigenbauern gibt es nicht wenige, deren Namen noch heute unvergessen sind, obwohl sie vor drei- und vierhundert Jahren lebten: Stradivari, Amati, Guarnieri – das waren große Meister! Die wenigen Instrumente, die von ihnen erhalten sind, besitzen heute größten Wert. Sie befinden sich zumeist in den Händen berühmter Geiger, und das ist gut so, denn ein Instrument wird nicht durch das Aufbewahren in einem Museum besser, sondern durch Spielen! Morgen werdet ihr ja viele Geigen sehen, dazu noch Bratschen, die ihre größeren Geschwister sind, und Celli oder Violoncelli – sagt immer ›Tschello› in der Einzahl, und ›Tschelli‹ oder ›Violontschelli‹ in der Mehrzahl, es sind italienische Worte und die soll man italienisch aussprechen, ›tschelli‹ ist besser als ›tschellos‹!

Ihr könnt euch kaum vorstellen, was man alles braucht, um eine sehr gute Geige zu bauen! Schon beim Holz fangen die Probleme an – die alten Meister haben das Holz, aus dem sie Instrumente machen wollten, viele Jahre lang gelagert, um es so gut wie möglich auszutrocknen! Das tun die heutigen Geigenbauer nur noch ausnahmsweise – sie trocknen es heute künstlich, das geht viel rascher, ist aber nicht ganz so gut... Und dann beginnt die Handarbeit, bei der es auf Bruchteile von Millimetern ankommt... Es gibt noch weitere Berufe, die mit dem wachsenden Musikleben Bedeutung erlangten, zum Beispiel den Musikkritiker... Zuerst stellten die Zeitungen einen Mann an – man nennt ihn heute: einen Journalisten –, der einfach über ein Konzert berichtete, so wie berichtet wurde, dass es einen Großbrand gegeben oder man eine neue Brücke eingeweiht hatte. Aber das Interesse unter den Musikliebhabern wurde immer größer, und wenn einmal ein solcher Berichterstatter zufällig etwas von Musik verstand, so fügte er einige Worte darüber hinzu, ob ihm die Leistung des Künstlers gefallen hatte und ob der Künstler Erfolg gehabt hatte. Die führenden Zeitungen entschieden, einen ›Sachverständigen‹ einzustellen, der sich nur mit Konzerten und Opern beschäftigen sollte. Und viele Menschen lasen seine ›Kritiken‹, die man auch ›Besprechungen‹ oder ›Rezensionen‹ zu nennen pflegt. In unserem Jahrhundert wurden viele Berufe geschaffen, die ihr Dasein nur den neuen Erfindungen auf dem Gebiet der Musik verdanken: die Rundfunk-Techniker zum Beispiel, die vielen Ton-Ingenieure, die bei der Produktion von Schallplatten tätig sind, oder beim Fernsehen: Sie alle haben viel mit Musik zu tun und könnten ihre Tätigkeit ohne ein sehr gutes Gehör unmöglich ausüben... Aber jetzt will ich euch sagen, was wir morgen im Konzert hören werden! Drei Musikstücke stehen auf dem Programm...«

»Gibt es viele Musikstücke?«, meldete sich der kleine Daniel.

»Ja, die kann man gar nicht zählen! Tausende und nochmals Tausende... Aber nur ein Teil von ihnen ist allgemein bekannt, die meisten sind vergessen. Nur besonders schöne werden immer wieder gespielt! Das ist so wie beim Reisen: Es gibt eine Reihe von besonders schönen Orten und Plätzen, in den Bergen, am Meer oder irgendwo sonst, wo es besonders schön ist, und viele Menschen fahren immer wieder zu ihren Lieblingsorten. Aber es gibt auch Menschen, die gerne Neues kennen lernen wollen…, das sind dann die Musikfreunde, die gerne neue Musikstücke hören wollen! Die wissen natürlich im voraus nie, ob sie etwas Schönes hören werden oder ob sie enttäuscht nach Hause gehen werden. Der eine wird Musik wählen, die er kennt, der andere solche, die er noch nicht kennt… Immer wieder schreiben Komponisten neue Musikstücke, und keiner weiß, ob sein Stück – oder ›Werk‹, wie man es nennt – dem Publikum gefallen wird oder nicht. Jeder hofft, dass man in ein paar Jahren sein Werk noch spielen und das Publikum sich immer noch darüber freuen wird, aber nur ganz wenige Komponisten erleben diese Freude…, nur sehr wenige werden ›berühmt‹.«

»Mozart ist berühmt…«, sagte Fabian, und viele antworteten ihm: »Ja, natürlich, und sehr berühmt sogar!«

»Er ist einer der berühmtesten Komponisten, die es überhaupt gibt«, sagte ich, »aber seine Geschichte ist recht eigenartig. Denn während er lebte, war er zwar vielen bekannt, aber wenn man die damaligen Musikkenner gefragt hätte, wer die berühmtesten Komponisten ihrer Zeit seien, so hätten ihn nicht sehr viele genannt! Er schrieb mehr als fünfhundert Musikstücke oder Werke, mehr als tausend Melodien – aber erst nach seinem Tode erkannten die Menschen, dass sie zu den schönsten und besten aller Zeiten gehören…«

»Er starb sehr jung?«, fragte Alexander.

»Sehr jung…, weniger als 36 Jahre wurde er alt. Aber er hatte auch sehr jung begonnen. Er war ein ›Wunderkind‹, wie man es nennt, wenn ein Kind Dinge kann, die sonst nur Erwachsene – nur besonders begabte Erwachsene! – vollbringen: Zeichnen, Malen, Schachspielen, Gedichte schreiben, Musik komponieren, Rechnen... Niemand weiß, wo diese Fähigkeit bei einem Kind herkommen kann... Mozart spielte mit fünf Jahren verblüffend auf dem Cembalo, dem Vorläufer unseres heutigen Klaviers, und mit sechs Jahren komponierte er! Sein Vater, der selbst ein ausgezeichneter Musiker war, unterrichtete ihn, nicht nur in Musik, sondern in allem, denn Wolfgang Amadeus hatte keine Zeit, in eine Schule zu gehen, da er sehr viel auf Reisen war – einmal ganze dreieinhalb Jahre, ohne nach Hause zurückzukehren. Die weiten Reisen wurden zu ganz großen Erfolgen, aber sie waren sehr anstrengend. Denn Reisen waren in damaliger Zeit nicht so einfach und bequem wie heute. Die Kutsche der Mozarts war eng, sie waren vier Personen – die Eltern und die beiden Kinder, Wolfgang und seine etwas ältere Schwester Nannerl –, und der Wagen war schlecht gefedert und holperte fürchterlich auf den schlechten Straßen, besonders im Winter, wenn Schnee lag, dann blies auch noch der kalte Wind durch die Fenster, die nicht gut schlossen... Und abends kehrten sie in billigen Gasthöfen ein, wo es manchmal nur sehr wenig zu essen gab und die Zimmer ungeheizt waren. Und dabei musste Wolfgang mehrmals in der Woche Konzerte geben, seinen kleinen Frack anziehen und sich an den Fürstenhöfen und bei wohlhabenden Leuten vorstellen, damit er dann bei seinen Auftritten ein Publikum fand... Der Kleine erkrankte mehrmals, und ich glaube, dass seine Gesundheit unter diesen Strapazen so litt, dass er sich nie wieder ganz erholte... Natürlich jubelten ihm die Gäste zu, wenn er Klavier spielte und dabei eigene Kompositionen vortrug – damals war er berühmt, aber dieser Ruhm wurde schnell vergessen, als er später nicht mehr als Wunderkind Aufsehen erregte... Er spielte dann als Geiger im Orchester des Fürst-Erzbischofs von Salzburg, und das war wirklich kein Posten für so ein Genie! Es gab Streit, er wurde entlassen und zog nach Wien, wo er die letzten zehn Jahre seines Lebens verbrachte und das damals eine der wichtigsten Musikstädte der Welt war.«

»Sie sagten, Mozart war ein Genie?«, fragte Gaby, und ich bemühte mich, auch diese Frage zu beantworten, wie alle, die den Kindern einfielen. Dabei war sie gar nicht leicht zu beantworten!

»Ein Genie...«, begann ich und wusste noch nicht recht, wie ich es erklären sollte, damit auch unsere Kleinen wenigstens eine Ahnung davon bekämen, »ein Genie ist ein Mensch, der ganz außergewöhnlich begabt ist, vor allem aber jemand, der etwas Neues schaffen kann, etwas Ungewöhnliches, das niemandem anderen einfällt. Genies kann es auf allen Gebieten geben: Es kann ein Erfinder sein, ein Entdecker, ein Künstler – und ein Künstler kann ein Musiker sein, ein Dichter, ein Maler, ein Bildhauer, ein Architekt –, es kann ein Wissenschaftler sein, also ein Mathematiker, ein Physiker, ein Chemiker, ein Astronom – das sind die Forscher, die sich mit dem Sternenhimmel, mit dem Weltraum beschäftigen –, ein Zoologe, ein Botaniker, ja eigentlich irgendein Mensch, der besonders begabt ist, eben ein ungewöhnlicher Mensch... Denkt euch einen Berg: Der besteht aus Millionen von Steinen, ganz gewöhnlichen Steinen – diese Steine, das sind die gewöhnlichen Menschen. Mitten in diesen Steinen finden sich vielleicht Streifen von Silber: Das wären die klugen Menschen! Noch seltener gibt es die begabten Menschen, die etwas Besonderes können: Das wären die Goldkörner, die man vielleicht irgendwo im Berg finden kann. Und wenn man tief in den Millionen von Steinen gräbt, leuchtet vielleicht ein Diamant – das sind die Genies! Die sind ganz selten, manchmal mit Staub bedeckt, so dass nur wenige Menschen ihren Glanz erkennen können, aber irgendwann erkennt man sie doch und bewundert sie...«

Den Kindern schien die kleine Geschichte zu gefallen, die ich da eben erfunden hatte. »Werden sie das in unser Buch schreiben?«, wollte Claudia wissen. »Wenn es euch gefällt, vielleicht gefällt es dann auch den Kindern, die unser Buch lesen sollen...«, antwortete ich. Einige Kinder sahen mich überrascht an – sie hatten von unserem Buch noch nichts gehört! Sie waren gekommen, weil ihre Freunde ihnen von unseren Musiknachmittagen erzählt hatten. Dass alles, was wir besprachen, in vielen Nachtstunden von mir in ein Kinderbuch verwandelt werden sollte, das hatten sie nicht geahnt – und als Alexander ihnen jetzt auf meine Bitte davon erzählte, staunten sie nicht wenig...

»Wie komponiert man eigentlich?«, fragte Clemens, und das schien viele zu interessieren.

»Zuerst einmal müssen einem Melodien einfallen..., und man muss sie aufschreiben können. Das kann man lernen – erinnert ihr euch, wie wir angefangen haben, Noten zu schreiben? Das muss man natürlich lange üben, viele Monate lang, wie das Schreiben eines Textes aus Buchstaben und Worten! Aber auch dann kann man noch nicht komponieren. Dazu muss man studieren, wie Töne und wie Melodien zusammengesetzt werden. Denkt euch, ihr wollt ein Haus bauen, da werdet ihr nicht einfach Ziegel aufeinander legen! Da lernt man zunächst einen Plan zu zeichnen: Das Haus soll einen Hauptteil bekommen und mehrere Nebenteile, mehrere Stockwerke, ein Dach, viele Balkone – ähnlich soll auch ein schönes Musikstück viele Teile bekommen, die zusammengefügt werden und gut zusammenpassen sollen. Natürlich gibt es auch ganz einfache Musikstücke – erinnert ihr euch an das Kinderlied, das wir aufgeschrieben haben? Es ist ein Kinderlied, und das heißt: ein ganz einfaches Lied, das jedes Kind singen kann... Aber sogar dieses Lied hat verschiedene Teile, die zusammengefügt werden, wie ein Hausteil mit dem andern! Erinnert euch: ›Alle meine Entchen‹, das ist der erste Teil einer Melodie. Dann folgt ›schwimmen auf dem See‹, das ist der zweite Teil dieser Melodie, oder man kann auch sagen: eine zweite kleine Melodie. Wichtig ist nur, dass beide Teile oder beide Melodien gut zusammenpassen. Und dann gefällt es dem Komponisten dieses Liedchens, die zweite Melodie zu wiederholen – also nochmals: ›schwimmen auf dem See‹ –, und dann nimmt der Komponist eine dritte kleine Melodie: ›Köpfchen in dem Wasser‹ und dann eine vierte Melodie, die aber so klingen muss, dass jeder Mensch sofort spürt, dass damit das Stück zu Ende geht! Ähnlich einfach sind alle Kinderlieder, nicht nur bei uns, sondern auch in anderen Ländern. Ein Kinderlied muss sehr einfach sein, das ist klar; es hat manchmal nur eine oder zwei kurze Melodien, eine größere Komposition aber, ein ›Werk‹, hat viele Melodien, und die sind viel länger und schwieriger zu behalten als die eines Kinderlieds. Vor allem aber sind die Verbindungen zwischen diesen Melodien viel komplizierter; aber wenn ihr euch mit dem Kinderlied vertraut macht, so könnt ihr euch auch vorstellen, wie man ein großes Musikstück baut. Das Kinderlied ist wie ein kleines Haus, mit einem oder zwei Räumen, und man geht einfach von einem Raum zum andern. Aber auch wenn wir anstatt eines kleinen Liedchens ein großes Orchesterstück komponieren, im Grunde ist es das gleiche – nur viel, viel komplizierter! Da gibt es viele Räume, einen Balkon, eine Halle, von der aus eine Treppe in den nächsten Stock führt, viele Winkel und Erker – so ist das große Musikwerk, mit immer neuen Melodien, die sich aber gut ineinander fügen und zusammenpassen, und alle werden irgendwie miteinander verknüpft und verbunden, und zwar so, dass der Hörer mit gutem Gehör und Gedächtnis eine Melodie wieder erkennt, wenn sie auftaucht… Was wir morgen hören werden, ist nicht so einfach. Unsere Kleinen sollen aber ruhig mitkommen, sie sollen sich an den vielen Klängen freuen, an vielen Melodien, die vorkommen. Und bei zweien dieser Stücke gibt es sogar einen ›Inhalt‹, den ich euch vorher erzählen will. Und die Klänge sind von den Komponisten so erfunden, dass sie alles wie Bilder vor uns abrollen lassen! Das werden alle verstehen, die Großen werden sicher mehr Gestalten und Landschaften sehen, sich mehr Ereignisse vorstellen können als die Kleinen, aber das ist ganz natürlich und macht nichts... Komponieren – das heißt wörtlich... zusammensetzen. Der Komponist setzt also, wie wir gerade besprochen haben, etwas zusammen. Was? Noten, Töne! Töne kann man ja nicht ergreifen, sie sind unsichtbar, das wissen wir längst. Aber ein Ton hat ein Bild, und dieses Bild ist die Note. Und Noten – wir haben sie schon mehrmals auf die Tafel gezeichnet – kann man sehr wohl aneinander reihen. Und jeder Mensch, der Noten lesen kann, weiß, wenn er sie sieht, wie sie klingen... Der Komponist kann zum Beispiel für ein einziges Instrument oder eine einzige Stimme komponieren: Dann braucht er nur ein einziges Bild von fünf Linien, ein einziges Pentagramm, wie wir gesagt haben. Wenn er aber, was viel häufiger vorkommt, für viele Instrumente oder Stimmen komponiert, dann braucht er mehrere oder viele Pentagramme: In das oberste schreibt er vielleicht, was die Flöte spielen soll, in das zweite, was die Oboe zu spielen hat... und so weiter, bis er zu den fünf Linien kommt, in denen die Violine ihre Stimme findet oder das Cello... Das ganze nennt man dann eine ›Partitur‹: Das ist ein Buch, in dem alles steht, was zusammenwirken muss für ein Musikstück oder Werk: Wenn der Komponist für ein Klavier schreibt, dann sieht es so aus wie die Noten, aus denen Clemens spielt: zwei Pentagramme und vor jedem ein anderer Schlüssel – oben der Violinschlüssel, unten der Bass-Schlüssel, oben für die rechte, unten für die linke Hand... Das ist eine kleine Partitur, aber es gibt auch Partituren mit zehn, zwanzig, dreißig Pentagrammen – da wird das Lesen sehr schwierig. Denn man muss dann zehn oder zwanzig oder dreißig Melodien auf einmal lesen und dabei genau wissen, wie das alles zusammen klingt!«

»Das kann der Dirigent?«, fragte Anja.

»Ja, er muss es können – aber er braucht Jahre, bis er so weit kommt, und viele schaffen es überhaupt nicht.«

»Der Dirigent von morgen – der kann es?«, fragte Fabian unter dem Gelächter seiner Kameraden.

»Der kann es, ganz bestimmt – und ihr werdet es merken! Er ›führt‹ das Orchester gewissermaßen, er wird die wichtigsten ›Einsätze‹ geben, also das Zeichen, wenn bestimmte Instrumente einsetzen und vielleicht besonders ausdrucksvoll spielen sollen…«, erläuterte ich.

»In früheren Zeiten spielten die Orchester kurze Stücke, vor allem Tänze wie Allemande, Courante, Sarabande, Gavotte, Menuett, Bourrée, Gigue und wie sie alle hießen, mit französischen Namen, denn die ersten großen Hofbälle gab es wahrscheinlich in Paris. Da begleitete das Orchester das Hofballett, die königliche Tanztruppe beim Tanz, manchmal aber auch die geladenen Gäste, die damals alle sehr elegant zu tanzen wussten. Bald kam zu dieser Verwendung des Orchesters eine andere Aufgabe: In den Theatern wurden Stücke mit Musik gespielt, und die Musik kam vom Orchester, das vor der Bühne saß. Da war es üblich, dass vor dem Beginn des Theaterabends ein festliches Orchesterstück gespielt wurde: Das hieß Ouvertüre, und auch dieses Wort ist französisch, weil es eben in Paris so geschah – auf deutsch kann man dafür sagen ›Vorspiel‹, die Italiener nennen es manchmal ›Intrada‹, was genau dasselbe bedeutet wie ›Vorspiel‹ oder ›Einleitung‹, oder das lateinische ›Praeludium‹ oder eben das meistgebrauchte Ouvertüre, das man ›Uwertüre« ausspricht. Wenn man mehrere der genannten Tänze aneinanderreiht und vielleicht noch ein Einleitungsstück davor setzt, entsteht eine ›Suite‹, was auf deutsch eine ›Folge‹ oder ›Reihe‹

von Musikstücken bedeutet. Und so gibt es eine Menge von Musikstücken, die recht verschiedene ›Formen‹ besitzen. Was eine musikalische Form bedeutet, ist nicht schwer zu verstehen: So wie es viele Formen von Häusern gibt, von Kirchen, von Möbeln, so gibt es Formen von Musikstücken: das kleine ›Lied‹, den ›Tanz‹, die ›Suite‹, die ›Ouvertüre‹ – das sind lauter ›Formen‹. Jede Form hat – wenigstens ungefähr – eine bestimmte Anzahl von Melodien, von Teilen... Mit der Zeit wurden diese Formen immer länger, und zwar je besser die Orchester zu spielen wussten, denn diese lernten, Unterschiede zwischen ›laut‹ und ›leise‹ zu machen... Und um die Mitte des 18. Jahrhunderts erfand man – man weiß nicht genau, ob in Wien, Mailand oder Mannheim – die größte und längste Musikform, der man den Namen ›Sinfonie‹ gab. Man kann dieses Wort auch ›Symphonie‹ schreiben, ganz wie man will. Es ist ein Musikstück, das aus mehreren, zumeist drei oder vier, seltener fünf Teilen besteht, die man ›Sätze‹ nennt – wir sprachen bereits darüber. Diesen Sätzen gaben die Komponisten verschiedene Formen. Den ersten Satz gestalteten sie als schnelles, manchmal stürmisches oder energisches Einleitungsstück; der zweite Satz wurde ein langsames, sehr gefühlsgeladenes, besonders melodiöses Stück. Wenn die Sinfonie vier Sätze enthält, dann ist der dritte fast immer ein Tanzsatz, in den ersten Jahrzehnten ziemlich regelmäßig ein Menuett. Und der letzte Satz ist, gleichgültig ob als dritter oder vierter Satz, ein froher, oft sogar fröhlicher, lustiger, flotter, sorgloser Ausklang... Später, als die Französische Revolution dem Adel seine Bedeutung genommen hatte, verschwand auch der Lieblingstanz des Adels: das Menuett... Bald konnte es niemand mehr richtig tanzen, und die Komponisten ließen es bei ihren Sinfonien weg. An seiner Stelle schrieben sie zumeist einen schnellen, oft aufgeregten oder manchmal gespenstischen Satz, der den Namen ›Scherzo‹, ausgesprochen ›Skerzo‹, erhielt, was mit unserem Wort ›scherzen‹ zusammenhängt: also kann der Satz auch humoristisch sein .«

»Und von dieser ›Sinfonie‹ kommt der Name des Orchesters: ›Sinfonisches Orchester‹?«, fragte Alexander.

»Ja, das ›Sinfonische Orchester‹ ist ein Orchester, das ›Sinfonien‹ spielt. Aber nicht nur deswegen führt es diesen Namen. Unter ›sinfonisch‹ verstand man ursprünglich – das Wort kommt aus dem Griechischen – so viel wie ›zusammenklingend‹ oder auch ›vielstimmig‹, und das traf ja zu, wenn viele Instrumente miteinander spielten. Und so entstand der Name ›Sinfonisches Orchester‹ für ein großes Orchester aus vielen ›Stimmen‹, also vielen Instrumenten. Es gibt aber auch andere Namen, die man diesen großen Klangkörpern gibt. Wenn es in einer Stadt schon ein ›Sinfonisches Orchester‹ gab, so musste man einem zweiten, das neu gegründet wurde, eben einen anderen Namen geben. Der konnte zum Beispiel lauten ›Philharmonisches Orchester‹ oder manchmal, je nachdem wem das Orchester gehörte, ›Staatsorchester‹ oder ›Städtisches Orchester‹ oder einfach ›Konzertorchester‹. Wichtig ist nur, dass es zwischen diesen Orchestern mit verschiedenen Namen keinerlei Unterschied gibt. Ein ›Sinfonisches Orchester‹ enthält genau dieselben Instrumente – auch in ihrer Zahl – wie ein ›Philharmonisches Orchester‹. Dieses Wort kommt ebenfalls aus dem Griechischen; das Wort ›Harmonie‹, das wir ja schon kennen und das so viel wie ›Ordnung‹ oder auch ›guter Zusammenklang‹ bedeuten kann, ist in ›philharmonisch‹ enthalten, und dazu der Teil ›phil‹, was von Zuneigung kommt, also hier mit ›Musikliebhaberei‹ zusammenhängt. Das Wort ›Sinfonie-Konzert‹ ist zum festen Begriff geworden, auch dann, wenn einmal keine Sinfonie auf dem Programm stehen sollte. Morgen aber steht eine Sinfonie auf dem Programm – eine der berühmtesten und meistgespielten, die es gibt. Beethoven hat sie komponiert, Ludwig – oder Louis, wie er sich selbst zumeist nannte – van Beethoven, wobei das Wörtchen ›van‹ auf eine Abstammung aus dem flämischen Gebiet im heutigen Holland und Nordbelgien hindeutet, wo noch Beethovens Großvater beheimatet war. Beethoven selbst war Deutscher, in Bonn am Rhein geboren, im Jahre 1770, also 14 Jahre später als Mozart, den er nie kennen lernte: Als Beethoven sich endlich seinen größten Wunsch erfüllen konnte und nach Wien kam, war Mozart dort ein Jahr zuvor gestorben. Die Wien-Reise war von zwei Männern ermöglicht worden: von Beethovens Lehrer Christian Neefe und von dem österreichischen Gesandten in Köln-Bonn, dem Grafen Ferdinand von Waldstein, der dem mittellosen Jungen nicht nur das Reisegeld verschaffte, sondern ihm auch Empfehlungsbriefe an die kunstliebenden Familien des Adels in der Musikstadt Wien mitgab. Durch sie kam Beethoven von Anfang an in jene Kreise, die ihm bald glänzende Erfolge als Pianist und Komponist verschafften. Beethoven blieb bis zu seinem Lebensende in Wien, wo er 1827, also 57 Jahre alt, starb. Doch seine so glücklich begonnene Wiener Laufbahn verwandelte sich bald in einen Leidensweg: Er war noch keine 30 Jahre alt, als eine schwere Erkältung zu einem Ohrenleiden führte, das nicht geheilt werden konnte, sondern allmählich in völlige Taubheit überging. Denkt euch einen Musiker, der nichts mehr hören kann, der seine eigenen Kompositionen nicht mehr vernehmen kann, so dass er nie weiß, ob das, was er niedergeschrieben hat, wirklich genau dem entspricht, was er gemeint und sich vorgestellt hat. Ein Musiker, der mit niemandem mehr sprechen kann. Seine Besucher mussten ihre Fragen in Hefte eintragen, damit er sie lesen und beantworten konnte. Trotzdem komponierte Beethoven unermüdlich weiter, sein Ruhm, ja, seine Popularität wuchsen in ganz Europa. Seine wichtigsten Werke waren neun Sinfonien, die alle in Wien zum ersten Mal erklangen, bevor sie dann in fast allen bedeutenden Städten der Welt gespielt wurden. Sie erregten

Aufsehen, denn sie waren anders als die seiner Vorgänger Joseph Haydn und Wolfgang Amadeus Mozart. Zwischen den Werken dieser beiden großen Meister und der Zeit Beethovens waren wichtige Veränderungen in der Welt vorgegangen. Die französische Revolution hatte den Adel, die Fürsten, Herzöge, Grafen von der Macht verdrängt und dem Bürgertum den Weg frei gemacht. Und das Bürgertum – wie jede neue Schicht oder ›Klasse‹, welche die Führung übernimmt – dachte anders, fühlte anders, träumte anders, als die Aristokratie es getan hatte. Man nennt die ›neue Zeit‹, die mit der Generation Beethovens anbrach, die ›Romantik‹. Die ›romantischen‹ Dichter, Maler und Musiker schilderten am liebsten ihre persönlichen Erlebnisse. Und das tat auch Beethoven in vielen seiner Werke. Die Sinfonie, die wir morgen hören werden, ist seine Sechste, die im Jahre 1808 zum ersten Mal erklang. Beethoven war ein großer Naturliebhaber. Als er immer weniger hörte, blieben ihm als letzte Freude Spaziergänge in der Umgebung Wiens, in den Wäldern, durch die Wiesen und Dörfer, die nicht allzu weit vor der Stadt begannen. Traurig war er, dass er den Gesang der Vögel nicht mehr hören konnte, und dass er das Bächlein, an dessen Ufer er dahinwanderte, nicht mehr rauschen hören, sondern nur noch sehen konnte... In der Sechsten Sinfonie schildert er einen solchen Wandertag, aber vieles nur noch aus seiner Erinnerung an glücklichere Tage... In seiner Musik rauscht der Bach immer noch, und die Vögel singen, auch wenn er sie nicht mehr hören kann. Der Sinfonie hat Beethoven die Nummer 68 in der Liste seiner Werke gegeben. Das drückte er so aus: op. 68, und ›op‹ ist die Abkürzung für ›Opus‹, das lateinische Wort für ›Werk‹. Die Gewohnheit der Komponisten, ihre Werke so zu kennzeichnen, entstand ungefähr zu Beethovens Zeit, sie ist sehr praktisch, weil der Musikliebhaber, der sich für den Komponisten interessiert, dann weiß, das wievielte Werk in seinem Schaffen dieses Stück ist. Mozart nummerierte seine Kompositionen noch nicht, wir werden heute noch darüber reden... Beethoven aber gab seinen Kompositionen Nummern, allerdings nicht immer genau in der Reihenfolge, in der er sie schrieb, sondern in der Reihenfolge, in der sie gedruckt wurden...

Ausnahmsweise hat die Sechste Sinfonie fünf Sätze, und deren Inhalt erzähle ich euch, damit ihr sie sofort wieder erkennt, wenn ihr sie hört. Beethoven hat jedem dieser Sätze einen Namen gegeben. Während bei Mozarts Sinfonien, aber auch bei den anderen Sinfonien Beethovens – er hat im ganzen neun geschrieben! –, nur ›Allegro‹, ›Andante‹ und so weiter über jedem Satz steht, also die Tempobezeichnung, steht über jedem Satz der Sechsten Sinfonie, was in ihm geschildert wird. Der Komponist hat, als man ihn einmal über diese ganz ungewöhnliche Sinfonie befragte, gesagt, sie sei gar keine Schilderung der Natur, sondern die Schilderung der Gefühle, die der Wanderer bei der Betrachtung der Natur empfinde. Vielleicht könnt ihr verstehen, was damit gemeint ist: Es soll keine Abbildung der Natur sein, der Felder, des Bachs, der Tiere und so weiter, sondern die Empfindungen des Wanderers ausdrücken, und die sind bei jedem Menschen anders... Über den ersten Satz schrieb Beethoven: ›Erwachen heiterer Empfindungen bei der Ankunft auf dem Lande‹. Da rollt der Wagen die Straße entlang, hält an, der Fahrgast steigt aus und begibt sich auf die Wanderschaft. Vielleicht sind da zuerst Wiesen und Felder, die Sonne scheint freundlich herab – es muss Frühling sein oder Sommer. Ihr solltet euch vorstellen, was euch gefällt. Wäre es ein Buch, dann wäre alles genau geschildert, aber die Musik malt vor allem die Stimmung und lässt der Phantasie viel Spielraum... Der zweite Satz heißt ›Szene am Bach‹. Der Wanderer lenkt seine Schritte dem kleinen Bächlein nach, vielleicht gibt es Weiden, die mit ihren Blättern das Wasser berühren... Der Wanderer lässt sich nieder und blickt den kleinen Wellen nach. Wie still alles ist, nur das

Murmeln des Wassers tönt leise..., und auf einmal fangen Vögel zu singen an. Der Komponist nennt sie uns sogar: Die Nachtigall macht er mit der Flöte nach, die Wachtel mit der Oboe und den Kuckucksruf mit der Klarinette... Den dritten Satz nennt Beethoven ›Lustiges Zusammensein der Landleute‹, da wird fröhlich ein Bauerntanz geschildert. Aber mitten in dieser Szene brechen ›Gewitter und Sturm‹ – der vierte Satz – los, deren fernes Donnergrollen man langsam aufziehen gehört hat. Das Zucken der Blitze, krachende Donnerschläge haben die Tänzer ins Innere der Gaststube gescheucht. Bald wird es wieder heller, das Gewitter zieht wieder ab, ohne Schaden angerichtet zu haben. Und so bringt der letzte Satz einen Hirtengesang, zu dem Beethoven schrieb: ›Frohe und dankbare Gefühle nach dem Sturm‹. Ganz im Gegensatz zu fast allen Sinfonien klingt dieses Stück zart und innig aus – der Wandertag ist in einer milden Abendstimmung ausgeklungen. Beethoven hat dieser Sinfonie einen besonderen Titel gegeben: Er nannte sie ›Pastoral-Sinfonie‹, und dieses Wort bedeutet so viel wie ›Hirten-Sinfonie‹. Der Städter Beethoven schildert die Natur auf dem Lande, friedlich, still, wie sie der Seele wohltut...«

Große Freude herrschte unter den Kindern, die sich lebhaft unterhielten, als ich ihnen das »Pastoral-Sinfonie« oder nur »Pastorale« genannte Werk geschildert hatte. Ich setzte noch ein paar Worte über den Komponisten hinzu: »Als Beethoven älter wurde, hatte er nur noch wenig Verbindung mit den Menschen. Es gab zwar treue Freunde, aber er sonderte sich immer mehr von ihnen ab. Er wurde immer einsamer – und ihr könnt euch nicht vorstellen, wie traurig ein solches Leben ist! Von seiner Wohnung blickte er über die alten Befestigungen, die man vor langer Zeit als Schutz vor den heranrückenden Türken erbaut hatte –, auf die Wiesen vor der Stadt, auf die Hügel und kleinen Berge, deren sattgrüne Sommerfarbe er so liebte. Nachrichten aus vielen Teilen der Welt kamen an, die von den tiefen Eindrücken berichteten, welche Aufführungen seiner Werke überall begleiteten. Er komponierte immer noch, mühsam und mit größter Anstrengung, auch oft unter großen Schmerzen. Er starb am 26. März 1827. Bei Mozarts Begräbnis war niemand anwesend gewesen – nein, wirklich niemand! –, zum Begräbnis Beethovens aber kamen viele Tausende... Die ›Pastorale‹ wird morgen das erste Stück sein. Das Orchester, das sie spielen wird, ist besetzt wie zu Mozarts Zeiten. Es besteht überwiegend aus Streichinstrumenten – ihr wisst schon, welche das sind...«

»Geigen, Bratschen, Violoncelli und Kontrabässe...«, schallte es sofort zurück.

»Das werden insgesamt ungefähr 40 Musiker sein, dazu kommen zwei Flöten, zwei Oboen, zwei Klarinetten, zwei Fagotte, zwei Hörner, zwei Trompeten, zwei Posaunen und eine Pauke... Das erkläre ich euch alles morgen, wenn wir das Orchester vor uns auf dem Podium sitzen sehen werden! Die ganze Größe eines ›Sinfonie-Orchesters‹ werden wir nicht im ersten Teil des Konzertes beobachten, sondern erst im dritten Teil, dem letzten Werk. Da spielt dann ein wahrhaft ›großes‹ Sinfonieorchester. Es gibt übrigens eine Art von Konzerten, die eine noch größere Anzahl von Mitwirkenden erfordert: Wenn zum Orchester noch ein Chor – und vielleicht sogar noch ein Kinderchor – tritt. Das ist ein so genanntes Chor-Orchester-Konzert. Diese große Klangmasse führt meistens ein ›Oratorium‹ auf. Darunter versteht man ein Werk, in dem ein Chor, ein Orchester und mehrere Gesangs-Solisten zusammenwirken. Es ist, so könnte man sagen, eine Oper ohne Bühnenbilder, ohne Masken, ohne Kostüme, alles eben nur rein musikalisch. Oratorien können geistlich oder weltlich sein. Sie können die Geburt Jesu erzählen, sein Leiden und seinen Tod, das Leben von Propheten oder Heiligen, sie können aber auch historische Vorkommnisse schildern oder allgemeine erbauliche Themen. Joseph Haydn, einer der größten Komponisten – ich werde noch von ihm erzählen –, schilderte in einem Oratorium die ›Schöpfung‹, also die Erschaffung der Welt, und in einem anderen ›Die Jahreszeiten‹. Manchmal sind auch Chöre in Sinfonien eingebaut: Zuerst und am berühmtesten hat Beethoven dies in seiner ›9. Sinfonie‹ getan. Auch einzelne Stimmen von Sängern kommen oft vor, Männer- oder Frauenstimmen, hohe oder tiefe. Auch zwei solcher miteinander, was man ›Duett‹ nennt. Sie erzählen gewissermaßen Teile der Handlung. Auch die Chöre schildern. Denn wo Singstimmen eingesetzt werden, da werden Ereignisse oder Gedanken ›bekannt gegeben‹... Aber auch mit diesen Chor-Orchester-Konzerten und Aufführungen von ›Oratorien‹ haben wir noch lange nicht alle Konzertformen angesprochen, die es gibt. Recht beliebt sind zum Beispiel Konzerte von Blasorchestern. Heute haben nicht nur alle Städte und Städtchen ihre Blasorchester, wir finden sie auch oft in Dörfern, in allen Regimentern, bei der Feuerwehr und so weiter. Da sie häufig zum Marschieren gespielt werden, dürfen sie nur aus Instrumenten bestehen, die während des Gehens gespielt werden können. Es gibt unzählige Musikstücke, die eigens für solche Blasorchester geschrieben wurden, aber es kommt auch oft vor, dass berühmte Musikstücke aller Art so ›bearbeitet‹ oder umgeschrieben werden, dass sie eben für eine Gruppe von Blasinstrumenten spielbar werden. Da gibt es die gleichen Instrumente – ›Holzbläser‹ und ›Blechbläser‹ –, die im Sinfonieorchester vorkommen, aber dazu noch eine Reihe von anderen. In vielen Ländern spielen die schönklingenden Saxophone eine große Rolle im Blasorchester, und vergessen wir nicht, dass natürlich mehrere Arten von Trommeln darin vorkommen, was besonders den Eindruck von ›Marschmusik‹ verstärkt. Vergesst aber bitte nicht, dass wir in einer Welt mit sehr vielen neuen Erfindungen und Entdeckungen leben, und das werdet ihr auch im Musikleben spüren, wenn ihr ein wenig älter seid. Überall gibt es Neues, überall Aufregendes und noch nicht Dagewesenes! Aber kehren wir zu unserem morgigen Konzert zurück: Das zweite Stück, ein Violinkonzert von Mozart, benötigt weniger Musiker als die Beethoven-Sinfonie. Vielleicht werden nur 30 Musiker dabei mitspielen, weniger Bläser als Streicher.«

»Spielt man heute noch so wie damals zu Mozarts Zeiten?«, fragte Alexander.

»Man möchte es gerne und es wäre schön, wenn man es könnte! Aber die heutigen Säle sind ja zumeist viel größer als die damaligen...«

»Da muss man eben mehr Musiker nehmen als damals?«, bemerkte Rainer.

»Das ist nicht ganz so leicht, wie man denkt: das morgige Violinkonzert wird von einem einzigen Spieler vorgetragen, dem ›Solisten‹, und vom Orchester ›begleitet‹. Wenn diese ›Begleitung‹ nun von doppelt so vielen Musikern gespielt wird wie damals, so hat der Solist große Mühe, gut hörbar zu bleiben... Das Werk, das ihr morgen von einem Geiger gespielt hören werdet, ist ein ›Violinkonzert‹ von Mozart. Um es von den anderen Konzerten, die Mozart komponiert hat, zu unterscheiden, nennt man es ›in A-Dur‹ – das bezieht sich auf die ›Tonart‹, in der es geschrieben ist, und A-Dur ist eine der vielen Tonarten, die der Musiker verwendet. Erinnert ihr euch noch, dass wir mit dem Ton C begannen, als wir eine Tonleiter aufstellten? Genauso gibt es auch eine D-Tonleiter, eine E-Tonleiter, und so weiter, und also auch eine A-Tonleiter... Und dann steht bei diesem Werk noch ›KV 219‹. Das aber hat nicht Mozart geschrieben, und doch setzen wir diese Bezeichnung über alle Werke Mozarts! Das ›K‹ kommt von dem Namen eines seltsamen Mannes, Ludwig Köchels, der lange nach Mozarts Tod begann, alle Werke des Meisters in der Reihenfolge zu nummerieren, wie Mozart sie komponiert hatte. Das war eine große und schwere Aufgabe, denn Mozart hatte zu den meisten seiner Stücke weder Datum noch Ort der Entstehung geschrieben. Und ›V‹ bedeutet ›Verzeichnis‹, also versteht man unter ›KV‹ das Verzeichnis aller Werke Mozarts, so wie Köchel sie geordnet hat. Das Violinkonzert, das wir hören werden, ist also Mozarts 219. Werk. Das Wort ›Konzert‹ bedeutet hier aber etwas anderes als wenn wir sagen, ›wir gehen morgen in ein Konzert‹. Erinnert ihr euch, dass wir heute von verschiedenen ›Formen‹ von Musikstücken gesprochen haben? Von Tänzen, Ouvertüren, Suiten, Sinfonien... Eine solche Form ist auch das ›Konzert‹. Wenn ein Soloinstrument ein Stück ›mit Begleitung des Orchesters‹ spielt, so nennt man das ein ›Konzert‹. In einem solchen Stück muss das, was der Solist spielt, und das, was das Orchester spielt, genau zueinander passen, es muss so sein, als bildeten diese beiden eng ineinander verschlungenen Teile ein einziges Werk! Die beiden Teile – der ›Solopart‹ und der ›Orchesterpart‹ – ergänzen einander, aber zugleich wetteifern sie miteinander: Das Wort ›Konzert‹ bedeutet ursprünglich ›wetteifern‹, ›wettkämpfen‹, hat aber doch die Nebenbedeutung von ›zuletzt miteinander übereinstimmen‹... Die häufigsten ›Konzerte‹, die im heutigen Musikleben vorkommen, sind ›Klavier-Konzerte‹ und ›Violin-Konzerte‹. Zum Gelingen der Aufführung eines solchen Werkes trägt natürlich vor allem bei, ob der ›Solist‹, also der Pianist oder der Geiger, ein hervorragender Künstler ist..., der Geiger im morgigen Konzert ist ein sehr berühmter ›Virtuose‹ – unter diesem Wort versteht man einen glänzenden Künstler, der sein Instrument vollendet, also virtuos, beherrscht..., da wird Helga scharf aufpassen, ob sie ihm nicht etwas abschauen kann...«

Alle lächelten, aber Helga verteidigte sich geschickt: »Der spielt sicher schon viel länger als ich...«

»Bestimmt, Helga! Der hat, soviel ich weiß, schon mit sieben Jahren angefangen, und jetzt ist er ungefähr vierzig... Er hat auch schon mindestens tausend Konzerte gegeben, und er hat sicher jeden Tag vier bis fünf Stunden geübt und ebenfalls viele Stunden an neuen Werken gearbeitet...«

»Spielt er auswendig?«, wollte Helga wissen.

»Sicherlich..., die berühmten Virtuosen spielen fast immer auswendig, ob sie allein spielen oder mit Orchester.«

»Und der Dirigent? Dirigiert der auch auswendig?«

»Ja, auch das ist seit vielen Jahrzehnten der Fall. Früher noch, vor langen Zeiten, gab es das noch nicht. Der Dirigent hatte seine Partitur vor sich und blätterte darin genauso wie die Musiker, die ja stets ein Pult mit ihrer ›Stimme‹ vor sich haben. Aber dann lernten die Dirigenten alle Stücke, die sie dirigieren mussten, auswendig, wozu ein Dirigent ein glänzendes Gedächtnis braucht – denkt euch, er muss genau wissen, was jedes Instrument in jedem Augenblick zu spielen hat! Nur beim Begleiten eines ›Konzerts‹ legt der Dirigent zumeist die Noten – die ›Partitur‹ – vor sich hin und blättert mit...«

Viele wollten wissen, warum er das denn täte? »Nicht, weil es besonders schwierig wäre!«, antwortete ich. »Das hat einen ganz anderen, ein wenig merkwürdigen Grund: Nehmt einmal an, der Solist irrt sich einmal..., er hat manche Melodie dreimal oder fünfmal im Lauf des Stücks zu spielen, und da könnte es vorkommen, dass er sich irrt – wenn er sich aber irrt, dann kann das Orchester nicht so einsetzen, wie gewöhnlich, es muss blitzschnell die richtige Stelle finden. In der Partitur sind kleine Ziffern – alle paar Takte, ihr wisst ja, was Takte sind! –, und wenn der Solist sich zum Beispiel irrt und statt bei Takt 195 bei Takt 340 einsetzt, dann muss der Dirigent dem Orchester ganz leise ›340‹ zurufen, damit alles wieder ›beisammen‹ ist, der Solist mit dem Orchester und alle Musiker untereinander... Ich selbst habe es nie erlebt, dass ein Solist sich irrte, aber es ist eine alte Gewohnheit, die Solisten-

Konzerte nicht auswendig zu dirigieren. Das Publikum merkt das bei einem Klavierkonzert kaum, denn da steht der Dirigent nicht ganz vorn, wie sonst immer, sondern hinter dem Flügel, der zudem geöffnet ist, so dass der ›Flügel‹ – der Teil, der bei geschlossenem Instrument die Saiten zudeckt – den Dirigenten verdeckt.

Den Zuhörern empfehle ich bei Mozarts Musik immer, einfach zuzuhören und nicht nachzudenken, ob diese Musik etwas ›schildert‹ oder nicht. Es gibt zwei Arten Musik: Musik kann ›schildernd‹ sein, sie kann uns etwas erzählen, was der Komponist sich vorstellt, irgend etwas: Wolken am Himmel, einen Clown, der Sprünge macht, eine Schlacht, wie sie in Geschichtsbüchern steht…, irgend etwas, was im Titel stehen kann…, dann hat die Musik ein ›Programm‹, das der Komponist ihr gibt und dem er zu folgen sucht. Solche Musik nennt man ›Programm-Musik‹. Und um diese Musik verstehen und genießen zu können, muss der Zuhörer das ›Programm‹ kennen! Die andere Art Musik hat kein Programm und der Zuhörer soll an nichts anderes denken als an die Musik, an ihre Melodie, an ihre Harmonie – und auch an die soll er nicht mit dem Verstand denken, sondern mit dem Gefühl… Diese Art Musik nennt man zumeist ›absolute‹ Musik…, das ist ein Wort, das ich euch jetzt nur schwer erklären kann, aber in ein paar Jahren werdet ihr es verstehen. Das ist Musik, bei der es nur auf die Musik ankommt, und nicht darauf, ob man den Fluss zu sehen glaubt, oder den Berg oder die Sterne, die der Komponist schildern wollte – hier wollte er nichts schildern, er wollte einfach Musik machen, Musik komponieren, deren einzige Aufgabe es ist, schön zu sein… Mozart ist nur ganz selten ein ›Programm-Musiker‹, seine Musik ist fast immer ›absolut‹, sie ist also ›Musik‹ und sonst nichts! Herrlichste Musik freilich, aber es wäre falsch, zu sagen, dass man sich bei ihrem Hören etwas ›vorstellt‹! Die ›schildernde‹ Musik oder ›Programm-Musik‹ hingegen, die lädt uns dazu ein, etwas zu ›sehen‹ oder uns ›vorzustellen‹, und je besser wir dies können, für desto besser halten wir diese Musik. Film-Begleitmusik ist natürlich ›Programm-Musik‹, denn sie soll ja den Eindruck des Films verstärken – ob da ein Erdbeben geschildert wird oder eine Katze, die einer Maus nachläuft... Beethovens Sechste Sinfonie würde ich zur ›Programm-Musik‹ zählen..., aber Mozarts Violin-Konzert ist ›absolute‹ Musik.

Das dritte Stück des morgigen Konzerts gehört wieder zur Programm-Musik, das heißt, dieses Musikstück beschreibt oder malt etwas, das man sich mit Hilfe der Klänge vorstellen kann. Beethoven schildert in seiner Ländlichen Sinfonie einen Wandertag in der Natur. Ungefähr hundert Jahre vor ihm hat der große italienische Komponist Antonio Vivaldi ein ähnliches Werk geschrieben, das er ›Die vier Jahreszeiten‹ betitelte, und hundert Jahre nach Beethoven schuf Richard Strauss eine Naturschilderung in Tönen, genannt ›Alpen-Sinfonie‹. Also drei Naturbetrachtungen aus ganz verschiedenen Zeiten, und so unterschiedlich, wie es drei gemalte Bilder sind, die aus verschiedenen Zeiten stammen. Denn so, wie sich die Kleidung der Menschen ändert, wie die Gebäude zu jeder Zeit anders gebaut werden, so ändern sich die Künste, die Malerei, die Dichtkunst und natürlich die Musik. Mozart komponierte im 18. Jahrhundert, Beethoven im 19. und Igor Strawinsky im 20. Jahrhundert. Strawinsky kam 1882 in der Nähe von St. Petersburg zur Welt, das damals die Hauptstadt von Russland war. Er ging jung aus der Heimat fort und wurde in Paris schnell berühmt. Dort hatte sich zu dieser Zeit das glänzendste Ballett der Welt niedergelassen, eine Tanztruppe aus ebenfalls russischen Künstlern, deren Leiter, Sergej Diaghilew, hocherfreut war, bei seinem jungen Landsmann Strawinsky drei Werke bestellen zu können. Den Namen ›Ballett‹ führt nicht nur die Gruppe der Tänzer, auch die Werke, die sie tanzt, heißen so. Strawinsky hatte mit dem ersten Ballett für diese Gruppe, ›Der Feuervogel‹, großen Erfolg und ging sofort daran, ein neues Tanzstück zu komponieren, das sozusagen ebenfalls in Russland beheimatet sein sollte. Jedes russische Kind kennt die fröhliche Figur des Hampelmanns, der Puppe, die auf den Jahrmärkten ausgestellt ist und den Namen ›Petruschka‹ trägt. Natürlich gibt es rund um diese Gestalt eine Menge Geschichten. Strawinsky und seine Mitarbeiter erfanden eine neue: Durch die Klänge, die ein Jahrmarktszauberer auf seiner Flöte hervorbringt, kann er die Puppen in seiner Bude lebendig machen. Petruschka kommt nun endlich dazu, der Tänzerin, die seit langem an der entgegengesetzten Wand der Schaubude hängt, zu sagen, wie sehr sie ihm gefällt. Aber die Tänzerin findet den bunten Mohren, der ebenfalls zum Leben erwacht, viel netter. Und nun beginnt zwischen den drei Figuren, die plötzlich Menschen geworden sind, ein tolles Spiel, sie tanzen aus der Bude hinaus, durch den ganzen nächtlichen Jahrmarkt..., bis zuletzt der eifersüchtige Mohr, der groß und stark ist, den armen kleinen Petruschka tötet. Große Aufregung bei allen Figuren des Marktes, denen der Zauberer erklären muss, der Mohr und die Prinzessin und Petruschka seien nie wirklich lebendig gewesen, sondern immer Puppen, so dass Petruschka kein Leid geschehen sei. Und der springt tatsächlich vom Boden auf und verfolgt nun als Geist seinen fliehenden Todfeind, der vielleicht stets nur so stark getan hatte, ohne es zu sein... Aber was ihr euch wirklich vorstellen wollt bei dieser Musik, bleibt euch überlassen! Eine bewegte Geschichte mit prächtiger Musik... Das Orchester, das diese Geschichte spielen wird, klingt ganz anders, als bei den Werken von Mozart und Beethoven – es ist auch viel, viel größer! Eines seiner wichtigsten Instrumente ist ein Flügel, dessen voller, überaus lebendiger Klang uns ein Bild der Puppe geben soll, des Hampelmanns ›Petruschka‹, der so viel erlebt, Glückliches und Unglückliches, in den kurzen Stunden einer einzigen Nacht...

Nun werdet ihr das Konzert verstehen und sicherlich große Freude daran haben. Morgen treffen wir uns also...«

12. KAPITEL

Wie schön das klingt!

~~ Mit 27 Kindern ging ich ins Konzerthaus. Die Mehrheit der Kinder hatte den großen schönen Bau mitten in der Stadt noch nie betreten, nur einige von ihnen waren bereits von ihren Eltern zu Kinderkonzerten geführt worden.

»Warum gehen wir heute zu keinem richtigen Konzert, sondern nur in eine Probe?«, fragten mich beim Eintritt in das Gebäude ein paar unserer Kleinen, als sie sahen, dass wir fast die einzigen waren, die in der weiträumigen Vorhalle warteten. »Das hat mehrere Gründe. Erstens sind die Konzerte unseres Orchesters immer ausverkauft, so dass wir 27 Eintrittskarten gar nicht bekommen hätten. Zweitens ist eine solche Probe, wie wir sie jetzt hören werden, sehr interessant, manchmal sogar interessanter als das Konzert selbst. Es ist eine so genannte ›Generalprobe‹, was stets die letzte Probe vor einer Aufführung ist, ob im Theater oder im Konzert. Da muss alles bereits ›fertig‹ sein, tadellos einstudiert in fünf langen Proben – das hat mir der Dirigent erzählt, als ich ihn bat, uns heute zuhören zu lassen, und zwar auf Plätzen, von denen aus wir das ganze Orchester sehen können. Drittens werden wir heute genügend Gelegenheit haben, über das, was wir sehen und hören werden, miteinander noch ein wenig zu sprechen, was im Konzert unmöglich wäre. Und viertens: Wenn vielleicht doch noch nicht alles so klingen sollte, wie es der Dirigent haben möchte, dann kann er immer noch ›abklopfen‹ und verbessern; da erlebt ihr dann, wie man ›probt‹…«

Wir wurden aus dem Vorraum in den noch größeren Pausensaal gelassen, den man in aller Welt ›das Foyer‹ nennt und ›Foajee‹ ausspricht. Und von dort ging es in den eigentlichen Konzertsaal. Ich hatte gebeten, man möge für einige Minuten die Festbeleuchtung einschalten, so als ob es ein Konzert und keine Generalprobe wäre. Gern hatte man mir diesen Gefallen getan, und der Direktor des Hauses war selbst gekommen, um unsere Gruppe in den Saal zu führen. Die Kinder staunten, denn der Saal, in den letzten Monaten neu und glänzend herausgeputzt, bot einen wirklich schönen Anblick. »Ihr seid die ersten, die ihn so sehen…«, sagte der Direktor, »denn er ist eben erst fertig geworden, morgen ist das erste Konzert seit mehreren Monaten, in denen alles renoviert wurde… Und ihr seht das alles noch einen Tag früher!«

»Wie viele Plätze hat dieser Saal?«, fragte Alexander den Direktor, der freundlich antwortete: »Er hat jetzt genau 1620 Plätze, nachdem wir ungefähr zwanzig Sitze weggenommen haben, von denen aus man nicht gut hören und nicht aufs Podium sehen konnte!«

»Gibt es noch größere Säle?«, wollte Gaby wissen.

»O ja, viel größere!«, sagte der Direktor. »Das hängt ein wenig mit der Zahl der Einwohner zusammen, die eine Stadt hat… In London, in Moskau, in New York gibt es sehr große Säle, aber die Größe ist nicht das Wichtigste an einem Konzertsaal oder einem Theater. Vor allem müssen sie eine gute Akustik haben!« Da unterbrachen ihn die Kinder: »Wir wissen, was das heißt!« Der Direktor nickte: »Donnerwetter, das ist ja großartig… Ihr werdet von euren Plätzen aus besonders gut hören, das sind unsere besten Plätze!« Die Kinder schauten sich im ganzen Saal um. Vorne war das Podium, und viele Stühle und Notenständer standen dort. Zuvorderst auf dem Podium und noch um etwa zwanzig Zentimeter über dieses erhöht war der Platz des Dirigenten. Dort stand ebenfalls ein Notenständer, der aber etwas größer zu sein schien als die der Musiker. Ein großes Buch lag darauf – eine ›Partitur‹, wie ich den Kindern erklärte. Jeder Musiker hatte nur die Noten auf seinem Pult oder Notenständer, die er selbst im Konzert zu spielen hatte, aber der Dirigent hatte ein dickes Buch, in dem alle ›Stimmen‹ eingetragen waren, also alles, was das ganze Orchester zu spielen hatte. Da gab es für jede Gruppe von Instrumenten ein ›Pentagramm‹. Zuoberst die fünf Notenlinien für die Flöten, dann die für die Oboen, dann die für die Klarinetten, dann die für die Fagotte…, und so ging es weiter: Hörner, Trompeten, Posaunen, Schlagwerk, vor allem die Pauken…

»Wenn Trommel und Triangel und Gong mitwirken, so hat jedes dieser Schlaginstrumente eine eigene Linie, aber nur eine einzige… Der Grund: Diese Instrumente haben ja keine genaue Tonhöhe, da haben mehrere Linien keinen Sinn… Und dann die Streicher: fünf Linien – ein Pentagramm – für die ersten Geigen, fünf für die zweiten Geigen, fünf für die Bratschen oder Violen, fünf für die Celli oder Violoncelli und fünf für die Kontrabässe. Eines der wichtigsten Fächer, die der Dirigent lernen muss, heißt ›Partiturlesen‹. Wer das gut kann, der liest eine Partitur wie wir ein Buch lesen, und er kann sich beim Lesen genau den Klang vorstellen, den das Orchester bei diesem Werk hervorbringen wird…«

Nun gingen wir noch eine Treppe höher, denn dort, auf der Galerie, waren unsere Plätze. Ich setzte mich mit den größeren Kindern in die dritte Reihe, vor uns in die zweite Reihe kamen die etwas Kleineren und in die erste Reihe die Kleinsten – da hatten sie freie Aussicht auf das Podium, das vorläufig noch leer war. Alle waren zufrieden – nur Claudia nicht. Warum musste sie so weit von mir entfernt sitzen? Sie war dem Weinen nahe – da erbarmte sich Helga ihrer und tauschte mit ihr den Platz, so dass Claudias Wunsch in Erfüllung ging.

Nun kamen aus der rechten Seitentür des Podiums sechs Musiker, die ihre Kontrabässe in erhobenen Händen trugen. Sie hatten nur eine kleine Strecke zurückzulegen, denn am äußersten rechten Rand des Podiums standen Hocker bereit, wesentlich höher als gewöhnliche Stühle, auf denen die sechs Herren, mehr angelehnt als sitzend, Platz nahmen. Zugleich begannen sie, ihre Instrumente zu zupfen und zu streichen, jeder für sich und nur so, als wollten sie etwas ausprobieren. Im Übrigen war das Podium noch leer.

»Was tun die?«, fragten mich Alexander, Clemens, Rainer und einige andere.

»Es ist üblich, dass die Kontrabassisten ihre Instrumente ›aufwärmen‹ und schon eine Zeitlang vor der Probe oder dem Konzert in die richtige Stimmung bringen.« Unsere Kleinen blickten immer noch neugierig in dem schönen, großen Saal umher, bemerkten die goldene Orgel an der Wand über dem Podium und die Blumen, die sich wie ein Kranz links und rechts um die Orgel und bis weit in den Saal zogen – es war ein wirklich schöner Anblick, der besonders zum ersten Stück des Programms gut passte. Das fanden auch einige der Kinder, die meinten, der Wanderer in Beethovens Sinfonie werde durch wunderschöne Blumen gehen ...

Einige Minuten vor dem festgesetzten Beginn der Probe begannen nun viele Musiker durch verschiedene Türen auf das Podium zu strömen und auf ihren Stühlen Platz zu nehmen. Die Geiger traten bis an den Rand des Podiums, links im Vordergrund, immer zwei an jedem Notenständer. Die Violoncellisten nahmen auf der rechten Seite im Vordergrund des Podiums Platz. Weiter im Hintergrund setzten sich in mehreren Reihen quer über das ganze Podium die Spieler vieler anderer Instrumente, die ich den

Kindern rasch nannte: zwei silbern blinkende Flöten, zwei Oboen, die daran erkennbar waren, dass sie ein dünneres Rohr als Mundstück hatten, zwei Klarinetten und zwei Fagotte, die, als längste Instrumente der so genannten »Holzbläsergruppe«, als braune Röhren über die Köpfe der Spieler hinausragten – das war die erste Reihe der Musiker, die nebeneinander mit den Gesichtern zum Saal, richtiger: zum Dirigenten, saßen, wobei jetzt deutlich wurde, dass alle acht Stühle erhöht postiert waren. Das Podium war ansteigend: einerseits um den Spielern einen freieren Ausblick in die Richtung des Dirigenten zu erlauben, andererseits aber auch aus akustischen, klanglichen Gründen: Auf diese Art spielten diese Musiker nicht gegen die Rücken der vor ihnen sitzenden Musiker, sondern über sie hinweg: Der Schall wurde also nicht gedämpft, sondern schwebte frei in den Saal. Ebenso war auch die nächste Reihe postiert: Wieder gab es einen breiten Treppenabsatz von ungefähr 20 Zentimetern Höhe, und auf diesem zweiten Absatz saßen die so genannten »Blechbläser«, deren Instrumente durchweg einen goldenen Metallglanz aufwiesen: Da saßen zwei Hornisten, leicht erkennbar durch die Rundung ihrer Instrumente, die hinter dem breiten Schalltrichter in ein fast schneckenförmiges Gehäuse übergingen, an dessen anderem Ende sich ein Mundstück befand. Neben den ›Hörnern‹ – es ist gebräuchlich, statt ›Hornisten‹ einfach ›Hörner‹ zu sagen, ebenso wie ›Flöten‹ statt ›Flötisten‹, ›Geigen‹ statt ›Geiger‹, ›Celli‹, statt ›Cellisten‹, ›Kontrabässe‹ statt ›Kontrabassisten‹ – zwei Trompeten. Deren Schalltrichter sind wesentlich kleiner als jene der Hörner, sie haben keine gerundeten Windungen und ihr ›Körper‹ ist gerade nach vorn gerichtet. Schließlich, in derselben Reihe, noch zwei viel größere Instrumente, metallgelb wie Hörner und Trompeten, aber ohne die ›Klappen‹, mit denen Hörner und Trompeten – aber auch Flöten und Klarinetten – ihre Tonhöhen verändern; Posaunen werden mit ›Zügen‹ gespielt, längere hufeisenförmige Metallschleifen, die herausgezogen oder hineingeschoben werden in den Hauptkörper des Instruments... Es ist diese zugartige Bewegung des rechten Arms, die dem Beobachter sofort beim Spielen der Posaune auffällt. Die Posaune besitzt, neben der Trompete, die größte Lautstärke im Orchester, wenn sie fortissimo gespielt wird, trotzdem kann auch sie weich und edel klingen. Neben diesen sechs ›Blechbläsern‹ war noch ein Instrument aufgestellt: zwei kupferfarbene Kessel von ungefähr einem Meter Durchmesser, deren Oberseite von einem gespannten Kalbfell zugedeckt war – die Pauke. Jetzt nahm gerade der Spieler, der sich vor die Pauke gesetzt hatte, drei oder vier Schlegel zur Hand, mit denen die Felle geschlagen werden: So weit man es von unseren Plätzen unterscheiden konnte, waren diese Schlegel nur an ihrem Kopfende verschieden: ein Paar von Filz umwickelt, ein anderes von Leder: Der Klang des ledernen Kopfes ist härter, knallartiger, der des filzumgebenen weicher..., und je nach der gewünschten Wirkung ergreift der Spieler das eine oder das andere und schlägt auf das Fell, sei es in Einzelschlägen, sei es in einer Art ›Wirbel‹, wie er bei der Trommel verwendet wird. Zwei solcher Instrumente bilden eigentlich nur ein Instrument: einen einzelnen dieser Kessel gibt es praktisch nicht. Jeder Pauker hat stets zumindest zwei solcher Pauken vor sich, es können auch drei, vier oder sogar fünf sein. Und jede der Pauken ist auf einen anderen Ton gestimmt. Zum Stimmen, das gar nicht leicht ist, da der genaue Ton einer Pauke nicht so klar erkennbar ist wie etwa der einer Geige oder Flöte, sind kleine Hebel am Rande des Kalbfells, an denen gedreht werden muss, um den Klang höher oder tiefer zu stellen.

Alle Spieler hatten nun begonnen, ihre Instrumente auszuprobieren, was ein beträchtliches Klanggewirr verursachte. Den Vordergrund nahmen die ›Streicher‹ ein; links stand der erste Geiger vor seiner großen Gruppe.

»26 Violinen...«, zählte Clemens. »Das sind die beiden Gruppen miteinander, die ersten und die zweiten Geigen...«, erklärte ich. »Warum gibt es überhaupt erste und zweite Geigen?«, wollten einige der größeren Kinder wissen. »Das ist eine Teilung aus alter Zeit. Damals spielten in den Orchestern manchmal Amateure mit, von denen man keine so hohen Leistungen erwarten konnte. Zu jener Zeit aber waren die Hauptmelodien fast immer den Geigen zugeteilt. Aber manchmal waren diese Melodien schon recht schwierig zu spielen, und da überließ man sie den besten Spielern. Die weniger schwierige ›Begleitung‹ aber wurde den weniger geübten Geigern zugeteilt. Und so entstand die Teilung in die ersten und die zweiten Violinen. Heute allerdings wäre diese Teilung längst nicht mehr notwendig, heute sind die zweiten Geiger ebenso gut wie die ersten, und in neueren Werken wird von ihnen ebenso viel verlangt wie von den ersten! Aber es blieb bei dieser Zweiteilung. Die Pulte, die näher zum Rand des Podiums stehen, also näher zum Publikum, sind den ersten Geigen vorbehalten, anschließend und direkt neben den ersten sitzen die zweiten. Wahrscheinlich gibt es in unserem heutigen Orchester 14 erste und 12 zweite Geigen – das kann man beim bloßen Anblick nicht unterscheiden, denn die Instrumente sind ja bei beiden Gruppen die gleichen.«

Rechts vom Dirigenten saßen die Celli: Wir zählten acht, vier Pulte zu je zwei Spielern, wie überall. Und direkt vor dem Dirigentenpult, gewissermaßen als Verbindung zwischen den Violinen und den Celli, saßen, das Gesicht zum Publikum gewandt, die Bratschen oder Violen, und man musste sehr genau hinsehen, um ihre Instrumente von den Violinen unterscheiden zu können: Sie waren nur um einige wenige Zentimeter größer. Wir zählten insgesamt zehn Bratschen.

Nun kam der Dirigent. Unsere Kleinsten waren ein wenig enttäuscht, denn er sah genauso aus wie die Musiker.

Vielleicht hatten sie geglaubt, er wäre größer als sie oder anders angezogen. Er hatte auch keine Krone auf dem Kopf, wie der König in den Märchen. Als er eine kleine Stufe hinauf zu seinem Notenpult stieg, begrüßte er die ihm nahe sitzenden Musiker mit einem Handschlag: ganz links den »ersten Geiger«, der nach altem Brauch ›Konzertmeister‹ genannt wird; links neben ihm den ›zweiten Konzertmeister‹, vor sich die Bratschisten und rechts von sich die beiden Cellisten am ersten Pult dieser Instrumente. Dann nahm er einen dünnen Stab von seinem Pult: den Dirigentenstab, den der Orchesterwart dort für ihn hingelegt hatte, neben die große Partitur, die der Dirigent nun aufschlug. Jetzt erst waren einige unserer Kinder bereit, seine Wichtigkeit anzuerkennen...

Das Orchester hatte zu proben aufgehört, nun herrschte völlige Ruhe im Saal. Einige Spieler hatten die Instrumente angesetzt, die Geiger ihre Violinen in die linke Hand genommen und an ihren Hals gesetzt, die rechte Hand mit dem Bogen spielbereit in die Nähe der Saiten gebracht, einige Bläser hatten ihre Instrumente an den Mund gesetzt. Nicht alle, denn das Stück begann nicht mit allen »Stimmen« gleichzeitig. Der Dirigent erhob seinen rechten Arm, und als er ihn mit dem Taktstock sinken ließ, setzten die ersten Klänge ein. Froh und leuchtend füllten die ersten Klänge den großen Saal, ein Wagen rollte heran und blieb am Rande der Wiese stehen. Die Sonne schien, ein Mann stieg aus dem Gefährt, knöpfte seinen bunten Rock über der hellen Weste auf, nahm den städtischen Hut in die Hand und verabschiedete den Kutscher, der daraufhin bald seinen Blicken entschwand. Lerchen sangen in der Luft, still war alles auf dem schmaler werdenden Weg, der in den Wald führte. Wie froh klang das Orchester! Die Melodien schienen aus fernen Kehlen zu kommen, die glücklich der Natur für ihr alljährliches Neuerwachen, für ihr Blühen und Wachsen zu danken schienen.

Alles, was ich tags zuvor den Kindern erklärt und versprochen hatte, ging nun in Erfüllung, immer wieder blickte eines der Kinder zu mir auf und lächelte mir zu, wenn sich unsere Blicke trafen. In bewegten Klängen strömte alles dahin, wie der helle Sonnenschein, in den wir auf Waldeslichtungen immer wieder eintraten, wie das Rauschen der Baumwipfel in der blauen Luft... Niemand begegnete dem Wanderer auf seinem einsamen Pfad, auf dem es duftete und in leuchtenden Blumenfarben glänzte... Der erste »Satz« ging zu Ende. Nach wenigen Augenblicken setzten auf den Wink des Dirigenten neue, andere Klänge ein. Nun führte der Weg ein bisschen abwärts zu einem Bach, der munter und mit hüpfenden Wellen über helle Steine sprang. Ein kleines Rasenstück lud zur Rast, zum langen, geruhsamen Betrachten des Wassers, das von irgendwo herkam und irgendwo in die Ferne dahinzog. Wie still es geworden war..., das Murmeln des Bächleins tönte so gleichmäßig, dass sein Rauschen bald dem Ohr zu entschwinden schien. Da wurden Vogelstimmen wach: Eine Nachtigall, eine Wachtel, ein Kuckuck sangen und riefen auf den nahen Bäumen, deren tiefe Äste in die Fluten hingen. Hörte der Wanderer sie oder klangen sie in den Schlaf hinein, wie Träume, die ihn wohltuend und erdenfern umfangen hatten?

Wie verzaubert saßen die Kinder da, so schön hatten sie sich das doch nicht vorgestellt! Nur selten kehrte ihr Blick in die Wirklichkeit zurück: Dann beobachteten sie während kurzer Augenblicke den Dirigenten: Seine ruhigen Bewegungen glitten so still durch die Luft, als wiesen sie nur dem Bächlein den Weg seines unscheinbaren Fließens. Seine Hände belebten sich ein wenig, als er den Vogelgesang in die Luft zu zeichnen schien... Dann brach, vielleicht nach langer und glücklicher Rast, der Wanderer wieder auf und folgte dem Wasser weiter, über Moos und Steine. Vielfarbige Käfer kreuzten eilig seinen Pfad, Schmetterlinge flogen ihm voraus. Wussten die kurzlebigsten unter ihnen, dass die ihnen zugemessene Spanne Zeit mit dem Sinken dieses Abends vorbei sein würde? Sie schwebten durch die warme Luft, froh und erfüllt vom sonnigen Tag, auf den es für sie keine Nacht geben würde...

Wieder war ein »Satz« zu Ende. Still hatte der Wanderer den Wald verlassen, das Murmeln des Baches verklang in der Ferne. Ein neues Bild tat sich auf, von der Nachmittagssonne freundlich gefärbt. Vor der Dorflinde drehten sich buntgekleidete Burschen und Mädchen im Tanz. Ganz anders als im Wald und am Ufer des Baches erklang nun das Orchester: Dieses Mal hatte der Dirigent auch den »Einsatz« des Orchesters gegeben: Ein flotter Bauerntanz stand bevor. Ein ländlicher Reigen, in dem die Landleute sich drehten und wiegten. Sie hatten eine anstrengende Arbeitswoche hinter sich, um so lebhafter und schwungvoller zogen sie nun ihre Kreise, vollführten sie jauchzend ihre Sprünge. Sie bemerkten nicht, dass sich in den Klang ihrer kleinen Kapelle Donner mischte, sie sahen nicht, dass über dem nahen Wald Wolken aufzogen. Und dann wurde der Dirigent immer bewegter im Ausdruck seiner Arme, das Orchester immer stärker, plötzlich zuckten im Blasen des Piccolo – wie man die kleine Flöte nennt, die höchste und schneidende Töne über das ganze Orchester hinweg sendet – Blitze, der Donner grollte immer heftiger: Rasch war das Gewitter da, die Tänzer ergriffen die Flucht, der Himmel hatte sich verdüstert... Und dann war das Unwetter auch schon wieder abgezogen. Dankbar erkannten die Menschen, dass es keinen Schaden angerichtet hatte. Beethoven ließ seine Sinfonie ausklingen, ruhevoll und erfrischt, wie das Gewitter nach des Tages und des Tanzes Hitze sie alle zurückgelassen hatte... Nach dem Höhepunkt des Unwetters war das Orchester wieder stiller geworden und spielte nun die letzten Akkorde, als danke der Wanderer der Natur für die Schonung der Landleute vor Hagel und Sturm, die ihre Felder hätten verwüsten können, und für den wundervoll glücklichen Tag, den sie ihm selbst beschieden hat... Voll Ruhe ließ der Dirigent das Werk ausklingen. Als die letzten Töne verklungen waren, brach in unserer Reihe der Jubel los. Ich freute mich zwar, wollte ihn aber doch zum Schweigen bringen – denn wir waren ja als Gäste da, die möglichst unbemerkt bleiben sollten. Aber die Kinder ließen sich nicht zurückhalten. Sie waren so begeistert, dass sie ihre Freude nicht bändigen konnten. Der Dirigent, der uns bis dahin gar nicht bemerkt hatte, blickte höchst überrascht zu uns herauf, dann lächelte er und winkte uns mit beiden Armen herzlich zu, wobei er in der rechten Hand immer noch den Taktstock hielt.

Die kurze Pause, die nun folgte, wurde vom Orchesterwart, der alle Umstellungen auf der Bühne zu erledigen hatte, zu kleinen Veränderungen genutzt: Er nahm bei allen Streichergruppen je einen Notenständer weg, und ließ bei den Bläsern insgesamt nur zwei Pulte stehen – für zwei Oboen und zwei Hörner, wie sich bald herausstellen sollte. »Das ist ganz richtig«, sagte ich, »denn zu Mozarts Zeiten waren die Orchester viel kleiner als heute..., und wir versuchen heute, den Klang dem damaligen so ähnlich wie möglich zu machen... So ganz gelingt uns das freilich nicht: zum Beispiel hatten die damaligen Streichinstrumente – ihr wisst ja schon, welche das sind: Geigen, Bratschen, Celli und Kontrabässe – Darmsaiten, während wir heute mit Stahlsaiten spielen. Und die damaligen Hörner kannten noch keine ›Klappen‹ oder ›Ventile‹, es waren noch die so genannten Waldhörner, und die konnten nur wenige Töne spielen. Die Orchester vor zwei Jahrhunderten hatten selten mehr als 20 oder 22 Musiker, auch die berühmten nicht.«

Alle Musiker hatten das Podium wieder betreten und ihre Plätze eingenommen. Die Geigen links im Vordergrund saßen nun aber ein wenig vom Dirigenten entfernt. Clemens bemerkte es und machte Alexander, Gaby und

Anja darauf aufmerksam. Hatte das einen Grund? Ich hörte das leise Gespräch und beruhigte Clemens: »Das hat natürlich seinen Grund! Auf diesem Platz, der jetzt freigeblieben ist, wird gleich der Solist stehen, der Geiger, der die Hauptperson des nächsten Stückes ist. Denn jetzt kommt eines der vielen, herrlichen Violinkonzerte von Mozart – also ein Stück für eine Solo-Violine und Orchester. Unter den Werken Mozarts, so wie sie lange nach seinem Tod von Ludwig von Köchel geordnet und in ein Verzeichnis aufgenommen wurden – das ›Köchel-Verzeichnis‹, abgekürzt ›KV‹ –, hat dieses Stück die Nummer 219...«

Der Dirigent betrat das Podium, wobei er einem Herrn den Vortritt ließ, bei dessen Erscheinen das Orchester in Beifall ausbrach – ein Orchester applaudiert allerdings nicht wie das Publikum, also nicht mit Händeklatschen: Die Streicher schlagen mit dem Bogen auf ihr Instrument oder auf die Notenständer, und die Bläser mit der Handfläche auf die Pulte. Der neue Musiker trug eine Geige in der Hand: Er war der »Solist«, ein berühmter Violinist, dessen Name oft in den Zeitungen stand. Er trat auf den Konzertmeister zu und schüttelte ihm die Hand. Dann strich er die Saiten seiner Geige an, und da der Konzertmeister mit der seinen das gleiche tat, konnten sie genau überprüfen, ob die Geige des Solisten mit der Stimmung des Orchesters übereinstimmte.

Der Dirigent hob abermals, wie im ersten Teil, die rechte Hand und ließ sie, als das Orchester höchste Spannung zeigte, aus der Höhe herabsausen. Mit einem vollen Akkord setzte das Orchester ein... Nach kurzer Zeit setzte das Orchester aus und der Solist spielte allein weiter. Helga blickte auf mich: So wunderbar hatte sie noch nie jemanden Geige spielen gehört! Dabei so locker, so leicht, mit so schönen Körperbewegungen! Die Melodie, die er spielte, war einfach wunderbar – so etwas komponieren, das konnten nur ganz wenige, wie Mozart... Und der konnte es täglich so – als er dieses Violinkonzert schrieb, war er 19 Jahre alt! Das Werk besitzt drei »Sätze«, also einen weniger als die meisten Sinfonien, mit denen das »Konzert« aber eng verwandt ist. Man könnte fast sagen, das Konzert sei eine Sinfonie mit einem Solisten. Das Instrument des Solisten kann der Komponist auswählen, wie er will: Geige und Klavier sind die häufigsten, aber es gibt auch Konzerte für Flöte, für Oboe, für Klarinette, für Fagott, für Horn und so weiter, und jedes dieser Werke bietet einem »Virtuosen« dieses Instruments Gelegenheit, sein Können zu zeigen, seine vollendete »Technik«, seine Musikalität... Unser Solist zeigte das alles. Leise sagte Helga in einer der kurzen Pausen zwischen den Sätzen: »Kein einziger Ton daneben...!« Ich musste lächeln: Bei einem solchen Spieler war ein »falscher Ton« so gut wie ausgeschlossen, aber manches andere war noch schöner als diese »Reinheit« der Intonation, also die genaue »Stimmung« seines Spiels – die wundervolle Art, die Töne so ineinander zu binden, dass jede Melodie ohne Lücke wie ein samtenes Band wirkte... Dass unsere Kinder auch nach diesem Stück begeistert Beifall spendeten, überraschte mich nicht. Hingegen überraschte es den Solisten! Auch er hatte, wie vorher der Dirigent, den Saal für leer gehalten. Sein Kopf wurde förmlich hochgerissen, aber auch er lächelte, als er die Kinderschar sah. Und dann verbeugte er sich wie in einem richtigen Konzert, was die Kinder noch mehr anfeuerte, so dass der Geiger sich noch weitere zwei Male verbeugen musste...

Bevor das Orchester mit dem dritten Werk beginnen konnte, musste das Podium stark umgebaut werden. Eine Menge Stühle wurde hereingeschleppt, das ganze Podium mit ihnen gefüllt. Und das besondere Interesse der Kinder erweckte es, als sich der Boden des Podiums öffnete und ein großer Flügel durch die Lücke heraufgefahren und spielbereit gemacht wurde. Patrick zählte die Zahl der Notenständer, die, je einer vor zwei Stühlen, vom Orchesterwart mit einem Bündel Noten belegt wurden. Er kam auf 54 – »wenn ich mich nicht verzählt habe«, wie er hinzufügte.

»Das könnte stimmen«, sagte ich, »und würde mehr als hundert Musiker bedeuten... Und da jetzt zwölf Holzbläser mitwirken, elf Blechbläser und fünf Schlagzeuger sowie noch ein Klavier und eine Celesta dazu, müssen die Streicher in möglichst starker ›Besetzung‹ spielen: mit sechzehn ersten, vierzehn zweiten Geigen, zwölf Bratschen, zehn Celli, acht Kontrabässen... Ein paar Instrumente muss ich euch noch rasch erklären. Links hinter den Geigen steht ein Instrument, das wie ein Hausklavier aussieht, aber sein Klang ist nicht klavierhaft, sondern metallisch, als schlügen die Hämmerchen nicht auf Saiten, sondern auf Metallplättchen. Man nennt dieses Instrument ›Celesta‹ – in früheren Jahrhunderten kannte man es noch nicht, sein glöckchenähnlicher Klang wird euch gleich auffallen. Es wird wie ein Klavier gespielt, hat aber nicht sieben Oktaven, wie der Riesenflügel, der da soeben aus dem Unterstock heraufgehoben wurde, sondern nur vier Oktaven und lauter hohe Töne... Der Flügel ist übrigens durch eine Art Lift gebracht worden, er ist viel zu schwer, um ihn zu rollen oder zu schieben, und viel zu groß, um ihn auf dem Podium zu lassen, wenn er nicht gespielt wird... Heute spielt er ohne den großen Deckel, also nach oben offen, heute ist er kein ›Solo-Instrument‹ wie bei einem Klavierabend oder wenn er halb geschlossen einen Sänger oder einen Instrumentalisten begleitet – heute ist er ein Orchester-Instrument, wenn auch eines der stärksten von allen. Schaut einmal hinauf in die letzte Reihe der Musiker. Da stehen jetzt vier Pauken, und die werden von zwei Spielern geschlagen werden. Gleich daneben steht ein längliches Instrument, das aus einer großen Zahl Stahlplatten besteht, die auf einem Metallgestell liegen. Die Platten sehen aus wie Klaviertasten und

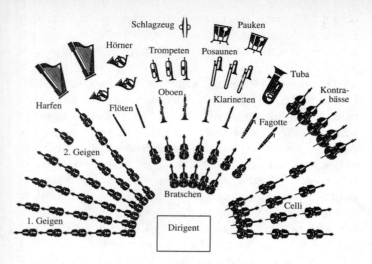

Sitzordnung eines großen Sinfonieorchesters

sind auch genauso angeordnet. Aber sie werden nicht mit den Fingern gespielt, wie ein Klavier, sondern mit Schlegeln, die dünner und feiner sind als die der Pauke. Eigentlich müssten diese Tasten aus Holz sein, denn das Instrument heißt ›Xylophon‹ und das bedeutet im Griechischen ›Holz-Instrument‹, aber heute spielt man es zumeist mit Metallplatten ...«

Die Musiker betraten nun wieder das Podium. Jeder nahm auf dem für ihn bestimmten Stuhl Platz, wo auch die Noten bereits auf ihn warteten. Sie waren längst geordnet, und die Mappen, in denen sie lagen, mussten nur noch aufgeschlagen werden. Auf den Mappen stand mit großen Buchstaben geschrieben: »I. Strawinsky« und darunter »Petruschka«. Rechts oben in der Ecke war das Instrument vermerkt: »Violine I« oder »Violine II« oder »Oboe I«, »Oboe II«, »Horn I«, »Horn II«, »Horn III« und so weiter... Kaum saßen die Musiker alle, da begannen sie schon zu stimmen. Der Lärm, der sich dabei ergab, war gewaltig. Da stand der Konzertmeister auf und hob seinen Bogen: Sofort wurde es still. Dann schlug das Klavier einen Ton an, dem es noch zwei oder drei folgen ließ. Und nun spielten alle hundert Instrumente diesen gleichen Ton oder versuchten, ihn möglichst genau zu treffen. Dann erst kam der Dirigent in den Saal und ging zu seinem erhöhten Platz, auf dem das Dirigentenpult stand. Er schlug die Noten, die darauf lagen, nicht auf – er kannte das Stück so genau, dass er die Partitur gar nicht benötigte. Im richtigen Konzert würde sein Notenständer wahrscheinlich gar nicht mehr aufgestellt werden. Der Dirigent kannte alles auswendig – so wie ich es den Kindern erklärt hatte. Dabei war gerade dieser »Petruschka« wahrlich kein leichtes Stück!

Die Musik, die nun auf uns hereinströmte, nahm uns sofort gefangen. Jahrmarktsgetriebe ringsum, Fröhlichkeit, Leierkästen, Stimmengewirr von Ausrufern und Kindern, aber ich will hier nichts mehr erklären, denn die hundert Stimmen des Orchesters malten alles so deutlich, als verstünde man jeden Ausruf, als sähe man jede Bewegung. Manche Melodie klang zart und zärtlich, andere Melodien hingegen derb, laut... Die Kinder waren in großer Erregung, sie glaubten den Hampelmann zu sehen, die geschmeidige, hübsche kleine Tänzerin und den großen, starken Mohr... Sie glaubten den Kampf zu beobachten und den Tod des armen Petruschka! Doch dann wären sie am liebsten in Freudenrufe ausgebrochen, als Petruschka wiederkehrte...

Zum Schluss: Applaus. Und wieder winkte der Dirigent zu uns herauf. Unter lebhaften Gesprächen fuhren wir heim, es gab viel zu besprechen! Ich musste unzählige Fragen beantworten, vor allem, welches der drei Stücke »das beste« gewesen sei. Und gerade diese Frage konnte und wollte ich nicht beantworten. »Sie waren alle drei wunderschön!«, befand ich. »Und niemand kann sagen, dass eines besser gewesen wäre als die anderen... Das ist so, wie wenn einem von euch das Meer besonders gefällt, dem anderen das Gebirge... Kinder, das ist ja gerade das Schöne an der Welt, dass jeder von uns einen anderen Geschmack hat, jeder sich über etwas anderes freuen kann... Helga hat vielleicht das Geigenstück besonders schön gefunden, weil sie sich ja mit dem Geigenspiel beschäftigt, und Evelyn hat bestimmt an ›Petruschka‹ große Freude gehabt, weil da die Musik so recht nach Tanz geklungen hat...«

Jetzt habe ich zwar alles, was wir heute erlebt haben, in das Buch geschrieben. Aber so schön, wie es wirklich gewesen ist, kann ich das alles gar nicht wiedergeben!

13. KAPITEL

Ein Theater mit viel Musik...

❧ Alle waren wieder gekommen – und sie plauderten beim Hereinkommen lebhaft über das große Ereignis, das sie gestern erlebt hatten. Sie erzählten von Beethovens Bächlein und den Vogelstimmen, von Mozarts wunderschönen Melodien und vom lustig-traurigen Hampelmann Petruschka und seinem Ausflug aus der Jahrmarktsbude in die Welt...

Da gab es noch viel zu reden! Und so verging eine ganze Weile, bis ich den Kindern eine Überraschung ankündigen konnte: Am nächsten Tag wollten wir miteinander in die Oper gehen! Deren Direktor hatte mich am Morgen verständigt, dass er unsere Gruppe zu einer Aufführung der Oper »Die Zauberflöte« einladen könne. Ich freute mich sehr, denn »Die Zauberflöte« ist eine der schönsten Opern, die es gibt. Zugleich aber erschrak ich ein wenig: Als ich dem Direktor vor ungefähr einer Woche von unseren Musiknachmittagen erzählt und dabei angedeutet hatte, wir würden gern einmal ins Theater gehen, hatte ich auf seine Frage, wieviele Kinder es denn seien, mit »ungefähr zehn« geantwortet – jetzt aber waren es fast dreißig geworden! Er lachte und sagte, das sei schön und er werde die ganze große Mittelloge im ersten Rang für uns reservieren. Das sind die besten Plätze, sowohl die

Bühne als auch das Orchester kann man von dort sehr gut sehen, und natürlich den Dirigenten! Der Dirigent des Konzerts hatte auf die Kinder großen Eindruck gemacht; wie der »alles in der Hand hatte« – so hatte Alexander es ausgedrückt –, das war wirklich großartig. Der Dirigent einer Oper war nicht so sichtbar wie der Dirigent im Konzert, der allein auf dem Podium stand und die Hauptperson war. Der Dirigent, der eine Oper leitete, stand sozusagen in der Mitte zwischen der Bühne, wo das Stück sich abspielte, und dem Orchester, das vor der Bühne im so genannten »Graben« saß.

»Erzählen Sie uns heute, was in der Oper vorkommt?«, fragten neugierig ein paar Kleine.

»Das wollte ich eigentlich nicht«, erwiderte ich, »denn ›Die Zauberflöte‹ ist voll von Überraschungen, und eine Überraschung, die man schon vorher kennt, ist keine mehr! Aber ein paar Dinge muss ich euch doch erzählen, damit ihr alles versteht, denn gar so einfach, wie die meisten Menschen denken, ist diese Oper doch nicht! Aber erst eine Frage: Was ist das, eine Oper?«

»Ein Theaterstück mit Musik!« »Ein Theaterstück, in dem gesungen wird statt gesprochen!« »Eine lustige Geschichte mit viel Personen und viel Musik…«, ertönte es von allen Seiten. »Ein Theaterstück, in dem viel passiert…, aber man versteht nicht alles, weil ja gesungen wird, und dazu spielt noch Musik, manchmal ganz laut, weil ein großes Orchester dabei ist…«

»Vieles stimmt, sogar das meiste!«, sagte ich. »Nur das Wort ›lustig‹ passt nicht immer. Von den vielen Opern, die es gibt, dürften mehr traurig sein als lustig…«

»Gibt es viele Opern?«, wollten einige wissen.

»O ja! Mehr als ihr euch überhaupt denken könnt! Tausende, und Abertausende! Natürlich kann man nicht alle, die es gibt, spielen, das wären zu viele! Das Publikum will ein paar Opern öfter hören als andere – ›Die Zauberflöte‹ aber möchten die meisten hören, keine andere Oper wird so oft gespielt, nicht nur bei uns und in unserer Sprache, nein, ›Die Zauberflöte‹ ist sicherlich in vierzig oder fünfzig Sprachen übersetzt...«

»Aber ›Die Zauberflöte‹ ist doch lustig?«, fragte Claudia, und Fabian antwortete: »Mein Freund hat sie gesehen und sehr viel gelacht dabei.« »Ja, es gibt viel zu lachen, das stimmt, weil eine der Hauptrollen eine ganz lustige Gestalt ist, über die ihr euch köstlich amüsieren werdet!«

»Wer ist das?«, wollte Claudia wissen.

»Das ist der Vogelfänger Papageno..., beinahe hätte ich gesagt: der ›Vogelmensch‹ Papageno. Ein Naturbursche, der tief in einem Wald lebt, wo er keine Menschen zu sehen bekommt; er ist stets gut gelaunt, weiß nichts von der Welt, ist aber keineswegs dumm! Im Gegenteil, er ist schlau und pfiffig, dazu gutmütig, ein richtiger ›lieber Kerl‹. Die einzigen Menschen, die er zu sehen bekommt, sind drei Damen, von denen er nicht mehr weiß, als dass sie zum Hofstaat der ›Königin der Nacht‹ gehören. Sie erscheinen jeden Tag an einem bestimmten Platz, nehmen Papageno die bunten Vögel ab, die er für die Königin fängt; dafür bekommt er ein Stück Zuckerbrot und ein Glas Wein, das die Königin ihm schickt. Mehr will und braucht er nicht. Der Umgang mit Vögeln hat ihm ein buntes Vogelgefieder wachsen lassen. Wir sind also in einem Märchen, denn solche Vogelmenschen gibt es in Wirklichkeit nicht. Natürlich gibt es die ›Königin der Nacht‹ auch nicht. Papageno hat sie noch nie gesehen, er nennt sie ›die sternflammende Königin‹ und hält es für ganz natürlich, dass ein einfacher Junge wie er eine so große Persönlichkeit nie zu Gesicht bekommen dürfe. Er will es auch gar nicht. Was er braucht, das hat er: eine Hütte im Wald, tägliches Essen und etwas zu trinken. Weil er aber doch ein Mensch ist, zumindest ein halber, trotz seiner seltsamen Vogelkleidung, hat er einen Wunsch, wie alle Menschen: Er wünscht sich eine Gefährtin, um sein Waldleben nicht einsam verbringen zu müssen...«

»Bekommt er sie?«, fragte Claudia.

»Das will ich euch noch nicht sagen! Das ist eine lange Geschichte..., denn dieser Papageno wird, ohne es zu wollen, in eine ganz andere und komplizierte Geschichte hineingezogen..., und die ist eigentlich gar nicht lustig! Papageno macht sie sehr lustig, weil er nichts von ihr versteht und doch mitmachen muss...«

»Wer spielt in dieser Geschichte mit?«, wollten einige wissen.

»Das will ich euch doch noch sagen. Da gibt es einen sehr weisen Mann, der eine Art König ist, denn er herrscht über ein Reich, in dessen Mittelpunkt eine Burg steht. Aber diese Burg ist zugleich ein Tempel, und in diesem Tempel werden alle Menschen dieses Reiches unterrichtet: Sie werden zu guten Menschen gemacht, aber nicht durch Zwang oder Strenge, sondern durch Güte, Freundschaft, Verständnis, durch gegenseitiges Verstehen und Helfen. Der weise Mann oder König heißt Sarastro. Er entführt eines Tages die Tochter der nächtlichen Königin, von der er weiß, dass sie diese Pamina, ein gutes und kluges Mädchen, nicht richtig zu erziehen versteht. Er weiß, dass die Königin böse Gedanken hegt und am liebsten das Reich Sarastros zerstören möchte. Sarastro ist, im Gegensatz zur sternflammenden Königin, deren Reich die dunkle Nacht ist, der König des Lichtes, der Sonne, welche die Wahrheit, die Güte, das Recht bedeutet... Er hat also, um die junge und hübsche Pamina richtig zu erziehen und sie Recht und Unrecht unterscheiden zu lehren, sie ihrer Mutter weggenommen und in seinen Tempel gebracht...«

»Darf er das?«, überraschte mich die Frage Rainers. Ich musste ein wenig nachdenken, denn das ist schwer zu beantworten. In der Oper kommt sie nicht vor, der Textdichter Emanuel Schikaneder nimmt von vornherein an, dass alles, was Sarastro tut, richtig ist... Aber ich finde es gut, dass unsere Kinder sich solche Gedanken machen!

Darf man eine Gewalttat begehen – einer Mutter ihr Kind wegnehmen –, um dieses Kind zu dessen eigenem Glück und zur besten Entfaltung seiner Persönlichkeit zu erziehen? Schikaneder sagt ›Ja‹ dazu. Doch wie gesagt: In der »Zauberflöte« kommt diese Frage nicht vor. Als das Stück beginnt, lebt Pamina glücklich und zufrieden im Palast des gütigen und lebensweisen Sarastro...

»Mozart scheint sich über diese Frage auch nicht den Kopf zerbrochen zu haben. Für ihn war es eine Oper wie jede andere, ein Volksstück für das Vorstadttheater seines Freundes Schikaneder, mit unterhaltsamen Rollen, die jeder verstehen konnte. Dass er mit diesem ›Büchel‹ sein erfolgreichstes musikalisches Bühnenstück schreiben würde, konnte er nicht ahnen. Er war ja eigentlich immer auf der Suche nach guten Libretti – so heißen die Textbücher, die Theaterstücke für eine Oper, Mozart nannte sie wie in Wien üblich: Büchel –, denn er hatte immer genug schöne Musik im Kopf, um in ganz kurzer Zeit eine Oper schreiben zu können. Für einige brauchte er nur wenige Wochen! Und für einzelne Musikstücke, zum Beispiel für ›Ouvertüren‹, das heißt für die ziemlich umfangreichen Einleitungsstücke der Opern, genügten manchmal die kurzen Stunden einer einzigen Nacht! Wenn heute ein Dichter und ein Komponist gemeinsam eine Oper schaffen wollen, so geschieht das in einer möglichst engen Zusammenarbeit beider Künstler... Wir wissen von damals aber, dass Schikaneder die einzelnen Szenen schrieb und sie gleich nach ihrer Vollendung zu Mozarts Wohnung hinüberschickte... Mozart komponierte mit viel Lust und Freude daran, obwohl er wusste, dass diese ›Zauberflöte‹ nicht viel mehr werden sollte als eine leichte Unterhaltung für ein paar Spätsommerabende. Aber die herrlichsten Melodien flossen so einfach aus seiner Feder, dass alles, was er komponierte, auf jeden Fall und immer ein Meisterwerk wurde – und das ist das Höchste, was man von einer Sinfonie, einer Oper, einem Lied, einem Theaterstück, einem Bild sagen kann! Und so wurde auch aus diesem Volksstück der ungeheure Erfolg, das Meisterwerk, das die ganze Welt bewundert! Die Zuschauer ahnten nicht, dass der Komponist Mozart, während sie jedes einzelne Stück aus seiner Oper stürmisch beklatschten, schwer krank in seiner Wohnung lag. Ja, viele erfuhren kaum, dass er bald nach der Premiere – so nennt man die erste Aufführung eines Theaterstücks oder einer Oper! – starb und beerdigt wurde. Das alles ist sehr traurig, weil es uns zeigt, dass dieser Komponist, der heute zu den berühmtesten aller Zeiten gehört, damals in Wien gar nicht so populär war... Aber diese Traurigkeit wurde im Laufe der Zeit in Freude umgewandelt: Denn Mozarts Musik wurde nicht vergessen, sie wurde immer bekannter und beliebter und bringt heute Millionen von Menschen Freude!«

»Wir haben zu Hause viele CDs und Videos von Mozart, und Mami hört am liebsten die Musik von ihm«, erzählte Clemens. »Auch ›Die Zauberflöte‹ ist darunter...« »Die wirst du jetzt bestimmt einmal anhören und anschauen, wenn du sie im Theater gesehen hast!«, sagte ich zu ihm, und er nickte mit dem Kopf. Eigentlich weiß er gar nicht, warum er sich bisher nicht dafür interessiert hat. Aber Oper galt unter seinen Kameraden immer als langweilig – ob sich das bei ihm ändern würde nach dem Theaterbesuch am folgenden Tag?

»Ich muss euch doch noch ein wenig erzählen von den Personen, die in der ›Zauberflöte‹ vorkommen. Denn bis jetzt haben wir nur von Papageno gesprochen, von der ›Königin der Nacht‹, von Sarastro, ja, und Pamina habe ich euch genannt, die von Sarastro auf sein Schloss entführt wurde. Aber wie hängt das alles zusammen? Da gibt es noch den jungen Prinzen Tamino, der eine sehr wichtige Rolle spielt, obwohl auch er es am Anfang gar nicht ahnt...«

»Und am Schluss geht alles gut aus, so wie es in den Märchen immer ist?«, fragte Gaby.

»Ja, es geht alles gut aus, sehr gut sogar, aber mehr will ich euch jetzt nicht sagen! Da geht es mir nicht anders als dem Papageno, der immer ermahnt wird, nicht zu viel zu sprechen, nichts auszuplaudern und sich so zu benehmen wie der Prinz Tamino... Leider aber ist das unmöglich, denn sie sind von Natur aus ganz verschiedene Menschen...«

»Geht die Geschichte trotzdem auch für Papageno gut aus?«, wollte die kleine Claudia wissen, die diesen komischen Papageno anscheinend schon in ihr Herz geschlossen hatte.

»Ja, und für Papageno eigentlich besonders gut, denn der macht alles verkehrt! Aber etwas Wichtiges will ich noch mit euch besprechen, bevor ihr morgen alle diese Personen auf der Bühne sehen werdet. Der Dichter und der Komponist versuchen natürlich, alle ihre Figuren möglichst verschieden zu gestalten. Wenn wir heute im Radio oder auf einer CD ›Die Zauberflöte‹ hören, so wollen wir die Personen, die da eben singen, unterscheiden können, auch wenn wir sie nicht sehen können. Sarastro hat deshalb eine andere Stimme als etwa Tamino und Papageno sie haben. Man nennt das in der Musik ›verschiedene Stimmlagen‹: Tamino singt mit einer hohen Stimme, die ›Tenor‹ heißt, Papageno hat eine ›mittlere Stimmlage‹, die ›Bariton‹ heißt, und Sarastro hat die tiefste Stimme von allen: Man nennt sie ›Bass‹. Aber der Unterschied der Stimmen liegt nicht nur in ihrer Höhe, sondern in ihrer ganzen Art, ihrem Charakter. Sarastro ist eine sehr ernste Persönlichkeit, er ist würdevoll und feierlich, und das könnte eine andere Stimme als der Bass nicht so gut ausdrücken. Papageno hingegen ist eine lustige Figur, und das soll schon in seiner Stimme zum Ausdruck kommen. Und so hat in jeder Oper jede Person schon den Ausdruck in der Stimme, der ihrem Charakter entspricht. An seiner ›Stimmlage‹ aber kann der Mensch nichts ändern – ihr erinnert euch sicher noch an den Besuch beim Arzt, als der uns die Stimmbänder oder Stimmlippen erklärte, von deren Länge und Stärke unsere Stimme abhängt? Und so gibt es in jedem Theater einige Tenöre, einige Baritone, einige Bässe, und genauso auch für die Frauen verschiedene Stimmlagen. Bei den Frauen nennt man die höchste Stimmlage ›Sopran‹, die mittlere ›Mezzosopran‹ und die tiefste ›Alt‹. Und für jede Oper werden genau die Singstimmen ausgewählt, die am besten zu den Rollen passen und gleichzeitig den verschiedenen Charakteren entsprechen. In der ›Zauberflöte‹ ist also Tamino ein Tenor, Papageno ein Bariton, Sarastro ein Bass, die Königin der Nacht ein ganz hoher Sopran – man nennt ihn ›Koloratursopran‹ –, Pamina ein etwas weniger hoher Sopran und Papagena..., aber ich plaudere schon wieder zu viel, denn von einer Papagena habe ich ja noch nichts erzählt: Sie wird eine der hübschesten Überraschungen der Oper sein...«

Unter den Kindern war Aufregung ausgebrochen. Wer war »Papagena«, wieso eine Überraschung? Eine Verwandte des Papageno?

»Hat sich der Dichter die Geschichte ausgedacht?«, fragte Gaby.

»Wahrscheinlich ja«, erwiderte ich, »aber die Idee zu Sarastro bekam Schikaneder, der außer Dichter auch noch Sänger, Schauspieler und Theaterdirektor war, auf eine seltsame Weise: In Wien und in vielen anderen Städten gab es Vereine oder Vereinigungen von Menschen, die sich zu einem guten Zweck zusammengetan hatten. Dieser Zweck bestand darin, Gutes zu tun, anderen Menschen zu helfen, wenn sie in Not gerieten, und überall für Recht und Gerechtigkeit einzutreten. Mitglied dieser Vereine oder Clubs konnte man nur werden, wenn man Prüfungen ablegte und schwor, die Grundsätze der Vereinigung streng einzuhalten. Die Sitzungen und Prüfungen waren geheim, auch gab es keine öffentliche Mitteilung über die Mitgliedschaft. Trotzdem hatte es sich in Wien herumgesprochen, wer zu diesem Verein gehörte und unter welchen geheimnisvollen Bräuchen die Aufnahmeprüfungen vollzogen wurden. Und da muss Schikaneder sich gedacht haben, dass eine Oper über diese Geheimbünde das Publikum interessieren müsste – und morgen werdet ihr erleben, dass Sarastro das Oberhaupt eines solchen Geheimbundes ist und dass die Sonne sein Wappen ziert... Also genug für heute, morgen um 3 Uhr nachmittags beginnt die Vorstellung, bitte seid alle eine halbe Stunde früher vor dem Theater! Und noch etwas: Zieht euch etwas Nettes an! Ich weiß, dass viele Leute von diesem alten Brauch nichts mehr wissen wollen, aber ich glaube, er hat doch eine gewisse Bedeutung! Man geht ins Theater nicht so wie auf einen Ausflug oder auf den Sportplatz... Ein Theaterbesuch sollte doch etwas ›Besonderes‹ sein, und die nette Kleidung bedeutet, so glaube ich, dass Konzert und Theater eben doch nichts Alltägliches sein sollen... Also, freut euch auf ›Die Zauberflöte‹!«

14. KAPITEL

Armer Papageno!

∗ Alle Kinder waren pünktlich da. Kaum standen wir im Foyer des Opernhauses, da kam schon im Eilschritt der Direktor, schüttelte mir die Hand und begrüßte jedes Kind einzeln, was ich besonders nett von ihm fand. Dann sagte er, dass er nicht jeden Tag so reizenden Besuch erhalte und dass er bereits von unseren Musiknachmittagen erfahren habe... Dann rief er einen Diener, der eine schöne goldverzierte Uniform trug, und bat ihn, uns in die Mittelloge zu führen. Der Diener verneigte sich ein wenig und sagte: »Aber gern!« Wir stiegen hinter ihm eine breite Treppe aufwärts, an ein paar Türen vorbei... Und dann schließlich durch eine breite Tür, hinter der die große Loge lag. »Bitte einzutreten...«, sagte der Diener, aber es dauerte einige Augenblicke lang, bis die ersten einzutreten wagten. Dann aber drängten sie alle nach vorn an die Brüstung der Loge, von wo aus sie ins Theater blicken konnten. Das war ein schöner Anblick! Ein großer Raum, ganz in Gold und Weiß und mit roten Sitzen, von denen die meisten noch leer waren.

Der Diener hatte sich in unsere Reihen gestellt und erklärte uns nun eine Menge Dinge, und man sah ihm an, wie stolz er war, zu einem so schönen Theater zu gehören. »Der ›Eiserne‹ ist noch unten«, dabei schaute er auf die

Uhr, »in sieben Minuten geht er auf...« »Der ›Eiserne‹?«, fragte Alexander. »Meinen Sie den Vorhang da gerade vor uns? Ist der aus Eisen?« »Natürlich! So einen eisernen Vorhang muss heute jedes Theater haben. Glücklicherweise wird er fast nie gebraucht. Er wurde überall eingeführt, als einst, vor langer Zeit, in Wien ein Brand auf der Bühne ausbrach und die Flammen in den Zuschauerraum hinüberschlugen. Heute wird in einem solchen Fall der ›Eiserne‹ in wenigen Sekunden herabgelassen, außerdem gehen alle Türen nach außen auf – damals noch oft nach innen, so dass sie bei großem Gedränge nicht geöffnet werden konnten –, und so kann auch der Ängstlichste in Ruhe seinen Theaterbesuch genießen.«

Unterhalb des Eisernen Vorhangs lag der Orchestergraben, in dem es nun lebendig zu werden begann. Ich machte die Kinder darauf aufmerksam, dass immer mehr kleine Lampen auf den Notenpulten angeschaltet wurden, immer mehr Musiker hereinströmten, sich vor die Notenständer setzten und die Mappen aufschlugen, die darauf lagen. Sie nahmen die Instrumente zur Hand und begannen zu spielen, um deren richtige Stimmung zu kontrollieren – es war genau wie im Konzert. Diesmal waren die Musiker alle einheitlich gekleidet: die Herren im Frack, wie dieses Kleidungsstück heißt, die Damen im schwarzen Kostüm mit einer weißen Bluse, wie unsere Mädchen sofort feststellten. Da noch längst nicht alle Musiker den ›Graben‹ betreten hatten, konnten wir nicht feststellen, welchen Teil die Frauen bildeten – einige waren bei den Geigen, auch Cellistinnen gab es, eine Flötistin spielte gerade rasche ›Läufe‹... Ich erzählte den Kindern, dass früher nur Männer in den Orchestern gespielt hatten, dass aber heute keine Rede mehr davon sein kann.

»Dort, schaut!« Soeben betrat eine Kontrabassistin den ›Graben‹, und von der anderen Seite kam eine Posaunistin herein; sie dachten längst nicht mehr daran, dass gerade ihre Instrumente zu Zeiten ihrer Eltern als ›männliche‹ gegolten hatten, deren Spielen weibliche Kräfte überstieg...

Das Theater füllte sich nun rasch. Der Eiserne Vorhang ging langsam in die Höhe und ein zweiter Vorhang wurde sichtbar, dunkelrot, aus Samt, und nun sah das ganze Theater viel feierlicher aus. Nun wurden meine kleinen Freunde immer gespannter. Und dann begannen die hundert Lampen im Haus sehr langsam zu verlöschen. Der große Kronleuchter, der vor uns von der Decke hing, wurde dunkler und dunkler, was wunderschön anzusehen war. Und gerade als das Theater vollständig abgedunkelt war, betrat, von einem Scheinwerfer beleuchtet, der Dirigent den Graben, in dem das Orchester sich nun zu seiner Begrüßung erhob. Er ging durch die Reihen der Musiker und reichte den beiden Geigern, die links von seinem ein wenig erhöhten Pult standen, die Hand, bevor er zu seinem eigenen breiten Notenpult hinaufstieg. An dessen Rand brannte eine kleine rote Lampe, die eigentlich nur er selbst sehen sollte – den aufmerksamen Blicken einiger unserer »Großen« aber entging sie doch nicht. »Ihr werdet gleich merken, wozu die da ist«, flüsterte ich ihnen zu. Beim Erscheinen des Dirigenten im Graben hatte im Zuschauerraum Applaus eingesetzt, der ihn nun bis zu seinem Platz begleitete, wo er sich zum Publikum wandte und sich verbeugte. Dann setzte er sich auf seinen Stuhl, der eigentlich mehr ein Hocker war, von dem er sich immer wieder erheben konnte, beinahe ohne dass die Zuschauer es bemerkten. Es wurde ganz still im Haus, und der Dirigent hob die rechte Hand, in der er einen langen Stab hielt. In diesem Augenblick erlosch das rote Lämpchen an seinem Pult: Dieses Verlöschen war ein Signal von der Bühne und bedeutete: »Alles fertig! Es kann losgehen!« Denn zu beginnen hatte der Dirigent, der Vorhang blieb noch eine gute Weile geschlossen, er war nun nur von den nach oben abgeschirmten Lampen an den

Pulten der Musiker matt erleuchtet. Der Dirigent gab den ersten »Einsatz« und das ganze Orchester ließ den ersten Akkord strahlend ertönen. Die »Ouvertüre« hatte begonnen, und ihre bald feierlichen, bald munteren Klänge fesselten uns sofort. Doch nach wenigen Sekunden reckte Claudia sich ein wenig in die Höhe und flüsterte mir ängstlich ins Ohr: »Wird der Papageno bestimmt mitspielen?« Ich nickte beruhigend und flüsterte zurück: »Ohne den geht's ja gar nicht...«

Die Ouvertüre hatte ihren Höhepunkt erreicht, das Orchester spielte nun mit ganzer Kraft, da teilte sich der rotsamtene Vorhang und die Bühne wurde sichtbar. Da war eine Landschaft zu sehen, mit Felsen und Bäumen im Hintergrund. Beim letzten Akkord des Orchesters brach großer Beifall im Publikum aus. Doch der Dirigent zögerte nur einen Augenblick, verbeugte sich auch nicht, sondern ließ sofort weiterspielen: Sicher wollte er damit andeuten, dass die Ouvertüre kein Orchesterstück sei und nur die Aufgabe hatte, auf das Theaterstück einzustimmen, das nun unmittelbar folgte. Ein Mann stürzte aufgeregt auf die Bühne: Er war sehr schön gekleidet, so wie ein Prinz aus den Märchen, aber er war erschöpft, konnte kaum noch weiterlaufen, rief um Hilfe, während ihn aus dem Hintergrund eine riesige Schlange verfolgte... Er hatte keine Waffe bei sich, nur einen Köcher, aber keine Pfeile dazu, so dass er sich gegen das Ungetüm nicht wehren konnte. Er stürzte nieder und fiel in Ohnmacht. Die Schlange näherte sich ihm – da erschienen drei Frauengestalten und töteten sie mit ihren Speeren. Dann kamen die Retterinnen näher und bewunderten die Schönheit des ohnmächtigen Jünglings. Sie beschlossen, ihre ›Königin‹ über diesen Vorfall zu verständigen, aber jede wollte die beiden anderen auf den Weg schicken, um selbst bei dem jungen Mann zu bleiben. Endlich aber machten sich alle drei auf den Weg. Langsam erwachte der Jüngling, blickte sich verwundert um, sah die tote Schlange ein paar Schritte von sich und glaubte vielleicht, selbst tot zu sein. Doch da hörte er lustige Töne, und gleich darauf betrat ein komisches Wesen die Bühne. An ihren vogelartigen Federn erkannten ihn alle Zuschauer sofort. Das Wesen spielte auf einer kleinen Panflöte, die nur fünf Töne hatte, und begann dann, eine lustige Melodie zu singen, sorglos und heiter. Das konnte nur Papageno sein! Einen großen Korb, den er auf dem Rücken trug und in dem einige bunte Vögel flatterten, hatte er auf den Boden gesetzt. Damit hatte er sein Tagwerk vollendet – nun mussten nur noch die Botinnen der ›sternflammenden Königin‹ kommen, wie jeden Tag, und ihm als Lohn für seine Vögel sein bescheidenes Essen bringen, mit dem er vollständig zufrieden war. Aber heute geschah etwas ganz, ganz anderes...

Plötzlich stehen der Jüngling und der »Vogelmensch« einander gegenüber. Beide erschrecken: Papageno hat noch nie einen Menschen gesehen, da er aus seinem Wald noch nie herausgekommen ist. Der junge Mann aber erschrickt vor dem ungewohnten Anblick: ein Mensch, der fast wie ein Vogel aussieht, aber spricht und... gewaltige Kräfte besitzen muss, denn nur er kann die gefährliche Schlange getötet haben! Er fragt ihn, ob es so gewesen sei. Zuerst möchte Papageno am liebsten davonlaufen, erkennt aber gleich, dass das Ungeheuer tatsächlich tot ist; jawohl, sagt er dem Fremden, er habe die Schlange getötet. Auf des Jünglings Frage, wie er diese Heldentat habe vollbringen können, erwidert Papageno, das sei weiter keine große Sache für ihn, denn ein Druck seiner Fäuste sei mehr als die stärkste Waffe. Diese Lügen sind anscheinend selbst im Reich der »Königin der Nacht« zu dick, die drei Damen, die alles belauscht haben, kehren wieder und bestrafen Papageno: Statt Zuckerbrot bekommt er einen Stein, statt Wein ein Glas Wasser – und, was am schlimmsten ist: ein Schloss vor den Mund. Papageno ist untröstlich, statt Worten bringt er nur noch ein klägliches »hm, hm...« heraus, so dass er im kommenden Musikstück zu den Stimmen der drei Damen nur »hm, hm« hinzufügen kann. Dem Jüngling überreichen die Damen ein besseres Geschenk: ein Gemälde, auf dem das Bild eines schönen jungen Mädchens zu sehen ist. Der junge Mann – wir wollen ihn jetzt schon so nennen, wie er heißt: es ist der Königssohn Tamino – verliebt sich in dieses Mädchen und bricht in ein berühmtes Gesangstück aus: »Dies Bildnis ist bezaubernd schön...« Die Damen kündigen Tamino die Ankunft der geheimnisvollen Königin an. Donner und Blitz lassen erkennen, dass da kein gewöhnlicher Mensch erscheint, sondern eine Persönlichkeit aus dem Feenreich. Von der Höhe eines Felsens spricht sie zu Tamino: Was er soeben bewundert habe, sei ihre Tochter Pamina. Doch diese sei von einem Bösewicht geraubt worden. Wenn Tamino bereit sei, so müsse er sofort aufbrechen, um das unschuldige Mädchen aus der Burg dieses Mannes zu befreien und heimzuführen zu ihrer liebenden Mutter, die sie ihrem Retter zur Frau geben werde. Dies erzählt und schwört die Königin ebenfalls in einer großen Arie, einem Gesangstück, in dem die Stimme der Königin ihren leuchtenden Koloratur-Sopran glitzern und funkeln lässt. Tamino zeigt sich gleich entschlossen, die gefährliche Reise zu unternehmen: Er muss Pamina befreien! Die drei Damen begnadigen den armen Papageno und nehmen ihm das Schloss vom Mund. Schon will er jubeln, da erfährt er von einer viel schlimmeren Strafe, zu der er verurteilt ist: Er muss Tamino auf dieser Reise begleiten! Ob dabei die Geschenke viel helfen können, die Tamino und Papageno von den drei Damen im Namen der Königin überreicht werden? Eine Flöte für Tamino und ein Glockenspiel für Papageno. Beide Instrumente sollen Zauberkraft besitzen, verkünden die Damen. Und noch eines: Die beiden Männer werden auf ihrem Weg von drei Knaben geleitet werden, um die Burg des Mädchenräubers zu finden...

Die Bühne ist dunkel geworden. Während dieser »Verwandlung«, wie man im Theater den Umbau von einer Szene zur nächsten nennt, wird ein neues Bild aufgebaut. In einem Gartenpavillon befinden sich ein junges Mädchen und ein Schwarzer. Das Mädchen hat Angst vor dem schwarzen Mann, doch da blickt plötzlich Papageno herein. Beide erschrecken: Papageno vor dem schwarzen Mann, der Mohr vor dem »Vogelmenschen«. Der Mohr läuft davon. Papageno überlegt auf seine Weise: Wenn es schwarze Vögel auf der Welt gibt – wieviele hat er davon schon gefangen! –, dann kann es doch auch schwarze Menschen geben? Dann geht er behutsam auf Pamina zu. Er hat sie nach dem Bild, das Tamino bei sich trägt, sofort erkannt und sagt ihr, als sie ihn nach seiner Herkunft fragt, er sei ein Abgesandter der »nächtlichen Königin«, ihrer Mutter. Pamina fragt ihn freudig nach seinem Namen. »Papageno«, antwortet er. Pamina glaubt, diesen Namen oft zu Hause gehört zu haben. Doch Papageno fühlt sich nun nicht wenig stolz: Er hat Pamina gefunden, er hat einfach irgendeinen Schleichweg in die Burg entdeckt, während Tamino sicherlich noch auf der Straße umherwandert. Papageno zieht aus seinem Federkleid das Bildnis Paminas und beginnt zu vergleichen: Haare blond – stimmt. Augen blau – stimmt. Lippen rot – stimmt. Nase weiß… naseweis – stimmt. »Alles richtig, aber nach diesem Bild solltest du weder Hände noch Füße haben, denn auf diesem Bild sind keine drauf!« Natürlich will Pamina genau wissen, wie Papageno zu diesem Bild gekommen ist. Wieder eine glänzende Gelegenheit, sich selbst als wichtige Persönlichkeit zu schildern! Und er beginnt einen ausführlichen Bericht – aber plötzlich drängt Pamina zu sofortigem Aufbruch, es sei fast Mittag und um diese Zeit pflege Sarastro, der Herr dieses Schlosses, für gewöhnlich heimzukehren. Aber in Opern flieht man nicht so geschwind, da findet sich zumeist noch Zeit für ein schönes Musikstück. Und so singen Pamina und Papageno ein wunderschönes »Duett«. Genau betrachtet, passen die beiden gar nicht zusammen, aber das macht nichts: Es ist eine der schönsten Melodien Mozarts geworden: »Bei Männern, welche Liebe fühlen, fehlt auch ein gutes Herze nicht...«

Und wieder »Verwandlung«. Tamino kommt gewandert, drei Knaben geleiten ihn singend und führen ihn auf einen weiten Platz, auf dem drei Tore zu drei Tempeln vor ihm liegen. Er überdenkt die letzte Mahnung der drei Knaben: »Sei standhaft, duldsam und verschwiegen!« Das aber war kein Spruch für den Eintritt in die Höhle eines Verbrechers – denkt er. Er geht auf die drei Tore zu; über einem steht »Vernunft«, über dem zweiten »Natur«, über dem mittleren, dem größten von allen, »Weisheit«. Was soll das bedeuten? Noch versteht Tamino es nicht, aber er spürt, dass hinter diesen Mauern nichts Böses walten könne. War hier Pamina eingeschlossen? Seine Pflicht wies ihm den Weg zu ihrer Befreiung. Und so klopft er an die linke Pforte. Aber aus dem Inneren dieses Tempels erklingt es: »Zurück!« Er klopft an der rechten Pforte, bekommt aber den gleichen Bescheid: »Zurück!« Jetzt wendet er sich dem wichtigsten der Tore zu. Auf sein Klopfen wird es geöffnet, und ein Mann in langem Priestergewand tritt zu ihm und fragt: »Wo willst Du, kühner Fremdling, hin? Was suchst Du hier im Heiligtum?« Unerschrocken antwortet Tamino, dass er hier Tugend und Liebe suche. In feierlichem Ton setzt der Priester fort, dass dies große und schöne Worte seien, dass der Fremde aber beides nicht finden könne, da ihn nicht Liebe und Tugend hierher geführt hätten, sondern Rache! Noch glaubt sich Tamino im Recht: »Nur Rache für den Bösewicht!« Der Priester versichert ihm, in diesen Mauern sei kein Bösewicht zu finden. Und als Tamino auf seiner Meinung beharrt, Sarastro sei ein Bösewicht, da er Pamina aus den Armen ihrer Mutter entführt habe, erklärt ihm der Priester, dass Sarastro diese Tat nur aus den edelsten Gründen vollbracht habe. Er bietet dem Fremden den Zugang zum Tempel an, wo ihm alle Erklärungen zuteil würden. Nur eine Frage stellt Tamino: ob Pamina noch am Leben sei. Ein geheimnisvoller Männerchor aus dem unsichtbaren Inneren bejaht diese Frage ...

Tamino zog seine zaubermächtige Flöte hervor, und kum erschollen seine ersten Töne, kamen von allen Seiten Tiere, die um ihn herum zu tanzen begannen und ganz zahm waren. Nur Pamina zeigte sich nicht und Tamino wurde sehr traurig. Endlich aber erklang in der Nähe der Ton von Papagenos Panflöte. Tamino entfernte sich rasch in die Richtung, aus der dieser Klang zu kommen schien, doch einen Augenblick später tauchen Papageno und Pamina in vollem Lauf von der entgegengesetzten Seite auf.

Plötzlich ist der Mohr mit einigen Dienern zur Stelle, um die Flüchtenden zu fangen. Rechtzeitig erinnert sich Papageno der Zauberglöckchen, des Geschenks der drei Damen. Und sie wirken: Die Verfolger werden von der Macht dieser Musik zum Tanz gezwungen, der sie weit entfernt. Doch Papageno und Pamina können ihre Flucht nicht fortsetzen: Großer Jubel ist auf dem Platz ausgebrochen, in einem von Löwen gezogenen Wagen erscheint Sarastro. Er steigt aus und wendet sich gütig zu Pamina. Große Ruhe geht von ihm aus; er beruhigt Pamina, erklärt ihr aber, dass er sie nicht zurückgehen lassen könne zu ihrer Mutter, die ganz in seiner Macht stünde. Der Lärm wird größer, der Mohr und einige seiner Helfer haben den im Tempelbezirk herumwandernden Tamino gefangen und schleppen ihn nun vor Sarastro. Tamino und Pamina erblicken einander zum ersten Mal. Inzwischen drängt sich der Mohr zu Sarastro, preist seine Wachsamkeit und bittet um einen Lohn. Sarastro scheint ihn zu gewähren, aber entsetzt vernimmt der Mohr seine Worte: 77 Sohlenstreiche, die Strafe für die Bedrohung Paminas. Ernst und froh ordnet Sarastro dann an: Die beiden Fremdlinge, Tamino und Papageno, sollen in den Prüfungstempel geführt werden. Wenn sie dort Mitglieder der großen Gemeinschaft Sarastros werden wollen, stehe ihnen der Weg zu Güte, Weisheit und glücklichem Leben offen. Tamino, der erkannt hat, dass hier große Dinge in sein Leben getreten sind, erklärt sich bereit, alle notwendigen Prüfungen auf sich zu nehmen; Papageno, der von allem nicht das Geringste versteht, was hier vor sich geht, möchte tausendmal lieber in seiner Waldhütte sein, aber sein Schicksal ist unlösbar mit dem Taminos verbunden. Und so nimmt auch er alles auf sich – er ahnt noch nicht, dass es zu seinem Glück führen wird...

In der Pause waren wir alle in bester Stimmung. Wir traten aus der Loge in den breiten Gang. Die vielen Menschen, die an uns vorübergingen, trugen ebenfalls freudige Gesichter. Zwar war die Handlung noch lange nicht zu Ende – ja, sie war gerade erst an ihrem spannendsten Punkt angekommen –, aber es nahm niemand an, die »Zauberflöte« gehöre zu den Opern, die »schlecht« ausgehen könnten! Mozarts letzte Oper ist von Lebensfreude geprägt, sie ist, wenn man so sagen will, ein »Lustspiel mit sehr, sehr ernstem Inhalt«! Die Kinder hatten schon viel gelacht: darüber, wie Papageno und der Mohr einander erschreckten, wie die Verfolger Papagenos tanzen mussten, als dieser sein Glockenspiel schlug... Die Älteren hatten viel vom ernsten Inhalt mitbekommen, als der Priester aus dem dritten Tempel trat und mit Tamino sprach... Vielleicht ist es gerade das, was in dieser Oper alle Zuhörer so froh stimmt: dass jeder Mensch etwas darin findet, das ihn interessiert und ihm Freude macht. Wir gingen an den anderen Logen vorbei, deren Türen nun offenstanden; viele Menschen und viele Kinder strömten heraus, und es gab einige überraschte Begrüßungen: Viele unserer Kinder entdeckten Kameraden aus der Schule. Gesprächsstoff gab es genug: die Sänger, den Dirigenten, der alles so fest in seinen Händen hielt, das Orchester, das so schön spielte, die Bühnenbilder... Wir nahmen den Weg über die breite Stiege nach oben, wo wir in einige besonders elegant ausgestattete Räume gelangten. Dort hingen große Gemälde an den Wänden: berühmte Sänger der Vergangenheit, wie ich den Kindern erklärte. Von mehreren dieser Sänger gab es Schallplatten. Ihre Stimmen waren also nicht »verklungen« – wie glücklich ist unsere Zeit, dass sie nicht nur Bilder und Bücher für alle Zeiten aufbewahren kann, sondern auch Klänge!

Viele hatten mich noch Dinge zu fragen, die mit der Aufführung zusammenhingen. Manche wollten nicht glauben, dass es hier keine Mikrophone gab, keine »Tonverstärker« irgendwelcher Art. Manche waren an Orten gewesen, wo es Rock- und Popsänger gegeben hatte, und die waren ohne Mikrophon einfach undenkbar! Aber in der Oper gab es das natürlich nicht! Das waren andere Arten von Stimmen, und deren Kraft und Stärke genügten, um mit ihrem Klang ein großes Theater zu füllen.

»Von dieser Sopranistin hier« – ich zeigte auf ein großes Bild, an dem wir eben vorbeigingen –, »gibt es sehr schöne Aufnahmen...« »Singt sie heute?«, fragten einige Kinder. »Nein, sie ist seit vielen, vielen Jahren tot...« »Warum hängt ihr Bild dann hier?« »Eben deshalb, weil sie schon lange tot ist, und weil sie zahlreiche Abende in diesem Theater gesungen hat... Sogar in der ›Zauberflöte‹, sie war eine berühmte ›Königin der Nacht‹, und viele Menschen jubelten ihr hier, wo ihr heute seid, vor einem halben Jahrhundert zu..., und um sie nicht zu vergessen, zeigt man sie heute noch..., und die Menschen können in jeden Musikladen gehen, Platten von ihr kaufen oder CDs oder vielleicht Videos, denn man kann ja heute mittels komplizierter Verfahren alte Filme mit später entstandenen Tonaufnahmen zusammenbringen...«

»Und diese vielen Bilder hier – sind das lauter Männer und Frauen, die hier gesungen haben?« »Ja, es gibt sogar noch viel mehr – unser Theater spielt Opern seit ungefähr einem Jahrhundert... Manche dieser Tenöre, Baritone, Bässe oder Soprane oder Altstimmen sind berühmt gewesen und haben wahrscheinlich an vielen Musiktheatern gesungen, viele andere waren vielleicht treue Mitglieder dieses Hauses und haben viele hundert Male auf dieser Bühne gestanden... Auch sie sollen nicht vergessen werden, denn das Publikum hat sie sicherlich auch geliebt...«

»Mit dem Berühmtwerden ist das sicher so eine Sache...«, sagte Clemens nachdenklich. Ich nickte ein wenig nachdenklich: »Der Ruhm eines Komponisten ist etwas anderes als der Ruhm eines Sängers oder eines Pianisten oder Geigers... Bleibt jetzt aber alle zusammen, es wird bald läuten und ich möchte nicht, dass einer von euch sich im Haus verirrt...« Aber es läutete gar nicht: Das Theater hatte seine Glocke durch einen Gong ersetzt, dessen vier Töne nun nacheinander erklangen...

»C, E, G, C!«, riefen Alexander, Clemens, Helga und Gaby sofort.

Das war das Zeichen, dass das Publikum seine Plätze wieder einnehmen sollte, die Pause ging zu Ende. Einige unserer Kinder hatten anscheinend vereinbart, ihre Plätze zu tauschen, so dass Freunde nun näher beisammen sitzen konnten. Mir war es natürlich recht, mir war nur wichtig, dass alle gut auf die Bühne und das Orchester schauen konnten, und dass sie viel Freude an unserem Theaterbesuch hatten.

Der Dirigent, der den ›Graben‹ betrat, während die Lampen abermals langsam erloschen, wurde mit starkem Beifall begrüßt. Ein beträchtlicher Teil dieses Applauses kam aus unserer Loge: Die Kinder wussten ja vielleicht vom Dirigenten und seiner Tätigkeit nun mehr als viele andere Theaterbesucher..., ja, sie hatten ja selbst schon dirigiert!

Auch die Musik des nun beginnenden zweiten Akts oder »Aufzugs«, wie Mozart ihn nannte, ließ eine feierliche Stimmung entstehen, so, wie das Werk begonnen hatte. Aber zu Beginn war bereits nach wenigen Takten die Fröhlichkeit durchgebrochen. Dieses Mal begleitete ein feierlicher Marsch den Einzug von 18 Priestern, die sich zu Plätzen begaben, wo sie eine Sitzung abhielten, bei der Sarastro den Vorsitz führte. Er kündigte den Priestern an, dass der Königssohn Tamino Aufnahme in den Freundschaftsbund wünsche. Drei Priester erhoben sich von ihren Plätzen. Der erste fragte, ob Tamino »Tugend« besitze, also ein guter Mensch sei. Der zweite fragte nach Taminos Verschwiegenheit, ob er also Geheimnisse für sich zu behalten wisse. Der dritte fragte nach seiner Wohltätigkeit, was bedeutete, ob er stets bereit sei, Armen zu helfen. Sarastro bejahte alle drei Fragen, und nach jeder Antwort erklangen drei weihevolle Bläserakkorde. Alexander, der schräg vor mir saß, aber oft aufstand, um alles besser beobachten zu können, blickte zu mir herüber und deutete mit seiner Rechten, deren erste drei Finger er hob, fragend an, ob diese drei Bläserakkorde, immer von neuem wiederholt, etwas Besonderes bedeuteten? Ich nickte zuerst wortlos, flüsterte ihm aber dann zu: »Drei ist die heilige Zahl dieses Geheimbundes, dessen Oberhaupt Sarastro ist!« In diesem Augenblick näherte sich die Priesterversammlung ihrem Ende. Einer der Teilnehmer äußerte Bedenken: Werde der Jüngling die schweren Prüfungen bestehen können, ohne die er keine Aufnahme finden könne – Tamino sei sicher als Prinz so verwöhnt erzogen worden, dass er härteren Anforderungen nicht gewachsen sei. Doch Sarastro erwiderte einen schönen Satz: »Er ist mehr..., er ist Mensch!« Diese Worte bedeuteten viel, aber wahrscheinlich erkannten dies nur wenige der Zuhörer: In jenen Zeiten, als Schikaneder und Mozart »Die Zauberflöte« dichteten und komponierten, gab es Kaiser und Könige und natürlich Prinzen und Prinzessinnen – aber so viel sie auch zu reden und zu befehlen hatten, Mensch zu sein, bedeutete viel mehr! Natürlich musste man ein Mensch sein, wie Sarastro es sich wünschte und wie der Geheimbund als oberstes Gesetz forderte – bereit, Gutes zu tun, edel zu sein, verschwiegen, wo es sein musste, wohltätig, um Armen zu helfen... Wir hatten am Vortag ein wenig darüber gesprochen, vielleicht erinnerten sich einige unserer älteren Jungen und Mädchen noch daran... Nun hörten sie meine Erklärungen von der Bühne herab bestätigt, und vielleicht machten sie sich einige Gedanken darüber...

Unser Stück ging aber lustig weiter. Zuerst sang Sarastro noch eine schöne Arie, vom Chor der Priester begleitet. Er hatte eine herrliche Stimme – »wie eine Orgel«, sagte Gaby, während das Publikum ihm stürmisch applaudierte.

Dann sind wir in einem Hof des Tempels, es ist dunkle Nacht, nur Blitze zucken manchmal über den Himmel und Donner rollen. Tamino und Papageno sind hereingebracht und alleingelassen worden. Dann erscheinen zwei Priester. Der eine wendet sich Tamino zu: ob er bereit sei, alle Prüfungen zu erdulden, um an ihrem Ende in den Weisheitstempel aufgenommen zu werden. Tamino bejaht: Zwei Ziele habe er – ein weiser Mensch zu werden und Pamina heiraten zu können. Der andere Priester unterhält sich mit Papageno. Dem ist gar nicht nach Prüfungen zumute, warum lässt man ihn nicht, wo er war und glücklich lebte? Er hat eigentlich gar keine Wünsche, wozu also die ganzen Geschichten? Nur, so lässt er durchblicken, wenn er vielleicht doch einmal eine Gefährtin fände, ein Mädchen, eine Freundin? Der Priester lächelt: Nun, würde er die Prüfungen versuchen, wenn er ein solches Mädchen bekommen könne? Eine Gefährtin, die genau so aussähe wie er selbst? Papageno wird stutzig: So wie er? Und wie heißt sie? Papagena! »Ist sie jung?« »Jung und schön!« Die Prüfungen beginnen. Die erste: Schweigen! Schweigen unter allen Umständen und um jeden Preis!

Die drei Damen, die zu Beginn des Stückes die Schlange getötet hatten, sind plötzlich da, irgendwie geheimnisvoll herbeigezaubert. Sie bestürmen die Männer mit den dunkelsten Drohungen, nur Tod und Verderben könne ihrer hier warten... Papageno erschrickt maßlos, nachdem die Priester gegangen sind, ist es wieder finster geworden. Ihm erscheinen die drei Damen zuerst als willkommene Unterhaltung, aber sofort verweist Tamino ihn auf ihr Versprechen. Haben sie nicht Schweigen gelobt? Lange versuchen nun die Frauen, Näheres aus den Männern herauszubekommen, aber Tamino schneidet Papageno jedes Mal, wenn der zu plaudern beginnen will, das Wort ab, und als schließlich die Stimmen der Priester aus dem Tempel erklingen, flüchten die drei Damen mit Wehgeschrei. Papageno fällt in Ohnmacht. Die beiden Priester erscheinen wiederum und führen mit dem Lichtschein ihrer Fackeln die beiden Prüflinge weiter, den ruhigen, tapferen und gefassten Tamino sowie den überaus aufgeregten Papageno, der am liebsten nur heim möchte.

Nach einer kurzen Verwandlung begegnen wir im Garten dem Mohren wieder. Er hat auf einer Gartenbank Pamina entdeckt und will es nochmals versuchen, sie für sich zu gewinnen. Er schleicht näher, aber im letzten Augenblick fährt die Königin der Nacht aus der Höhe auf ihn los. Die aus dem Schlaf erwachende Pamina erkennt überglücklich ihre Mutter. Doch die sternflammende Königin erklärt ihrer Tochter, sie nicht mehr retten zu können: Mit dem Tod ihres Gatten sei vor vielen Jahren ihre Macht erloschen, ihr dunkles Reich der Sterne und des Mondes zu schwach geworden, um dem siegreichen Sonnenstaat Widerstand leisten zu können, dem nun Sarastro vorstehe. Und wenn der Jüngling, den sie ausgesandt habe, um Pamina zu befreien, sich auf dessen Seite schlage, dann sei alles zu Ende... Pamina wird tief unglücklich: Dürfe sie jetzt den Jüngling nicht ebenso lieben? Nun, da er sich für die »Eingeweihten« erklärt habe, von denen doch auch ihr Vater so oft und mit höchster Bewunderung gesprochen habe? Die Königin empört sich: Mit ihren Erzfeinden will Pamina sich verbünden? Hier erkennt man vielleicht, dass diese »nächtliche Königin« im Grunde doch das Böse verkörpert und ihr einziger Wunsch darin besteht, diese »Eingeweihten« zu vernichten, um selbst die ganze Macht der Welt auszuüben! Sie übergibt ihrer Tochter einen Dolch: Mit ihm solle Pamina Sarastro töten. Sie zwingt ihr die Waffe und die mörderische Absicht geradezu auf – mit einer der großartigsten Arien: »Der Hölle Rache kocht in meinem Herzen …«

Aus dem Versteck, in dem er die ganze Szene zwischen Mutter und Tochter belauscht hat, tritt der Mohr auf Pamina zu. Er erklärt ihr, von allem zu wissen: von dem Mordplan und den Plänen der Königin – mit einem einzigen Wort zu Sarastro könne er Mutter und Tochter ins Verderben stürzen. In Paminas Verzweiflung tritt in diesem Augenblick, ruhig und liebevoll wie immer, Sarastro. Er erhebt die vor ihm auf die Knie stürzende Pamina und tröstet sie mit den Worten, alles zu wissen, aber keine Rachegedanken zu hegen. Dieser Trost mündet in ein herrliches Musikstück, das Sarastros edle Güte zum Ausdruck bringt: »In diesen heil'gen Hallen kennt man die Rache nicht…«. Der ganze tiefe Sinn dieses Geheimbundes wird in dieser Arie ausgedrückt.

Gleich darauf wird es wieder lustig. Die beiden Männer sind an eine andere Stelle des weiten Tempelbezirks geführt worden. Tamino harrt dort in Gedanken versunken der Dinge, die noch bevorstehen mögen. Papageno versucht immer wieder, ihn zum Sprechen zu verleiten. Er beklagt sich bitter über dieses Abenteuer – nicht einmal etwas zu trinken bekomme man an dieser ungastlichen Stätte! Kaum hat er dies geäußert, da humpelt ein altes Weib herein und bringt ihm einen großen Becher Wasser. Er beginnt ein Gespräch mit ihr. Ob alle Fremden hier so bewirtet würden? Dann würden wohl nur wenige kommen. Die Alte bestätigt seine Ansichten. Wie alt sie sei, fragt er scherzend? 18 Jahre und 2 Minuten! Er lacht und missversteht sie absichtlich: 80 Jahre und 2 Minuten. Nein, 18! Hast Du einen Geliebten? Freilich! Ist der auch so jung wie Du?, spottet Papageno weiter. Nein, erwidert sie ernsthaft. Er ist 10 Jahre älter als ich! Papageno kann sich nicht mehr halten. Wie heißt denn dein Geliebter? Er heißt Papageno! Papageno fährt erschrocken zurück, dann lacht er wieder: Wo ist denn dieser Papageno? Hier sitzt er, neben mir... Mit plötzlicher Angst bringt Papageno gerade noch heraus: Wie heißt du denn... Doch ein knallender Donner unterbricht das Gespräch – die Alte ist verschwunden. Papageno reibt sich die Augen, verstummt, nimmt sich vor, kein Wort mehr zu sprechen.

Da naht eine freundlichere Erscheinung: Die drei Knaben schweben auf einer Wolke herab. Unter lieblichem Gesang stellen sie einen Tisch auf und decken ihn mit köstlichen Speisen, überreichen den beiden Männern die Zauberinstrumente, die man ihnen beim Beginn der Prüfungen abgenommen hat – und fliegen, nachdem sie Tamino und Papageno nochmals Mut zugesprochen haben, davon. Tamino bläst auf seiner Flöte gedankenvoll vor sich hin, rührt die Speisen nicht an. Papageno aber greift herzhaft zu: Ja, so lässt sich diese ganze dumme Geschichte wohl ertragen, Herrn Sarastros Küche findet er hervorragend...

Da kommt Pamina, will unbefangen freudig auf Tamino zulaufen. Doch der wendet sich ab, winkt ihr, fortzugehen... Sie versteht lange nicht: Warum dieser völlige Umschwung, hat er sie nicht soeben, bei ihrer ersten Begegnung, für einen Augenblick innig in die Arme geschlossen? Und nun diese Abweisung, die sie nicht durchbrechen kann? Verzweifelt wendet sie sich an Papageno, er möge ihr diese schreckliche Wandlung erklären. Doch der, mit den Speisen beschäftigt, erinnert sich plötzlich des Schweigegebots, kein Wort kommt über seine Lippen. Pamina vermag sich dies alles natürlich nicht zu erklären, sie ist dem Zusammenbruch nahe und ersehnt nur noch den Tod. Doch Mozart weiß sie auf schönste Weise zu trösten und die Zuschauer mit ihr, die bei dieser Szene sehr traurig werden. Mozart gibt Pamina hier eine der schönsten Melodien, die er je geschrieben hat. Die Verzweiflungsarie der Pamina trifft uns alle tief ins Herz: »Ach, ich fühl's, es ist verschwunden, ewig hin der Liebe Glück…«. Traurig geht Pamina fort, während die Musik das Stück noch langsam und leise zu Ende spielt. Mich beschleicht an dieser Stelle der »Zauberflöte« stets ein seltsames Gefühl. Mit Paminas wundervoller Melodie und der immer trauriger werdenden Stimmung wird das Theater der Welt und der Wirklichkeit immer weiter entrückt, es ist, als sei man wirklich nicht mehr im Theater, sondern in einem Traum…

Die Szene verändert sich. In einem weiten Tempelhof sind die Priester versammelt, ernst und erwartungsvoll. Tamino wird hereingeführt – Papageno, der sich beim köstlichen Mahl verspätet hat, scheint verloren gegangen zu sein –, aber bei den letzten Prüfungen, die Tamino nun bevorstehen, hat er ohnedies nichts zu suchen. Spätestens hier wird klar, dass Papageno nie ein »Eingeweihter« werden wird, ein Gedanke, über den man nachdenken sollte. Tamino wird von Sarastro gelobt: Sein Betragen sei genau so gewesen, wie man es erwartet und gehofft habe. Nun stehen ihm die schwersten Prüfungen bevor. Wenn er Pamina immer noch liebe und sich wünsche, eines Tages als weises Oberhaupt eine Gemeinschaft zu regieren, so müsse er auch diese Prüfungen bestehen. Tamino ist fest entschlossen. Nun wird Pamina gerufen, freudig will sie zu Tamino eilen, doch dieser bedeutet ihr, sich ihm nicht zu nähern: Das Schweigegebot sei immer noch in Kraft. Aber trotzdem verbinden sich die Stimmen Paminas, Taminos und Sarastros zu einem Terzett, in dem gesungen viel ausgedrückt wird, was mit gesprochenen Worten noch nicht gesagt werden darf. Sarastro mahnt Tamino, den die Prüfungen erwarten, zum Aufbruch, zugleich aber wird Pamina getröstet: Es werde ein glückliches Wiedersehen geben…

Irgendwo irrt Papageno umher, verzweifelt sucht er Tamino, dessen Spur er verloren hat. Er weiß nicht mehr ein noch aus. Ein Priester tritt auf, nimmt sich seiner an, obwohl er es eigentlich nicht verdient hat: Er war ängstlich und schwatzhaft und die so genannten »höheren Dinge« des Lebens waren ihm völlig gleichgültig, gutes Essen wichtiger als alles andere, und jetzt hat er dem Priester nur den einen Wunsch mitzuteilen: Er möchte ein gutes Glas Wein! Und schon steht dieses vor ihm, er trinkt in vollen Zügen, und der Wein macht ihn gut gelaunt und lässt ihn alle Nöte vergessen. Mit seinem Glockenspiel zur musikalischen Begleitung singt er nun ein langes, teils übermütiges, teils hoffnungsfrohes Lied von geradezu volkstümlicher Melodie. Es handelt vom dritten Wunsch, den ein Naturbursche wie Papageno hat: nach dem guten Essen, dem guten Trinken nun eine liebe Freundin, ein Mädchen, eine Gefährtin – dann wäre er im Himmel! Als sein Lied zu Ende ist, steht die Alte wieder bei ihm. Sie bietet ihm an, für immer bei ihm zu bleiben – oder er muss hier eingekerkert leben und wird nur Brot und Wasser bekommen… Eine furchtbare Wahl! Doch schließlich ist die Hoffnung, wenigstens am Leben zu bleiben, doch stärker, Papageno schlägt in die Hand ein, die ihm von der Alten entgegengestreckt wird. Da fallen die Hüllen ab, und vor ihm steht ein entzückendes junges Mädchen – und es ist genauso gekleidet wie er: mit Vogelfedern! Mit einem Jubelschrei stürzt Papageno auf sie zu, aber den Namen »Papagena« kann er nicht mehr zu Ende sagen, denn ein Priester entreißt ihm das Mädchen und verschwindet mit ihr im Tempel. Papageno, zum ersten Mal wütend, schreit ihm nach: »Herr, mischen Sie sich nicht in meine Familienangelegenheiten!« – aber es nützt nichts: Hilflos stürzt er ins Nichts…

Nun sind wir in einem schönen Garten, die drei Knaben schweben erneut aus der Höhe herab. Mit einem melodiösen Morgenlied begrüßen sie die aufgehende Sonne: »Bald prangt, den Morgen zu verkünden, die Sonn' auf gold'ner Bahn!« Sie sehen Pamina verzweiflungsvoll daherkommen. Sie trägt einen Dolch in der Hand und will ihn jede Minute in ihr eigenes Herz stoßen. Ihren Worten entnehmen wir, dass sie an ein gutes Ende nicht mehr glaubt und lieber tot sein möchte, als ohne Tamino zu leben. Zärtlich und liebevoll treten die drei Knaben zu ihr, sprechen ihr Mut zu, wollen sie zu Tamino führen, der sie ebenso treu liebe wie sie ihn. Geheimnisvoller ist die folgende Szene: Zwei Männer in Rüstungen begleiten Tamino, geleiten ihn durch Felsen und eine wilde Landschaft, die voll Gefahren scheint. Doch standhaft und mutig schreitet Tamino vorwärts. Plötzlich eine Stimme: »Tamino, halt! Ich muss dich seh'n!« Pamina! Glücklich strahlt Taminos Gesicht – darf er sie nun sehen, mit ihr sprechen, sie umarmen? Die »geharnischten Männer« geben das ersehnte Zeichen: Ja, nun dürfen sie das letzte Wegstück, die schwersten Prüfungen – durch Feuer und Wasser zu schreiten – gemeinsam überwinden! Der glücklichste Augenblick ist da! »Tamino mein!«, jubelt Pamina, und ebenso erwidert Tamino: »Pamina mein, o welch ein Glück!« Unter dem ernsten und doch frohen Klang von Taminos Zauberflöte unternehmen sie, innig Hand in Hand, die Wanderung zu den Felsen, in denen sie zeitweise verschwinden, während die Musik immer weiter ihren Gang durch die Gefahren schildert. Als sie endlich wieder ans Tageslicht treten, empfängt sie ungeheurer Jubel: Menschen feiern sie mit Blumen und Bändern. Aber nicht hier ist der Ort, an dem der große Sieg gefeiert werden soll. Die Menge hat sie nur abgeholt, Tamino und Pamina, glücklich vereint, schreiten mit allen in das Licht, das sich vor ihnen aufzutun scheint.

Aber das Stück kann noch nicht zu Ende sein – was geschieht mit Papageno? Der irrt wieder umher, ist böse mit sich selbst und mit der Welt und weiß nicht, was er tun soll. Nun ruft er überall nach Papagena – beim Anblick eines einsamen Baumes reift in ihm der Entschluss, sich aufzuhängen und so seinem unglücklichen Leben ein Ende zu bereiten. Das ist natürlich ein furchtbarer Entschluss, der schlimmste, den ein Mensch fassen kann, aber bei Papageno wird selbst das Traurigste leicht lächerlich. Niemand glaubt ihm diesen Entschluss so recht, er passt so gar nicht zu ihm, dem immer Lebensfrohen! Aber er scheint entschlossen zu sein. Einmal noch möchte er das Schicksal befragen: Soll ich oder soll ich nicht? Er will bis drei zählen, und erst wenn dann keine Retterin erschienen ist, keine Papagena, niemand, der sich seiner Einsamkeit annimmt, will er… Er beginnt zu zählen, so langsam es nur geht: »… Eins …« Er blickt sich lange um: Nichts zeigt sich. »Zwei …!« Wieder nichts … Natürlich sagt er nicht gleich »Drei«, er wartet, schaut verzweifelt umher. »Viertel drei… halb drei… dreiviertel drei…« Gerade, als er doch endlich »drei« sagen und sich aufhängen will, sind rechtzeitig die drei Knaben zur Stelle. Aus der Höhe singen sie: »Halt ein, halt ein, o Papageno, und sei klug! Man lebt nur einmal, dies sei dir genug!« Und sie erinnern ihn an seine Zauberglöckchen! Er spielt sie, wobei er sich immer wieder überallhin umblickt. Und dann erscheint Papagena! Und nun, halb tanzend, halb einander umarmend, singen Papageno und Papagena, völlig gleich gekleidet, ein zauberhaftes Duett…

Dann wird es noch einmal finster. Durch geheime Gänge naht die »Gegenpartei« dem Sonnentempel: die Königin der Nacht, ihre drei Damen und der Mohr, der sich, enttäuscht von Sarastro, ihrer Partei angeschlossen hat. Er lässt sich von der Königin bestätigen, dass nach ihrem Siege Pamina seine Gattin werde. Aber sie kommen nicht weit. Die unterirdischen Gänge beginnen wie in einem Erdbeben zu erzittern, von irgendwoher stürzen Wassermassen herab – alle »Bösewichter« kommen um, wie in jedem Märchen, hier zwar nicht im Einklang mit den Grundsätzen der Lehre Sarastros, aber niemand stößt sich daran. Wir stehen im Tempel des Lichts, der Weisheit, der Gerechtigkeit und der Liebe. Und hier werden Tamino und Pamina feierlich zusammengeführt. Sarastro nimmt das Sonnenbild, das er auf der Brust trägt, langsam und mit großer Bewegung ab, um es auf Taminos Brust zu legen; dieser wird von nun an, viele Jahre lang, den Geheimbund leiten, welcher die Welt zum Glück führen soll. Triumphchöre erklingen von allen Seiten, der Vorhang senkt sich feierlich herab.

Das ganze Theater brach in Bravo-Rufe und langanhaltenden Applaus aus.

Später gingen wir noch ein Stück zu Fuß, um miteinander sprechen zu können. Was gab es da alles zu bereden! Endlich trennten wir uns... Bis zum nächsten Mal! Ich ging zu Fuß heim, tief in Gedanken, aber in froher Stimmung. Wie viel Schönes gibt es auf der Welt! Und wie leicht ist es, Menschen eine Freude zu machen...

15. KAPITEL

Unvorhergesehener Ausflug ins Reich der Technik

᭥   Aufgeregtes Stimmengewirr drang aus meinem Haus. Alle Kinder waren wiedergekommen, und alle redeten aufgeregt über das Theatererlebnis. Fragen schwirrten durch die Luft, manchmal so durcheinander, dass ich sie kaum richtig verstehen konnte. Warum zum Schluss, als alle im hellen Sonnenschein standen und jubelnd Chöre sangen, Papageno und Papagena nicht dabei sein durften? Nun, wohl darum, weil der Naturbursche Papageno immer wieder gezeigt hatte, dass der Geheimbund, in den Tamino nach bestandenen Prüfungen aufgenommen wurde, ihn nicht im Geringsten interessierte..., er war sicher mit seiner Papagena längst glücklich abgezogen in den fernen Wald, zu seinem Zuhause... »Lassen sie ihn denn weggehen?« »Natürlich! Niemand wird ihn zurückhalten...« Einige fragten, was es bedeute, dass Sarastro zuletzt das Bild der goldenen Sonne von seiner Brust nehme und es feierlich um Taminos Hals hänge? Nun, das könne nur bedeuten, dass Sarastro, alt geworden im Dienste des Geheimbundes, dem er während langer Zeit vorgestanden hatte, zurücktrete und in Tamino einen würdigen Nachfolger gefunden habe... Und warum die Königin der Nacht so hart bestraft werde, habe sie doch nichts anderes getan, als alles zu versuchen, ihre Tochter wiederzubekommen? Diese Frage war sehr schwer zu beantworten. Was der Textdichter Schikaneder sich da vorgestellt hat, wissen wir leider nicht. Wahrscheinlich brauchte er zu seinem Stück einfach zwei Gruppen von Figuren, so wie es in den meisten Märchen und Volksstücken der Fall ist: die ›Guten‹ und die ›Bösen‹... Und so machte er die einen gut: Pamina, Tamino, Sarastro, der sogar das Oberhaupt des Bundes der ›Guten‹ ist. Und zu den ›Bösen‹ zählte er die Königin der Nacht, den Mohren und die drei Damen... Die drei Knaben aber gehören zum Reich der ›Guten‹, darum dürfen sie Tamino auf seinem gefährlichen Weg geleiten... Warum sind die drei Damen ›böse‹, sie haben doch Tamino sogar das Leben gerettet, als die Schlange ihn verfolgte? Wieder eine Frage, auf die ich keine rechte Antwort wusste... »Die Zauberflöte« ist ein echtes Märchenstück, bei dem man nicht gar zu genau nachmessen und nachrechnen soll... Es ist eben ›Theater‹ und noch dazu Phantasietheater, bei dem Mozarts Musik im Laufe der Zeit das Wichtigste wurde. Wie herrlich sie ist! Alle stimmten darin überein: Mozarts Musik war wundervoll. Aber eine interessante Frage tauchte auf: Klingt die Musik der ›Guten‹ anders als die der ›Bösen‹? Wir prüften diese Frage: Die ›Guten‹ sangen ›langsamer‹, fanden einige; die Arie des Tamino beim Betrachten des Bildes, die beiden Lieder des Sarastro, die traurige Weise der Pamina, als sie gar keine Hoffnung auf ein gutes Ende mehr hatte... Es stimmte! Das befanden ein paar der ältesten Kinder, und ich fand diese Erklärung klug und richtig. Und Anja überraschte uns alle, am allermeisten mich, als sie sagte: »Wie die Königin der Nacht singt, so singt kein guter Mensch...« Das sei zwar glänzend und großartig, aber in dieser Musik liege doch ein Ausdruck des Bösen – diese spitzen höchsten Töne, das sei wie eine Waffe... Ich muss sagen, das war eine höchst interessante Erklärung für die aufgeregtesten Teile der Musik, die Mozart für die Königin der Nacht geschrieben hatte! »Wollt ihr das noch einmal hören, um zu spüren, ob Anja recht hat oder nicht?« Alle waren einverstanden. Doch bevor ich den CD-Player ein wenig aus dem Schrank hervorrückte und die Einspielung der »Zauberflöte« suchte, hagelte es noch weitere Fragen: Ob Papageno zu den ›Guten‹ gehöre? Ich hatte ihn bei der Einteilung gar nicht genannt. Als Clemens sofort rief: »Natürlich! Zu den ›Guten‹!«, zeigte es sich, dass alle dieser Meinung waren. Zu den ›Guten‹! Ich hätte es leicht gehabt, zuzustimmen und damit die Hochrufe auf Papageno noch zu verstärken, in welche die Schar ausgebrochen war. Aber ich konnte es nicht, wenn ich ehrlich bleiben wollte: Papageno gehörte zu keiner der beiden Gruppen, weder zu den ›Guten‹, noch zu den ›Bösen‹. Das war sehr schwer zu erklären: »Er ist ein ganz gewöhnlicher Mensch, wie es Millionen und Milliarden gibt. Er tut nichts besonders Böses und er tut nichts besonders Gutes. Vielleicht wird er gut, wenn er und Papagena sich auf die vielen Kinderlein freuen, die sie sich wünschen? Und darum bekommt er seine Papagena, auch wenn er die Prüfungen nicht besteht? Gut heißt: etwas Gutes denken und tun, was nicht alltäglich ist. Das hat er bis dahin nicht getan, er hat auch sicher noch keine Gelegenheit dazu gehabt... Er ist nicht böse, aber er könnte es jeden Augenblick werden, wenn man ihn ärgerte oder ihm etwas wegnähme... Ich glaube, es gibt im Leben eben nicht nur zwei Gruppen, die ›Guten‹ und die ›Bösen‹, sondern drei. Die dritte Gruppe, das sind vielleicht die einfachen, gewöhnlichen Menschen. Die können gut werden, wenn irgend jemand – die Eltern, die Lehrer oder ein guter Freund – sie wirkliche Güte und Liebe lehrt. Aber sie können auch ›böse‹ werden, wenn ihnen das jemand beibringt und sie sich Vorteile und Erfolg davon versprechen...«

Claudia stand auf und überreichte mir – verlegen, wie ich sie sonst gar nicht kannte – einen Zettel. Auf mein fragendes Gesicht hin sagte sie, sie habe heute morgen einfach Lust gehabt, vom gestrigen Theater zu erzählen. Schuld seien eigentlich ihre Eltern, denn die hätten beim Abendessen gestern gefragt, was die Kinder denn über die Aufführung zu erzählen wüssten – und da habe die ganze Zeit nur Alexander gesprochen! Aber heute morgen habe sie alles aufgeschrieben. Ich überflog den Zettel und dann gefiel mir das, was Claudia geschrieben hatte, so gut, dass ich es vorlas. Sie hatte folgendes geschrieben:

»›Die Zauberflöte‹ heißt das Stück, das wir gesehen haben. Es ist von Mozart. Ein junger Mann sieht das Bild von einem jungen Mädchen. Er findet es sehr nett, und er geht es suchen, weil es nicht zu Hause ist. Er muss weit reisen, aber er findet es und muss dazu an viele Türen klopfen. Aber er kann es nicht einfach heiraten, ein alter Mann erlaubt es nicht. Vielleicht ist es noch zu jung. Aber der junge Mann zeigt, dass er sehr viel Mut hat und keine Angst, auch bei Gewitter nicht. Er hat auch gar keinen Hunger, als man ihm gutes Essen bringt. Das gefällt dem alten Mann und den vielen Männern, die ihn begleiten. Jetzt erlauben sie ihm zu heiraten. Der Diener, der den Königssohn überallhin begleiten muss, der hat gar keinen Mut. Aber essen tut er sehr gerne. Das gefällt den Männern aber gar nicht. Er hat auch viel Angst vor ihnen. Aber als er schon ganz unglücklich ist, weil er kein Mädchen hat, bekommt er doch noch eines, das ganz so aussieht, als ob es seine Schwester wäre und sehr nett ist. Und dann bekommen beide viele Kinder, und das freut sie beide sehr, sie sind beide sehr nett. Was sie alle singen, habe ich nicht alles verstehen können, weil immer die Musik dazu spielt. Manchmal muss man sehr lachen. Die Musik ist besonders schön, viele Melodien kann man sogar nachsingen. Ich möchte sehr gern jetzt öfter in das Theater gehen, das man Opa nennt. Es waren sehr viele Kinder im Theater und es hat allen sehr gut gefallen.

Gerade hat der Alexander mir das Blatt weggenommen und gelesen. Ich habe es ihm nicht erlaubt. Er hat gesagt, dass man das Wort ›Opa‹ ›Oper‹ schreibt. Ich muss den Herrn Pahlen fragen, der weiß es bestimmt.«

Claudia erhielt starken Applaus, fast wie die Sänger im Theater. »Ihr macht euch lustig über mich!«, rief sie fast weinend, aber ihre Kameraden und ich konnten sie überzeugen, dass der Beifall ehrlich gemeint war. Nun freute sie sich sehr, lächelte zuerst, dann strahlte sie über das ganze Gesicht und umarmte Evelyn, ihre beste Freundin.

Aber Claudia war nicht die einzige, die ihre Gedanken dem Papier anvertraut hatte: Gaby streckte mir, schüchtern auch sie, einen größeren Bogen entgegen. Und da nun alle Claudias Aufsatz gehört hatten, las ich jetzt Gabys Text vor, und nach wenigen Worten hörte die ganze Schar mäuschenstill zu:

»Gestern gingen wir ins Theater, wir sahen eine berühmte Oper, die ›Die Zauberflöte‹ heißt und von Wolfgang Amadeus Mozart ist. Ich möchte gleich sagen, dass das eine sehr komplizierte Sache ist. Sie ist manchmal lustig, öfter aber ganz ernst und traurig. Die Handlung erscheint zwar sehr einfach, aber hinter allem, was man sieht, steckt ein Geheimnis. Der Königssohn Tamino, ein sehr hübscher junger Mann mit einem sehr hübschen Namen, soll eine Königstochter namens Pamina befreien, die ein merkwürdiger Mann ihrer Mutter weggenommen und in seine Burg gebracht hat. Diese Burg scheint aber eher eine Art Kirche zu sein, wenn auch nicht wie unsere Kirchen. Die Priester sprechen zwar auch von Gott, aber sie wollen vor allem Weisheit und Güte erlangen, um dem lieben Gott nahe zu kommen. Darum müssen alle Menschen, die in diese Kirche aufgenommen werden wollen, Prüfungen machen, und nur wer sie besteht, gehört dann zu den ›Eingeweihten‹, so nennen diese Männer sich selbst. Weisheit nennen sie etwas, wozu Klugheit, Mut, Schweigsamkeit und Liebe zu den Menschen gehören. Der Königssohn hat das alles, aber er erfährt es selbst erst in der Burg und bei den Prüfungen. Am Schluss heiratet er die Königstochter, die aber ebenfalls erst vieles lernen musste, bevor sie so weit war. Ich glaube, die lustigen Gestalten des Stücks sind nur dazu auf der Bühne, um zu zeigen, dass man auch ohne Weisheit leben kann. Sie zerbrechen sich nicht den Kopf, freuen sich über die kleinen Freuden, die es auf der Welt gibt, und werden eben nie ›Eingeweihte‹ oder ›Weise‹, aber es fehlt ihnen gar nicht, weil sie sicher gar nicht wissen, dass es das gibt. Ich möchte nicht schließen, ohne zu sagen, wie wundervoll ich die Musik gefunden habe! Ich höre sehr gern Musik von Mozart, besonders die langsameren Stücke, die haben meistens eine ganz weiche Melodie, die einen ein wenig traurig macht. In dieser Oper gibt es viele solcher Melodien. Eine davon singt Pamina, wenn sie ganz unglücklich ist, und zwei sogar der Sarastro, obwohl der gar nicht unglücklich ist. Ein lustiger Typ ist der Papageno, dessen Kleider so aussehen, als wären sie Vogelfedern. Er macht keine Späße, aber alles was er tut, wirkt so wie Späße. Das tun die Clowns im Zirkus so, und das ist das Lustige an ihnen, dass sie immer ernst bleiben, auch wenn das Publikum lacht. Papageno ist wie ein Clown im Zirkus – ich weiß nicht genau, wie man das schreibt, aber man wird es schon verstehen –, und ich glaube, er ist nur darum im Stück, damit das Ernste dann eben noch ernster sein soll. Es tanzen auch Tiere und Menschen in diesem Stück, wenn Tamino auf seiner Flöte bläst oder Papageno auf seinem Glockenspiel spielt, sogar Löwen, aber ich glaube, das ist nur zur Abwechslung da, zum Hauptstück gehört es gar nicht. Aber gerade da lacht das Publikum am meisten.«

Ich stockte ein paar Mal, während ich las, denn was Gaby da geschrieben hatte, war besonders gescheit! Als der Beifall, den nun auch sie von ihren Kameraden erhielt, verklungen war, fragte ich sie, ob sie das wirklich alles allein geschrieben hätte? Sie erwiderte, dass sie vor dem Schreiben lange mit Rainer darüber gesprochen hätte, mit dem sie sich gestern auf dem Heimweg vom Theater verabredet hatte. Heute waren sie also zusammengekommen und hatten »stundenlang« über die »Zauberflöte« gesprochen. Und dann hatte Gaby alles aufgeschrieben, was ihr noch im Gedächtnis geblieben war. Nicht gleich auf dieses Papier, das ich gelesen hatte, sondern in ihr Tagebuch. »Wie schön!«, rief ich. »Du schreibst ein Tagebuch?« »Nicht jeden Tag, nur wenn ich etwas Besonderes erlebe..., das darf niemand lesen – auch meine Eltern nicht. Nur Anja habe ich ein paar Seiten davon gezeigt.« »Es ist wunderhübsch!«, warf unsere kleine Sängerin Anja sofort ein. »Da haben wir wahrscheinlich ein paar Mal über dasselbe geschrieben, du und ich«, sagte ich, und Gaby nickte heftig. »Von Ihnen steht sehr viel in meinem Tagebuch! Denn natürlich habe ich viel über unsere Musiknachmittage geschrieben...« »Unser Musikbuch für die Kinder wird ja jetzt bald fertig sein..., und Alexander und Claudia werden dann einmal kommen und es abholen... Könnt ihr euch noch erinnern, wie das war, als ihr zum ersten Mal hier hereinkamt – dort vom Garten her...« Ich trat zum Schreibtisch, machte die Schublade auf und hob das große Paket Seiten in die Höhe: »Das wird euer Buch...«, sagte ich und die Kinder jubelten.

»Wir wollten eine der Arien der Königin der Nacht noch einmal anhören«, sagte ich nun. »Vielleicht um zu sehen, ob diese Musik wirklich nur zu einer ›bösen‹ Person gehören kann...« Mit zwei, drei Handgriffen war das Gerät bereit, auf dem die kleinen silbernen Scheiben abgespielt werden. »Wozu brauchen Sie die anderen Apparate?«, fragte mich Patrick verwundert. Wirklich, da stand noch eines jener Geräte, mit denen die Vorläufer der CD abgespielt werden konnten, die LPs. »Weiß jemand von euch, was das heißt: LP? Und was CD bedeutet?

CD ist die Abkürzung zweier englischer Worte: *compact disc*, die jüngste Form der Schallplatte, die damit ihre höchste Vollendung erreicht hat«, erklärte ich selbst, als mir dreißig ziemlich ratlose Gesichter entgegenschauten. »Die CD braucht keine Nadel mehr!«, sagten nun einige der Größeren. »Stimmt – was heißt denn das?« »Dass die früheren Schallplatten mit Nadeln abgespielt werden mussten...« »Was taten denn die Nadeln?« »Sie liefen in den Rillen, die in der Platte waren...« »Richtig. Vor einigen Jahrzehnten waren es noch Nadeln aus Stahl, die man selbst in den Apparat tun musste, dann aber ersetzte man diese Nadel durch einen Kristall oder einen kleinen Diamanten, die dann die Rillen entlangfuhren. Die Rillen sieht man mit bloßem Auge...« Ich hole aus meinem Schrank ein paar »alte« Schallplatten, die zwischen 20 und 30 Zentimetern Durchmesser hatten und schwarz waren. »Eigentlich sind sie gar nicht so ›alt‹ – ich selbst habe sie noch sehr oft und mit Freude abgespielt. Die Erfindung der Schallplatte war ein sehr langer und schwieriger Weg. Denkt doch: Tausend und abertausend Jahre der Menschheitsgeschichte galt der Schall, der Klang als etwas Flüchtiges, das auftauchte und sofort wieder verwehte, und das man natürlich nicht festhalten und leider nicht aufbewahren konnte. Und nun, zu Ende des 19. Jahrhunderts, versuchten erfinderische Menschen, Geräusche und Töne doch festzuhalten und aufzubewahren! Nach vielen Experimenten fanden sie die Form einer sich drehenden Scheibe, in die der Schall Zeichen eingrub, die später eine Nadel ›lesen‹ könnte. So grub man Rillen, viele enge Rillen rundum in die Scheibe. Aber diese Rillen waren nicht ganz gleichmäßig, auch wenn sie für das Auge so aussahen: Es gab Ausbuchtungen und Verengungen in ihnen, so mikroskopisch klein, dass man sie nicht sah; die Nadel aber, die sie entlangfuhr, machte alle diese winzigen Veränderungen mit...« Ich ging zum Schrank und holte eine Platte hervor: Die war ungewöhnlich dick und nur auf einer ihrer Seiten gab es die Rillen. »Das waren die frühesten Platten, man machte sie aus Schellack, einem asiatischen Harz, das man sehr hart machen konnte, – das aber leider sehr zerbrechlich blieb. Die ersten Tonaufnahmen erfolgten mit Hilfe eines großen Trichters, in den man hineinsingen oder -spielen musste, möglichst aus kurzer Entfernung. Man verstand es noch nicht, die Rillen ganz eng aneinander zu legen, und so hatten diese frühen Platten nur eine Spieldauer von drei bis vier Minuten. Außerdem waren die Geräusche der Nadel noch recht stark, die Platte krächzte und ächzte noch fürchterlich. Und doch war es der große Sieg, der den Weg in eine neue Klangwelt öffnete!« Und ich nahm die Schellack-Platte in eine Hand, die kleine elegante silberne CD in die andere und hielt sie in die Höhe. Und viele meiner kleinen Freunde konnten sich vorstellen, dass zwischen der einen und der anderen ein mühsamer Weg von fast 100 Jahren lag. Ich erzählte dann von einigen der wichtigsten Etappen auf diesem Weg: Wie die Geschwindigkeit, mit der die Platte sich drehte, immer mehr verringert wurde, und damit wurden die »Nebengeräusche«, die den Musikgenuss so empfindlich störten, immer leiser. Es gab die Platte mit 78 Umdrehungen in der Minute, es folgten solche mit 45 und dann, besonders lange Zeit, recht gute Platten, die 33 Umdrehungen in der Minute vollführten. Dann folgte wieder eine bedeutende Veränderung: Man schuf die LP – Abkürzung von »long playing«, englischen Worten, die deutsch etwa »lange Spieldauer« bedeuteten. Denn diese LP konnte ungefähr eine halbe Stunde Musik aufnehmen! Wer längere Stücke ohne Unterbrechung hören wollte, der musste zum »Tonband« greifen, das ganz anders Musik machte als die Schallplatten, komplizierter zu handhaben war und so zumeist in Radiostationen Verwendung fand. Und dann, ganz plötzlich und als große Überraschung kam ein Moment, den ich selbst erlebte: »Der berühmte Dirigent Herbert von Karajan und der Präsident der japanischen Tonträgerindustrie Sony, Akio Morita, stellten 1981 in Salzburg eine kleine, aber gewaltige Erfindung vor: Die CD. Ihr kennt sie alle, denn heute wird auf der ganzen Welt nichts anderes mehr gespielt: Die CD mit einem Durchmesser von nur 12 Zentimetern (man hat sogar eine »Mini-Disc« erfunden, die nur halb so groß ist!), ist aus metallisiertem Kunststoff, der von einer durchsichtigen Schutzschicht überzogen ist, besitzt die Spieldauer von mehr als einer Stunde und ist, sofern man sie nicht mit einem schweren Hammer bearbeitet, fast unzerbrechlich. Die CD stellt eigentlich keine der vielen Verbesserungen dar, die im Laufe von Jahrzehnten an der runden schwarzen Scheibe, der Schallplatte, vorgenommen wurde – sie ist etwas vollkommen Neues. Es gibt keine Nadel mehr, die Rillen entlangfährt, ein starker Lichtstrahl, genauer: ein Laser-Strahl tastet die Oberfläche der silbernen Scheibe ab und bringt die in ihr eingelassenen Klänge zum Ertönen, mit einer Genauigkeit, die es bis dahin nicht gegeben hatte.

Was könnte ich euch nicht alles noch erzählen über neue Möglichkeiten, welche die schnell fortschreitende Technik dem Musikleben bieten kann. Vor kaum 100 Jahren musste man persönlich anwesend sein, wo Musik gemacht wurde, um sie erleben zu können. Damals allerdings machten viel mehr Menschen als heute Musik in ihrem eigenen Heim. Aber die großen Ereignisse, die besten Sänger, berühmte Orchester, große Geiger und Pianisten konnten leider nur wenige Menschen bewundern: Nur, wer ihr Auftreten persönlich erlebte, wurde ihrer Kunst teilhaftig. Und das war sicherlich kaum jeder hundertste Mensch oder gar jeder tausendste oder gar noch weniger. Dann kam die Erfindung der ›Tonaufnahmen‹, zuerst des Grammophons mit Trichter und mehr Nebengeräuschen als Musik, und dann in schneller Folge alle weiteren Erfindungen: Man konnte Musik durch den Rundfunk, das Radio, über weite Strecken hin übertragen, und man lernte, Musik aufzunehmen – ›Einspielen‹ begann man es bald zu nennen – und konnte nun seine

Lieblingsmelodien zu Hause verwahren in einer ›Diskothek‹, ähnlich wie man seine Lieblingsbücher in einer Bibliothek verwahrte. Das war doch herrlich? Dass es möglich wurde, verdanken wir vor allem einer kleinen und doch so bedeutenden Erfindung: dem Mikrophon. Es gibt verschiedene Arten von Mikrophonen, ursprünglich verschieden in ihrer Bauart und ihrer Art des Funktionierens, heute vor allem in ihrer Form: den Eisenständer, der oben einen ungefähr 15 bis 20 Zentimeter langen Apparat trägt, vor den sich der Sänger oder Sprecher in nicht zu großer Entfernung aufzustellen hat. Das Hand-Mikrophon, das an einem langen Kabel befestigt ist und das hauptsächlich der Pop-Sänger, der Rock-Sänger, die Schlager-Sängerin knapp vor ihren Mund halten, wenn sie zum Klang ihrer ›Band‹ ihre Stimme ertönen lassen. Es gibt Mikrophone in Form kleiner Knöpfe, die der Sänger oder Sprecher auf seiner Jacke oder seiner Krawatte befestigt. Und es gibt Mikrophone, die über dem Podium großer Konzertsäle hängen und etwa eine Rundfunkübertragung oder eine Schallplattenaufnahme des Konzerts ermöglichen… Wir haben zusammen das große Orchesterkonzert besucht. Vielleicht haben einige darauf geachtet, wie viele Mikrophone da in der Luft an feinen Drähten über dem Orchester hingen?« »Fünf oder sechs…«, antworteten Clemens und Rainer. »Ja, ich habe sechs gezählt…, eines weit vorne links, bei den Geigen, ein anderes rechts vorne, nahe den Violoncelli, ein drittes über den Holzbläsern, ein viertes über den Blechbläsern, ein fünftes, das in der Nähe der Kontrabässe hing, aber auch den Schlaginstrumenten nahe – nicht zu nahe, denn die haben einen sehr starken Klang! –, und beim letzten Stück, ›Petruschka‹, hing noch ein Mikrophon über dem Flügel, der bei diesem Werk so wichtig ist… Und die Klänge, die jedes dieser Mikrophone ›eingefangen‹ hat, gehen durch Kabel in die ›Zentrale‹, wo ein Toningenieur vor einem sehr großen Tisch mit hunderten von Knöpfen und ›Reglern‹ sitzt, dem so genannten ›Mischpult‹. Es tut, was sein Name besagt: Es mischt alle Klänge, und der ›Toningenieur‹, der ein besonders feines Gehör und viel Musikverständnis haben soll, findet genau die richtige Art, dieses ›Mischen‹ zu bewerkstelligen. Zum Beispiel: Bei der Beethoven-Sinfonie, die wir gehört haben, rauschte das Bächlein – ihr erinnert euch? –, und dann begannen die Vögel zu singen. Die Mikrophone, die das Rauschen des Wassers auffangen, übertragen vielleicht ein wenig zu stark, so dass man das Singen der Vögel nicht deutlich genug hört..., dann verstärkt der Techniker, der Toningenieur, den Klang, der den Vogelgesang aufnimmt, ein wenig oder er dämpft leicht den Klang des Baches. Er stellt die ›Mischung‹ her, das klangliche Gleichgewicht zwischen den einzelnen Orchestergruppen – Streicher oder Saiteninstrumente, Blasinstrumente, Schlagzeug oder Schlagwerk – wie der Komponist es sich gewünscht hat...«

Eines Tages waren Alexander und Claudia gekommen und hatten begeistert von der Tonanlage berichtet, die die Eltern ihnen soeben geschenkt hatten. Ein Radiogerät, das die verschiedenartigsten Wellenlängen einfangen konnte: Denn mittlerweile hörte man Musikübertragungen auf Langwelle, Mittelwelle und Kurzwelle. Aber ich dachte gar nicht daran, meinen kleinen Freunden genaue physikalische Erklärungen zu geben, dazu war ihr Alter zu verschieden.

»Könnt ihr euch noch an die Wellen in unserem Teich erinnern? Die meisten von euch waren ja damals noch nicht bei uns... Wir warfen einen Stein ins Wasser und von dort, wo er die Wasseroberfläche berührte, liefen Wellen in einem rasch größer werdenden Kreis auseinander. Und wir wissen, dass genau das gleiche in der Luft geschieht, wenn irgendwo ein Schall oder Klang entsteht, wenn wir zum Beispiel eine Saite zupfen oder zwei Körper aneinanderstoßen oder auf ein Trommelfell schlagen. Von diesem Punkt aus laufen Schallwellen. Die sind allerdings nicht ganz so wie die Wasserwellen, aber als Vergleich sind die Wasserwellen ganz brauchbar. Irgendetwas – eine menschliche oder tierische Stimme, ein tönendes Instrument, zwei zusammenschlagende Körper – erregen, erzeugen einen Klang, der vom Punkt seiner Enstehung Wellen durch die Luft sendet, Luftschwingungen, die sich überall hin ausbreiten. Wie weit? Entweder bis ihre Kraft erlischt, was natürlich irgendwann einmal der Fall sein muss. Oder bis sie auf ein Hindernis treffen, einen Felsen zum Beispiel, der den Klang dann vielleicht als Echo zurückwerfen kann; irgendein anderes Hindernis, das dann zur ›Endstation‹ unseres Klanges werden kann. Vielleicht auch ein Mikrophon, das dann den Klang weiter leiten, verstärken, lebendig erhalten kann. Das alles ist recht einfach und leicht zu verstehen. Aber es ist doch auch schwierig, weil unzählige Möglichkeiten auftauchen können.« Die Kinder nickten, viele der Größeren verstanden, wovon ich sprach. Und dann erklärte Alexander den schönen neuen Apparat, den sie erhalten hatten, ein wenig näher, und wir lernten dabei wieder etwas, das für die Musik in unserer Zeit wichtig war.

»Wisst ihr auch schon«, fragte ich Alexander und Claudia, »warum euer schöner neuer Apparat zwei Lautsprecher hat?«

Eine Antwort erwartete ich eigentlich nur von dem Jungen, aber seine kleine Schwester war wieder einmal schneller: »Ja, Papa hat es uns gesagt: ›Das ist die…‹, jetzt weiß ich das Wort nicht mehr, es ist ein sehr schweres Wort… So etwas wie Stero…« Lächelnd half ich: »Stereophonie, das kommt aus dem Griechischen und bedeutet ungefähr ›Raumklang‹. Der Gegensatz dazu heißt ›Monophonie‹, und als Monophonie haben wir die Musik immer gehört: Das heißt zusammengebündelt in einem einzigen Gesamtklang. Aber schon der große deutsch-englische Komponist Händel hat um das Jahr 1720 sich Klänge vorgestellt, die aus verschiedenen Richtungen kämen und doch irgendwie gut zusammenpassen konnten. Vielleicht ist es wahr, dass er es ausprobierte, als er seinen König bei einer Fahrt auf der Themse, dem Fluss der Stadt London, begleitet und dazu zwei kleine Schiffe ausrüstete, die links und rechts von dem größeren königlichen Schiff fuhren: Auf jedes setzte er ein kleines Orchester und das ergab verschiedene, unterhaltsame Möglichkeiten des Zusammenspiels. Und dann gilt als ›Vater der Stereophonie‹ der ebenfalls wichtige französische Komponist Hector Berlioz, der 1837 bei der ersten Aufführung seines ›Requiems‹ in Paris vier Orchester aus verschiedenen Richtungen spielen ließ. Aber das war eigentlich schon ›Quadrophonie‹, Raumklang von vier Seiten, wie es unsere Zeit dann betiteln wird. Der Mensch hat ja zwei Ohren« – viele der Kinder lachten, wie immer, wenn ich ihnen etwas sehr Einfaches sagte. Aber die Sache blieb dann zumeist nicht ganz so einfach. Auch dieses Mal nicht. »Ihr erinnert euch an unseren Besuch bei Dr. Keller. Das rechte Ohr hört natürlich ›nach rechts‹, das linke ›nach links‹. Im Konzert bedeutet das, dass das rechte Ohr alle Instrumente deutlicher hören wird, die auf dieser Seite des Podiums sitzen, und das linke Ohr ebenso die ›linken‹ Klänge. Erst das Gehirn, wohin alle Sinneseindrücke geleitet werden, ›mischt‹ dann die beiden Klangbilder zu einem einzigen Klang. Die ›Stereophonie‹ nimmt nun, mit möglichst weit auseinander liegenden Mikrophonen, die beiden Klangbilder gesondert auf. Das hat vielerlei Vorteile, zum Beispiel den, dass Instrumente oder Stimmen, die weit von der Mitte am rechten oder linken Rand des Podiums ertönen, deutlicher aufgenommen werden als durch ein einziges Mikrophon in der Mitte. Und der ›Tonmeister‹ am Mischpult hat dann mehr Möglichkeiten, Einzelheiten hervorzuheben oder ›Unwichtiges‹ zu dämpfen, wie es ihm im Geiste und Sinne des Werkes notwendig erscheint. Unser Jahrhundert, das wahrscheinlich neugierigste, neuerungshungrigste von allen, macht eine

Menge Experimente auch in dieser Hinsicht: Musikklänge aus verschiedenen Räumen eines Hauses, die bei ihrem Zusammentreffen ganz seltsame Mischklänge ergeben, und viele andere Versuche. Eine kurze Zeit dachte man daran, die ›Quadrophonie‹ für alle Schallaufnahmen anzuwenden, aber dann blieb es doch bei der ›Stereophonie‹, das heißt also, bei zwei Klangbildern derselben Sache, einem ›linken‹ und einem ›rechten‹. Und die vermischte der Tonmeister nicht mehr völlig, sondern sandte das eine durch den linken Lautsprecher, das andere durch den rechten. Wenn ihr also gemütlich in eurem Wohnzimmer sitzt und hört aus den beiden Lautsprechern Musik, dann ergänzen sich die beiden Eindrücke genau wie im Konzert, und ihr empfangt ein vollständiges Klangbild. Aber nur, was ›stereo‹ aufgenommen wird, kann natürlich wieder ›stereo‹ abgespielt werden... Doch seit der Erfindung der ›Stereophonie‹ sind eine Unmenge weiterer Neuerungen dazugekommen...« Die Kinder waren neugierig geworden: Ich sollte ihnen doch mehr erzählen.

»Ich habe euch von zwei Komponisten erzählt, und bald werden wir von vielen anderen zu sprechen haben... Was ein Komponist ist, wisst ihr doch alle?« »Natürlich!«, scholl es mir im Chor entgegen: »Ein Mann, der schöne Musik schreibt, der die Melodien niederschreibt, die wir singen oder spielen...« »Oho!«, unterbrach ich, »warum muss das ein Mann sein? Wir haben ja schon einmal über diese merkwürdige Frage gesprochen, vielleicht können sich ein paar von euch erinnern. Es ist wahr: Wenn wir die hundert bekanntesten Komponisten aufzählen, so ist kaum eine Frau dabei. Das hat wahrscheinlich gar nichts mit der Begabung zu tun, sondern einfach damit, dass in früheren Zeiten die Aufgaben der Frau stets im Hause lagen – Kinder, Küche, Gäste bewirten und so weiter. Die Aufgaben des Mannes aber lagen in der Welt: Beruf vor allem, Gelderwerb, Ruhm, gesellschaftliche Stellung... und die Musik gehörte, wenn sie nicht stille Hausmusik war, wenn sie also in die Öffentlichkeit drang, allein in den Bereich des Mannes. ›Virtuosinnen‹ gab es allerdings, Mädchen und Frauen, die glänzend Klavier spielten oder Geige oder Flöte oder Harfe, und manche davon sind berühmt geworden. Aber Komponieren blieb viele Jahrhunderte hindurch die Sache des Mannes. Heute ist es nicht mehr ganz so: Es gibt Frauen in vielen Ländern, die wunderbar komponieren. Ihr habt von ›schöner‹ Musik gesprochen, die der Komponist schreibt? Aber darüber was schön ist, lässt sich im Leben ja streiten, und so auch in der Musik… Wie aber komponiert der Komponist? Es gibt solche, die ein ganzes Werk, das ihnen einfällt, im Kopf haben. Sie können also am Schreibtisch sitzen – früher einmal war es ein hohes Schreibpult, an dem man stand – und einfach die Musik sozusagen vom Kopf auf das Papier fließen lassen. Die Mehrzahl der Komponisten aber will den Klang ausprobieren, sie ›fantasieren‹ auf dem Klavier, bis es so klingt, wie sie es sich vorstellen. Und dann schnell zum Schreibtisch, wobei sie dann mit Schrecken erkennen, dass sie einen Teil des Fantasierten wieder vergessen haben. Dagegen hilft nun eine moderne Erfindung: Es gibt heute die Möglichkeit, mit Hilfe eines Apparates, der am Klavier befestigt wird, alles Gespielte in Notenform auf das Papier zu bringen! Es gibt aber auch die vielleicht noch verblüffendere Erfindung, eine auf das Pult gelegte Notenschrift sofort durch das Klavier spielen zu lassen. Was für Irrtümer entdeckt der Komponist dabei: Hier hat er eine falsche Note geschrieben, hier hat er ein Pausenzeichen vergessen, da sollte noch ein p (piano, leise) stehen, da fehlt die Tempobezeichnung, ob schnell, sehr schnell oder langsam…!«

»Schaut euch einmal diese kleine silberne Scheibe an!« Alle Kinder wissen längst, dass das eine CD ist, und sie finden es ganz selbstverständlich, dass darauf mehr als eine Stunde Musik Platz hat. Wenn ich ihnen aber sage, dass ich, als ich so alt war, wie sie es jetzt sind, noch keine Ahnung hatte von der kleinen Silberscheibe, ja noch nicht einmal von der LP, und noch nicht von den 33er-Schallplatten, dann lachen sie herzlich und halten mich für einen uralten Mann, vielleicht aus der Steinzeit, von der einige in der Schule schon gehört haben. »Und nun hat es eine neue Anwendung für die CD gegeben. Inzwischen war ja das Fernsehen neu dazugekommen, die weltweite Television, die das Leben der Menschen aller sozialen Schichten, umgestaltet hat. Dass gerade das Fernsehen für die Musik ungeheuer wichtig werden würde, ja ganz neue Ausblicke eröffnen konnte, war sehr bald klar. Und nun erfand man – ein technisches Kunststück, nein, eine Reihe von Kunststücken, die zusammenwirkten – Ton und Bild auf die gleiche kleine Silberplatte zu bannen: Man nennt das DVD, Digital video disc oder, wie das Gerät, auf dem es abgespielt wird, CD-ROM. Eine wirklich fantastische Angelegenheit, von der Jahrtausende nicht einmal geträumt haben, die aber für euch sehr bald etwas ganz Natürliches sein wird. Ihr werdet noch viele musikalische Erfindungen erleben. In der Musikwelt wird manches anders sein als heute!«

Renzo kroch unter dem Flügel hervor. Er war ein wenig beleidigt, seit wir mehrmals alle gemeinsam fortgegangen waren – ins Konzert, ins Theater – und er nicht hatte dabei sein dürfen! Ich hatte ihm zwar erklärt, dass das Orte seien, wohin man Hunde nicht mitnehmen dürfe, aber er fand das höchst ungerecht, wenn ein Hund so klug und wohl erzogen war wie er.

Therese öffnete einen Spalt breit die Tür und rief ihn. Renzo hatte, wie ich erfuhr, seinen gestrigen Napf nicht angerührt. Er war traurig, weil das Musikzimmer nicht von lustigen Kinderstimmen belebt war. Armer Renzo, wie bald sollte unsere glückliche Sommerzeit zu Ende gehen! Die Tage wurden merklich kürzer, tiefe Wolken flogen manchmal über meinen See, ja, sogar das abendliche Froschkonzert war leiser geworden. Renzo aber lief nicht zu Therese, die ihm die Türe offenhielt, wie immer.

Er stürzte auf den breiten Ausgang zum Garten zu, wo er mit lautem Bellen einen Besucher begrüßte. Dort tauchte ein lieber Freund auf, der im Radio eine wichtige Stellung einnimmt. Er kam näher und sah, dass ich noch die kleine silberne Scheibe in der Hand hielt, Musiktechnik: Das war ja genau sein Gebiet!

Mein Freund Jakob blickte ein wenig erstaunt in unser Zimmer herein. Er sah die vielen Kinder und mich in ihrer Mitte, und er hob die Hände zu einem freundlichen Winken. Dann drehte er sich noch einmal um und schaute hinaus in die Landschaft, auf den kleinen See und den sich schon herbstlich färbenden Wald dahinter: »Schön hast du's da! Ich habe die Natur so gern, und habe doch fast den ganzen Tag mit der Technik zu tun...« Er hatte sich langsam wieder zu uns gedreht und trat nun in den Raum. Wir begrüßten einander herzlich und ich stellte ihn den Kindern als den »Onkel Jakob« vor, weil wir alle unsere Gäste immer als »Onkel« bezeichneten, auch wenn sie es gar nicht waren. »Der Onkel Jakob ist ein wichtiger Mann im Radio, und da beschäftigt er sich vor allem mit Musik. Aber nicht nur mit den Musikstücken, sondern damit, wie diese Musikstücke zu den Millionen Menschen kommen, die Radio hören...«

»Und das nennt man die ›Technik‹ der Musik!«

»Und gerade heute haben wir über diese ›Technik der Musik‹ gesprochen«, sagte ich und hob die kleine silberne Scheibe hoch, die ich gerade auf den Flügel gelegt hatte. Die Kinder schrien im Chor: »Die CD!« »Ja, die CD ist ein ganz wichtiger Teil der heutigen Musiktechnik. Meistens kommt die Musik, die unsere Sendetürme ausstrahlen und die ihr zuhause an euren Radioapparaten hört, von diesen kleinen silbernen Scheiben, den CDs. Die CD bedeutet einen riesigen Fortschritt gegenüber allen früheren Arten von Platten, die es gab: Sie hat keine Rillen, keine Nadel mehr, sondern arbeitet nur mit sehr starkem Licht, dem ›Laserstrahl‹, sie hat also keine Nebengeräusche, die bei früheren Platten so gestört haben...«

Da sprang, für uns alle ganz überraschend, Clemens auf und meldete sich aufgeregt zu Wort: »Meine Eltern haben eine große Sammlung von LP's, die spielen wunderschön...« Onkel Jakob lächelte ein wenig: »Bravo, mein Junge! Du hast ganz Recht, die LP war wunderschön; es gibt sogar Leute, kluge Leute, die diesen Klang dem der CD vorziehen. Man könnte sagen: Sie finden ihn ›wärmer‹, natürlicher als den der CD...« Clemens strahlte über das ganze Gesicht. Ich weiß, dass er zuhause stundenlang sitzen und mit seiner großen Sammlung von LP's Musik hören konnte. »Weißt du«, fuhr Onkel Jakob fort, »was an der CD für uns vor allem die größten Vorteile bedeutet? Nicht, dass sie schöner klänge als die LP, sondern dass sie widerstandsfähiger ist, nicht so leicht verletzbar und viel, viel kleiner, so dass eine Sammlung von Tausenden von CDs viel weniger Platz einnimmt als eine Sammlung von LP's.« Jakob beobachtete mit Freude, dass unter den Kindern wieder einmal lebhafte Gespräche in Gang gekommen waren, und er sagte zu mir: »Hast du deinen kleinen Freunden noch mehr von der Technik erzählt, von der ›Tontechnik‹, ›Musiktechnik‹?« Bevor ich antworten konnte, fragte Alexander: »Was ist eigentlich ›Technik‹?« Ja, was war Technik? »Technik ist...«, begann ich, »eigentlich alles, was dem Menschen bei seinen Arbeiten helfen kann: Apparate, Maschinen, Werkzeuge... Als vor 4000 Jahren die Ägypter ihre ungeheuren Pyramiden bauten, müssen sie schon so etwas wie eine ›Technik‹ besessen haben und seitdem haben die Menschen ungezählte Erfindungen gemacht, um so leben zu können wie wir heute leben: Mit Millionenstädten, Wolkenkratzern, Düsenflugzeugen, Raketen... Vor allem bedient sich die Technik der Naturkräfte, die sie zu zähmen versucht. Heute ist ›Technik‹ eines der wichtigsten Worte. Gerade jetzt in unserer Zeit, werden gewaltige, beinahe unbegreifliche Dinge entdeckt und geschaffen, und manche davon beziehen sich auf den Klang, seine Aufbewahrung und

seine Verbreitung, haben also mit Musik etwas zu tun...
Willst du uns, lieber Jakob, ein wenig mehr erzählen?
Aber bitte: So leicht verständlich du kannst...« Die Kinder lachen, ein paar der Älteren scheinen sogar ein wenig gekränkt: »Nein nicht euretwegen, meine ich natürlich, sondern weil ich Angst habe, ich könnte es nicht verstehen...« Nun lachten sie noch stärker.

»Ja, Kinder, die CD, die euch so wertvoll und selbstverständlich geworden ist – ihr wisst, das ist eine Abkürzung des englischen Begriffs ›compact disc‹, was ungefähr ›zusammengepresste Scheibe‹ bedeutet –, die CD ist schon eine Angelegenheit von gestern. Seitdem hat man zum Beispiel die Scheibe erfunden, die zwar ebenso aussieht wie die CD, aber unter ihrer silbernen Fläche viel mehr verbirgt: Nicht nur Klänge, das heißt Sprache und Musik, sondern auch Bilder. Und um diese sichtbar zu machen, braucht sie natürlich einen Bildschirm, geradeso wie der Computer, den heute die ganze Welt benützt und für hundert verschiedene Zwecke. Diese Scheibe und ihr etwas komplizierterer Abspielapparat heißen CD-ROM. Für diese Scheibe verwendet man auch den Namen DVD, was ebenfalls aus dem Englischen kommt und ›digital video disc‹ bedeutet...«

»Alles englisch?«, rufen ein wenig enttäuscht Gaby und Helga.

»Ja, das ist leider so, die meisten Erfindungen und vor allem ihre weltweite Verbreitung kommen aus Amerika, wo man ja auch Englisch spricht. Und so haben wir heute in allen Sprachen sehr viele englische Worte eingestreut und werden wohl in einigen Jahren gar nicht mehr merken, dass sie nicht deutsch sind...«

»Und vom MP3 müsste ich euch erzählen«, fuhr Onkel Jakob fort, »das ist die Möglichkeit, Musik über das Internet, das ihr ja sicher schon alle kennt, auf euren Computer zu bringen. Diese Musik braucht keine CD mehr, braucht überhaupt keine Platte: Euer Computer spielt euch direkt eure Lieblingsmusik zu. Und die könnt ihr dann sogar ›speichern‹ und so immer wieder ertönen lassen, so oft ihr wollt...«

»Was heißt MP3?« will Patrick wissen. Onkel Jakob und ich ziehen lange Gesichter und sehen einander ratlos an, was den Kindern ungeheuren Spaß macht. Nach einigem Nachdenken setzt Onkel Jakob an. »Diese Erfindung hieß ursprünglich: MPEG 2.5 Audiolayer, – ein Name, den sich niemand merken konnte. Darum kürzte man ihn ab zu MP3, das ist leichter und genügt... wenigstens mir und dem lieben Kurt...«

»Mir auch«, erklang Claudias Kinderstimmchen und erntete den fröhlichsten Applaus des Nachmittags.

»In wenigen Jahren wird es vielleicht keine Platten mehr geben, von denen Musik tönt, aber wahrscheinlich wird jeder Mensch, jede Familie ein Internet haben, so wie heute einen Telefonanschluss. Das Internet ist ja eine Art Telefon, ein Telefonnetz über die ganze Welt, das aber viel mehr kann als das Telefon: Es kann Bilder, Texte und Musik in einem Augenblick um die ganze Erde schicken...«

»Ja, wir könnten euch noch viel Neues über die modernste Technik erzählen, die soviel mit Musik zu tun hat«, übernahm ich das Wort von meinem Freund Jakob. »Ich könnte zum Beispiel unserer Geigerin Helga berichten, dass sie, wenn sie in einigen Jahren in einem Orchester mitspielen wird, vielleicht kein Notenblatt mehr vor sich haben wird: Da wird vielleicht ein beleuchtetes Band vor ihr ablaufen, auf dem ihre ›Stimme‹ steht und das sich genau mit der Geschwindigkeit des Musikstücks weiterschiebt, – also gibt es kein Umblättern mehr...« Helga seufzt auf: Sie ist bekannt dafür, dass ihr bei jedem Umblättern alle Noten vom Pult fallen, und die des Nachbarn dazu. »Das hat vor kurzem ein berühmtes Orchester, die Bamberger Sinfoniker, ausprobiert und vielleicht werden bald alle Kapellen so spielen. Aber die Neuigkeit hat auch Nachteile. Der Musiker kann sich auf dem Bildschirm nichts von den Anweisungen des Dirigenten aufschreiben, so wie es heute geschieht, er kann auch bei längeren Pausen keine Männchen auf das Blatt zeichnen, weil es eben kein Blatt mehr gibt...«

Vor unseren großen Fenstern war die Dämmerung herabgesunken. Der Wald lag schon fast im Dunkel, nur im hellen Himmel sausten späte Vögel noch hin und her. Das Froschkonzert hatte eingesetzt. Es war Zeit, meine kleinen Freunde nach Hause zu schicken, aber etwas sehr Wichtiges wollte ich ihnen noch sagen: »Heute haben wir viel über Technik gesprochen, das ist sehr interessant und wichtig. Aber mindestens ebenso interessant und wichtig ist die Natur. Sie soll nicht zum Gegenteil der Technik werden, beide zusammen sollen ihren Platz in eurem zukünftigen Leben haben. Die Musik ist Natur. Wir nehmen die Technik nur zu Hilfe, um zum Beispiel Musik zu hören, die weit weg von uns erklingt, in London oder Rom oder New York oder Buenos Aires. Oder um Musik zu hören, die früher einmal gemacht worden ist. Also hören wir Radio oder CDs. Aber ich sage euch: Musik selbst machen ist viel besser. Wenn ihr in der Schule mit dem Chor ein schönes Lied singt, werdet ihr viel Freude daran haben, auch wenn ein paar falsche Töne darin sein sollten. Und wenn ihr zuhause zu einem Instrument greift und selbst ein wenig Klavier spielt oder Geige oder Cello, dann habt ihr ebensoviel davon wie beim Anhören eines Konzerts über den Lautsprecher. Selbst Musik machen, viel Musik hören, wo immer sie ertönt: Volkslieder auf dem Land, ein Konzert in einem Saal, eine Oper im Theater... Eine Platte, ein Radiokonzert, die Fernsehübertragung eines musikalischen Ereignisses, wenn ihr nicht selbst dabei sein könnt. Aber dann: Wirklich zuhören, gut und sehr aufmerksam zuhören! Und nun gute Nacht, morgen erwarte ich euch wieder, jetzt sprechen wir bald über die großen Komponisten, aber vielleicht gibt es über die »Zauberflöte« noch einiges nachzutragen. Ich freue mich, dass sie euch solchen Eindruck gemacht hat! Ihr sollt immer Freude an Musik haben!«

16. KAPITEL

Nachklänge unseres Opernabends

🎵 Alle wieder da, die Köpfe noch voll von Stereo, CD, DVD, MP3, – lauter Dingen, von denen man 50 Jahre früher noch nichts wusste und die für moderne Kinder nun eng mit Musik verknüpft sind. Auf meinem Tisch liegt die Aufnahme der »Zauberflöte«: Wir wollten einige Musikstücke daraus gerne nochmals hören.

Und schon erklangen die ersten Akkorde und eine klare Stimme begann zu singen: »Der Hölle Rache kocht in meinem Herzen…« Die Stimme wird schnell schärfer, drohender – klingt sie nicht sogar böse? Die Mutter droht, ihre Tochter für immer zu verstoßen, wenn diese nicht Sarastro tötet! Diese »Arie« ist berühmt für ihre Schwierigkeit, die in der rasenden Geschwindigkeit besteht, mit der eine Fülle von Tönen gesungen werden muss. In der Musik nennt man diese Art des Singens »Koloratur«, die Königin ist also ein »Koloratur-Sopran«. Das heißt: Ihre Stimme ist ein Sopran, gehört also in das höchste »Fach« der menschlichen Stimmen, und da sie eine besondere Fähigkeit für »Geläufigkeit« haben muss, für eine rasche Aufeinanderfolge von Tönen, nennt man sie »Koloratur-Sopran«. Nicht in allen Opern kommen solche Stimmen vor, aber als ich jetzt nachdachte, fiel mir wirklich auf, dass sie meistens zu Rollen gehörten, die man als »böse«

bezeichnen kann oder zumindest als »kalt« und »gefühllos«. Halt! Zu den berühmtesten Rollen dieser Art gehört ja auch Gilda in der Oper »Rigoletto« von Verdi! Und die ist nun gar nicht kalt und gefühllos und schon gar nicht böse!

Ganz im Gegenteil! Also: Die Idee, alle »bösen« Frauen in der Oper hätten Koloratur-Stimmen in höchster Lage – die stimmt gar nicht! In der »Zauberflöte« aber ist doch etwas Wahres dran! Da gibt es zwei große Frauenrollen – die Rolle der Papagena ist zwar reizend und gefällt dem Publikum sehr gut, aber es ist doch keine Hauptrolle –, die Königin der Nacht und ihre Tochter Pamina. Die Königin zählt zu den »bösen« Rollen, die Pamina aber ist die Güte selbst.

»Wir haben soeben die Arie der nächtlichen Königin gehört – nun spiele ich euch die Arie der Pamina vor. Ihr werdet euch gleich daran erinnern...« Und sodann erklang der traurige Gesang, den Pamina anstimmt, als sie sich von Tamino verlassen glaubt: »Ach, ich fühl's, es ist verschwunden, ewig hin der Liebe Glück...« Die Stimme floss weich dahin, sie war voll Trauer und Schmerz. Auch Pamina muss eine Sopran-Stimme besitzen, also ebenfalls eine hohe Stimme, aber sie muss viel weicher und gefühlvoller klingen als die ihrer Mutter, der Königin.

»Klingt es nicht auch deshalb netter, weil Pamina viel langsamer singt als die Königin?«, fragte Anja. »Das kann damit zusammenhängen«, meinte ich. »Schnelle Musik ist meistens lustiger als langsame. Aber ganz so einfach ist es doch nicht, dass man sagen könnte, langsame Musik muss immer traurig sein. Langsame Musik kann ernst sein, nachdenklich, muss aber darum nicht traurig sein! Erinnert ihr euch an die schönen Arien, die Sarastro gesungen hat?« Ich suchte auf der CD den einen der beiden großen Gesänge Sarastros: »In diesen heil'gen Hallen kennt man die Rache nicht...« Da heißt es: »... dann wandelt er an Freundes Hand vergnügt und froh ins bessere

Land...« »Das ist doch gar nicht traurig! Es klingt nur sehr ernst, denn die Rolle des Sarastro ist die ernsteste von allen...« »Er singt auch am langsamsten...«, befand Alexander, als die ersten Noten der Arie erklangen. Sobald sie beendet war und uns alle wieder tief beeindruckt hatte, sagte ich: »Sarastro hat eine Bass-Stimme, die tiefste aller Stimmen. Jetzt wisst ihr ja schon viel über die Stimmen, die es gibt: Sopran ist die hohe Frauenstimme und Alt die tiefe Frauenstimme. Die hohe Männerstimme heißt Tenor, die tiefe Bass. Aber es gibt auch Frauenstimmen, die nicht ganz so hoch sind wie der Sopran, die ein wenig ›dunkler‹ klingen und doch nicht ganz so tief und dunkel wie der Alt: Die nennt man ›Mezzo-Sopran‹ und das heißt im Italienischen ›halber Sopran‹, also in der Mitte zwischen Sopran und Alt. Und das gleiche gibt es bei den Männern: Eine Stimme kann weniger hoch sein als der Tenor, aber doch ›heller‹ als der Bass: Diese Stimme nennt man ›Bariton‹... Euer Freund Papageno zum Beispiel: Das ist eine Bariton-Rolle! Der Bariton ist keineswegs immer so lustig wie in der ›Zauberflöte‹! Er kann auch sehr ernst sein, das hängt vom Charakter des Sängers ab: Es ist zumeist so, dass der Sänger des Papageno auch im Leben ein lustiger Bursche ist, aber auch diese Regel stimmt nicht immer! Ein guter Sänger, der natürlich auch ein guter Schauspieler sein soll, muss viele Charaktere darstellen können! Er muss lustig und traurig sein können, und das Publikum muss ihm beides wirklich glauben können!«

»Gibt es in allen Opern ›Arien‹?«, wollte Anja wissen. »O nein! Die gab es eigentlich nur in den Opern früherer Zeiten. Da sangen die Menschen auf der Bühne längere Zeit in einer Art schnellen Sprechgesangs, bei dem es keine rechte Melodie gab, wo es aber wichtig war, dass man den Text gut und deutlich verstehen konnte... Dann aber kam die Zeit, da der Sänger mit einer großen, schönen Melodie seine Gefühle ausdrücken sollte: Und da gab ihm der Komponist eine ›Arie‹. Erinnert euch an die ›Zauberflöte‹: Da sprachen die Sänger ihren Text, da ›tat sich etwas‹, da gab es viel zu sehen auf der Bühne – und dann setzte die Musik wieder ein und es konnte eine Arie kommen – wenn einer allein sang – oder ein Duett, wenn es zwei waren, ein Terzett, wenn es drei waren ... Zugleich wurde viel weniger ›gespielt‹, die Personen standen zumeist still und dachten nur an das schöne Singen ... So ist es in der ›Zauberflöte‹, aber es gibt auch Opern, in denen überhaupt nicht gesprochen wird, sondern eben nur gesungen, wie ich es eben erklärt habe: eine Art Sprechgesang. ›Die Zauberflöte‹ nennt man oft ein ›Singspiel‹. Das ist ein Wort, das man nur in der deutschen Sprache anwendet, nur bei Stücken, die auf deutsch geschrieben sind. Bei den Italienern aber gibt es solche Stücke nicht, in italienischen Opern wird nie gesprochen, sondern immer nur gesungen! Und dort gibt es eben den Sprechgesang, von dem ich erzählt habe! Arien aber, Duette, Terzette, Quartette und so weiter, die gibt es überall, in der italienischen Oper und im deutschen Singspiel, das man manchmal ebenfalls ›Oper‹ nennt.«

»Duette und Terzette und das alles – die gibt es zwischen allen Sängern? Und Arien kann jede Person auf der Bühne singen?«, wollte Anja wissen.

»Ja, Arien gibt es für Sopran, Mezzosopran, Alt, Tenor, Bariton und Bass. Allerdings schreibt der Komponist solche Arien, die natürlich zu den schönsten Teilen einer Oper gehören, vor allem für die Hauptrollen, also für die wichtigsten Personen in der Handlung. In der ›Zauberflöte‹ haben wir Arien für die beiden Soprane gehört, Arien für den Bariton Papageno und den Bass Sarastro, eine Arie für den Tenor Tamino, ja sogar ein kleines Musikstück für den Mohren, das ich aber eher ein Liedchen nennen würde als eine Arie, weil es nur kurz ist und der Mohr eben doch keine Hauptrolle hat. Auch einige Duette habt ihr gehört: Da singt der Papageno mit der Pamina, also ein Bariton mit einer Sopranistin, da singen Papagena und Papageno miteinander das lustige Duett: ›Pa... pa... pa...‹ Da gibt es ein Terzett, also einen ›Dreigesang‹: Pamina, Tamino und Sarastro... Ich habe euch gesagt, dass diese Einteilung in Sprechgesang oder sogar richtiges Sprechen und Arie, Duett und so weiter ein Merkmal der alten Opern ist...«

»Ist die ›Zauberflöte‹ eine alte Oper?«, fragten einige.

»Ja! Es gibt zwar noch ältere, aber die ›Zauberflöte‹ ist mehr als 200 Jahre alt, und das ist ziemlich viel... Bei Opern aus neuerer Zeit gibt es viel weniger Arien und Duette als früher und den Sprechgesang überhaupt nicht mehr. Das ist so wie bei den Theaterstücken: In alter Zeit sprachen die Personen viel länger, bevor eine andere zu Wort kam, die Wechselgespräche erfolgen heute viel rascher, wie im täglichen Leben: Es geht ›dramatischer‹ zu... Aber das werdet ihr erst verstehen, wenn ihr in den nächsten Jahren öfter in die Oper gehen werdet. Es gibt so viele schöne Opern, und viele sind auch von der Handlung her sehr interessant! Wenn eine Handlung, die uns interessiert, zusammentrifft mit einer schönen, packenden Musik, dann gibt das eine prächtige Oper. Denn eines ändert sich niemals: Eine Oper ist immer ein Werk, das aus zwei Bestandteilen besteht: dem Text, also der Handlung, und der Musik. Und beides soll so fesselnd wie möglich sein!«

»Ist ein Konzert leichter zu verstehen als eine Oper?«, fragte Gaby. »Das ist eine schwierige Frage«, antwortete ich. »Eigentlich müsste es leichter sein, eine Oper zu verstehen, denn der Text sagt ja immer genau, was die Oper erzählt. Und die Musik drückt eigentlich immer das gleiche aus, was der Text sagt. Aber die Musik kann Gefühle ausdrücken, die mit Worten schwer auszudrücken sind, das ist eine der schönsten Eigenschaften der Musik! Im Konzert aber haben wir es nur mit der Musik zu tun, ganz gleich, welche Art von Musik gemacht wird. Konzerte, mit

Ausnahme der Liederabende und der Chorkonzerte, sollen nur mit der Musik auf uns wirken. Im Grunde gibt es zwei Arten von Musik: Die eine kann man ›schildernde‹ Musik nennen oder ›erzählende‹ Musik. Sie ›malt‹ sozusagen mit Tönen! Für die andere Musik, die das nicht tut, gibt es auch einen Namen, den ich schon einmal erwähnt habe: ›absolute‹ Musik. Das bedeutet ungefähr: Musik, die nichts Bestimmtes ausdrückt, die nur Musik sein will und nichts anderes… Leicht ist die Musik zu verstehen, die ›malt‹ – man nennt das ›Tonmalerei‹ –, die uns also mit Hilfe eines Titels schon im voraus sagt, was wir uns vorstellen sollen, wenn sie erklingt. Dafür gibt es unzählige Beispiele – eines davon haben wir gehört: die Sechste Sinfonie von Beethoven, die ›Pastorale‹, die Ländliche. Die malt ein Landschaftsbild, die Felder, Wälder und Wiesen, den Bach mit seinem Murmeln und Rauschen, das Gewitter mit Blitzen und Donnern, das den fröhlichen Tanz der Bauern unterbricht… Ihr erinnert euch bestimmt!« Ein frohes »Ja!« erklang in der Runde. »Wollt ihr noch ein ähnliches Stück hören?« Alle wünschten sich das und ich kramte aus meinem Schrank noch eine ›silberne Scheibe‹ hervor, eine CD, auf deren Deckel stand: Smetana »Die Moldau«. Während ich sie langsam in den Apparat schob, erklärte ich:

»Der tschechische Komponist Bedřich Smetana – wobei das e betont wird! – komponierte sechs ›Sinfonische Gedichte‹, wie man diese Art Orchesterstücke nennt, in denen er Landschaften aus seinem Vaterland musikalisch beschreibt, oder historische Gestalten aus der Geschichte oder Legenden aus alter Zeit. Und diese Stücke zusammengenommen – was man wiederum als einen ›Zyklus‹ bezeichnet – nannte er ›Mein Vaterland‹. Eines dieser Stücke ist besonders berühmt geworden. Es schildert in Tönen den großen Fluss, der Tschechien durchströmt: die Moldau. Dieses Stück will ich euch vorspielen. Da werdet ihr ganz deutlich hören, wie oben auf den Bergen zwei

Bächlein entspringen, wie sie sich ein wenig tiefer treffen und einen breiten Bach bilden, der dann zum Fluss wird... Der strömt immer weiter und weiter, bei Nacht singen Nixen auf den Felsen, die sich seinem Lauf entgegenstellen, es gibt Hindernisse – die nennt man Stromschnellen, da stürzen die Wellen über große Steine und schäumen und drängen immer weiter hinunter... Am grünen Ufer des Flusses werden Häuschen sichtbar, eine Kirche, ein Platz, auf dem zu den Klängen einer Kapelle junge Leute aus dem Dorf fröhlich eine Polka tanzen – das ist der Nationaltanz der Tschechen. Doch der Fluss kann sich nicht aufhalten, er muss weiter und immer weiter..., längst ist er in der Ebene angelangt, er nimmt andere, kleinere Flüsse auf, Bäche kommen gelaufen und werden in seinen immer breiter werdenden Wassern aufgenommen..., da taucht in der Ferne eine große Stadt auf, mit vielen hohen Türmen und mit Brücken, unter denen der Fluss breit und mächtig dahinfließt. Die Stadt ist Prag, die schöne Hauptstadt von Tschechien... Und dann öffnet sich die Ebene und die Moldau wird breiter und langsamer..., und zuletzt wird sie in der Ferne verschwinden... Das alles werdet ihr hören, ganz deutlich, glaube ich... Also: Die Moldau..., das Leben eines Flusses in Mitteleuropa..., mit Menschen an den Ufern, die so leben wie wir, die singen und tanzen wie wir, die seit altersher Städte gebaut haben wie wir, die ihre Felder pflügen und ernten wie wir; Nixen, die in Mondnächten aus dem Wasser steigen und wundervoll singen..., das alles kommt in diesem Musikstück vor, das fast wie ein Märchen klingt, nur in Tönen gemalt, nicht in Worten... Ein Mann hat diese Musik komponiert – so um 1880 herum, ein Mann, der sein Volk liebte, das damals noch kein eigenes Land besaß, aber schon lange eine eigene Kultur hatte, das heißt: eine eigene Sprache, eigene Dichter, die in dieser Sprache dichteten, eine eigene Musik..., ein Mann, der ein schweres Leben hatte, und der ein Ohrenleiden bekam, das ihn eines Tages taub machte. Millionen Menschen haben sein Werk ›Die Moldau‹ gehört, er selbst aber konnte es nicht mehr hören…, und zuletzt nahm sein Unglück ihm auch noch den Verstand… Bedřich Smetana… So, und jetzt setzt euch bequem hin und hört zu…, schaltet alle anderen Gedanken ab…, lasst euch von der Musik ganz erfüllen, was nicht so leicht ist wie man es sagt… Die Musik wird eure Gedanken und Gefühle leiten…, vielleicht jeden von euch ein wenig anders – und das ist gut so.« Die Musik begann…, hell und froh spielten zwei Flöten, und es klang wirklich so, als ob zwei Quellen zwischen Steinen und Moos hervorspringen würden und ihren Lauf den Berg abwärts beginnen würden, noch nicht wissend, wohin er führen wird…

Die Kinder lauschten aufmerksam, sogar die Kleinen waren still. Ab und zu sagte eines von ihnen leise und wie in Gedanken ein Wort:…»Die Nixen singen…, jetzt tanzen sie im Dorf…, die große Stadt… und die Brücken…, immer weiter weg…«

Ich drückte auf einen Knopf des CD-Players und nahm die silberne Scheibe heraus: »Es ist doch wie ein Wunder: so viel schöne Musik auf einem so kleinen runden Ding… Wollt ihr noch so ein Stück hören?« Als sie zustimmten, holte ich ein anderes Kästchen aus meinem Schrank. Es stand in der Abteilung, auf die ein großes D gemalt war. »Fängt der Name des Komponisten mit D an?«, fragte Patrick. »Ja, es geht hier nach dem Alphabet…« »Wie im Telephonbuch«, bemerkte Patrick; er war stolz, mitreden zu können, denn vor wenigen Tagen, als er das erste Mal gekommen war, hatte die ganze Welt für ihn nur aus Fußball bestanden. Inzwischen hatte er bemerkt, dass die meisten unserer Jungen sich ebenfalls für Sport und besonders für Fußball interessierten und manche nicht weniger davon verstanden als er selbst. Aber auch, dass sie manche andere Interessen hatten und insgesamt mehr wussten als er. Das wurmte ihn im Stillen und er war emsig dabei,

›aufzuholen‹, wie er es nannte. »Wie heißt denn dieser Komponist mit D?«

Ich schrieb an die Tafel hinter dem Klavier: Dukas. »So schrieb er sich, aber weil er ein Franzose war, sprach er seinen Namen ›Düka‹ aus...« »Er hat nicht viele Werke geschrieben – nein, das ist falsch. Ich müsste sagen: Er hat nicht viele Werke hinterlassen, denn er war sehr streng gegen sich selbst. Und so verbrannte er fast alle seine Musikstücke, wenn er sie genau durchsah und sie ihm nicht wirklich gut gefielen. Das Stück, das ich vorspielen will, scheint ihm gefallen zu haben, und euch wird es bestimmt auch gefallen, denn es ist lustig – aber wenn man ein wenig darüber nachdenkt, dann kommt man darauf, dass es eigentlich gar nicht lustig ist. Er schrieb es ungefähr 1897 und nannte es ›Der Zauberlehrling‹...« »Den haben wir in der Schule gelesen!«, rief Rainer. »Fein, dann kannst du uns ja erzählen, was in diesem Gedicht vorkommt?«, schlug ich vor. »Vor allem: Es ist ein sehr berühmtes Gedicht von Goethe, den man den größten deutschen Dichter nennt... Nun, was kommt darin vor, Rainer?«

»Da ist ein junger Mann, der zaubern lernen will..., aber richtig zaubern, nicht wie im Zirkus, wo ja eigentlich alles nur Tricks sind. Und so geht er zu einem alten Zauberer in die Lehre. Er hat schon ein paar von den Sprüchen gelernt, von den Zaubersprüchen, und ist mächtig stolz darauf. Einmal geht der Zauberer aus dem Haus und der Lehrling bleibt allein da. Er bekommt große Lust, zu probieren, ob er schon etwas kann. So befiehlt er einem Besen, der im Zauberkabinett in der Ecke steht, den Eimer zu nehmen und zum Brunnen zu gehen, um Wasser zu holen. Er sagt die Zauberformel, die er sich gemerkt hat, als er sie einmal vom alten Zauberer gehört hat. Und wirklich: Der Besen kommt aus der Ecke, nimmt den Eimer und läuft zum Brunnen, und als der Eimer voll ist, läuft er zurück und gießt das Wasser im Studio aus, so einfach auf den Fußboden... Der Lehrling lacht und freut sich; er glaubt, er sei nun schon ein richtiger Zauberer. Der Besen geht nun aber nicht in seinen Winkel zurück, er läuft mit dem Eimer wieder zum Brunnen, holt wieder Wasser und gießt es im Saal aus... Als er sofort wieder zum Brunnen läuft und dann noch einmal und immer wieder Wasser holt, vergeht dem Lehrling der Stolz. Er will den Besen anhalten, aber der lässt sich nicht anhalten, nicht mit Worten, nicht mit den Händen... Jetzt bekommt der Lehrling Angst. Der Boden ist schon ganz mit Wasser bedeckt und mit jedem neuen Eimer steigt das Wasser immer weiter an... So geht es weiter, der Jüngling will schreien oder davonlaufen, aber er kann vor Angst gar nichts unternehmen. Er flüchtet auf einen Schrank und schaut voll Angst hinunter auf das Wasser, das immer höher steigt. Endlich hört er die Haustüre aufgehen – der Zauberer kommt heim, und der Lehrling ist froh, aber er fürchtet sich auch vor der Strafe, die er sicher bekommen wird. Der Zauberer tritt ein, sieht sofort, was los ist und spricht eine kurze Zauberformel...«

»So Abrakadabra oder Simsalabim oder so etwas?«, riefen die Kinder belustigt dem überraschten Rainer zu, der einen Augenblick unterbrach: »Das weiß ich nicht... Aber sicher nichts so Einfaches...« »Lasst ihn zu Ende erzählen!«, bremste ich die allgemeine Heiterkeit. »Ich finde, Rainer macht das sehr gut! Nun, wie endet die Geschichte?«

»Sie ist eigentlich schon zu Ende..., der Besen geht gleich wieder auf seinen Platz zurück und stellt den Eimer ab. Das Wasser läuft nun langsam ab..., die Gefahr ist vorbei...« »Und wird der Lehrling bestraft?« »Das weiß ich nicht...«. Ich mischte mich noch einmal ein: »Ich glaube, er ist bestraft genug – durch die fürchterliche Angst, die er ausgestanden hat, nicht wahr?« Die Meinungen waren geteilt, aber alle waren fröhlich und brachen in Beifall aus, was Rainer ein wenig tröstete, da er das Gefühl hatte, schlecht erzählt zu haben und ausgelacht zu werden.

Doch nein, es hatte den Kindern gefallen. »Das ist ein feines Gedicht von Goethe«, sagte ich, »und es hat einen tiefen Sinn: Man soll sich nicht so einfach auf etwas einlassen, was man nicht genügend kennt...« Die Kinder brachen in Lachen aus, doch einige hörten bald auf zu lachen... Was der Lehrling da angestellt hatte, war vielleicht doch kein Spaß? Er hätte ja ertrinken können! Er hätte das ganze Haus überschwemmen können! Der arme kleine Lehrling hatte nur die Hälfte von dem gewusst, was man wissen muss, wenn man etwas unternimmt, und das wäre beinahe schief gegangen... »Jetzt hört einmal das Stück an, das Paul Dukas komponiert hat. Er hat die ganze Geschichte mit Hilfe der Musik erzählt... Und wir denken an unser Konzert, stellen uns das große Orchester auf dem Podium vor, sehen den Dirigenten hereinkommen..., der hebt jetzt den Stab – nun ja, es ist fast so etwas Ähnliches wie der Zauberstab, wie ihn jeder echte Zauberer hat..., und jetzt gibt er damit das Zeichen für das Orchester..., und los geht's!«

Da ist das stille Haus des alten Zauberers – den nennt man oft auch ›Magier‹ –, und die Musik klingt ein wenig geheimnisvoll... Da ist der junge Lehrling..., und dann kommt alles so, wie Goethe es gedichtet hat, und die Musik ›malt‹ das alles, als sähen wir ein Bild oder besser: einen Film... Da fiel mir plötzlich ein: Vor vielen Jahren gab es einen Film zu dieser Musik, den hatte Walt Disney gedreht..., ob man diesen Film heute noch manchmal spielt? Wieder hörten die Kinder aufmerksam zu, manchmal lachten sie leise, da glaubten sie, den Besen zu sehen, der im Eimer Wasser holte... Es wird immer lauter und wüster, immer mehr Wasser fließt in das Zauberkabinett... Und alle atmen auf, als der Magier heimkehrt und mit einer kurzen Formel den ganzen Spuk aufhören lässt...

»Die Musik kann alles ausdrücken, sie erzählt und malt, und jeder kann sich dabei alles so vorstellen, wie er es eben gerne sehen möchte...«

Es war spät geworden. Der letzte Glanz des Tages auf dem Teich war verloschen und mein Freund, der dicke Frosch, hatte sicher schon längst den Einsatz zum Konzert der Frösche gegeben. Nun hörten wir sie quaken, als die letzten Töne des ›Zauberlehrlings‹ verklungen waren. Froh liefen die Kinder nach Hause. »Bis morgen, bis morgen!«, riefen sie.

17. KAPITEL

Von den großen Komponisten

~ »Wie komponiert man eigentlich?«, fragte Alexander. »Ich will versuchen, es euch zu erklären«, erwiderte ich. »Es ist bei jedem Komponisten anders. Dem einen fällt, während er am Klavier sitzt, eine Melodie ein, die ihm gut gefällt. Er versucht, sie zu wiederholen, aber sie wird, als er sie nochmals spielt, ein wenig anders. Nachdem er sie zum zehnten Mal gespielt hat, klingt sie so, wie sie ihm am besten gefällt. Er nimmt ein Stück Papier, auf dem ›Pentagramme‹ vorgezeichnet sind – jene fünf Linien, auf denen man Noten schreibt. Und dann schreibt er auf, was ihm da eingefallen ist. Er kann das, weil er ein Musiker ist. Er hat möglicherweise schon oft eigene Melodien aufgeschrieben, und so fällt es ihm leicht, das zu tun. Vielleicht aber hat er es nur selten gemacht, und deshalb geht es langsam und nur mit großer Mühe. Zwischendurch spielt er immer wieder, was er soeben geschrieben hat: Klingt es so, wie er es gewollt hat? Ein anderer Musiker findet sofort die richtigen Noten, er muss sie gar nicht auf dem Klavier suchen. Und er muss sie auch gar nicht spielen, er weiß einfach, dass die Noten, die er aufschreibt, genau so klingen, wie er sie im Kopf hatte. Ihr wisst, dass es auch bei anderen Dingen so geht: Das eine Kind rechnet sehr gut, dem anderen fällt es schwer und es irrt sich immer wieder. Ein Kind steigt aufs Fahrrad und fährt sofort auf und davon; ein anderes muss es zwanzig, vierzig Mal und noch öfter versuchen, aber es wird immer wieder umkippen und es erst nach vielen Tagen oder Wochen lernen! So ist es bei allem! Was dem einen schwerfällt, ist für den anderen ganz leicht... Es hat berühmte Komponisten gegeben, denen schöne Melodien einfach einfielen, und es hat andere, ebenso berühmte gegeben, die jede Note, die sie aufschrieben, immer wieder ändern und verbessern mussten, bis sie endlich das Gefühl hatten, dass jede auf dem richtigen Platz stand. Mozart gehört in die erste Gruppe: Er fand für alles, was ihm einfiel, sofort die richtige Form! Zur anderen Gruppe aber gehörte Beethoven, der Komponist eines der schönen Stücke, die wir gemeinsam gehört haben. Er arbeitete jedes Werk immer wieder um, versuchte es neu und anders, strich alles immer wieder durch, änderte alles... Es war zum Verzweifeln, und so wurde jedes seiner Stücke erst nach langen Versuchen so, wie er es wollte und wie er es sich vorgestellt hatte!«

»Woher weiß man das?«, wollte Gaby wissen.

»Eine gute Frage! Denn weder Mozart noch Beethoven haben darüber gesprochen, sie behielten es für sich! Aber wir besitzen zum Glück Manuskripte von beiden! Ein Manuskript ist die Niederschrift eines Werkes von der eigenen Hand des Dichters oder des Musikers. Das Wort kommt aus dem Lateinischen, wörtlich heißt Manuskript ›von eigener Hand geschrieben‹. Solche Manuskripte gibt es heute fast nur noch in Museen, wo seltene und wertvolle Dinge aufbewahrt werden. Die Manuskripte Mozarts sind fein säuberlich geschrieben, es gibt fast keine Verbesserungen, keine durchgestrichenen Noten, man sieht, wie rasch und leicht dem Komponisten seine Arbeit fiel! Ein Blatt von Beethoven aber sieht ganz anders aus. Man ahnt, wie schwer es ihm fiel, das zu Papier zu bringen, was sein Kopf gehört hatte... Es gibt Blätter von Beethoven, auf denen beinahe jede Note durchgestrichen und anders niedergeschrieben wurde. Man fühlt, wie sehr Beethoven kämpfen musste – kämpfen mit sich selbst! –, bis das neue Werk endlich ganz so war, wie er es wollte! Mozart hingegen hat nie gekämpft! Ihm fiel alles leicht, es gelang ihm alles beim ersten Versuch so, wie er es sich vorgestellt hatte! Mozarts Manuskripte sehen immer so... so gut gelaunt aus! Die Handschrift Beethovens hingegen zeigt immer, wie sehr er litt, wenn er komponierte, wie traurig er war, wenn etwas nicht gleich so gelang, wie er es sich wünschte...«

»Dann war für Mozart das Komponieren eine Freude, für Beethoven aber schwere Arbeit?«, fragte Alexander. »Vielleicht war es für Beethoven oft sogar eine wahre Qual ... Für Mozart dagegen muss es Glück gewesen sein...«, ergänzte ich.

»Wer war der erste Komponist?«, wollte Gaby wissen.

»Das weiß niemand, aber bestimmt lebte er vor Tausenden von Jahren. Damals konnte man Noten noch nicht aufschreiben, und wenn man das nicht kann, dann gehen die schönsten Melodien im Laufe der Zeit verloren. Oft interessieren sich die jungen Menschen nicht mehr für das, was die Eltern oder Großeltern sangen; manchmal wird ein Volk in einem Krieg besiegt, und es bleiben nur noch wenige Menschen übrig, die die Lieder ihres Volkes weitergeben können. Der erste Komponist, von dem wir wissen, war vielleicht Papst Gregor der Große. Der wollte den Christen seiner Zeit Melodien geben, die sie zu Ehren Gottes, Jesu' und Marias singen sollten... Die Melodien waren schon älter, viele stammten aus dem ›Heiligen Land‹, aus dem großen Tempel von Jerusalem; sie kamen nach Europa, und Gregor sammelte sie – das war ungefähr im Jahr 600! – und fügte vermutlich noch eigene Gesänge hinzu. Aber auch diese Melodien wären längst verloren gegangen, wenn man nicht ein wenig später gelernt hätte, Musik aufzuschreiben... So um das Jahr 1000 trat eine Änderung ein. Die Musik des Papstes war religiöse Musik, Musik für die Kirche. Doch auch das Volk hatte seine Musik, vielleicht waren die Zeiten friedlicher geworden, man entdeckte immer mehr, wie schön die Welt war, und die lange Zeit der kirchlichen Musik ging vorüber, immer mehr Instrumente wurden dem Gesang hinzugefügt, das Musizieren wurde fröhlicher und der Tanz kam hinzu. Spielen, Tanzen und Singen bildeten eine Einheit und wurden von Burgherren wie von armen Bauern ausgeführt. Natürlich versuchten die Burgherren, Dichtung, Musik und Tanz kunstvoll zu gestalten, was den Bauern nicht so recht gelang. Auf die Burgen wurden ›Spielleute‹ geholt, arme Landstreicher, die mit Gauklern, Musikanten aller Art, mit Clowns und Bärenführern zur untersten Klasse jener Zeit gehörten. Oft waren diese ›Spielleute‹ aber gute Musiker, die Instrumente spielten und den Rittern, die sie aufnahmen, zeigen konnten, wie eine richtige Melodie komponiert wurde. Viele Ritter wurden zu ›Troubadouren‹ – ein französischer Name, der vom Wort ›schaffen‹ oder ›finden‹ kommt. Ein Troubadour war ein Dichter und oft zugleich ein Musiker, der die Melodien, die er vortrug, selbst geschrieben hatte. Gelegentlich half ihm dabei der ›Spielmann‹, wobei allerdings der ›Spielmann‹ niemals genannt wurde und der ganze Ruhm dem Troubadour zufiel. Diese Troubadoure sind die ersten Musiker, die in der Geschichte genannt werden...«

»Was ist ›die Geschichte‹?«, fragten ein paar Kinder.

»Die Geschichte ist die Sammlung aller Ereignisse, die sich auf der Welt ereignet haben. Es gibt eine ›politische Geschichte‹, die aufzählt, welche Kaiser und Könige geherrscht haben, in welche Kriege sie verwickelt waren... Die ›Geschichte der Erfindungen‹ erzählt uns davon, was erfunden wurde: das Rad, der Wagen, der Buchdruck, das

Telephon und so weiter ... Jede menschliche Neuerung hat ihre Geschichte. Und seit man die Schrift erfunden hat, gibt es die Aufzeichnung der Geschichte, die wir in den Schulen lernen ... Natürlich gibt es eine Geschichte der Musik – und von dieser Musikgeschichte sprechen wir soeben! Die Musik der Vorzeit gehört eigentlich noch nicht in die Geschichte, weil wir zu wenig von ihr wissen. Dagegen gehört die ›christliche‹ Musik bereits in die Musikgeschichte. Und in die Musikgeschichte gehören auch die Troubadoure ...«

»Bitte nennen Sie uns ein paar Namen ...«, bat Alexander. »Gerne, ich sehe, dass sich viele von euch diese Namen aufschreiben wollen. Alles das wird natürlich in unserem Buch stehen, aber so seht ihr es gleich auf einen Blick«. Ich ging zur Tafel und notierte:

Gregor	christliche Musik
Walther von der Vogelweide	Troubadour oder Minnesänger
Wolfram von Eschenbach	Troubadour oder Minnesänger
Gottfried von Straßburg	Troubadour oder Minnesänger
Oswald von Wolkenstein	Troubadour oder Minnesänger
Rambaud de Vaqueiras	Troubadour oder Minnesänger

»Das sind natürlich nur einige wenige. In den Ländern, in denen deutsch gesprochen wurde, hießen sie ›Minnesänger‹, wobei ›Minne‹ ein altes Wort für Liebe ist ... Viele Ritter sangen von der Schönheit und Liebenswürdigkeit ihrer verehrten Dame ... Und so nannte man die Dichter und Komponisten, die das in Gedichten und Liedern mit schönen Worten und süßen Melodien ausdrückten, ›Minnesänger‹. Sie dichteten und komponierten allein, denn sie zogen allein umher, kehrten auf einer Burg ein, wo sie ihre Gedichte und Lieder an langen Winterabenden den Gästen vorführten. Die nächste Epoche, die am Ende der Zeit der Troubadoure und Minnesänger anbrach, brachte ein ganz anderes Leben. Schnell wuchsen die Städte, die Burgen verfielen, die Ritter zogen in die Städte, wo das Leben sicherer, geregelter und unterhaltsamer war. Man traf sich an den Abenden, nachdem das Tagewerk getan war. Viele Bürger wandten sich der Musik zu, die wohlhabenden Städter ließen ihre Kinder Musik studieren. Zur Pflege der Musik entstanden Vereinigungen. Das freie Musizieren wurde nur noch in den unteren Volksschichten ausgeübt, dagegen wurden in den Vereinigungen, die sich ›Meistersinger‹ nannten, immer strengere Regeln für das Komponieren aufgestellt. Nur wer diese Regeln beherrschte und gründlich studierte, durfte den Namen ›Meistersinger‹ führen. In allen wichtigeren Städten gab es solche Zünfte, in denen sich Musikliebhaber zusammenfanden. Der berühmteste ›Meistersinger‹ kam aus Nürnberg und hieß Hans Sachs. Er sagte von sich, er sei ›Schuhmacher und Poet dazu‹, im Alltag also Schuhmacher, womit er seinen Unterhalt verdiente, in seinen freien Stunden aber Dichter und Musiker. Um das Jahr 1550 war Hans Sachs Leiter der Musikervereinigung in Nürnberg. Zu dieser Zeit aber gab es in allen Ländern schon Berufsmusiker, echte ›Meister‹, die von Jugend an das Handwerk der Musik studiert hatten. Viele waren Organisten und hatten ihre feste Stellung in einer Kirche, wo sie auch Chöre leiteten und die Kapellen dirigierten, von denen wir schon gesprochen haben: Instrumentalisten und Sänger, die am Sonntag und an Feiertagen schöne Musik für die Bürger machten. Neben dieser Kirchenmusik gab es in den Schlössern schon eine Art von Konzerten, die allerdings nur geladenen Gästen zugänglich waren. Jedes Schloss hatte ebenfalls eine ›Kapelle‹, die ganz oder zum großen Teil aus Berufsmusikern bestand. So wurden die ›Kapellen‹ die Vorläufer des berufsmäßigen Musizierens. Fast jeder Fürst trachtete danach, einen berühmten Kapellmeister in sein Schloss zu holen. Im 16. Jahrhundert erlebte die Musik eine prächtige Blüte: In Italien wie in

Deutschland, in Frankreich wie in England, in Polen wie in Schweden, in Spanien wie in Portugal – überall gab es Musik in den Kirchen und in den Schlössern, bei Volksfesten an Sommerabenden im Freien. Überall waren auch gute Musiker am Werk und wetteiferten miteinander. Ihre Musik klingt uns heute vielleicht ein wenig fremd in den Ohren, aber sie ist oft doch sehr schön. Denkt einmal, wie lange das her ist! Die Menschen von damals kleideten sich anders, sie trugen ihre Haare völlig anders als wir, sie bauten ihre Häuser anders, sie aßen andere Speisen und bereiteten sie anders zu..., da musste natürlich auch die Musik anders klingen! Nur einige der damaligen Musiker will ich euch nennen. Hier und da spielen und singen wir heute noch Werke aus jenen fernen Tagen, ja, es gibt immer mehr Musikliebhaber, die die damalige Musik besonders schön finden...
Hier die Namen:

Antonio de Cabezón	(Spanien)
Jan Sweelinck	(Holland)
John Dowland	(England)
Heinrich Isaak	(Österreich)
Giovanni P. da Palestrina	(Italien)
Orlando di Lasso	(Flandern-Holland)

Der letzte von ihnen, Orlando di Lasso, war der berühmteste von allen in seiner Zeit. Er durchstreifte weite Teile Europas und wurde um seiner schönen Lieder willen überall bejubelt. Es gab von ihm einstimmige Lieder in vielen Sprachen, aber in noch größerer Zahl mehrstimmige, die man ›Madrigale‹ nannte. Es gab sie lustig und traurig, es gab sie überall, zumeist von fünf Sängern ausgeführt – und nicht wenige werden heute noch gesungen. Ganz Europa nannte ihn den ›Fürsten der Musik‹. Gegen Ende seines Lebens ließ er sich in München nieder, wo er Leiter der Hofkapelle wurde. Er war einer der ersten Musiker, die weltberühmt waren – und das zu einer Zeit, in der es weder Rundfunk noch Fernsehen, ja, noch nicht einmal Zeitungen gab!«

Die Kinder hörten gebannt zu, und ich fuhr fort: »Nun kommen wir zum Abschied einer großen Generation von Musikern. Die nächste, die um das Jahr 1600 begann, komponierte anders. Bis zu diesem Zeitpunkt war die Musik ›mehrstimmig‹ gewesen, und das war ziemlich kompliziert. Es bedeutete, dass mehrere Stimmen auf einmal mit verschiedenen Melodien musizierten, dass aber alle zusammengehörten und daher gemeinsam gehört werden wollten. Erinnert ihr euch an den Kanon, den wir Onkel Gustav nachgesungen haben...?« Die Kinder, die das damals getan hatten, erinnerten sich sehr wohl daran und lachten, als sie daran dachten. »Ein Kanon ist ein mehrstimmiges Musikstück, obwohl es eigentlich nur eine einzige Melodie hat. Aber dadurch, dass die Stimmen nicht das Gleiche gleichzeitig singen, entsteht ein Gewebe aus mehreren Stimmen. Mehrstimmige Musik zu erfassen, ist nicht leicht, denn das Gehör muss mehrere Melodien zugleich aufnehmen. Und oft sind es eben nicht nur zwei Melodien oder drei, sondern vier oder fünf oder noch mehr. Und das kann nur ein sehr geübtes Ohr. Es entstand deshalb eine neue Art von Musik, die zu verstehen auch dem einfachen Musikliebhaber möglich war: Eine einzige Melodie, und diese Melodie wurde gestützt und untermauert durch Akkorde, hauptsächlich Dreiklänge, die das Gehör nicht als drei einzelne Töne wahrnahm, sondern als zusammengehörige Einheit. Und diese Musik führte ganz natürlich zu der neuen Musikart, die später den Namen ›Oper‹ erhielt. Denkt an die ›Zauberflöte‹, die wir gehört haben. Die erste berühmt gewordene Oper wurde im Jahre 1607 aufgeführt, aber noch nicht in einem Theater, sondern nur für geladene Gäste im Herzogspalast von Mantua. Dort war Monteverdi Kapellmeister. Er stammte aus Cremona, wo besonders viele und gute Musiker beheimatet waren. Diese waren fast alle keine Komponisten, sondern Instrumentenmacher, besonders Geigenbauer..."

»Von dort kam doch Stradivari, nicht wahr?«, fragte Helga.

»Ganz recht! Wann man heute von den am schönsten klingenden Violinen spricht, dann nennt man immer Antonio Stradivari aus Cremona. Es gibt noch heute einige Stradivari-Geigen, und man weiß, wo sie zu finden sind..."

»In einem Museum?«, fragte Heinz.

»O nein, das wäre nicht gut! Denn eine wertvolle alte Geige muss viel gespielt werden, damit ihr Ton in seiner ganzen Schönheit erhalten bleibt! Es gab damals in Cremona einige berühmte Geigenbauer-Familien: die Familie Amati, die Familie Guarnieri..."« »Warum kann man heute keine so berühmten Violinen mehr bauen?«, wollte Heinz wissen. »Das hat viele Gründe«, erklärte ich. »Die Hölzer, die man beim Bau von Geigen verwenden sollte, müssen möglichst trocken sein; das werden sie aber nur, wenn sie über einen langen Zeitraum hinweg getrocknet werden! In den Werkstätten von damals lagerte man Baumstämme mehrere Jahre lang! Und dann wurden die Geigen in mühsamer Handarbeit hergestellt. Ganz zuletzt wurde der Lack aufgetragen, und viele Geiger glauben sogar, dass dieser Lack ein besonderer war, eine geheim gehaltene Mischung, deren Zusammensetzung niemand kannte, der nicht zur Familie gehörte. Die schönsten Geigen benötigten oft Wochen, ja Monate, bis sie so ausfielen wie der Geigenbauer es wollte. Heute ist das alles ganz anders geworden: Das Holz wird künstlich im Ofen getrocknet, vieles wird mit Maschinen gemacht, es muss eben alles schnell gehen in unserer Zeit!«

»Aber hat Mozart nicht ganz schnell komponiert?«, unterbrach mich Gaby, und andere pflichteten ihr bei.

»Ich muss euch recht geben! Er schrieb Sinfonien in wenigen Tagen, Opernouvertüren in einer einzigen Nacht, ja ganze Opern in wenigen Wochen! Es gab auch noch andere ›Schnell-Komponierer‹ – Rossini, Schubert, wir werden noch von ihnen hören –, aber das waren persönliche Eigenschaften, Charaktereigenschaften. Wir haben ja davon gesprochen, dass es sicherlich zu allen Zeiten schnelle Menschen gegeben hat und langsame. Wahrscheinlich hat es vor ein paar Jahrhunderten mehr langsame Menschen gegeben als heute, heute aber gibt es viel mehr schnelle als langsame... Aus jener alten Zeit gibt es Zeichnungen und Bilder, die das Innere einer Musikinstrumenten-Werkstätte zeigen: Da sitzen Menschen an langen Tischen, haben viele Werkzeuge rund um sich und arbeiten still vor sich hin, man glaubt zu sehen, wie ruhig es da zugeht! Und sicher war es bei allen Handwerkern so, beim Tischler, beim Schneider, beim Juwelier... Bei allen, bei denen es auf stückweise Anfertigung ankam, nicht auf die Massenproduktion, die heute üblich ist. Die großen Geigenbauer gaben jedem einzelnen Instrument irgendeine Besonderheit, ja jedem besonders schönen Instrument einen eigenen Namen! Heute wird fast alles in Fabriken hergestellt, in großen Hallen und unter gewaltigem Maschinenlärm und bei genau geregelter Arbeitszeit... Überhaupt: Vor Jahrhunderten war die Welt viel stiller als heute! Die Arbeit war ruhiger, das Heim war stiller – ohne Radio, Fernseher, Schallplatten und Tonbänder –, die Vergnügungen waren leiser – ohne dröhnende Lautsprecher –, der Straßenverkehr war gemächlicher und leiser – und die Musik war leiser. Bei einem Konzert vor geladenen Gästen ging es in jeder Beziehung ruhiger zu als bei einem heutigen Konzert vor Tausenden von Menschen: ruhiger, weil die Zahl der Mitwirkenden kleiner war – weniger Musiker, weniger Sänger, weniger Blechbläser und weniger Schlagwerk in den Orchestern – und die Zahl der Zuhörer viel geringer!«

»Woher kommt das alles?«, fragte Alexander.

»Vor allem daher, dass es viel mehr Menschen auf der Welt gibt als früher...«

»Und die machen alle so einen Krach?«, fragte Patrick und weckte damit stürmische Heiterkeit.

»Nun gerade du weißt doch genau, was für ein Lärm beim Sport gemacht wird! Der Trainer auf der Bank beim Fußball- oder Eishockeyspiel brüllt aus Leibeskräften seiner Mannschaft Ratschläge und Aufforderungen zu, bei jedem erfolgreichen Torschuss schreien Tausende sekundenlang. Bei jeder aufregenden Spielphase ertönt anfeuernder Dauerapplaus... Das alles dürfte allerdings noch übertroffen werden durch viele Millionen Motorräder, Rasenmäher und den Startlärm zehntausender Düsenflugzeuge... Der Lärm der Maschinen in aller Welt kann auch nicht annähernd geschätzt werden... Da kann wohl von einem stillen Jahrhundert keine Rede mehr sein! Es ist ein lautes, brausendes Jahrhundert...!

Doch zurück zur Musik. Das Jahrhundert Monteverdis hat trotz der stillen, noblen Kunst dieses Meisters etwas zu dieser Entwicklung beigetragen! In Venedig hatte 1637 ein Theater die Idee, Opern nicht mehr vor einem kleinen Kreis geladener Gäste aus den obersten Kreisen zu spielen, sondern ihre Wirkung auf ein ›Publikum‹ auszuprobieren: Jeder Mensch, den Musiktheater interessierte, hatte gegen eine bescheidene Eintrittsgebühr Zutritt. Diese Eintrittsgebühr veränderte überraschend viel im Musikleben! Denn mit dieser Zahlung erhielt das ›Publikum‹ ein Recht darauf, seine Meinung offen zu zeigen: Gefiel das Gebotene, gab es Beifall, gefiel es nicht, fand man bald Mittel, dies kundzutun: schrille Pfiffe, Trampeln der Füße, Buhrufe... Und Beifall und Missfallen entschieden darüber, ob ein Stück öfter gespielt wurde oder schleunigst ›abgesetzt‹ werden musste. Und das wirkte wiederum auf die Stellung des Komponisten oder Dichters, auf seinen Ruhm, auf seine Einnahmen... Zu den frühesten Opern, die vor Publikum gespielt wurden, gehörte Monteverdis ›Krönung der Poppea‹... Monteverdi starb 1643 in Venedig, doch die Oper verbreitete sich schnell um die ganze Welt; es entstanden viele hundert Theater in Europa, in denen vor immer größeren Zuschauermengen Opern gespielt wurden. Die besten Sänger wurden populär, und die Opernwerke nahmen immer mehr Rücksicht auf sie, man komponierte Werke, in denen sie ihre schönen Stimmen leuchten lassen konnten... Man feierte sie, bejubelte sie Abend für Abend, warf ihnen Blumen auf die Bühne. Natürlich war die Opernbegeisterung in Italien am größten, denn dort war die Oper ja zur Welt gekommen, dort wurden die meisten Opern komponiert und dort gab es in jeder größeren Stadt mehrere Theater, in denen Opern gespielt wurden. Solche Bühnen entstanden nun auch in anderen Ländern, aber nahezu überall wurden italienische Opern in italienischer Sprache und mit italienischen Sängern gespielt. Eine Ausnahme bildete England, wo eine kurze Zeit lang englisch gesungen wurde; ferner Frankreich, wo sich in Paris recht früh eine nationale Oper bildete; und Deutschland, wo es in verschiedenen Städten, allerdings nicht für lange Zeit, Versuche mit deutschsprachigen Opern gab...«

»Die Zauberflöte!«, riefen einige.

»Stimmt, aber bis zur ›Zauberflöte‹ verging noch eine lange Zeit! Wollt ihr wieder eine kleine Liste mit Komponisten? Es sind nur wenige Namen, aber ich will versuchen, einige der wichtigsten aufzuschreiben. Es sind bekannte Komponisten, deren Musik ihr bestimmt einmal hören werdet. Nicht nur Opernkomponisten sind es, sondern auch Meister, die andere Werke schrieben: Orchestermusik, Kirchenmusik, Instrumentalmusik, Lieder, Oratorien...«

Claudio Monteverdi (Italien: Opern, Lieder)
Alessandro Scarlatti (Italien: Opern)
Domenico Scarlatti (Italien: Cembalo-Musik)
Antonio Vivaldi (Italien: Orchestermusik, Instrumentalmusik)
Arcangelo Corelli (Italien: Orchestermusik, Instrumentalmusik)
Tommaso Albinoni (Italien: Kantaten, Instrumentalmusik)
Giovanni Paesiello (Italien: Opern)
Domenico Cimarosa (Italien: Opern)
Antonio Salieri (Italien: Opern)
Jean-Philippe Rameau (Frankreich: Opern, Instrumentalwerke)
Jean-Baptiste Lully (Italien/Frankreich: Opern)
Henry Purcell (England: Opern, Instrumentalmusik, Orchestermusik)
Heinrich Schütz (Deutschland: Oper, Oratorien, Orchestermusik)
Georg Friedrich Händel (Deutschland/England: Opern, Oratorien, Orgel- und Instrumentalmusik)
Georg Philipp Telemann (Deutschland: Opern, Oratorien, Instrumentalmusik)
Johann Sebastian Bach (Deutschland: Oratorien, Kantaten, Orgel- und Instrumentalmusik)

»Von zweien dieser Meister muss ich euch doch noch mehr erzählen: Sie gehören zu den größten aller Zeiten – es sind dies Bach und Händel. Sie wurden im gleichen Jahr geboren – 1685 –, und auch der große Cembalo-Virtuose und Komponist Domenico Scarlatti stammt aus diesem Jahr! Bach ist wenig durch die Welt gekommen, Händel viel. Die Bachs waren eine echte Musikerfamilie aus Thüringen. Schon Großvater und Vater waren Musiker in kleinen Städten gewesen: Organisten, Chorleiter, Komponisten, Musiklehrer. Als Jüngling wanderte Johann Sebastian nach Lübeck, um den großen Organisten Buxtehude zu hören. Dann wurde er selbst Organist in Arnstadt, im thüringischen Mülhausen, Anhalt-Köthen und Hofkapellmeister in Weimar. Überall komponierte er wichtige Werke, teils religiöse, teils weltliche – das heißt Musik für die Kirche und Musik für den fürstlichen Palast. Viele halten seine Oratorien für das Wichtigste, was er schuf, besonders die ›Matthäus-Passion‹, also die musikalische Erzählung des Todes Jesu', wie der heilige Matthäus sie in der Bibel erzählt hat, ein gewaltiges, mehr als fünfstündiges Werk für Chor, Gesangssolisten und Orchester. Die Musiker bewunderten die Werke Bachs als Meisterstücke, aber sein Ruhm reichte nicht weit über die Landesgrenzen hinaus. Die letzten 27 Jahre seines Lebens war er Kapellmeister – ›Kantor‹, wie man es bescheiden nannte – an der Thomaskirche in Leipzig. Sein Gehalt war niedrig, sein Chor und sein Orchester sehr klein. Nur seine Familie und seine Musik waren die wenigen Lichtblicke in seinem Leben. Er wurde jung Witwer und heiratete bald ein zweites Mal. Insgesamt hatte er 20 Kinder: Vier seiner Söhne wurden glänzende Musiker, damals viel berühmter als er selbst! Einer von ihnen, der am Hof des Preußenkönigs in Berlin und Potsdam eine hohe musikalische Stellung bekleidete, vermittelte die einzige wirklich bedeutende Reise seines Vaters, der von Friedrich II., genannt ›dem Großen‹, voll Bewunderung empfangen wurde. Johann Sebastian Bachs wahrer Ruhm begann erst viele Jahre nach seinem Tod. Und 1942 erklärte eine führende Zeitung Amerikas, nach Befragung von 100 Musikern und 10000 Musikliebhabern, Bach zum größten Komponisten aller Völker und Zeiten!«

»Kann man denn so etwas überhaupt sagen?«, fragte Alexander.

»Nein, das kann man eigentlich nicht«, antwortete ich ihm. »Aber immer wieder gibt es solche Umfragen! Beim

Sport kann man eine Liste der ›Besten‹ aufstellen, der ›besten‹ Fußballnationen, der besten Tennisspieler, der schnellsten 100-Meter-Läufer... Das kann man in der Kunst, in der Musik nicht! Aber solche Bewertungen können trotzdem interessant sein. 1742, also genau zweihundert Jahre vor dieser amerikanischen, hatte eine Musikzeitschrift eine ähnliche Umfrage in der Musikwelt gemacht und nach dem größten deutschen Komponisten unter den Zeitgenossen gefragt. Das Resultat? An erster Stelle Telemann, den ich euch an die Tafel geschrieben habe, und an zweiter Stelle Händel, den ich ebenfalls aufgeschrieben habe. Und erst an siebenter Stelle... Bach! Von diesem recht bescheidenen siebten Rang an die erste Stelle der Welt! Diese Höherstufung ist es, die interessant ist, denn sie erfolgte zu einer Zeit, als der Künstler selbst durch öffentliche Auftritte oder Reklame nichts mehr für seinen Ruhm tun konnte!«

»Das ist Spitze!«, sagte Clemens. »Meistens ist es doch umgekehrt. Viele Komponisten werden im Lauf weniger Jahre vergessen – oder?« »Ja, so ist es oft... Und ob die Musikgeschichte nach hundert Jahren wirklich die Allerbesten in Erinnerung behält, ist sehr die Frage... Übrigens, Händel, den wir genannt haben, war zwar wirklich einer der größten Musiker seiner Zeit, aber die Zeitschrift hätte ihn gar nicht nennen dürfen, denn damals lebte er schon seit ungefähr 30 Jahren in London! Jung war er nach Hamburg gegangen, von dort nach Italien, um Opern zu komponieren und aufzuführen. Er hatte Erfolg und dachte dann an eine gute Kapellmeisterstelle in seinem Heimatland. Er fand sie in Hannover, aber es zog ihn auf höhere Posten, obwohl er noch keine dreißig Jahre alt war. Er wusste, dass London ein glänzendes Musikleben hatte, und er wusste auch, dass es seit dem Tod des genialen Henry Purcell in England keinen bedeutenden Komponisten mehr gab. Er erbat Urlaub und fuhr nach London, wo er von Anfang an größte

Erfolge hatte. Und so vergaß er völlig, dass er beim König von Hannover unter Vertrag stand! Der Zufall wollte es, dass dieser König von Hannover nun plötzlich König von England wurde! Und es war verständlich, dass er auf Händel nicht sehr gut zu sprechen war. Händel wusste, dass er sich nicht korrekt benommen hatte, und er versuchte, seinen Fehler gutzumachen. Dafür wählte er einen originellen Weg: Als er erfuhr, dass König Georg an einem Sommertag eine Schiffsfahrt auf der Themse unternehmen wollte, mietete auch er ein Schiff, komponierte eine sehr schöne, festliche Musik und ließ sie von einem Orchester auf seinem Schiff, das neben dem königlichen fuhr, spielen. Dem König gefiel diese Musik so gut, dass er dem untreuen Musiker verzieh und ihm seine Freundschaft anbot. Händel dirigierte viele Jahre lang Opern in einem der schönsten Theater Londons. Die meisten dieser Opern komponierte er selbst und holte für die Hauptrollen die berühmtesten Sänger Italiens und Deutschlands. Aber die meisten Werke waren feierlich und recht langweilig, sie behandelten Geschichten aus der Bibel oder aus den Sagen und Legenden des Altertums. Die Besucherzahlen des Theaters nahmen immer mehr ab, und eines Tages spielte ein anderes Theater ein Stück, in dem sich ein Dichter und ein Komponist über Händels Oper lustig machten. Das war das Ende: Das Theater brach zusammen. Händel wollte nun von Opern nichts mehr wissen und wandte sich ganz dem Oratorium zu. Das ist eine Oper ohne Bühne, ohne Kostüme, ohne Vorhänge und Dekorationen, also ohne Bühnenbilder. Er schrieb nun viele Oratorien. Das berühmteste ist ›Der Messias‹, das die Lebensgeschichte des Messias, also Jesu', erzählt. Den Höhepunkt dieses Werkes bildet ein großartiges Chorstück, eine festliche Jubelhymne, ein ›Halleluja‹. Der König hatte dieses Stück bereits bei einer Probe vernommen und war begeistert. Und so stand er, als die Aufführung zu diesem

Punkt gelangt war, von seinem Platz auf, um diesem ›Halleluja‹ die höchste Ehre zu erweisen. Natürlich durfte niemand sitzen, wenn der König stand – also erhob sich der ganze Saal. Und denkt euch, das ist seit damals, seit 1741, so geblieben: In jedem englischen Theater – aber auch in anderen Ländern – erhebt sich das ganze Publikum, um das ungeheuer populär gewordene Stück stehend anzuhören! Händel überlebte seinen Zeitgenossen Bach um neun Jahre und ohne ihn je kennen zu lernen. Händel war ungleich berühmter als Bach. Längst war er englischer Staatsbürger geworden. Die Engländer erwiesen ihm die höchste Ehre: Sie begruben ihn, als er 1759 starb, im ›Dichterwinkel‹ der Kathedrale von Westminster, wo die berühmtesten Persönlichkeiten und Künstler des Landes ruhen... Händels Musik ist festlich und feierlich – ich spiele euch ein Stück vor, am besten etwas aus der ›Wassermusik‹, von der ich euch erzählt habe...«

Ein großes Orchester spielte damals dieses wunderschöne Stück: Alle konnten sich deutlich vorstellen, wie Händel mit seinem Schiff voll von Musikern neben dem viel größeren und prächtig geschmückten des Königs den großen Fluss abwärts fuhr und wie aufmerksam der König dabei dieser Musik lauschte...

»Natürlich wäre es schön, wenn ich euch von jedem Komponisten, von dem ich euch erzähle, auch ein Stück Musik vorspielen könnte, aber das dauerte viel zu lange... Ich glaube, wir machen jetzt Schluss für heute. Morgen kommen die Komponisten, die man mit einem Ehrennamen bezeichnet: die ›Klassiker‹ – das bedeutet so etwas wie: die unbestritten Größten, sozusagen die ›Vorbilder‹. Zu den ›Klassikern‹ der Musik zählt man Haydn, Mozart und Beethoven... Meistens nennt man sie die ›Wiener Klassiker‹, denn ihr Lebenslauf führte alle drei nach Wien – wo keiner von ihnen geboren war. Haydn kannte die beiden anderen, Mozart kannte nur Haydn. Der kam 1732 zur Welt, Mozart 1756, Beethoven 1770. Haydn starb 1809, Mozart viel früher, 1791, Beethoven 1827... Morgen also mehr von den ›Wiener Klassikern‹! Schlaft gut, und bringt eure Hefte mit, denn die vielen Namen und Zahlen sind leichter zu merken, wenn man sie niedergeschrieben hat...«

18. KAPITEL

Ins Wunderland der Musik...

※ Das war ein lustiger Einmarsch an diesem Nachmittag. Die Kinder hörten schon von weitem die fröhlichen Klänge, die aus meinem Studio kamen: Da schien ein ganzes Orchester zu spielen und mitten hinein immer wieder Trommeln und Triangel und »Wasserpfeifchen«, die zwitscherten wie ein Dutzend kleiner Vögel und ein gut gelaunter Kuckuck... Die Kinder beschleunigten ihren Lauf, um rasch zu sehen, was bei mir los war. Dabei verließen sie den schmalen Weg, der am Ufer meines Teichs entlangführte und den sie täglich benutzten. Sie mussten an einer Stelle einen kleinen Bogen machen, denn dort reichte das Wasser um einen Meter weiter ins Land hinein. Man sah es kaum, da dort Schilf stand. Die Kinder wussten das, aber an diesem Tag, da alle drängelten und jeder versuchte, an dieser kleinen Kurve möglichst einen Kameraden – oder zwei – zu überholen, passierte es. Die Musik spielte gerade laut und lustig, da gab es mitten in das Vogelgezwitscher und den Kuckucksruf hinein plötzlich ein lautes ›Platsch‹! Ein donnerndes Gebrüll der Jungen und ein Kreischen der Mädchen folgten. Im Nu war ich bei der Tür: Da lag zwischen dem Schilf im Wasser... Fabian! Doch gleich waren zwei oder drei Kinder bei ihm, um ihn herauszuziehen. Aber Fabian hatte sich mit verdutztem Gesicht schon selbst wieder erhoben – nass von oben bis unten. Als er sich so sah, brach er in ein lautes Lachen aus, und alle stimmten brüllend ein, was herrlich zur Musik passte, zumal Fabian jetzt versuchte, sein Lachen den frohen Klängen anzupassen. Er blieb vor der Tür stehen und schüttelte sich ein paar Mal, wie ein Hund es tut, der gerade aus dem Wasser gestiegen ist.

Einige Mädchen wussten, was zu tun war: Helga, Anja, Gaby und Susanna zogen dem viel kleineren Fabian in wenigen Sekunden Socken, Schuhe und Hemd aus, holten aus dem kleinen Badezimmer zwei große Handtücher und trockneten ihn ab.

»Was war denn das für ein lustiges Stück?«, fragte Fabian, als er sich aus den Händen der Mädchen wieder befreit hatte. »Ganz genau weiß ich das nicht...«, antwortete ich. Großes Erstaunen! Und die Kinder staunten noch mehr, als ich ihnen sagte, dass wir diese Musik nur als ›Kindersinfonie‹ kennen, aber nicht wissen, ob Haydn sie komponiert hat oder Leopold Mozart, der Vater Mozarts...

»Was? Der hat auch komponiert?«, fragten einige verwundert.

»O ja, sehr gut sogar! Er war es ja auch, der seinem Sohn alles über Musik beibrachte. Seltsam an dieser Geschichte ist etwas ganz anderes: Leopold Mozart war ein sehr ernster Mensch. Menschen, die ihn gekannt haben, erzählten, sie hätten ihn nie lachen gesehen. Der kleine Wolfgang musste bei ihm alles lernen, aber ob der Vater jemals mit seinem Sohn gespielt hat? Dabei war Wolfgang ein lustiges Kind! Ob Leopold ein solches Kinderstück komponieren wollte und konnte? Es kann auch Haydn gewesen sein, dem das Stück einfiel... Aus jener Zeit gibt es noch einige andere lustige Musikstücke: eine ›Musikalische Schlittenfahrt‹, bei der man die Schellen klingeln hört, während die Pferde durch den Schnee traben, und eine ›Bauernhochzeit‹, bei der es bei Musik und Tanz lustig zugeht. Beides soll von Leopold Mozart sein, vielleicht stammt die ›Kindersinfonie‹ auch von ihm... Von Haydn wissen wir viel Lustiges, und manches seiner zahllosen Werke ist bei guter Laune komponiert worden... Da gibt es eine Sinfonie von ihm, in der an einer Stelle mit tiefklingenden Instrumenten das Brummen eines großen Tieres ertönt – und schon nennt man dieses Stück ›Der Bär‹. In einer anderen Sinfonie tickt das Orchester genau im Takt – darum betitelt man sie ›Die Uhr‹. Eine aber hat eine besonders hübsche Geschichte: Haydn und seine Musiker spielten ungefähr sieben Wintermonate hindurch im Schloss des Fürsten Esterházy, einem großartigen Palast in Eisenstadt. Und fünf Sommermonate lang mussten sie im Palais des gleichen Fürsten in Esterháza spielen – ohne ihre Familien dorthin mitnehmen zu dürfen. Zu dieser Zeit war es unmöglich, mit einem Fürsten über so etwas zu sprechen, das war alles anders als heute. Da hatte Haydn die hübsche Idee, einen solchen Wunsch der Musiker mit Musik vorzubringen. Und so hörten die hohen Herrschaften, die an vielen Abenden in ihren Kutschen, oft aus großer Entfernung, angefahren kamen, um eines der berühmten Konzerte Haydns zu hören, etwas Eigenartiges: Das Orchester spielte, wie immer, eine neue Sinfonie..., den ersten Satz, den zweiten Satz, den dritten Satz..., nun begann der letzte, der vierte Satz, und niemand erwartete eine Überraschung. Aber da, nach wenigen Minuten, erhoben sich ganz leise einige Musiker, bliesen die Windlichter an ihren Pulten aus und entfernten sich auf Zehenspitzen aus dem Saal. Wenige Minuten später wiederholte sich der Vorgang mit weiteren Musikern und so weiter, bis nur noch zwei Musiker übrig blieben. Sie fiedelten noch kurze Zeit weiter, standen dann ebenfalls auf, bliesen ihre Lichter aus und... verschwanden. Wir wissen leider nicht, ob das Publikum diesen Scherz verstand und Beifall spendete. Der Fürst aber hatte es verstanden... Seine Musiker wollten weg, wollten heim in ihr Zuhause, zu ihren Familien, zu ihren Freunden. Er rief seinen berühmt gewordenen Kapellmeister Joseph Haydn und gewährte dem Orchester, was es ohne Worte und doch leicht verständlich ausgedrückt hatte. Ja, und noch einen lustigen Einfall muss ich euch von Haydn erzählen, der ist genauso bekannt geworden wie die ›Abschiedssinfonie‹, von der ich eben erzählte. In den dreißig langen Jahren, die Haydn im Dienst seines verehrten Fürsten Esterházy stand, erlebte er Frohes, aber manchmal auch Ärgerliches. Es kränkte ihn, wenn während eines Konzerts einige der älteren Herren nach dem stundenlangen und äußerst reichlichen Abendessen, das vorausgegangen war, einschliefen und zu schnarchen begannen... Darum schrieb er eine Sinfonie, in der eine reizende, sanfte Melodie vorkam...«

»Da schliefen sie doch noch besser, oder?«, meinte mit Recht Claudia.

»Ja – das war ja seine Absicht, denn plötzlich ließ das Orchester mitten im Piano, im Pianissimo, einen ganz starken Akkord ertönen, den niemand erwartete, einen dröhnenden Paukenschlag...«

Die Kinder lachten, und Haydn war ihnen sehr sympathisch. »Er hat mehr als hundert Sinfonien geschrieben, und eine schöner als die andere! Auch diese beiden lustigen, die ›Abschiedssinfonie‹ und die ›Sinfonie mit dem Paukenschlag‹ gehören dazu, und am allerschönsten sind vielleicht seine letzten, die ›Londoner‹ Sinfonien, die man so nennt, weil er sie für London komponierte... Da war er sechzig Jahre alt, was damals ein hohes Alter bedeutete! Er war 1732 im kleinen Ort Rohrau, südlich von Wien, geboren, und seine Eltern waren sehr arm. Sie waren also sehr froh, als zwei ihrer Buben, Joseph und Michael, vom Kapellmeister der Stefanskirche in Wien mitgenommen wurden in die große Hauptstadt, was bedeutete, dass sie dort in den Knabenchor aufgenommen wurden und viele Jahre lang im Pensionat leben konnten, ohne etwas bezahlen zu müssen. Schlimm wurde es erst, als Joseph mit ungefähr 16 Jahren ›in den Stimmbruch‹ kam – nun stand er in der großen Stadt, ohne Wohnung, ohne Essen..., aber heim wollte er auf keinen Fall, denn er wusste, dass er Musiker werden wollte. Manchmal verdiente er ein paar Kreuzer, wenn er bei Tänzen in der Vorstadt Geige spielte. Bei einem italienischen Komponisten begleitete er junge Sänger auf dem Cembalo, wofür er zwar keinen Lohn erhielt, dafür aber Unterricht in italienischer Sprache, der ihm später viel helfen sollte. Er muss ein tüchtiger Musiker gewesen sein, denn man engagierte ihn als Kapellmeister auf ein Schloss in Böhmen und wenig später zu dem Fürsten Esterházy, wo er Großartiges leistete: Das Orchester in Eisenstadt und Esterháza entwickelte sich unter seiner Leitung zu einem der besten Europas. Wie oft ließ die österreichische Kaiserin in Wien ihre Kutsche anspannen, um zu einem von Haydns Konzerten zu fahren! Nach 30 Jahren nahm er Abschied und zog nach Wien. Er war zu einem der namhaftesten Musiker Europas geworden. Kein Wunder, dass er nun viele Einladungen bekam, aber er unternahm nur eine lange Reise nach England. Vorher verabschiedete er sich zärtlich von seinem lieben Freund Mozart, der 24 Jahre jünger war als er, mit dem er sich aber auch musikalisch glänzend verstand. Es war ein trauriger Abschied. Es tat Haydn weh, dass Mozart nicht ebenso vorteilhafte Einladungen erhielt, und immer wieder fürchtete er, ihn nicht wieder zu sehen. Er sah ihn auch wirklich nicht wieder: nicht weil der ›alte‹ Haydn gestorben wäre, sondern weil der junge Mozart wenige Monate nach der Abreise seines Freundes starb... Haydn erlebte seine größten Triumphe in England; London war wahrscheinlich damals die größte Stadt in Europa. Die Londoner Konzerte waren wohl die bedeutendsten, was die Größe der Orchester und die Zahl der Besucher betrifft. Viel hatte Händel dazu beigetragen... Ihr erinnert euch doch noch! Im Sommer hatte Händel Konzerte mit Chor und Orchester in den Gärten von Vauxhall dirigiert und Tausende von Menschen hatten zugehört: Das war ganz anders als in Wien oder in Paris, wo die meisten Konzerte für ein Publikum aus den höheren Schichten bestimmt waren. Die Idee dieser Massenkonzerte war eine ›demokratische‹ Idee: Jedermann konnte zuhören, es gab keine Eintrittskarten, auch die ärmsten Musikliebhaber konnten dabei sein...«

»Was heißt ›demokratisch‹ genau?«, fragten einige.

»Demokratisch nennt man alles, an dem das ganze Volk teilnehmen darf, und nicht nur eine bestimmte Schicht oder Klasse. Wir bemühen uns heute, alle Menschen, ob arm oder reich, an den Freuden des Lebens teilnehmen zu lassen, an der Musik, am Sport, an der Natur... Haydn bewunderte es, dass diese Idee in England schon an vielen Stellen in die Wirklichkeit umgesetzt worden war. Und als er dann nach Wien zurückkehrte, versuchte er dort etwas Ähnliches ins Leben zu rufen. Aber dafür musste es zuerst Musikwerke geben, die vom Volk verstanden wurden. Und so beschloss Haydn, solche Volks-Oratorien selbst zu schreiben. Das erste, was er schrieb, war ›Die Schöpfung‹, die Geschichte unserer Welt, wie sie in der Bibel steht. Das Werk erklang in Wien im Jahr 1798 zum ersten Mal, da war Haydn 66 Jahre alt. Wenige Jahre später gab es ein Ereignis, das ihm große Freude bereitete. Die Franzosen hatten in einem Krieg Österreich besiegt und Wien besetzt. Napoleon aber, ihr Kaiser, wollte Haydn ehren, obwohl dieser als Österreicher sein Feind war. Er stellte eine Ehrenwache vor Haydns Haus. Und eines Tages klopfte der Offizier, der gerade die Wache hielt, an Haydns Tür und bat, der Meister möge ihn empfangen: Er wollte Haydn eine Arie aus der ›Schöpfung‹ vorsingen! Haydn begleitete ihn am Cembalo und war überrascht und erfreut, dass dieser junge Franzose ihm seine eigene Musik vorsingen konnte... Von da an waren sie keine Feinde mehr, sondern Brüder in der Musik.

Wollt ihr ein besonders schönes Stück Musik aus der ›Schöpfung‹ hören?« »Gerne!«, ertönte es im Chor. »Gut, also die Stelle, an der von der Trennung zwischen Licht und Finsternis die Rede ist. Denkt euch: Die Erde war wüst und leer und im ganzen Weltraum gab es noch kein Licht... Da sprach Gott: ›Es werde Licht!‹, und auf Gottes Befehl gab es auf einmal Licht...« Ich legte eine CD in den Apparat und die Musik ertönte – sie klang leise und erwartungsvoll, bis zum Ruf »Licht«. Der erfolgte wie ein Donnerschlag, überwältigend, niederwerfend, mit allen Chorstimmen in Fortissimo und dem gesamten Orchester... Alle waren fasziniert, wohl nie dürfte Licht so großartig ausgedrückt worden sein...

»Haydn starb 1809, 18 Jahre nach seinem viel jüngeren Freund Mozart. Von dem haben wir ja schon sehr viel gehört, ihr wisst schon eine ganze Menge von ihm! Vom Wunderkind, das alle Welt hören wollte, vom Musiker, der sich in Wien niederließ und einfach kein Glück mehr hatte. Er komponierte Werk für Werk, aber manches war vielleicht zu schwierig für die Menschen der damaligen Zeit... Sein größter Erfolg war ›Die Zauberflöte‹, die euch so viel Spaß gemacht hat...! Er konnte sie gerade noch hören, aber gleich darauf erkrankte er so schwer, dass ihn kein Arzt mehr retten konnte. Woran? Niemand weiß es genau. Ich denke manchmal, dass die vielen weiten Reisen in seiner Kindheit ihn zu sehr geschwächt haben...

Mozart war noch kein Jahr tot, als der junge Musiker Ludwig van Beethoven aus Bonn nach Wien gereist kam. Gestern sagte ich euch, diese drei nennt man die ›Wiener Klassiker‹: Haydn, Mozart und Beethoven. Auch Beethoven war kein Wiener: Er kam aus dem Rheinland, aus der Stadt Bonn, auch er aus einer ziemlich armen Familie. Er hatte einen Musiker gefunden, der sich seiner angenommen und sein Talent entdeckt hatte. Christian Neefe, und der wollte den jungen Beethoven in eine größere Stadt schicken, wo es ein besseres Musikleben gab, aber niemand war da, der das bezahlen wollte. Da kam das Schicksal zu Hilfe. 1792 reiste der berühmte Haydn aus London zurück nach Wien. Und in Bonn erwartete ihn der österreichische Botschafter, der Graf Waldstein. Ihr müsst wissen, wenn ein Land einen Vertreter in einem anderen Land hat, nennt man ihn ›Botschafter‹, und Österreichs Botschafter in Köln und Bonn war Graf Waldstein, der ein großer Musikfreund war. Er war glücklich, für seinen berühmten Landsmann Haydn ein Fest geben zu dürfen. Dazu lud er den jungen Beethoven ein, von dessen Talent er gehört hatte. Beethoven wurde dem großen Musiker vorgestellt. »Was hat er mir denn da mitgebracht?«, fragte Haydn den jungen Mann, denn damals sprachen die Menschen, die einander wenig kannten, in der ›dritten Person‹. Beethoven legte einige Notenblätter in die Hand Haydns. ›Seine Kompositionen?‹, fragte Haydn freundlich. Beethoven, der ein wenig schüchtern war und noch nie mit einer solchen Persönlichkeit gesprochen hatte, nickte heftig, brachte aber kein Wort heraus. Was sollte er sagen? ›Ja, Herr…‹ oder ›Ja, Euer Gnaden‹, wie man damals höhergestellte Personen ansprach? Haydn vertiefte sich ein paar Minuten in die Notenblätter. Dann sagte er ungefähr: ›Er scheint Talent zu haben! Wenn er einmal nach Wien käme, wo ich lebe, könnte ich ihm sehr wohl ein wenig Unterricht geben…‹ Das war vielleicht der wichtigste Augenblick im Leben Beethovens! Ja, vielleicht sogar im ganzen Lauf der Musikgeschichte…«

»Warum? Wieso?«, fragten die Kinder mich von allen Seiten.

»Weil Beethoven auf diese Weise nach Wien kam, wo er der bedeutende Musiker wurde, wo er die Menschen fand, die sein Genie erkannten und ihn förderten, so dass er in Ruhe komponieren konnte. Graf Waldstein gehörte zur obersten Gesellschaftsschicht, und er gab seinem Schützling auf die Reise nach Wien viele Briefe an die Besitzer der schönsten, nobelsten Paläste in Wien mit. Und darin stand: ›Lieber Vetter, liebe Cousine, verehrte Tante, der junge Mann, den ich Euch da schicke, ist einer der begabtesten jungen Pianisten Europas, er wird Euch bestimmt gefallen…‹ Und das bedeutete, dass Herr van Beethoven zu einem großen Abendessen geladen wurde, an das sich ein Konzert anschloss. Und es bedeutete, dass am nächsten Morgen ein Umschlag mit fünfzig Gulden bei Beethoven abgegeben wurde und einige Zeilen dazu: ›Meine Tochter wäre Herrn van Beethoven sehr verbunden, wenn er ihren Klavierunterricht übernehmen würde…‹ In wenigen Wochen hatte der junge Mann aus Bonn, der mit sehr bescheidenen Mitteln in Wien angekommen war, zehn junge Schülerinnen, deren Honorare ihm ein gutes Auskommen sicherten. Ein paar gute Jahre begannen. Freunde schlossen sich ihm an, das Leben schien leicht. Was ihm zur vollen Beherrschung der Kompositionskunst noch zu fehlen schien, zeigten ihm einige gute Lehrer. Es war zwar nicht Haydn, wie Graf Waldstein und er angenommen hatten. Vielleicht war der Altersunterschied zu groß – das kommt ja vor, dass sich ein alter und ein junger Mensch in manchen Dingen nicht verstehen –, aber es gab in Wien so viele gute Musiker, dass es nicht allzu schwer war, den Richtigen oder die Richtigen zu finden: Albrechtsberger hieß der eine, und zuletzt war es der Wichtigste von allen, Antonio Salieri, der Beethoven zeigte, was ihm selbst zur Meisterschaft noch fehlte. Über Salieri hat man viel Böses verbreitet, aber ich glaube, dass es nicht wahr ist. Er hatte zwar die hohen Stellungen, während Mozart sich mit viel niedrigeren begnügen musste, aber Salieri war bereits berühmt, als Mozart erst nach Wien kam, er hat ihm also nichts weggenommen... Beethoven zeigte er, so viel er nur konnte, und Franz Schubert, einen der genialsten Komponisten, die es je gab, unterrichtete er von Anfang an und verlangte nie Geld dafür, da er wusste, dass Schubert keines besaß! Alles schien gut und schön im Leben Beethovens – niemand konnte ahnen, wie ganz anders es zu Ende gehen würde! Eines Tages kam er mit einer starken Erkältung nach Hause; er versuchte alles, was es damals gab, um den Husten und Schnupfen und das Hals- und Ohrenweh zu heilen. Besonders das Gehör wurde immer schlechter. Es störte ihn stark bei seiner musikalischen Arbeit, aber nichts wollte helfen. Als er dreißig Jahre alt war – man schrieb das Jahr 1800 –, war er bereits sehr schwerhörig... Es hat sich ein Papier gefunden, das er im Jahr 1802 an seine beiden Brüder geschrieben hat: Es ist sehr, sehr traurig. Da schreibt er Dinge, die er sicherlich niemandem sonst sagen wollte: wie schlimm es für ihn sei, nur noch schwer mit Menschen sprechen zu können, denn er könne doch nicht jedem, der ihn anspreche, sofort sagen: ›Sprich lauter, ich bin taub!‹ Und wenn er mit einem Freund durch die Natur schweife und der Freund stehen bleibe und ihn auf einen singenden Vogel aufmerksam mache oder auf einen Hirten, der auf dem Feld Flöte blase – er selbst hörte nichts, nichts davon... Alles wurde nun anders: Er zog sich von den Freunden zurück, er musste aufhören, Klavier zu unterrichten, er hatte täglich größere Mühe, zu komponieren, ja, bald hörte er nichts mehr von dem, was er auf dem Klavier spielte... Die Jahre vergingen in immer tieferer Einsamkeit. Für die wenigen Menschen, die ihn aufsuchen durften, hatte er Hefte angelegt, in die sie ihre Fragen eintragen mussten...«

»Und er schrieb dann die Antworten dazu?«, fragte Patrick.

»Nein, das war nicht notwendig! Denn sprechen konnte er ja ohne Schwierigkeiten...«

»Natürlich«, erkannte Patrick sofort seinen kleinen Fehler. »Da gibt's also in diesen Heften...« »Konversationshefte nennt man sie, es gibt fast 40000 Seiten davon«, ergänzte ich. »Also, in diesen Konversationsheften stehen immer nur die Fragen...?« »So ist es...« »Eigentlich schade...«, sagte Gaby. »Aber etwas Großes ereignete sich mit der Zeit: Die Kompositionen Beethovens wurden immer bedeutender. Die Musikwelt staunte: Solche großartigen Sinfonien, solche Streichquartette, solche Klavierstücke schrieb niemand so packend, so aufregend, so schön wie er... Wir haben ja zusammen die Sechste Sinfonie gehört... Hört noch ein Klavierstück von Beethoven..., er hat insgesamt 32 solcher Werke geschrieben, die man ›Sonaten‹ nennt. Das bedeutet eigentlich nur ›Spielstück‹, das heißt, die meisten dieser Sonaten haben keinen Titel, der Hörer soll sich beim Zuhören vorstellen, was er will – oder vielleicht nur dem Klang lauschen, ohne an Menschen oder Gegenstände zu denken..., Gefühle vielleicht, Stimmungen, Freude oder Trauer... Ich spiele einen Teil der Sonate, die Beethoven ›Appassionata‹ genannt hat: Das ist italienisch und bedeutet ›leidenschaftlich‹, sie schildert also wahrscheinlich einen aufgeregten Gemütszustand Beethovens – was ihn so erregt hat, wissen wir nicht... Hört gut zu, vielleicht könnt ihr euch selbst etwas vorstellen?«

Aufmerksam lauschten die Kinder der Musik. »Beethoven war ein leidenschaftlicher Mensch, der sich sehr aufregen konnte, der Anteil nahm an allem, wovon er erfuhr, ob es Kriege waren oder Revolutionen oder traurige Schicksale von Menschen, die er vielleicht gar nicht kannte... Er schrieb eine große Oper, die heißt ›Fidelio‹.

Und so nennt sich eine tapfere Frau, der ihr Mann von seinen Feinden geraubt worden ist. Und da sie glaubt, sie hätten ihn in ein geheimes Gefängnis gesteckt, um ihn dort zu töten, verkleidet sie sich selbst als Mann und tritt in die Dienste des Kerkermeisters, bis sie ihren Mann wirklich im tiefsten Verlies entdeckt und durch eine kühne Tat retten kann... Und als letzte Sinfonie in seinem Leben, als Neunte, komponierte Beethoven ein großartiges Stück Musik, wie es bis dahin noch niemand geschrieben hatte: Eine Sinfonie, bei der es ja gewöhnlich nur Instrumente gibt, und da fügt er Singstimmen hinzu, wobei er einen berühmten Text des großen deutschen Dichters Friedrich Schiller verwendet, das Lied ›An die Freude‹! Die Melodie kennt ihr alle, denn seit langem singt man sie immer, wo Menschen zu Freunden, zu Brüdern werden wollen, wo sie für das Gute im Leben kämpfen. ›Freude‹ bedeutet hier also nicht einfach ›Spaß‹ oder ›Vergnügen‹, sondern etwas viel Größeres! Es ist wirklich eine Art Hymne, die Beethoven da komponiert hat, eine Hymne aller Menschen!« Und ich legte diese kurze Stelle aus dem letzten Satz der Neunten auf, und alle horchten aufmerksam. Viele hatten die Melodie schon gehört..., aber wieder fand ich, dass man vielleicht die Worte ändern sollte, damit alle Menschen sie verstünden, auch die Kinder. Die Worte, die Schiller schrieb, sind wunderschön, aber nicht leicht verständlich, weil man einige von ihnen heute gar nicht mehr gebraucht... Macht nichts, man soll diese Hymne singen und den Kindern erklären, was sie bedeutet! ›Freude, schöner Götterfunken, Tochter aus Elysium‹: Die Freude ist ein herrliches Gefühl, denn man freut sich im Innern nur über etwas Großes, eine gute Tat, ein edles Gefühl – und diese Freude kommt aus dem ›Elysium‹. Das war der Himmel, das Paradies der alten Griechen, vor Tausenden von Jahren. Wir wollen dieses Elysium betreten, das wie ein Tempel ist, ein Heiligtum, und wir wollen es voll Begeisterung betreten, wollen diesen ›Funken‹, diesen Blitz der Götter miterleben... So war Beethoven: ein unglücklicher Mensch, oft krank und immer einsam, und doch besorgt um den Zustand der Menschheit, bereit zu kämpfen für die Armen und Unterdrückten: ›Freude, schöner Götterfunken, Tochter aus Elysium‹...

»Wenn ihr einmal größer seid und euch dann hoffentlich weiter für die Musik interessiert, dann könnt ihr die Manuskripte Mozarts und Beethovens einmal anschauen: Mozarts, der seine Kompositionen mit unglaublicher Leichtigkeit aufs Papier warf, ohne sich den Kopf zu zerbrechen, so wie ich es euch geschildert habe. Und Beethovens, der um jede Melodie hart mit sich kämpfen musste, bevor er überzeugt war, das Richtige gefunden zu haben.«

»Das verstehe ich nicht«, sagte Anja, und zum ersten Mal sah ich sie mit einem ernsten Gesicht. »Was verstehst du nicht, Anja?« »Warum jemand komponiert, wenn er keine Freude dabei hat...«

»Das habe ich nicht gesagt, dass Beethoven keine Freude hatte... Im Gegenteil, würde ich sogar behaupten! Er selbst hat einmal gesagt, seine schönsten Momente seien, wenn er eine Schwierigkeit überwunden habe. Das kann natürlich nur jemand sagen, der sich selbst Aufgaben stellt, der versucht, etwas Schwieriges zu meistern! Ich finde, das sollte jeder Mensch im Leben tun. Es ist nicht genug, immer nur das Einfache zu tun, das würde bald langweilig werden.

Vielleicht habt ihr schon einmal den Spruch gehört: ›Kunst kommt von Können‹. Das bedeutet, dass jeder, der ein Künstler werden will, sehr viel lernen muss. Jemand anders hat aber einmal gesagt: ›Kunst kommt von Müssen‹! Das ist nicht so zu verstehen, dass man einen jungen Menschen zwingt, Klavier zu üben, auch wenn er es gar nicht will! Dieser Satz bedeutet, dass ein Künstler sich keinen anderen Beruf aussuchen kann, als eben

Künstler zu sein; er muss Künstler werden, auch wenn er vielleicht als Künstler nicht genug Geld zum Leben verdient... Das ist schwer zu erklären. Viele Künstler haben Sorgen – man kennt oft nur die berühmten, und die haben keine –, aber die nicht berühmten, die leiden oft Not... Jetzt denke ich an einen ganz großen Komponisten, einen der größten, die es je gab – und dem ging es schlecht, er verdiente viel zu wenig zum Leben..., seine guten, treuen Freunde mussten ihm immer wieder helfen, mussten ihn bei sich wohnen lassen, mussten ihm Kleider schenken oder borgen..., und er saß den ganzen Tag am Klavier und komponierte die wunderbarsten Stücke... Heute ist er sehr berühmt, aber damals beachtete man ihn nicht: Er war klein, kurzsichtig und trug eine Brille, hatte viele liebe Freunde, die auch versuchten, seine wundervollen Kompositionen drucken zu lassen oder in großen Konzerten singen oder spielen zu lassen, aber es gelang nur ganz selten... Berühmt ist er erst viele Jahre nach seinem Tod geworden, die Menschen der ganzen Welt lieben ihn jetzt und verehren ihn...«

»Schubert?«, fragte Clemens.

»Ja, Schubert! Franz Schubert... Ein Zeitgenosse Beethovens! Den berühmten Beethoven kannten alle, nicht nur in Wien, wo beide wohnten, aber Schubert fast niemand...«

»Kannten sie sich?«, fragten einige. »Waren sie Freunde?«

»Nein, sie kannten einander überhaupt nicht. Beethoven lebte sehr zurückgezogen, das wisst ihr ja nun..., und von einem jungen Musiker namens Schubert wusste er gar nichts, obwohl sie in der gleichen Stadt wohnten. Es heißt, ein gemeinsamer Freund habe Beethoven einmal Kompositionen Schuberts gezeigt, und Beethoven habe freudig gesagt: ›Der hat den göttlichen Funken!‹ Das bedeutet sehr viel, besonders wenn Beethoven es gesagt haben sollte, der sich fast nie über andere Musiker äußerte. ›Der göttliche Funken‹ – damit wollte Beethoven sagen: Der hat ein herrliches, ein ›göttliches‹ Talent! Beethoven starb 1827 und Schubert nur ein Jahr später: 1828. Und da war er erst 31 Jahre alt! Also noch sehr jung! Aber die Zahl seiner Kompositionen war nicht kleiner als die der Werke Beethovens – sie war sogar viel größer, weil Schubert zu jenen Komponisten gehörte, die mit größter Leichtigkeit schrieben, ganz ähnlich wie Mozart! Alles, was er schrieb, war beim ersten Versuch tadellos, er musste nichts verbessern, nichts wegwerfen, weil es vielleicht nicht gut geraten war!«

Clemens sagte: »Ich spiele Klavierstücke von ihm, soll ich etwas vorspielen?« Sein Vorschlag rief große Begeisterung hervor. Ich lud ihn ein, am Flügel Platz zu nehmen, und dann spielte er ein paar Klavierwerke von Schubert, alle wunderschön und so einfach, dass man sie am liebsten mitgesungen hätte.

Anja meldete sich zu Wort: »Darf ich etwas von Schubert vorsingen?«, fragte sie und alle stimmten ihr zu. »Was soll's denn sein, Anja?«, fragte ich. »Ich begleite dich gern am Flügel!« »›Wohin?‹ ist ein so hübsches Lied…« »Einverstanden. Der schöne Text stammt von Wilhelm Müller.« Und ich spielte schon die ersten Takte, die Einleitungstakte, in denen man das Murmeln des Bächleins so deutlich hört…, und das Murmeln hält die ganze Zeit leise an, auch als die Singstimme einsetzt: »Ich hört' ein Bächlein rauschen, wohl aus dem Felsenquell, hinab zum Tale rauschen so frisch und wunderhell… Ich weiß nicht, wie mir wurde, nicht wer den Rat mir gab, ich musste auch hinunter mit meinem Wanderstab… hinunter und immer weiter und immer dem Bache nach… und immer heller rauschte und immer klarer der Bach… Ist das noch meine Straße, o Bächlein sprich, wohin!…« Eine liebliche Melodie, ein rauschender Bach, ein blauer Sonnenhimmel… Und zuletzt das Verklingen des Bächleins in der Ferne... Anja sang das ganz entzückend! So einfach kann ein Meisterlied sein, man muss es nur mit ganzem Gefühl empfinden.

»Haben die beiden diese Lieder miteinander gemacht?«, fragten Gaby und Rainer. »Nein, ganz und gar nicht! Sie haben nicht einmal voneinander gewusst! Schubert lebte in Wien, Müller in Norddeutschland, und berühmt war keiner von beiden. Schubert fand die Worte, die Gedichte Müllers in einem Kalender abgedruckt, sie gefielen ihm so gut und hatten einen so musikalischen Rhythmus, dass ihm sofort Melodien dazu einfielen!«

»Gefällt Ihnen ›Die Forelle‹?«, fragte mich Anja. »O ja, sie ist ein feines Lied, wenn mich der Text auch immer ein wenig traurig macht«, antwortete ich. »Wieso traurig?«, fragten einige Kinder. »Weil da in einem Bächlein eine Forelle gefangen wird, die sich eben noch lustig ihres Lebens erfreut hat... Im Lied heißt es: ›In einem Bächlein helle, da schoss in froher Eil' die launische Forelle vorüber wie ein Pfeil. Ich stand an dem Gestade und sah in süßer Ruh' des muntern Fischleins Bade im klaren Bächlein zu...‹ Ein Fischer steht mit seiner Angel dort, ich lache über ihn: Der fängt die Forelle nie und nimmer! Aber er ›macht das Bächlein tückisch trübe‹, das heißt, er wühlt den Grund ein wenig auf, so dass das Wasser nicht so hell und klar bleibt... und da lässt sich die Forelle irreführen und beißt in den Köder... Und ich kann nur zuschauen und dem lieben Tier nicht mehr helfen...« Anja sang das Lied und wieder entstand ein richtiges Bild vor unseren Augen, wir sahen, wie sich alles abspielte... Mit ein paar einfachen Noten geht das freudige Tummeln der Forelle in die böse Falle über...

»Noch eines, noch eines!«, riefen die Kinder, und Anja sah mich fragend an. Ich nickte ihr zu: »Hast du noch etwas?« »Ja, den ›Lindenbaum‹!« Ich freute mich: »Eines der schönsten Lieder, die es gibt!«, versprach ich den Kindern. »Viele von euch werden die Melodie kennen, denn dieses Lied ist ein Volkslied geworden...« »Was ist ein Volkslied?«, wollten einige wissen. »Das klingt zwar sehr einfach, aber man kann es nicht so leicht erklären! Ein Lied, das einfach jeder kennt, weil er es von Geburt an immer wieder einmal gehört hat. Viele solche Lieder – die gibt es in allen Ländern der Welt! – sind sehr, sehr alt, die haben schon die Großeltern gesungen und manchmal schon deren Großeltern, aber in unserer Zeit geht es oft viel schneller, bis eine neue Melodie allen Menschen bekannt wird: Das macht das Kino und das Fernsehen und das Radio und die Schallplatte... Jedenfalls: Ein Lied, das bei jeder passenden Gelegenheit von allen gesungen werden kann, ist ein Volkslied! ›Der Lindenbaum‹ war so ein Lied, es erfuhr zwar einige kleine Veränderungen – ein Volkslied muss natürlich immer einfach sein, damit alle es singen können! –, aber über hundert Jahre lang singen es alle, die deutsch sprechen...«

»Ist es auch wieder traurig?«, fragten einige. »Ja...«, antwortete ich nachdenklich. »Es ist sogar noch viel trauriger...« »Nein! Nicht singen!«, riefen da mehrere. »Doch! Doch singen...«, verlangten die anderen. »Halt, halt...«, versuchte ich zu schlichten. »Da erzähle ich euch rasch eine kleine Geschichte. Schubert war, wie an vielen Abenden, bei einer Familie in seinem Dorf eingeladen und musste sich natürlich ans Klavier setzen und vorspielen. Er spielte, und nach einigen seiner schönsten Melodien, zu denen einige tanzten, trat ein Mädchen zu ihm und fragte: ›Komponieren Sie eigentlich immer nur traurige Musik, Herr Schubert?‹ Ganz verwundert antwortete Schubert: ›Ja, gibt es denn überhaupt eine andere?‹ Dieser einfache junge Mann, den man eigentlich nie traurig oder böse oder schlecht gelaunt erlebte, war im Grunde seines Wesens ein nachdenklicher Mensch, dessen Musik oft melancholisch klang, das heißt trübsinnig... Also, Anja wird uns den

›Lindenbaum‹ singen: ›Am Brunnen vor dem Tore, da steht ein Lindenbaum, ich träumt' in seinem Schatten so manchen süßen Traum...‹ Die Zweige bewegen sich leise im Wind, und dem Wanderer kommt es so vor, als rufe ihm ihr Rauschen zu: Komm zu mir, in meinem Schatten findest du deine Ruhe, wenn du vielleicht traurig bist... Einmal muss der Wanderer tief in schauriger Nacht am Lindenbaum vorbeigehen, er schließt die Augen, aber wieder ist ihm, als rufe ihm der Baum zu... Nun ist er weit entfernt, aber immer noch hört er die Linde leise rauschen: Hier bei mir findest du Trost und Ruhe, wenn du unglücklich bist...!«

»Sind auch diese Worte von Wilhelm Müller?«, wollte Gaby wissen. »Ja, auch diese schönen Worte... Dass ihn heute viele Menschen kennen, das verdankt er nur dem Zufall, dass Schubert seine Gedichte fand und sie in Musik setzte, sonst wäre er vielleicht vergessen, und das wäre doch sehr schade...«

Anja sang. Und in der Klavierbegleitung hörte man das Rauschen der Blätter, das Wiegen der Zweige im Wind. Das Lied wurde erregter, als der Wanderer in der Dunkelheit vorbeigehen musste und sich fast ein wenig fürchtete, als der Baum wieder zu ihm zu sprechen schien. Und am Morgen, vielleicht in einem anderen Land, hört er die Stimme des Baumes wieder, tröstlich und doch traurig: »Du fändest Ruhe dort, Du fändest Ruhe dort...«

Anja wurde bejubelt und freute sich. »Kinder, es ist spät geworden...«, stellte ich fest. Aber keiner schien Lust zu haben, heimzugehen. Der Sommer ging seinem Ende entgegen, und wir alle waren ein wenig traurig, weil unsere »Musiknachmittage« nun aufhören würden. Und so wollten alle diesmal noch ein wenig länger bleiben.

»Also gut, ich erzähle euch noch etwas mehr. Natürlich sollte ich noch von hundert anderen berühmten Komponisten berichten! Das ergäbe eine ganze Musikgeschichte. Der Zwickauer Robert Schumann war 1828, als Franz

Schubert starb, ein junger Mann in Leipzig, der Pianist werden wollte. Aber er machte eine große Dummheit, um seine Finger schneller gelenkig zu machen: Er band zwei Finger zusammen und verletzte sich beim Üben die Sehnen – und aus war es, aber vielleicht war das ein Glück! Denn nun wurde er eben Komponist! Viele seiner Lieder sind so schön wie die von Schubert, und für das Klavier, das er nun selbst nicht mehr so gut spielen konnte, erfand er prächtige Stücke...«

»Die ›Träumerei‹?«, fragte Clemens. »Die ist eine der allerschönsten Melodien, die es gibt. Kannst du sie spielen?« »Ja, ich möchte sie aber lieber nicht selber spielen – hätten Sie vielleicht eine CD davon?« »Eigentlich hast du ganz recht, Clemens, dieses Stück ist so schön, dass man es nicht so leicht spielen kann, man muss vielleicht auch älter sein, um es besonders schön spielen zu können...« Ich ging zu meinem großen Wandschrank hinter dem Piano, wo tausende CDs und LPs aufbewahrt waren.

»Wie gut ihr es doch habt...«, sagte ich während des Suchens. »Ihr habt dank der Technik eigentlich die ganze Musikgeschichte zu eurer Verfügung! Ihr hört vom Gregorianischen Choral, hört von Palestrina, von Bach, von allen Klassikern, von den Romantikern – gleich kommen wir zu ihnen! –, von allen Komponisten unserer Zeit – ein Griff, und ihr hört alle Musik, die ihr wollt! Heute kann ich euch ruhig empfehlen: Hört diese Platte oder diese CD..., denn der Klang ist fast genauso schön wie in einem Konzert. Trotzdem möchte ich euch sagen: Hört lieber Künstler in einem Konzert, ›live‹, wie man das heute nennt. Es gibt doch trotz aller Perfektion einen kleinen Unterschied. Das ist wie bei einer schönen Landschaft: Wenn ein Bild noch so schön ist, die wirkliche lebende Landschaft ist noch schöner... Und am allerbesten ist es natürlich, wenn ihr selbst Musik macht! Das wird zwar nicht immer vollendet schön ausfallen, aber es macht große Freude! Lernt irgendein Instrument, am besten ein Instrument, mit dem ihr in einer Gruppe mitspielen könnt, denn musizieren in einem Orchester, einer Kammermusikgruppe mit Freunden und Kameraden, das ist ein besonders feines Gefühl! Hier ist meine Platte von der ›Träumerei‹ – hören wir einmal gut zu...«

Die Kinder waren sehr still, so, wie man es sein soll, wenn gute Musik erklingt. Eigentlich ein Wunder: Da hat irgendwo und irgendwann ein Pianist dieses kurze Klavierstück »eingespielt«, und nun können es unzählige Menschen auf der ganzen Welt so hören, wie er es gespielt hat...

»Robert Schumann war ein begeisterter Verehrer Schuberts. Und so reiste er nach Wien, wo Schubert Jahre zuvor gestorben war, und ging zu seinem Haus, suchte Schuberts Bruder auf, fragte Freunde, ob sie Manuskripte des jung Verstorbenen aufbewahrt hätten. Und er fand wirklich manche vergessene Musik Schuberts, darunter eine von dessen größten Sinfonien, die vielleicht ohne Schumanns Besuch unbekannt geblieben wäre. Leider hat Schumann selbst ein sehr trauriges Leben gehabt. Er wurde sehr krank, fand sich im Leben nicht mehr zurecht und sprang verzweifelt in den Rhein, der nahe seinem Heim in Düsseldorf vorbeifloss. Er wurde zwar gerade noch lebend herausgezogen, aber seinen Verstand fand er nie wieder...

Schumann gehört zu den ersten Komponisten, die man ›Romantiker‹ nennt. Das ist wieder so ein Wort, das leicht zu verwenden, aber nicht ganz so leicht zu erklären ist. Ein ›Romantiker‹, das ist so etwas wie ein Träumer, ein Mensch, der die Welt nicht immer genau so sieht, wie sie wirklich ist, sondern wie er sie haben möchte und sie zu sehen glaubt. Er meint, dass es neben der so genannten ›wirklichen‹ Welt eine andere gibt, voller Geister, Gespenster, Heinzelmännchen, Nixen...«

»Die gibt es doch!«, rief Claudia – viele lachten, aber ich bremste sie sofort: »Wisst ihr so sicher, dass es die nicht gibt? Ihr könnt das eine so wenig behaupten, wie andere das Gegenteil! Vielleicht hat Claudia einmal einen Engel gesehen, wer weiß?« Die Kleine nickte heftig: Jeden Abend, wenn sie das Licht an ihrem Bett löscht... Ihr Bruder fragte nur: »Ist sie eine Romantikerin?« »Alle Kinder sind ein wenig Romantiker, und das ist schön so... Also: Um jene Zeit, zu Anfang des 19. Jahrhunderts, machte sich die Romantik bemerkbar: Gaby kennt bestimmt das berühmte Gedicht von Goethe, ›Der Erlkönig‹..., aus dem übrigens Schubert ein unheimliches Lied gemacht hat...«

»Ja«, sagte Gaby sofort, »wie der Vater mit seinem kranken Kind durch einen Wald von Erlen reitet und rasch mit ihm heimkommen will... Und da hört das Kind die Stimmen des Waldgeistes, des Erlkönigs, und seiner Töchter, die den Kleinen einladen, bei ihnen im Wald zu bleiben und mit ihnen zu spielen. Das Kind schreit und sagt dem Vater zitternd, was es sieht und hört. Der Vater will es beruhigen, sagt ihm, das seien nur die Bäume, die so dunkel leuchteten... Als sie endlich vor ihrem Hof ankommen, ist das Kind tot...«

»Es gibt unzählige Geschichten und Gedichte, die von Geistern erzählen, und es gibt sehr viel Musik, in der Geister vorkommen... Schumanns bester Freund hat herrliche Elfenmusik komponiert, da sieht man sie im Walde tanzen und spielen... Da habe ich gerade die CD...« Und schon erklang ein Stück, in dem alle Instrumente zu flimmern und zu glitzern schienen und der ganze nächtliche Wald schien ein Spielplatz der Geister und Kobolde... »Was war das?«, fragten die Kinder interessiert. »Das war ein Stück aus der ›Sommernachtstraum-Musik‹ von Felix Mendelssohn zu einem Theaterstück von Shakespeare... Mendelssohn war der erfolgreichste Musiker seiner Zeit, ganz jung – fast wie

Mozart! – komponierte er schon schöne Musik, später wurde er Direktor des Leipziger Konservatoriums, wo er seinen Freund Schumann als Klavierlehrer anstellte. Er selbst dirigierte, ja er war einer der frühesten Dirigenten, die nicht mehr vor dem Klavier oder Cembalo saßen, sondern auf einem Podium vor einem großen Orchester standen und einen Stab in der Hand schwangen...«

»Wann wurden Schumann und Mendelssohn geboren?«, wollte Alexander wissen, »ich möchte mir die Komponisten wieder aufschreiben!« Auch andere holten Hefte hervor, in die sie schon viel von unseren Gesprächen aufgeschrieben hatten. Und ich schrieb an die Tafel:

Franz Schubert	Österreich, 1797–1828
Felix Mendelssohn	Deutschland, 1809–1847
Robert Schumann	Deutschland, 1810–1856

»Aber nun will ich euch erst einmal sagen, dass die ›Romantiker‹ nicht nur bei uns lebten, in Deutschland und Österreich. Die ›Romantik‹ ging durch alle Länder in ganz Europa – und sogar nach Nordamerika, wo es allerdings damals noch keine großen Musiker gab. Zwei der frühesten romantischen Musiker waren ein Franzose und ein Pole:

Hector Berlioz	Frankreich, 1803–1869
Frédéric Chopin	Polen, 1810–1849

Auch Berlioz schrieb eine ganz bedeutende Sinfonie, die er die ›Phantastische‹ nannte. Sie ist wirklich sehr phantasievoll und schildert wirre Träume in Tönen: Das war 1829 etwas ganz Ungewöhnliches...

Chopin (ausgesprochen ungefähr ›Schopän‹, da der Name französisch ist) lebte sein kurzes Leben vor allem in Paris, war ein wundervoller Pianist, den man ›den Dichter am Klavier‹ nannte. Chopin schrieb auch viel Schwungvolles im Tanzrhythmus, seien es polnische Mazurken oder Polonaisen, seien es wienerische Walzer, aber in vielen seiner wunderschönen Klavierstücke klingt es nach Schmerz und Sehnsucht, denn er konnte sein polnisches Vaterland nie vergessen. Als er zwanzigjährig von der Heimat für immer Abschied nahm, gaben ihm seine Kameraden ein kleines Gefäß mit polnischer Erde als Andenken mit...«

»Nur Erde... sonst nichts, keine Blumen?«, fragte Claudia.

»Ich finde, ein schöneres Geschenk hätten sie ihm gar nicht machen können! Gold, Silber, Blumen, das gibt es überall. Aber so nahm er gewissermaßen seine Heimat mit, ein Stück von dem Boden, auf dem er geboren und aufgewachsen war...«

Nun nickten alle zufrieden.

»Der blendendste Pianist aber war ein Freund von Chopin – ein Ungar, der aber in vielen Städten Europas lebte:

Franz Liszt   Ungarn, 1811–1886

Er hat viel Klaviermusik komponiert und in mancher ungarische Themen verarbeitet, und das wurde dann Mode: Wer aus einem Land kam, dessen Musik sofort erkennbar war – wie Polen oder Ungarn oder Russland –, der nahm solche volkstümlichen Klänge gerne in seine Kompositionen auf. Das war die Grundlage für eine weltweite Welle einer Verschmelzung zwischen Volks- und Kunstmusik, der wir viele fesselnde Werke verdanken. Zum Beispiel in dem damals ›Böhmen‹ genannten Kronland der alten Monarchie Österreich-Ungarn, das sich später frei und unabhängig erklärte und ›Tschechien‹ nannte. Hier gab es drei große Komponisten:

Bedřich (Friedrich) Smetana   Tschechien, 1824–1884
Antonín Dvořák   Tschechien, 1841–1904
Leoš Janáček   Tschechien, 1854–1928

Vom ersten kennt ihr ja ›Die Moldau‹, die schöne Schilderung des Flusses – aber merkt euch noch, dass von Smetana auch eine der lustigsten Opern stammt, die es gibt: ›Die verkaufte Braut‹. Antonín Dvořák, den man ›Dworschak‹ mit einem ganz weichen sch ausspricht, fielen zahlreiche herrliche Melodien ein, als er noch zu Hause in Böhmen war, aber auch, als er für drei Jahre nach New York ging, um dort die jungen amerikanischen Komponisten zu unterrichten. Dort schrieb er seine vielleicht berühmteste Sinfonie, die daher den Titel ›Aus der neuen Welt‹ führt.

Viele bedeutende romantische Komponisten aber stammten aus dem riesigen Russland. Hier nur ein Name, der noch heute zu den meistgespielten der Welt gehört:

Pjotr (Peter) Tschajkowskij   Russland, 1840–1893.«

Rasch hatte ich wieder eine CD zur Hand. Diese klang nun ganz anders. Ein großes Orchester spielte, mit hundert Instrumenten, wie damals, als wir im Konzert gewesen waren. Die Musik klang sehr traurig… Was war das für ein schwermütiges Instrument? »Ein Horn«, erklärte ich leise. »Wie eine weite Ebene…«, flüsterte Alexander. Andere rund um ihn nickten: »… eine weite Ebene…« »Dort singt ein Mensch…, ein einsamer Mensch…, der sehr traurig ist …« Nur zwei Minuten erklang diese Melodie…, dann stellte ich das Gerät ab.

»Von welchem Komponisten ist das?«, wollten die Kinder wissen. »Von dem berühmten Russen: Pjotr – das heißt ›Peter‹ – Tschajkowskij. Der hat viele Sinfonien, also große Orchesterstücke, wie dieses geschrieben… So eine Sinfonie enthält immer verschiedene Teile: schnelle und langsame, frohe und nachdenkliche... Eine Sinfonie, das kann fast ein Abbild des Lebens sein: In unserem Leben gibt es fröhliche Stunden, lustige, gesellige..., aber es gibt auch traurige, in denen wir das Gefühl haben, es ginge nicht alles so, wie wir es uns wünschen, in denen wir Kummer oder Schmerz haben und gerade keinen Freund, der mit uns reden kann... Die schöne Melodie des Horns, die wir gehört haben, ist aus der Fünften Sinfonie von Tschajkowskij, aus dem zweiten Teil oder Satz, wie man das nennt – und der zweite Satz ist meistens der langsame, der oft sehr traurig klingt. Das war schon bei den frühen Komponisten so, von denen ich euch erzählt habe: bei Haydn, bei Mozart, bei Beethoven und Schubert... Und bei den ›Romantikern‹ ist es nicht anders. Tschajkowskij war ein Romantiker, und seine Musik konnte besonders traurig und schwermütig sein... Aber sie konnte auch sehr stolz und freudig klingen, wie ein Fest, auf dem viele Menschen tanzen... Da habe ich gerade ein solches Stück, es ist aus einer Oper von Tschajkowskij...« Und gleich erfüllten rauschende Klänge das Studio...

»Ist das nicht ein Walzer?«, fragte Clemens. »Ganz richtig – ein Walzer, ein flotter, lebensfreudiger Walzer!« »Ich dachte, die Walzer kommen alle aus Wien?« Ich lachte: »Der Walzer stammt aus Wien, da hast du recht, aber er gefiel den Menschen auch anderswo so gut, dass er überall nicht nur getanzt, sondern auch oft komponiert wurde. Der Vater des Walzers – der erste, der einen solchen Tanz komponierte, oder wenigstens einer der ersten, es gab mehrere – war Johann Strauß, und den nennt man ›Johann Strauß Vater‹, denn er hatte drei Söhne, die ebenfalls Komponisten wurden, und der berühmteste von ihnen hieß ebenfalls Johann Strauß, den man dann ›Johann Strauß Sohn‹ nannte. Er wurde noch berühmter als sein Vater – viele, viele seiner Stücke werden heute noch begeistert gespielt und getanzt.«

»An der schönen blauen Donau!«, riefen einige.

»Ja! Und noch viele andere, schöne dazu... Hunderte! Die Geschichte der Familie Strauß liest sich wie ein Roman: Da ist der Vater, der mit seiner Walzerkapelle durch die Welt zog, in Paris Aufsehen erregte, in London spielte, wo eben die junge Königin Victoria gekrönt wurde und zum ersten Mal Walzer tanzte... Seinen drei Buben hatte er streng verboten, Musiker zu werden, aber sie wurden es trotzdem. Johann, der älteste Sohn, trat zum ersten Mal öffentlich auf, als er 19 Jahre alt war und sein eigenes Orchester gegründet hatte. Sein Erfolg war riesig, sechstausend Menschen bejubelten ihn. Und am nächsten Morgen stand ein schöner Satz in der Zeitung. Um ihn zu verstehen, muss man folgendes wissen: Wenige Tage zuvor war Josef Lanner gestorben, der mit Strauß Vater den Walzer begründet hatte. Und der Erfolg des Jungen war so groß, dass er sofort berühmt wurde und man ihn überall hören wollte in seiner dreifachen Eigenschaft: als Geiger, der vor seinem Orchester stand, mit dem Bogen dirigierte und immer wieder mitspielte, als Dirigent und als Komponist. Der Satz in der Zeitung lautete: ›Gute Nacht, Lanner! Guten Abend, Johann Strauß Vater! Guten Morgen, Johann Strauß Sohn!‹ Und es wurde ein ›guter Morgen‹ für den Jungen! Er wurde einer der berühmtesten Musiker aller Zeiten! An jedem Neujahrsmorgen gibt es in Wien ein großes Konzert, das über Rundfunk und Fernsehen in die ganze Welt übertragen wird! Das Konzert hat insgesamt eine Milliarde Zuhörer! Das kann sich niemand recht vorstellen. Zehn unserer Konzertsäle, und wir sind erst bei 20 000! Und von da zu einer Million, zu hundert Millionen und noch zehnmal so viel zu tausend Millionen... Davon hat nie ein Musiker auch nur geträumt, dass so viele Menschen seine Melodien zur gleichen Zeit hören könnten! An jedem Neujahrsmorgen hören Millionen und Millionen Menschen dieses Konzert aus Wien, bei dem vor allem

Melodien der Familie Strauß gespielt werden! Dazu musste die Technik natürlich gewaltige Fortschritte machen! In weniger als hundert Jahren sind eine Menge bedeutender Dinge erfunden worden! Das Radio und das Fernsehen, und dann die Möglichkeit, Ton und Bild auf beliebige Distanzen zu senden…, heute mit Hilfe von Satelliten, die tausende von Kilometern hoch über der Erde schweben!

Kinder, so könnten wir stundenlang weiterplaudern! Aber es wird spät… Ich müsste euch noch etwas über die Oper erzählen. Wir haben eine der schönsten gesehen, Mozarts ›Zauberflöte‹, aber es gibt viele hunderte, die ihr anschauen und anhören könnt. Es gibt ungefähr tausend Theater in der Welt, in denen Opern gespielt werden, so genannte Operntheater oder Opernhäuser. Das heißt, dass an jedem Abend ungefähr tausend Opern gespielt werden! Manche werden im Radio, andere im Fernsehen übertragen, so dass die Zahl der Zuhörer noch vervielfacht wird. Denkt einmal: Zu Zeiten eurer Großeltern musste man in der Stadt anwesend sein, wo es eine Oper zu sehen und hören gab, um daran teilzunehmen. Man musste eine Eintrittskarte haben, die nicht immer leicht zu bekommen war! Viele Menschen hatten vielleicht auch gar nicht genug Geld, um eine Karte kaufen zu können. Also konnten nur wenige Menschen solche Opern hören und sehen. Heute ist dies alles kein Problem mehr! Denn eure Lieblingsoper könnt ihr sogar auf Video haben, das heißt, ihr könnt, wann ihr wollt, allein oder mit Freunden jede Oper zu Hause vorführen! Ihr könnt die größten Geiger und Pianisten, die besten Dirigenten und Sänger zu euch nach Hause einladen und so oft anhören, wie ihr Freude daran habt! Und da wäre es wunderbar, wenn ihr schon vorher über die Oper Bescheid wüsstet, denn beim Zuhören kann man den Text natürlich nicht immer gut verstehen. Man sollte ihn daher vorher lesen und sich vorstellen, was man zu sehen bekommen wird. Dann kann man sich später ganz der Musik hingeben.

Zwei der größten Opernkomponisten muss ich euch noch nennen. Sie lebten beide im 19. Jahrhundert und beide zur selben Zeit, der eine in Deutschland, der andere in Italien. Beide kamen im Jahr 1813 zur Welt: in Leipzig Richard Wagner, in der lombardischen Tiefebene, nicht allzu weit von Mailand, Giuseppe Verdi. Ihr werdet mich wieder fragen, wie bei Bach und Händel, die auch im gleichen Jahre geboren wurden, ob sie einander kannten – nein, auch Verdi und Wagner kannten einander überhaupt nicht... Die Opern Wagners sind nicht so einfach zu verstehen wie die Verdis; die meisten spielen in der Vergangenheit, und um sie zu verstehen, muss man sich erst mit Geschichte befassen, mit Fabeln und Sagen aus vergangenen Zeiten. Viele davon haben die Minnesänger zum ersten Mal niedergeschrieben, vor fast tausend Jahren – erinnert ihr euch noch, dass wir von denen gesprochen haben? Seine volkstümlichste Oper, ›Die Meistersinger von Nürnberg‹, hat Wagner aus der wirklichen Geschichte genommen, aber alle Gestalten, die er auf die Bühne gebracht hat, gehen uns menschlich sehr nahe und erleben große Schicksale... Die Gestalten Verdis sind oft Romanen entnommen, erzählen aufregende Geschichten... und alles mit sehr melodienreicher Musik, die uns im Ohr bleibt... Manche Melodie von Verdi kennt ihr bestimmt...« Ich nahm eine CD und spielte den berühmten Triumphmarsch aus »Aida«. Sofort sprang Patrick auf und war ganz aufgeregt. Ich bedeutete ihm, ruhig zu bleiben, aber er sang mit, sooft die Stelle der Trompeten kam... Das kannte er von den Fußballplätzen! Er hatte nur nie eine Ahnung gehabt, dass das aus einer berühmten Oper stammte... »Das muss ich meinen Freunden sagen...«, murmelte er. »Natürlich hat Verdi das nicht für den Fußball komponiert, obwohl es den damals, 1871, schon gab. Jedenfalls ist es ein

Zeichen dafür, wie volkstümlich Verdis Musik werden konnte! Verdi hat bis ins hohe Alter komponiert, insgesamt 27 Opern. Mit achzig Jahren die letzte! Und die ist die einzige lustige: ›Falstaff‹. Alle anderen sind traurig, sehr traurig sogar, aber gerade für die traurigsten Augenblicke erfand Verdi seine schönsten Melodien... Zum Beispiel der Schluss von ›Aida‹, jener Oper, die Patrick vom Fußballplatz her kennt... Diese Melodie gehört zu den traurigsten, aber auch schönsten, die es von Verdi gibt. Kinder, es gibt so viele wunderschöne Musik! Und ihr habt viele, viele Jahre vor euch, sie allmählich kennen zu lernen... Es hat sicher auch nie so viel Musik auf der Welt gegeben wie in unserer Zeit. Denkt daran, wieviele junge Menschen sich Popmusik anhören! Diese Musik gefällt vielen besser als jede andere. Sie ist einfach und bietet jedem Menschen Zeitvertreib, oft mit hübschen Melodien, mit Rhythmen, die uns bewegen...«

Meine kleinen Freunde sahen mich ein wenig verwundert an. Hatten sie recht gehört? Ich lehnte die Popmusik nicht ab? Ja, ich sage nicht von vornherein, dass es nichts Gutes an der Popmusik gibt! Ganz im Gegenteil: Ich sage, dass auch Popmusik gut sein kann. Und dass sie für die jungen Menschen unserer Zeit zweifellos etwas besitzt, was sie interessiert und bewegt und was irgendwie zu unserer Zeit gehört... Wie die Welt in zwanzig Jahren aussehen wird, das kann heute noch niemand sagen. Aber die Kinder, von denen ich mich nun verabschieden will, die werden es sehen, ja, die werden darüber mitentscheiden! Es gibt eine wahre Fülle von Musik: Volksmusik, Blasmusik, Popmusik und Tanzmusik und Jazz und Musicals. Alles, was klingt, kann Musik sein! Alles, was Musik ist, kann Liebhaber finden, denen diese Klänge Freude bereiten. Musik kann Menschen zum Nachdenken bringen, kann schöne Gefühle in ihnen wecken.

Ich habe an unseren Musiknachmittagen die Tür zum Wunderland der Musik nur einen Spalt breit aufgestoßen. Das Weltreich der Musik liegt vor allen: Man muss nur den Eingang suchen und dann beherzt hineingehen. Es ist ein Reich, das niemanden abweist, das keinen Pass verlangt und keine Aufnahmeprüfungen. Ein Land, das für jeden Menschen einen Platz hat.

Meine kleinen Freude wollten sich nicht von mir verabschieden, ehe ich ihnen nicht versprochen hatte, sie regelmäßig wieder zu sehen. Wir vereinbarten, uns an jedem ersten Sonntag im Monat bei mir zu treffen. Dann wollten wir Musik hören, auch Videos von Opern und Konzerten ansehen.

Alexander und Claudia würden aber schon in einigen Tagen wiederkommen: Sie mussten ja das Buch abholen! Das war aus unserer Idee geworden: Auf meinem Schreibtisch lag ein großer Stapel beschriebener Blätter. Das waren die Gespräche, die wir miteinander geführt hatten! Manches dürfte sich beim Lesen als etwas wirr herausstellen, aber ich habe alles getreulich aufgezeichnet! Ob sie sich wieder erkennen werden in ihren Reden, Ausrufen und Ideen und …?

Renzo war besonders aufgeregt: Er fühlte genau, dass etwas Besonderes vorging. Er begleitete mit mir alle Kinder zur Tür hinaus, den kleinen Kiesweg am Teich entlang, dann bellte er, aber es klang ein wenig traurig. Erst als Claudia ihn umarmte, wurde er wieder frohgemut. Patricks Händedruck fiel beim Abschied besonders herzlich aus: Er schüttelte meine Hand sehr heftig, ihm war eine neue Welt aufgegangen, von der er nichts geahnt hatte und die neben seinem Fußball bestehen konnte …

Morgen oder übermorgen bekommen Alexander und Claudia das Buch. Vielleicht werden es auch andere Kinder lesen, wenn es einmal gedruckt sein wird? Ich hoffe, dass es ihnen viel Spaß machen wird. Es ist kein Schulbuch, kein Lehrbuch – es ist der Bericht von vergnügten

Musiknachmittagen, die allen Teilnehmern in Erinnerung bleiben werden.

Musik hat es immer gegeben, und Musik wird es immer geben. Und so lange die Welt voll sein wird von Musik, wie heute, so lange ist sie jung – und voller Hoffnung auf eine Zukunft ohne Hass und Feindschaft, eine Zukunft voll Freude und Musik!